suhrkamp taschenbuch
wissenschaft 125

Heinz Kohut, 1913 in Wien geboren, lebt und lehrt heute in Chicago. 1964/1965 war er Präsident der Amerikanischen Psychoanalytischen Vereinigung; seit 1965 ist er einer der Vizepräsidenten der Internationalen Psychoanalytischen Vereinigung; seit 1971 Vizepräsident der Sigmund Freud-Archive. Die Bedeutung seines 1973 im Suhrkamp Verlag erschienenen Buches *Narzißmus. Eine Theorie der psychoanalytischen Persönlichkeitsstörungen* haben Kritiker mit S. Freuds *Die Traumdeutung* und A. Freuds *Das Ich und die Abwehrmechanismen* verglichen.

Nach Kohuts Ansicht stellt die Ausbildung der Psychoanalyse einen bedeutsamen Schritt in der Geschichte der Wissenschaft und möglicherweise sogar einen entscheidenden Wendepunkt in der Entwicklung der Kultur dar: Mit der Ausbildung der Psychoanalyse ist es dem Menschen gelungen, Introspektion und Empathie in Werkzeuge einer empirischen Wissenschaft zu verwandeln. Einstmals impressionistisch, mystisch und spekulativ anmutende Operationen sind zu Instrumenten der systematischen Erforschung des Innenlebens des Menschen geworden. Darüber hinaus haben die Methoden der Psychoanalyse der Wissenschaft ein neues Feld eröffnet. Konnten die wissenschaftlichen Methoden der Psychologie einst nur vergleichsweise einfache Oberflächenphänomene des Verhaltens erfassen, so unternimmt die Psychoanalyse die wissenschaftliche Erforschung der komplexen Tiefendimensionen des menschlichen Lebens. Sie hat die Brücke zwischen den beiden gegensätzlichen Wegen – dem Verstehen und dem Erklären – zum Innenleben des Menschen gefunden.

Heinz Kohut
Die Zukunft der Psychoanalyse

Aufsätze zu allgemeinen Themen und
zur Psychologie des Selbst

Suhrkamp

suhrkamp taschenbuch wissenschaft 125
Erste Auflage 1975
© Suhrkamp Verlag Frankfurt am Main 1975
Suhrkamp Taschenbuch Verlag
Alle Rechte vorbehalten, insbesondere das des
öffentlichen Vortrags, der Übertragung
durch Rundfunk oder Fernsehen und der
Übersetzung, auch einzelner Teile.
Satz: IBV Lichtsatz KG, Berlin
Druck: Nomos, Baden-Baden.
Printed in Germany.
Umschlag nach Entwürfen von
Willy Fleckhaus und Rolf Staudt.

Die Zukunft der Psychoanalyse

Meine Damen und Herren, liebe Kollegen und Freunde!

Ich habe schon bei vielen festlichen Anlässen gesprochen, aber noch nie bei einem, der mir selbst galt. Es ist eine eigenartige Erfahrung. Ich habe des Gefühl, daß ich nichts falsch machen kann, denn Sie sind heute bereit, mir meine Fehler zu verzeihen; und ich kann auch nichts richtig machen, denn gemessen an dem, was ich in Wirklichkeit zu leisten vermag, sind Ihre Erwartungen zweifellos zu hoch. Aber das soll mich nicht beunruhigen, und ich werde meinen Gedanken freien Lauf lassen – natürlich nicht unkontrolliert, aber auch, wie es dieser Stunde gemäß ist, ohne die Genauigkeit und Vorsicht, an die ich mich in der Regel zu halten suche.

Ich möchte mit zwei persönlichen Geschichten beginnen. Die erste ist nicht mehr als eine Anekdote mit leicht verständlichem Sinn. Die zweite aber, obgleich sie der Bericht eines wahren Ereignisses ist, hat für mich die Färbung eines privaten Mythos gewonnen. Sie hat sich derweil mit jenen Elementen in mir verwoben, die das Persönliche transzendieren: den Zielen und Idealen – *unseren* Zielen und Idealen –, denen ich zunehmend mein Leben widme.

Hier nun die Anekdote, und Sie werden unschwer verstehen, wie sie mit dem gegenwärtigen Augenblick zusammenhängt. Vor sechzehn Jahren kehrte ich erstmals wieder nach Wien zurück, der Stadt, wo ich zur Welt kam und aufwuchs und die ich fast zwanzig Jahre zuvor verlassen hatte. Ich war in Begleitung meiner Frau und meines damals siebenjährigen Sohnes. Zu den Menschen dort, die ich all die Jahre nicht gesehen hatte, gehörte auch ein alter Onkel, ein Mann von beträchtlichem Einfluß. Einen Tag bevor wir wieder abreisen sollten, äußerte dieser Onkel plötzlich den Wunsch, wahrscheinlich in der Vorahnung seines Todes, der ihn denn auch nicht lange nach unserem Abschied ereilte, meinem Sohn ein Geschenk zu machen. Am gleichen Abend waren wir bei ihm zum Essen eingeladen, wonach er uns zum größten Spielzeughaus der Stadt – Mühlhauser – führte, einem großen Geschäft mit mehreren Etagen voller Spielzeug. Aber wie staunten wir, als wir anlangten. Es war 9 Uhr abends, das Geschäft hatte – wie alle Geschäfte in Wien – um 6 Uhr geschlossen, aber wegen meines Onkels politischem Einfluß, nehme ich an, hatte ein Telefonanruf die Geschäftsleitung in Bereitschaft versetzt. Jemand erwartete uns, ließ uns ein, schloß die Türen hinter uns und schaltete die Lichter ein; und dann waren wir uns selbst überlassen. Mein Onkel sah meinen Sohn an, der mit großen Augen seine Umgebung anstarrte, und sagte: Du kannst hier alles haben, was du möchtest. Zuerst war mein Sohn sprachlos und wie gelähmt. Aber einige Ermunterungen von seiten des anwesenden Geschäftsführers lösten seine Erstarrung, und wir fanden uns im Obergeschoß wieder, in der Abteilung, wo alsbald die elektrischen Eisenbahnen ihre Kreise über das Gewirr der Schienen zogen. Und dann setzte ein Umschwung ein. Darf ich wirklich alles haben? fragte mein Sohn. Ja, alles! Und so begann er, zögernd zuerst, aber dann in immer schnellerer Folge auf verschiedene Artikel in der Auslage zu deuten. Dies?! fragte er. Ja, gewiß! Und dies? und dies? Gewiß. Dann gib mir dies da! verlangte er. Ja. Und dies! kam sein Befehl. Eines ums andere führte der Verkäufer, der den Geschäftsführer begleitete, seine Befehle aus, verpackte die Dinge in Schachteln – Lokomotiven, Autos, Haltesignale, Brücken, Häuser, Berge – genauso schnell, wie die Wünsche meines Sohnes vorgebracht wurden. Ich sah, wie sich das Gesicht meines Sohnes vor Erregung rötete; ein Traum wurde wahr, die Welt der Schranken und der Wirklichkeit schwand. Der alte Onkel, der Geschäftsführer, der Verkäufer, sie alle beobachteten – aus verschiedenen Gründen – das Schauspiel mit Genuß. Mir aber wurde immer unbehaglicher zumute, und schließlich sagte ich leise aber bestimmt: Ich glaube, wir haben jetzt genug!

Heute Abend nun, anläßlich dieser Zusammenkunft, mit der Sie mich ehren, da ich ein schönes Geschenk von den Kandidaten des Instituts empfange, da ich erfahre, daß eine große Universität mir einen Ehrendoktor verleihen will, nachdem ich eine wohlwollende Würdigung meines Lebenswerks vernommen habe, während ich diese Versammlung, die manche der besten Köpfe der modernen Psychoanalyse umfaßt, überblicke und mich in Ihrer Mitte wohlfühle – da habe ich das Gefühl, daß *ich* einen Vater brauche, der mir auf die Schulter klopft und sagt: Wach auf! Genug!

Ich habe keinen solchen Vater mehr und mußte ein Leben lang, wie wir alle es müssen, mein eigener Vater sein, wenn ich in die Gefahr einer Überstimulierung geriet; muß mir selbst Grenzen setzen und den Ansturm schmerzhafter Erregung mit eigenen Mitteln zügeln. Der Vater, den ich in mir aufgebaut habe, jener innere Verbündete, der mir hilft, die Integrität meiner selbst unter psychologisch kritischen Umständen zu wahren, hat mich seit langem gelehrt, mich der Reflexion zuzuwenden, der Suche nach Bedeutungen und Erklärungen. Und ich habe gelernt, daß die Freude an solcher geistiger Betätigung häufig die unmittelbaren Gratifikationen ersetzen muß, die so schwer in vernünftigen Grenzen zu halten sind. Zunehmend und mit im Lauf meines Lebens wechselnder Emphase wurden aus diesen Gedanken und Reflexionen Versuche, mich selbst zu verstehen, andere zu verstehen und in letzter Zeit auch, wenngleich tastend und mit großer Vorsicht, den Menschen schlechthin zu verstehen, wie er in der Arena der Geschichte empfindet, reagiert, sich verhält.

Und damit komme ich zu meiner zweiten Erinnerung, die ich vorhin einen persönlichen Mythos genannt habe. Es ist die Erinnerung an das einzige Mal, da ich Freud sah – jenes Symbol des Vaters, jene personifizierte Allegorie des Bemühens um Zügelung und Erklärung, von dem ich sprach. Ein Augenblick, der ein Tiefpunkt in meinem Leben war, und doch auch, durch seine Auftriebskraft, ein Höhepunkt – der Brunnquell der wichtigsten Verpflichtungen meiner Zukunft. Es war 1938, als ich, an einem sonnigen Tag in Wien, zum Bahnhof ging, weil ich erfahren hatte, daß Freud unsere Stadt verlassen werde. Ich kann Ihnen die Geschichte nicht erzählen, weil es keine Geschichte zu erzählen gibt. Ich war ein junger Mann, die Welt, die ich kannte, die Kultur, in der ich aufgewachsen, waren zusammengestürzt – es gab nichts, woran man sich halten konnte. Und doch, da war das symbolische Ereignis: ein alter Mann verließ die Stadt meiner Eltern, und ich, ein junger Mann, zog den Hut, als der Zug ihn hinwegführte.

Ich möchte nicht länger beim Persönlichen verweilen. In dem Sinn, wie jener Augenblick am Bahnhof zum Ausgangspunkt meiner beruflichen und wissenschaftlichen Zukunft wurde, mich im Lauf der Jahre von der Beschäftigung mit eigenen Belangen auf das Bemühen verwies, anderen zu helfen und einen Beitrag zur Wissenschaft zu leisten, möchte ich mich jetzt, nachdem ich diesen zentralen Augenblick meines Lebens erwähnt habe, allgemeineren Überlegungen zuwenden, die insbesondere diesem großen Inhalt meines Lebens, des Lebens von so vielen in unserem Kreis, gelten sollen: der Wissenschaft der Psychoanalyse, der Psychologie von den Tiefen der menschlichen Seele. Die Frage, der ich heute Abend nachgehen werde, betrifft jedoch nicht den Wert oder die Gültigkeit der bislang von einzelnen Psychoanalytikern geleisteten Beiträge, nicht einmal die Bedeutung des gewaltigen Œuvres von Freud, sondern die Lebenskraft der Psychoanalyse selbst – mit anderen Worten, ich möchte der Frage ihrer Zukunft nachgehen.

Es gibt einen billigen Optimismus, dem man häufig bei festlichen Anlässen begegnet, wo die Unbeständigkeit und Belanglosigkeit der Dinge bestritten und eine blühende Zukunft fröhlich vorhergesagt wird. Und es gibt den billigen Pessimismus, die Jeremiade der Alten, die den unvermeidlichen Niedergang und Verfall aller Dinge verkünden, mit anderen Worten, prophezeien, daß die jüngere Generation, alle die nach ihnen kommen, scheitern werden. Beide Standpunkte möchte ich vermeiden, wenn ich nun die Zukunft der Psychoanalyse zu beurteilen versuche.

Lassen Sie mich ein Fazit an den Anfang stellen. Im Gegensatz zur Meinung einer Anzahl von nachdenklichen Kollegen habe ich die Überzeugung gewonnen, daß die Analyse, nach ihren *inneren* Wesenskräften zu urteilen, große Möglichkeiten hat, daß sie nicht nur eine Zukunft hat, sondern daß diese Wissenschaft, »dieser neue, bahnbrechende Vorstoß in bislang unerforschtes Gebiet« immer noch ganz jung ist, daß »unsere analytischen Untersuchungen heute noch nicht sehr weit unter die Oberfläche vordringen«.[1] Diesem scheinbar überoptimistischen Credo muß ich aber hinzufügen, daß für die Psychoanalyse, wie ich glaube, in nicht allzu ferner Zeit der möglicherweise entscheidendste Augenblick ihrer frühen inneren Entwicklung herannahen wird: der Augenblick, da es keine Analytiker mehr geben wird, die noch den direkten Einfluß Freuds und seines Charismas spürten – und sei es so kurz wie ein Blick am Bahnhof.

Ich spreche nämlich von dem Augenblick, da Freud, der als archaisches Bild immer noch konkret in denen fortlebt, die als Ersatz für ihn dienen, zum zweiten Mal sterben wird, d. h. endgültig sterben wird. Ich spreche von dem Augenblick, da die Gemeinschaft der Analytiker erkennen wird, daß sie nicht eine sowohl Ziele weisende als auch zügelnde Identifikation ererbt hat, sondern mit dem Vermächtnis einer aufgestoßenen Tür betraut ist, die Eintritt gewährt in jenes weite, unerforschte Gebiet, in das die ersten Forscher nur einige zögernde Schritte tun konnten.

Die Einsicht, daß der Vater tot ist, daß eine idealisierte Gestalt verschwunden ist, kann zwei Ergebnisse haben. Sie kann zur rebellischen Zerstörung führen: nachdem die Werte und Ziele des Vaters abgetan sind, wendet sich die neue Generation dann von den

Mühen ab, welche die Ziele weisenden Forderungen der idealisierten Gestalt auferlegten. Oder sie kann zu einem Aufquellen von unabhängiger Initiative führen: nachdem die Integration der Werte und Ziele der Väter vollbracht ist, dringen die jugendlichen Geister der neuen Generation weiter in jene Regionen ein, die durch die Anstrengungen der Vorfahren zugänglich wurden.

Ich sage also voraus, daß die Psychoanalyse einem wichtigen Punkt in ihrer Entwicklung nicht mehr fern ist. An diesem Punkt wird sich entscheiden, ob sie einer kritischen Aufgabe ihrer Entwicklung ausweichen oder sie in Angriff nehmen wird. Im ersteren Fall wird die Analyse in eine Phase eintreten, in der sie sich darauf beschränken wird, ihre sorgfältige Kodifizierung und Systematisierung des bereits Erforschten fortzusetzen; dann wird sie sterben. Im letzteren Fall erwartet sie eine mehr oder minder lang anhaltende Phase des Infragestellens ihrer Vergangenheit, des Kampfes gegen die Versuchung, sich rebellisch von ihrem Erbe loszusagen, gefolgt von einer Prüfung wagemutiger neuer Wege auf neuen Territorien. Dies wird eine Phase großer Gefahr, erregter Auseinandersetzungen und Debatten sein – aber die Analyse wird die Chance haben, daraus zu neuem Leben und Streben hervorzugehen.

Die zukünftige Generation der Psychoanalytiker wird zwei spezifische Aufgaben erfüllen müssen, bevor sie jene schöpferische Initiative und daneben jene Begabungsreserven wird mobilisieren können, die sie befähigen wird, tiefer in das Territorium des Seelenlebens des Menschen einzudringen. Die erste dieser beiden Aufgaben habe ich bereits erwähnt. Nämlich die volle Integration des ererbten Wertsystems, das uns heute leitet. Zu dieser Aufgabe gehören nicht nur die vergleichsweise geringfügigen, aber keineswegs bedeutungslosen Modifikationen, die durch die Trennung des Weizens von der Spreu, des Wesentlichen vom Unwesentlichen erreicht wurden, sondern auch das entsprechende Rückgängigmachen gewisser regressiver Veränderungen unserer Ideale, die zu einer Folgsamkeit geführt haben, die nicht auf dem Verständnis für den Sinn der inneren Forderung beruht, sondern auf dem ritualisierten Gehorsam gegenüber dem Buchstaben des äußeren Gesetzes statt dem Geist des inneren Gebots. Die zweite Aufgabe aber ist die Neubewertung des ererbten Wertsystems selbst und sogar, falls notwendig, dessen substantielle Veränderung, um es mit dem Charakter der neuen Generation in Einklang zu bringen und für die spezifischen Probleme und Aufgaben relevant zu machen, mit denen die neue Generation durch die Umwelt, in der sie wird leben müssen, konfrontiert werden wird.

Was ist die Substanz des heutigen Wertsystems des Psychoanalytikers? Bedarf es weiterer Integration? Hat es regressive Veränderungen erlitten, die rückgängig zu machen sind?

Das höchste Ideal des Psychoanalytikers ist seine Verpflichtung auf die Wahrheit. Insbesondere ist er bestrebt, die psychische Realität klar und realistisch zu sehen, Illusionen und Verfälschungen aufzudecken und zu beseitigen, die sich infolge einer Bereitschaft zum Wunschdenken bei sich und bei denjenigen einstellen, denen er helfen will. Diese Aufgaben sind die Substanz. Das Übrige sind instrumentelle Hilfsmittel im Dienst der Suche nach ungeschminkter, vollständiger psychologischer Wahrheit. Das Aufdecken des Verdrängten mit Hilfe der freien Assoziation und der Traumanalyse, die Verwendung der Couch, der täglichen Sprechstunden einerseits, die Toleranz für taktische Erwägungen, für die zeitweilige Beibehaltung von Illusionen andererseits – all dies sind, trotz ihrer Wichtigkeit, Werkzeuge im Dienst des vornehmsten Ideals: der Erweiterung des Reichs der Bewußtheit, der Feststellung, was im Hinblick auf das psychische Leben des Menschen Faktum und was Fantasie ist.

Welche Hindernisse liegen nun aber auf dem Weg zu diesem Ideal? Ich will hier nicht auf jene ausführlich untersuchte Dynamik des psychischen Lebens – wir fassen sie in den Begriffen Abwehr und Widerstand – eingehen, die der Erfüllung des Ideals im Weg steht, sondern mich mit dem Problem der Integration des Ideals selbst befassen.

Aus verschiedenen Gründen vermeide ich bei dieser Gelegenheit technische Einzelheiten, besonders den Gebrauch technischer Begriffe. Den mit meiner Arbeit Vertrauten wird aber wohl klar sein, daß ich hier jenen Prozeß meine, den ich in der Behandlungssituation als umwandelnde Verinnerlichung[2] bezeichne. Manche Patienten, die als Kinder der Gelegenheit beraubt waren, sich psychologisch mit einer mächtigen Gestalt ihrer Umgebung zu verschmelzen, der Sicherheit beraubt waren, sich als Teil einer solchen Person zu fühlen, versuchen während der Analyse, eine psychische Aufgabe zu leisten, die in der Kindheit nicht vollendet wurde. Obgleich ein solcher Patient sich anfangs mit den ins Auge springenden, manifesten Eigenschaften des bewunderten Therapeuten identifiziert, wird er in der Folge, wenn dieser Prozeß nicht gestört wird, nach und nach die realen Mängel des Therapeuten entdecken. Damit aber wird er, während er sich aus der Beziehung zu einer illusionär idealisierten Person löst, gewisse Strukturen seiner eigenen Persönlichkeit stärken, die, besonders im Bereich der ihn leitenden Werte und Ideale, unzureichend ausgeprägt waren. Das Endresultat dieses Prozesses ist jedoch nicht die Einverleibung der Ideale des Analytikers, sondern die Idealisierung von Werten, die im Einklang mit der Persönlichkeit des Analysanden stehen und für die Aufgaben relevant sind, mit denen *er* in *seinem* Leben konfrontiert ist.

Ähnlich wird die kommende Psychoanalytiker-Generation Gelegenheit haben, ihr Bild von Freud gewisser, konkret gebliebener, spezifischer Merkmale zu entkleiden und damit eine echte Integration und eine Stärkung ihrer Ideale zustandezubringen. Die Ersetzung eines noch konkret empfundenen archaischen Objekts durch ein System starker Ideale und Werte dürfte zudem zu einer Flut unabhängiger Initiativen führen, was im Fall des Wissenschaftlers erneuten wissenschaftlichen Fortschritt bedeuten kann.

Welche Merkmale sind es, die sich am Ideal des Analytikers wohl als echt erweisen werden, und was wird aufgegeben werden, als gar zu eng gebunden an die Persönlichkeit Freuds (seine Idiosynkrasien, sozusagen), an das Klima, das eine Periode bahnbrechender Entdeckungen umgibt, und an das historisch-kulturelle Milieu, in dem Freud und seine Mitarbeiter lebten und arbeiteten?

Wenngleich ich hier an Eigenschaften denke, die eine zukünftige Generation von Psychoanalytikern vielleicht nicht in ihrem dann fest integrierten Ideal bewahren wird, soll die Erwägung dieser Möglichkeit nicht bedeuten, daß meine Bewunderung für die Persönlichkeit und das Genie Freuds nachgelassen hätte.

Wenn ich zum Beispiel meine, daß Freuds Rat an die Analytiker »sich während der psychoanalytischen Behandlung den Chirurgen zum Vorbild zu nehmen, der alle seine Affekte und selbst sein menschliches Mitleid beiseite drängt«,[3] wohl einer zeitgebundenen Notwendigkeit für die ersten Praktiker entsprach, nicht aber wesentlicher Bestandteil des Wertsystems des Analytikers ist, so mindert diese Meinung nicht meine Bewunderung für Freud. Er gab diesen Rat in einer Zeit, als man noch keine Erfahrungen darüber gesammelt hatte, welche Auswirkungen ein anhaltender Kontakt mit den Kindheitspassionen der Analysanden auf die Psyche des

Analytikers haben kann, und als die Gefahr übermäßiger Gefühlsverstrickung und irrationaler Reaktionen wohl emotionale Distanz als Schutzschild erforderte. Und trotz der Tatsache, daß Freuds tatsächliches Verhalten gegenüber seinen Patienten voll menschlicher Wärme sein konnte, zweifle ich nicht, daß die emotionale Zurückhaltung, der er in dem zitierten Satz Ausdruck gab, ein integraler Bestandteil seiner spezifischen Persönlichkeit war. Daher sehe ich keinen Grund, warum der Analytiker von heute oder morgen weiterhin eine Haltung idealisieren sollte, die vielleicht nicht im Einklang mit *seiner* Persönlichkeit steht, besonders in Anbetracht der Tatsache, daß die wachsende Vertrautheit mit unserem Gegenstand uns erlaubt, tatsächlich viel unbefangener zu sein, als es den Analytikern der Frühzeit möglich war.

Oder, ein anderes Beispiel, nehmen wir an, daß Freud – vielleicht als Reaktion darauf, daß er in der Kindheit enttäuscht wurde, oder als Reaktion darauf, daß er Demütigungen durch ebendieselbe Gesellschaft ausgesetzt war, die behauptete, sich vom Ideal der Liebe für den Nächsten leiten zu lassen – nehmen wir an, daß solche Erfahrungen ihn veranlaßten zu beweisen, daß die religionsschöpferische Fähigkeit des Menschen verderblich sei und daß ihre Produkte als Ammmenmärchen zu verwerfen seien. Oder hören wir folgende Äußerung, die eine ähnliche Stimmung ausdrückt: »Hätte ich noch ein Arbeitsleben vor mir«, schrieb er (in bezug auf das, was er »so distinguierte Gäste wie Religion, Kunst u. a.« nannte), »so getraute ich mich, auch jenen Hochgeborenen eine Wohnstatt in meinem niedrigen Häuschen anzuweisen.«[4] Könnten wir feststellen, daß es eine genetische Verbindung gäbe zwischen Freuds Fähigkeit einerseits, die großen Werte des Menschen zu sezieren und ihre Herkunft aus dem Primitiven und Archaischen in der menschlichen Seele zu bestimmen, und andererseits seinem Aufwachsen als Mitglied einer Minorität, umgeben von den Werten einer Mehrheit, die, trotz ihres hochsinnigen Bekenntnisses zu Güte und Liebe, ihn und diejenigen, mit denen er sich identifizierte, demütigte und verfolgte, dann würde eine solche Entdeckung weder Freuds menschliche oder wissenschaftliche Größe mindern, noch könnte sie als Argument gegen die Gültigkeit seiner Schlußfolgerungen verwendet werden. Und doch, falls der Analytiker der Zukunft oder dieser und jener Analytiker heute Freuds Insistenz auf dem Entlarven etwa religiöser Werte nicht teilt, sondern vielmehr deren kulturschöpferische Bedeutung zu untersuchen wünscht, sehe ich keinen Grund, warum er sich illoyal gegenüber Freud oder untreu gegenüber den wissenschaftlichen Lehrsätzen der Psychoanalyse vorkommen sollte.

Oder nehmen wir, als letztes Beispiel, Freuds bewegendes Eingeständnis in bezug auf seine Einstellung gegenüber den Verrückten, »... daß ich diese Kranken nicht liebe, daß ich mich über sie ärgere, sie so fern von mir und allem Menschlichen empfinde«.[5] Welch eine exemplarische Offenheit hinsichtlich dieses Zuges seiner Persönlichkeit, besonders, wenn man sie vor dem Hintergrund der profunden Erklärungen schwerer psychischer Störungen würdigt, die er der Welt trotz – oder vielleicht sogar wegen? – seinem Bedürfnis, emotional Abstand von der psychotischen Seele zu halten, hinterlassen hat. Und doch habe ich keine Bedenken, hinzuzufügen, daß diese spezifische Haltung nicht zum inneren Wertsystem des Analytikers gehört, und daß der Analytiker der Zukunft auch ohne die heutigen Abkömmlinge dieser Haltung – wie etwa die gelegentlich aufgestellte Behauptung, daß therapeutische Techniken, die mit einem empathischen Eingehen auf archaische Geisteszustände verbunden sind, nicht Psychoanalyse genannt werden dürften – auskommen kann, da er nicht mehr fürchten wird, durch jeden Schritt auf Neuland der Gefahr des unwiederbringlichen Verlusts seiner beruflichen Identität ausgesetzt zu sein.

Wie ich schon sagte, erfordert die Aufgabe, uns ein Ideal völlig zu eigen zu machen und eine ihm entsprechende Einstellung zu entwickeln, nicht nur die Ausmerzung der konkreten Merkmale des Ideals, die seinem Vorläufer – der idealisierten Person – angehören; sie bedingt auch das Rückgängigmachen gewisser regressiver Veränderungen – die Umkehrung der regressiven Entwicklung vom idealisierten Wert zum archaischen Gebot, vom Bestreben, dem Sinne des Ideals zu folgen, zur ritualisierten, häufig fanatisch betriebenen Einhaltung nebensächlicher Formalitäten.

Die Regression von Werten ist eine historisch-psychologische Tatsache, die sich unschwer feststellen läßt. Und ich glaube, nebenbei bemerkt, daß die Untersuchung dieses Prozesses in einem der vielen Gebiete liegt, die nur dem tiefenpsychologisch gebildeten Historiker und dem historisch ausgebildeten Tiefenpsychologen, sofern sie eine Synthese der Perspektiven und Methoden der beiden Disziplinen erreichen, mit einiger Hoffnung auf ein gründliches Erfassen in ihnen enthaltenen Phänomene zugänglich sind. Genau wie Menschen, unterliegen Werte spezifischen Veränderungen der Entwicklung. Am anziehendsten sind sie in ihrer ersten Blüte – vielleicht nicht, wenn sie eben entstanden sind, aber nicht lange danach. Dann sind sie jung, werden mit Begeisterung vertreten und sind – da bereits von jener erregten Intoleranz gereinigt, die anfangs die Überwindung der früheren Unterdrücker in den hitzigen Gefechten der Revolutionäre begleitete – durchdrungen vom Feuer einer Bedeutung, die noch Kontakt hat mit der drängenden Aufgabe der Reform, die sie inspirieren. Die Befreier von gestern können jedoch die Unterdrücker von morgen werden. Und auch ihre Werte können eine Veränderung durchmachen. Der Inhalt der Werte bleibt sich gleich, aber statt Fanale des Fortschritts zu sein, werden sie nun zum Kodex der Engherzigen und schließlich zu Rationalisierungen einer neuen Tyrannei.

Diese Überlegungen treffen nicht nur zu auf die historische Entwicklung von der nationalen, sozialen und politischen Befreiung zur erneuten Tyrannei, sondern auch auf die Entwicklung einer Wissenschaft. Ich glaube sogar, daß die Erschöpfung der Lebenskraft mancher Wissenschaften eher mit solchen psychologischen Faktoren zusammenhängt, die sich in einer Kurve von der aufregenden Entdeckung über die statuserhaltende Professionalisierung bis zum Erlöschen manifestieren, als mit so abstrakten kognitiven Problemen wie der Obsoleszenz eines Paradigmas,[6] und dergleichen. Oder, noch anders ausgedrückt, könnte man sagen, daß eine Wissenschaft in dem Maße altert, wie ihr Interesse sich von dem Feld, das sie untersucht, auf die spezifischen Werkzeuge verlagert, die sie zu dessen Untersuchung verwendet.

Wie kommt es zum Beispiel, daß so wenige Mitglieder der historischen Fakultäten unserer großen Universitäten an dem heutigen Symposium über Psychoanalyse und Geschichtswissenschaft teilnahmen? Ich glaube, ich erkenne zumindest einen Faden im komplexen Gewebe ihrer Gründe fernzubleiben. Es hängt wohl mit dem Stolz des Historikers auf eine spezifische Sichtweise zusammen, und, umgekehrt, mit der Verachtung für die unterschiedlichen Werkzeuge, die der Psychoanalytiker bei seiner Beobachtung verwendet. Professor Schorske, der mich wohl versteht, antwortete auf meine Vorstellungen, indem er diesen Standpunkt in eine schöne Formulierung faßte. »Ich bin sicher, Sie werden wissen«, schrieb er mir neulich, »daß das Problem einer hemmenden Idealisierung für jede intellektuelle Disziplin zutrifft, ganz gewiß für das Feld der Geschichte...« Ja, ich weiß. Und ich bin dem Umstand dankbar, daß ich hier ihn zitieren kann, statt über mein eigenes Feld sprechen zu müssen, wo es mir nicht schwerfiele, das Vorhandensein ähnlicher Tendenzen nachzuweisen.

Aber nachdem nun über die Tatsache gesprochen wurde, daß die nächste Generation ihre Ideale verinnerlichen und von störenden Beimischungen reinigen müssen wird, möchte ich nun für den Rest dieses Abends unsere Aufmerksamkeit auf die Untersuchung eines besonderen, schöpferischen Bemühens richten, das die nächste Generation wird leisten können, sobald einmal die Konsolidierung und Reinigung ihres Wertsystems vollbracht ist: nämlich die Neubewertung der fundamentalen Werte selbst, und nicht bloß deren Integration und Modifikation.

Die eigenen Werte zu ändern, ist eine äußerst schwierige psychologische Aufgabe. Und eine solche Veränderung zu befürworten, wohl auch nur vorherzusagen, daß eine solche Veränderung eintreten könnte, wird den Befürworter, wohl auch den vorsichtigen Propheten, gewiß dem Zorn derjenigen aussetzen, gegen deren Werte scheinbar ein Angriff geführt wird.

Warum ist es denn so schwer, die eigenen Werte zu verändern? Auch wenn ich heute Abend nicht ausführlich über meine Auffassung von der Psychologie der Werte und Ideale sprechen kann, sind einige allgemeine Bemerkungen unerläßlich, bevor ich zu meiner spezifischen Vorhersage zurückkehren kann.

Unsere Werte und Ideale nehmen in unserer Psyche eine Position ein, die am Anfang unseres Lebens vom idealisierten, omnipotenten Erwachsenen besetzt war, der uns einerseits überragte, mit dem wir uns aber andererseits verschmolzen fühlten und dessen Macht wir daher als unsere eigene erlebten. Unsere Werte und Ideale behalten die Qualität der Absolutheit, Unwandelbarkeit und Überlegenheit bei, die das idealisierte Selbst-Objekt charakterisierte; und sie in Frage zu stellen, zu behaupten, sie könnten verändert werden, scheint uns dieses allmächtigen Teils unserer selbst zu berauben – eine Bedrohung, auf die wir mit Empörung und mit der Neigung, uns gegen einen Angriff zu verteidigen, reagieren. Dennoch, das Verändern von Werten und die Fähigkeit, sie zu verändern, ist gewiß mit psychischer Gesundheit vereinbar. Andererseits ist es aber ein charakteristisches Merkmal der durchschnittlichen psychischen Gesundheit, daß zu jedem beliebigen Zeitpunkt *einige* Werte existieren, die wir als absolut und unveränderlich erfahren.

Und noch ein weiteres Gesetz bezüglich der allgemeinen Psychologie der Werte möchte ich in Erinnerung rufen. Was wir als unsere Werte und Ideale erkennen, sind psychologische Wegweiser, deren Gültigkeit wir noch nicht mit völliger Sicherheit anerkannt haben – trotz der paradoxen Tatsache, daß wir den Inhalt dieser Werte und Ideale als absolut und unveränderlich erfahren. Werte und Ideale sind, mit anderen Worten, psychische Strukturen, die uns zu gewissen Zielen leiten, und dies trotz der Tatsache, daß wir doch einen gewissen Widerwillen gegen ihr Gebot hegen. Werte können daher zweierlei Schicksal haben. Ihr Inhalt kann sich verändern, d. h. sie werden durch neue Werte ersetzt; oder sie können verschwinden. Sie verschwinden, wenn unser Widerstand schwindet, in Übereinstimmung mit ihnen zu leben. Sie werden dann zu Ich-Funktionen, zu einem Inhalt des Ich. In diesem Sinn können wir eines von Freuds Lieblingszitaten verstehen, F. T. Vischers Ausspruch: »Das Moralische versteht sich von selbst.«

Und nun eine abschließende, allgemeine Bemerkung. Es ist lehrreich, jene Emotionen zu beobachten, welche die Veränderung und das Verschwinden unserer Werte und Ideale begleiten. Auf eine Veränderung unserer Werte und Ideale, besonders wenn diese dem Druck eines anderen Wertsystems von größerer Lebenskraft weichen, reagieren wir zuerst mit Wut, mit der wilden Entschlossenheit, das hochgeschätzte internalisierte Selbst-Objekt um jeden Preis zu erhalten. Aber sobald das alte Ideal durch ein neues ersetzt ist, halten wir das neue für ebenso perfekt und absolut wie einst seinen Vorgänger. (In der Arena der Geschichte läßt sich ein analoges Phänomen am Beispiel von Religionskriegen und anderen ideologischen Kollisionen beobachten.) Doch im zweiten Fall, d. h. wenn Werte verschwinden und zu Ich-Funktionen werden, stellt sich nicht Wut ein, sondern eher ein Hauch von Traurigkeit – die Melancholie beim Verlust eines langgewohnten Beschützers und Führers.

Doch jetzt muß ich das Allgemeine hinter mir lassen und jene spezifische Veränderung in der Hierarchie der Werte aufzeigen, die, wie ich glaube, in der Psychoanalyse eintreten wird. Der Analytiker der kommenden Generation wird vielleicht – durch die volle Verinnerlichung seiner Ideale – die Fähigkeit erwerben, der Schrittmacher einer Veränderung in der Werthierarchie aller mit dem Menschen befaßten Zweige der Wissenschaft zu werden, und zwar durch eine Verlagerung des Schwerpunkts von einer wahrheits- und realitätsbezogenen Ethik zur Idealisierung von Empathie; vom Stolz auf wissenschaftlichen Scharfblick zur Einfühlung in den anderen und in das Selbst.

Ich muß zugeben, daß ich mich beinah wehrlos fühle, wenn ich mir nun die Reaktion vorstelle, die meine Vorhersage von zwei Seiten hervorrufen wird. Wehrlos gegenüber jenen, die sie sofort mit der Begründung zurückweisen werden, ich befürworte oder begrüße gar einen Rückschritt von der Wissenschaft zur freundlichen Sentimentalität, und noch wehrloser gegenüber jenen, die sofort bereit sein werden, sie enthusiastisch zu begrüßen aufgrund des Mißverständnisses, damit solle die fromme Empfehlung »liebe deinen Nächsten wie dich selbst« wieder zu Geltung kommen, wenngleich diesmal in wissenschaftlichem Gewand.

Da ich außerdem voraussehe, daß meine Hypothese alsbald in die unausrottbare emotionale Dialektik von Männlichkeit *versus* Weiblichkeit, von paternalistischer *versus* maternalistischer Einstellung hineingezogen werden wird, beeile ich mich, meine Überzeugung zu betonen, daß Empathie keine geschlechtsabhängige Fähigkeit ist. Sie ist eine allgemeine, autonome psychische Funktion und bei allen Menschen, auf jeder Entwicklungsstufe vorhanden – von der ersten instinktiven Verstrickung des Säuglings mit seiner menschlichen Umwelt bis zu jenen streng kontrollierten psychischen Prozessen, welche die Primärdaten der Beobachtung für jegliche Wissenschaft von komplexen psychischen Zuständen liefern.

Meine Vorhersage gründet, wie ich zu beweisen versuchen werde, auf sorgfältiger Beobachtung und nüchterner Reflexion. Die Fakten, auf denen meine Schlußfolgerung beruht, wurden nicht nur in Jahrzehnten klinischer Arbeit mit Erwachsenen gesammelt, sondern auch aus der Beobachtung der Jugend abgeleitet, besonders jener infragestellenden Haltung, die so viele heutige junge Menschen gegenüber unserem Wertsystem, gegenüber diesem scheinbar absoluten und unveränderlichen Wertsystem einnehmen, das uns als die Quintessenz des wissenschaftlichen Ideals des neunzehnten und zwanzigsten Jahrhunderts eingepflanzt wurde – in unserem Fall überliefert durch die von Freud vertretenen Überzeugungen. Und schließlich habe ich auch meinen Eindruck berücksichtigt, daß die psychologischen Aufgaben, denen kommende Generationen gegenüberstehen werden, andere sein werden als unsere, weil das sozio-kulturelle Milieu, in dem sie leben werden, ein anderes sein wird.

Ich erwähnte bereits die verderbliche *intra*professionelle Folge des Stolzes auf Werkzeug und Methode: die Entdeckung tritt in den Hintergrund, betont werden formale Vervollkommnung und Konservativismus. Und ich sprach auch von der verderblichen *inter*professionellen Folge eines Werkzeug- und Methoden-Snobismus: der sterilen Isolation der verschiedenen Zweige der Wissenschaft voneinander. Diese beiden Einbußen sind jedoch, wie mir scheint, weniger bedeutsam und leichter auszugleichen oder zu beheben als eine weitere. Ganz allgemein haben die Wissenschaftler sich einerseits von der Gemeinschaft insgesamt isoliert durch ihren Stolz auf die Perfektion ihrer Arbeitsweise und auf die Exaktheit ihres begrifflichen und technischen Instrumentariums, während andererseits ihre Aktivitäten, trotz ihrer Erfolge, von manchen der engagiertesten und aufgeschlossensten Geister der jungen Generation zunehmend als irrelevant empfunden werden. Und wirklich, wenn wir die ernsten, ja die unheilverkündenden Ereignisse überblicken, die das historische Schicksal des Menschen in diesem Jahrhundert geformt haben, dann kann der Wissenschaftler schwerlich von sich behaupten, mehr als ein entmenschlichter Techniker gewesen zu sein; und er wird zugeben müssen, daß er mit seinem eingefleischten Werkzeug- und Methoden-Stolz *innerlich* unfähig gewesen war für ein tieferes Verständnis der entscheidenden Fragen unserer Zeit. Wird es der Psychoanalytiker sein, der hier einen Weg zeigen kann? Wird es das Beispiel der Psychoanalyse sein, das den anderen Zweigen der Wissenschaft beweisen kann, daß es bei der Verwendung von Werkzeugen und Methoden um nicht mehr geht als den Einsatz von Ich-Funktionen? Wie jeder Wissenschaftler, so hat natürlich auch der Analytiker das Recht, die Ausübung seiner Fähigkeiten und Kenntnisse in vollem Maß zu genießen, aber es besteht keine Notwendigkeit zur Idealisierung dieser Funktionen. Nach dem Verzicht auf die Idealisierung unserer Werkzeuge und Methoden wird aber, so glaube ich, die freudige Erweiterung des Selbst, eine neue Menschlichkeit in Form wissenschaftlicher Empathie, ihren Vorrang anmelden.

Empathie ist, davon bin ich überzeugt, nicht nur eine arme Verwandte jener anderen Formen von Erkenntnis, die wir hoch in Ehren halten, weil wir sie als Funktionen unseres gepriesenen Intellekts betrachten. Empathische Wahrnehmungsweisen unserer selbst und unserer Umwelt bestehen von Anfang unseres Lebens

Weg vom „Freud'schen" Solipsismus

an einträchtig neben anderen, nicht-empathischen Wahrnehmungsweisen. Und die Empathie hat, was auch für die nicht-empathische Erkenntnis gilt, ihre eigene Entwicklungslinie, sie kann ausgebildet, verfeinert und mit wissenschaftlicher Strenge eingesetzt werden. Psychoanalyse ist die Wissenschaft der Empathie par excellence, nämlich jenes »Mechanismus«, wie Freud sagt, »durch den überhaupt eine Stellungnahme zu einem anderen Seelenleben ermöglicht wird«. Als Neuankömmling in der Wissenschaft des neunzehnten Jahrhunderts fühlte sich die Psychoanalyse jedoch stets methodologisch unsicher gegenüber den etablierten Wissenschaften. Und wir haben unser Vertrauen auf Empathie heruntergespielt und verheimlicht, haben uns ihrer als nicht wissenschaftlich geschämt. Ich glaube, daß der Psychoanalytiker der Zukunft, falls es ihm gelingt, unbefangen stolz zu sein auf seine Haltung der wissenschaftlichen Empathie, allen Wissenschaften vom Menschen dieses gemeinsame Ideal – ein organisierendes Prinzip ihrer verschiedenen Spezialisierungen – wird geben können, dessen sie in der Welt von morgen zunehmend bedürfen werden.

Welches war die Welt von gestern, in der die Psychoanalyse geboren ward? Was wird die Welt von morgen sein, zu der die Psychoanalyse vielleicht noch ihren gewichtigsten Beitrag leisten wird?

Die Welt von gestern (die denen unter uns, die in den mittleren Jahren und darüber sind, als die Welt von heute erscheint) war noch die Welt des Individuums – eine aus der Renaissance hervorgegangene Welt. Es war die Welt des unabhängigen Geistes – des stolzen Wissenschaftlers: aufrecht, scharfsichtig. Und es war auch die Welt intensiver Wechselbeziehungen zwischen klar definierten Menschen. Es war eine Welt, welche die Kinder einer Überstimulierung aussetzte, indem sie sie in die Emotionen und Konflikte der sie umgebenden Erwachsenen einbezog, sie einem Maß der partizipierenden Erregungen und Versuchungen aussetzte, dem ihre Psyche noch nicht gewachsen war. Dies war die Zeit, da die Psychoanalyse entstand. Sie sammelte ihre Befunde durch die Arbeit des im neunzehnten Jahrhundert verwurzelten Wissenschaftlers, der stolz auf seinen intellektuellen Scharfsinn war, bestrebt war, sich von einer Demi-monde sentimentaler Verschwommenheit, weichherziger Empfindung zu distanzieren. Und sie machte sich daran, die Persönlichkeit und das Leben von Menschen zu untersuchen – begriffen als psychische Krankheit oder als normale Va-

Empathie = Hermeneutik

riation –, die geformt waren durch die Einbeziehung in Konflikte von klar abgegrenzten Individuen und von Familien und Gruppen, die sich aus klar abgegrenzten und stark, vielleicht zu stark aufeinander bzogenen Menschen zusammensetzten. Dies ist die Matrix der Analyse, wie wir sie aus unserer Literatur kennen und wie wir sie heute aufzufassen geneigt sind.

Die Welt von morgen aber wird wohl nicht mehr dieselbe sein. Die Veränderungen treten natürlich nicht abrupt ein, und ähnlich wie die ältere Generation nur das Gestern im Heute sieht, mag die jüngere Generation nur das Morgen als wichtig erachten und die mächtigen Spuren einer Vergangenheit übersehen, deren Einfluß sich noch überall bemerkbar macht. Wie wird die sozio-psychologische Substanz der Welt von morgen aussehen? Wird sie eine Welt von Individuen bleiben, wie es die Welt von gestern war? Werden die Kinder und Erwachsenen von morgen sich weiterhin mit den Problemen der Überkommunikation und Überstimulation – der endopsychisch gewordenen traumatischen interpersonellen Konflikte – auseinandersetzen? Antwort auf diese Fragen möchte ich bei den Propheten eines jeden psychologischen Morgen suchen, bei den großen Künstlern, Dichtern und Schriftstellern. Sie behandeln nicht mehr die Probleme des psychologischen Menschen, wie wir ihn kennen, ja sie erscheinen uns sogar seltsam unpsychologisch, solange wir uns gegen die Probleme der Welt von morgen versperren. Ich möchte nicht einmal die tiefgründigsten unter den Propheten dieses Morgen als Zeugen anrufen – die Musiker der atonalen Klänge, die Bildhauer der unverbundenen Formen, die Maler der aufgelösten Linien und Farben, die Dichter der zerfallenden Sprache, die mit ihrer Arbeit das Auseinanderfallen des einsamen, nicht willkommen geheißenen Selbst und seiner künstlerischen Wiederzusammensetzung demonstrieren. Ich möchte mich statt dessen auf einen Autor berufen, dessen Botschaft, vielleicht gerade weil sein Genie nicht den Rang der Größten auf jenen anderen Feldern besaß, unser durchschnittliches Gemüt deutlicher anzusprechen vermag. Ich erinnere Sie an die Schriften von Franz Kafka, besonders an *Die Verwandlung, Der Prozeß* und *Das Schloß*.

K. ist Jedermann, der Jedermann eines Morgen, das, wie ich glaube, heute bereits erkennbar ist. Er ist der Jedermann, der der unempathischen Indifferenz seiner Familie ausgesetzt war und der deshalb grotesk grandios und darum der Welt entfremdet blieb.

Und er ist der Jedermann, der spürt, daß auch die Gesellschaft, diese spätere Erweiterung der Familie, ihm gleichgültig gegenübersteht, und der daher durch die Welt wandert, leer, schal, sich sehnend nach etwas, das er nicht mehr begreift, weil jener Teil seiner selbst, der einst heftig nach freundlicher Empathie und empathischer Antwort verlangte, längst verschüttet und ihm nicht mehr zugänglich ist. Die kalten Stimmen der Familie sprechen von Gregor Samsa, dem Käfertier, in der unpersönlichen dritten Person, und für die unerreichbaren Richter im Prozeß, für die unerreichbaren Herrscher hoch droben im Schloß ist K. eine Nummer, die zurückgewiesen wird, ohne daß ein Versuch unternommen würde, seine Zurückweisung individuell zu rechtfertigen.

Ist dies wahrhaft die Welt von morgen? Ja und nein. »Nein«, wenn wir die Frage buchstäblich auffassen, aber »ja«, wenn wir versuchen, uns mit auf die Zukunft gerichteter Empathie auf die vorherrschenden psychischen Probleme einzustellen, mit denen der Mensch von morgen sich wird auseinandersetzen müssen – ja sogar schon heute sich zunehmend auseinandersetzt.

Ich meine, die meisten Analytiker werden mit mir darin übereinstimmen, daß die Formen der psychischen Leiden, die wir behandeln, sich verändern, daß in unsere Sprechstunde allmählich weniger Menschen kommen, auch wenn sie noch in der Mehrzahl sein mögen, deren Störung das Ergebnis von unlösbaren inneren Konflikten ist, und allmählich mehr Menschen, die an den Folgen der Tatsache leiden, daß sie jenes Austauschs mit einer vertrauten, interessierten Umwelt beraubt waren, der ihnen erlaubt hätte, die asoziale Grandiosität der Kindheit hinter sich zu lassen und selbstbewußte, sichere Teilnehmer an einer sinnvollen Erwachsenenwelt zu werden. Aber ich brauche nicht an die besonderen Berufserfahrungen des Analytikers zu appellieren, um deutlich zu machen, was ich meine. Wer hätte nicht einen Hauch jener kalten Anonymität verspürt, die Kafka beschreibt, wenn er als Patient im Räderwerk eines großen, unpersönlichen Krankenhauses gefangen war? Wer hätte nicht ängstlich strammgestanden, während irgendjemand, hinter einem Schreibtisch, seine Antwort hinauszögerte und ihm damit, für den furchtbaren Bruchteil einer Sekunde, seine unpersönliche Macht über ihn bewies? Ich glaube, dies sind Situationen, die – wenngleich es sie zweifellos immer gab – heute einen Anflug von verhängnisvoller Symbolik gewonnen haben. Sie weisen in eine Zukunft, auf die erst einige der größten Künstler umfassend zu reagieren beginnen.

Ich muß meine Überlegungen straffen, wie verlockend es auch sein mag, die Basis meiner Behauptungen weiter auszubauen. Was ich sagen möchte, ist, daß das Individuum – in einer Welt der stabilisierten Bevölkerung, der zunehmenden Uniformität, der sich verengenden Freiräume, der Massenbewegungen und des rationellen Totalitarismus – mit neuen Problemen des psychischen Überlebens konfrontiert sein wird. Ein Wechsel von den Freuden des Handelns zu den bereichernden Möglichkeiten des inneren Lebens könnte wohl einen Fluchtweg daraus bieten, wie ich in anderem Zusammenhang[8] angedeutet habe. Die Erweiterung des Selbst, seine zunehmende Fähigkeit, eine je größere Zahl und je größere Vielfalt von anderen mittels einer bewußt erneuerten und kultivierten, vertieften Empathie zu erfassen, könnte ein weiterer sein. Und die Psychoanalyse scheint gerade in dieser kritischen Zeit hervorgetreten zu sein, um der wissenschaftliche Führer des Menschen in diese beiden Richtungen zu werden.

Vom Anbeginn des Lebens ist es die Empathie, das psychologische Erfaßtwerden durch eine verstehende menschliche Umwelt, die das Kind vor dem Eindringen der anorganischen Welt, d. h. vor dem Tode, schützt. Und es ist menschliche Empathie, die Art, wie wir den anderen spiegeln und bestätigen und wie der andere uns bestätigt und spiegelt, die eine Enklave von menschlichem Sinn – von Haß und Liebe, Sieg und Niederlage – innerhalb eines Universums sinnloser Räume und blind rasender Sterne erhält. Und mit unserem letzten Blick schließlich können wir, in der reflektierten Melancholie unseres Abschieds, uns ein Gefühl fortbestehenden Lebens, des Überlebens der essentiell menschlichen Identität bewahren, und damit einen Schutz gegen den Trugschluß der Gleichsetzung von Endgültigkeit und Tod mit Sinnlosigkeit und Verzweiflung. Dies ist ein axiomatischer Glaube, kaum beweisbarer als die Hitlersche Konsequenz, daß die Realität nur ewiger Krieg und Zerstörung sei. Und wenn ich sage, daß in der Werthierarchie der Wissenschaft im allgemeinen und der Psychoanalyse im besonderen das Primat der Empathie sich durchsetzen wird, dann kann ich die Gültigkeit dieses zukünftigen Vorrangs kaum besser beweisen, als man beweisen könnte, daß Werkzeug-Stolz, der Stolz auf Scharfblick und unverzerrte Wahrnehmung der Realität die Krone verdiene.

Nur ein Detail möchte ich zum Schluß noch hervorheben. Unsere entschlossene Verpflichtung, das Überleben menschlichen Lebens zu gewährleisten, die Verpflichtung, unser Teil zur Erhaltung der Vitalität eines erfüllenden menschlichen Lebens beizutragen, ist nicht nur vereinbar mit wissenschaftlicher Strenge, sondern wissenschaftliche Strenge ist sogar unerläßlich. Gewiß, einerseits wird ein Patient, der als Kind überstimuliert wurde, trotz seines aufdringlichen Liebesverlangens eine ruhige, objektive therapeutische Atmosphäre als im Grund heilsam und, auf lange Sicht, als Unterstützung empfinden bei der Aufgabe, seine Konflikte ins Bewußtsein zu heben und sie zu lösen. Und andererseits wird der emotional unterernährte Patient, trotz seiner augenscheinlich selbst-zentrierten Kälte, die positiv getönte Atmosphäre einer ihn nicht zurückweisenden Empathie, auf lange Sicht, als das geeignete Mittel zur Leistung *seiner* therapeutischen Arbeit empfinden. Doch diese Erwägungen betreffen nur das emotionale Klima, in dem die therapeutischen Interaktionen stattfinden, nicht die Details der analytischen Technik und die Dynamik der Heilung. Wir Analytiker sind zum Beispiel nicht der vereinfachenden Auffassung, daß Menschen durch frühe Entbehrungen krank geworden sind und daß sie nun durch eine verspätete therapeutische Kompensation geheilt werden müßten. Das Bild des alternden Ferenczi, der seine Patienten auf seinem Schloß sitzen läßt und ihnen die Liebe zu geben versucht, die sie in ihrer Kindheit hatten entbehren müssen,⁹ verkörpert nicht unser Ideal. Wir wissen um die Komplexität der Folgen früher Entbehrung, und wir fördern das therapeutische Wiedererscheinen von Kindheitsforderungen nicht, um heute das zu geben, was früher fehlte, sondern um schließlich deren Zügelung und Transformation zu erreichen. Das Primat innerhalb unserer Werthierarchie, das dem Ideal des Erreichens einer je verbreiterten und vertieften wissenschaftlichen Empathie für die Variationen und Nuancen menschlicher Erfahrung zukommen wird, betrifft mit anderen Worten einen allgemeinen motivationalen Kontext, nicht aber ein System von Regeln für Methoden und Arbeitsweisen. Oder, um den gleichen Gedanken noch anders auszudrücken, das uns leitende Ideal wird nicht die durch menschliche Rücksichten gemilderte leidenschaftliche Wahrheitssuche sein, sondern die empathische Erweiterung des Selbst mit Hilfe wissenschaftlich geschulter Erkenntnis.

Ich muß zum Schluß kommen. Trotz der scheinbaren Kompliziertheit meiner Ausführungen ging es mir um einen einfachen

Sachverhalt. Ich glaube, daß die Psychoanalyse in nicht allzu ferner Zukunft sich erneut prüfen wird, ihre Grundhaltung reorganisieren wird, ihr Erbe in eine neue, schöpferische Initiative umsetzen wird. Und da sie jene Wissenschaft ist, die am weitesten und tiefsten in die menschliche Seele blickt, behaupte ich, daß sie der Führer im revolutionären Unternehmen einer Veränderung der Werthierarchie zukünftiger Wissenschaftler sein wird. Der Stolz auf Scharfblick und Realismus wird sich in den konfliktfreien Genuß von *Ich-Funktionen* verwandeln. Und wissenschaftliche Empathie, die Verbreiterung und Verstärkung dieser Brücke zum anderen, wird das höchste *Ideal* sein. Wird der Analytiker die Wissenschaften von morgen in diese Richtung führen, dann wird er in sinnvollster Konsequenz in die entscheidende Schlacht der Zukunft eingetreten sein: in den Kampf zwischen der menschlichen Welt, einer Welt, die den Reichtum der Spielarten der psychischen Erfahrung willkommen heißt, und einer un-menschlichen Welt, der von Kafka vorausgesehenen Welt, deren Vorschriften und Regelhaftigkeiten den Gesetzen gleichen, die das Verhalten der anorganischen Materie bestimmen. Wir können nicht voraussagen, wie diese Schlacht ausgehen wird und welche Seite schließlich den Sieg davontragen wird. Aber wir wissen, auf welcher Seite der Psychoanalytiker kämpfen muß, auf welcher Seite die Psychoanalyse, diese neue Sonne unter den Wissenschaften vom Menschen, ihre verstehende Wärme und ihr erklärendes Licht verströmen wird.

Übersetzt von Nils Thomas Lindquist

Anmerkungen

1 Kohut, H.: »Ist das Studium des menschlichen Innenlebens heute noch relevant?«. In diesem Band, S. 79.
2 Siehe Kohut, H.: *Narzißmus*, Frankfurt 1973, S. 70.
3 Freud, S.: »Ratschläge für den Arzt bei der psychoanalytischen Behandlung«, G. W., Bd. 6, S. 68.
4 Binswanger, L.: *Erinnerungen an Sigmund Freud*, Bern 1965. Der zitierte Brief ist vom 8. Oktober 1936.
5 Brief Freuds an Hollós vom 4. Oktober 1928; zit. nach Max Schur, *Das Es und die Regulationsprinzipien des psychischen Geschehens*, Frankfurt 1973, S. 10.

6 Siehe Kuhn, Thomas S.: *Die Struktur wissenschaftlicher Revolutionen*, Frankfurt 1973 (= suhrkamp taschenbuch wissenschaft 25).
7 Freud, S.: *Massenpsychologie und Ich-Analyse*, G. W., Bd. 7, S. 309 Fn.
8 Vgl. »Ist das Studium des menschlichen Innenlebens heute noch relevant?« In diesem Band S. 67 ff.
9 Siehe den Brief Freuds an Ferenczi vom 13. 12. 1931, in: E. Jones, *Das Leben und Werk von Sigmund Freud*, Bd. III, Bern und Stuttgart 1962.

Der Psychoanalytiker in der Gemeinschaft der Wissenschaftler

Als Psychoanalytiker bin ich gewohnt, die Welt und ihre Ereignisse so zu sehen, wie sie sich in den Erfahrungen des Individuums widerspiegeln. Daher bin ich versucht, auf die meiner Arbeit und mir erwiesene Ehre zu reagieren, indem ich Ihnen etwas über meine persönlichen Gefühle sage und die Bedeutung untersuche, die die Unterstützung durch eine große Institution für das denkende, arbeitende und schöpferische Selbst hat. Die moralische Unterstützung, die Institutionen dem einsamen Schaffenden gewähren können, ist in der Tat gewichtig. Ich glaube jedoch, daß die Bedeutung des Anlasses sich nicht innerhalb des Rahmens der Individualpsychologie definieren läßt, und deshalb habe ich beschlossen, über ein Thema zu sprechen, das mit der tieferen Bedeutung des heutigen Tages zu tun hat. Der Titel meiner Abhandlung, *Der Psychoanalytiker in der Gemeinschaft der Wissenschaftler*, soll daher darauf hinweisen, daß ich ein weites Gebiet ins Auge gefaßt habe: ich will die Beziehung der Psychoanalyse zur Universität untersuchen oder, allgemeiner gesagt, die Schwierigkeiten der Integration eines spezifischen neuen Denksystems, der Psychoanalyse, in das etablierte Gebäude des intellektuellen Lebens unserer Zeit diskutieren, wie es durch unsere Universitäten repräsentiert wird.

Wie wir alle wissen und anscheinend auch mit einiger Resignation, aber ohne allzu viele Fragen akzeptiert haben – obwohl uns diese Tatsache tief verwirren und erstaunen sollte –, standen Psychoanalyse und Universitäten insgesamt nicht auf gutem Fuß miteinander. Es ist immer noch bezeichnend für die mangelnde Integration der Analyse in die Universität, daß Freud, als ihm nach vielen Verzögerungen von der Universität Wien der Titel eines Professors verliehen wurde, diesen nicht etwa für einige der gewagtesten Schritte in der intellektuellen Geschichte der Neuzeit erhielt,[1] sondern für seine soliden, jedoch in keiner Weise weltbewegenden Beiträge zur Neurologie und Neuropathologie.

Es wäre eine lohnende Aufgabe für einen geübten und unvoreingenommenen Historiker, die Beziehung zwischen Psychoanalyse und Universitäten zu untersuchen und – wie könnte er der Versuchung widerstehen – beiden gleichermaßen die Schuld an der Tatsache zu geben, daß die zweifellos immer noch vorherrschende Haltung gegenseitigen Beargwöhnens und gegenseitiger Geringschätzung nicht überwunden worden ist.

Ich bin kein Historiker – leider. Wenn ich noch ein Leben vor mir hätte, würde ich versuchen, einer zu werden, weil ich überzeugt bin, daß eine neue und revolutionäre Geschichtswissenschaft der logische nächste Schritt ist, die natürliche Entwicklung, die dem revolutionären Schritt folgen sollte, den Freud in bezug auf die Individualpsychologie tat. Da ich weder ein geübter Historiker der traditionellen Schule noch natürlich jener revolutionäre Historiker bin, von dem ich gern träume, muß ich mich einstweilen auf einige wenige Kommentare beschränken. Welches ist die Erklärung für die mangelnde Integration der Psychoanalyse in den Hauptstrom der modernen Wissenschaft?

Häufig wird angenommen, gewöhnliche Vorurteile hätten mit dazu beigetragen, daß Freuds Werk nicht recht akzeptiert wurde. »Sie können versichert sein«, schrieb Freud im Jahre 1900 an einen Freund, »daß, wenn mein Name Oberhuber wäre, meine neuen Ideen auf wesentlich geringeren Widerstand getroffen wären.« Vielleicht wäre es so gewesen – doch ich glaube nicht, daß diese soziologische Erklärung befriedigend ist. Sicher haben Vorurteile dazu beigetragen, daß Freud seine Professur an der Wiener Universität so spät erhielt. Doch wenn Freud ein Angehöriger der ethnischen und religiösen Mehrheit in Österreich gewesen wäre, so würde, wie ich glaube, die Psychoanalyse als Wissenschaft von einer großen Alma Mater dennoch nicht akzeptiert worden sein. Nein, die durch unterschiedliche Abstammung hervorgerufenen narzißtischen Spannungen waren nicht das wesentliche Problem. Die Beiträge zahlreicher anderer Gelehrter und Wissenschaftler von Freuds religiöser Herkunft zu den traditionellen Zweigen der Wissenschaft, welche persönlichen Zurückweisungen die Betreffenden auch immer erlitten haben mochten, wurden von der Wiener Universität schließlich akzeptiert und voll in die Gesamtheit des Wissens integriert, das von der jeweiligen Fakultät als gültige Wissenschaft anerkannt wurde. Und wenn jemand immer noch an der Richtigkeit dieser Ansicht zweifelt, empfehle ich ihm, die bewegende Korrespondenz zwischen Freud und jenem jungen Vertreter des traditionellen wissenschaftlichen Denkens, der Hebräischen Universität von Jerusalem, zu lesen, eine Korrespondenz, die von seiten Freuds voller Hoffnung beginnt – in seinem ersten Brief (16. 10. 33) spricht er von »unserer Universität« –, jedoch – Freud läßt nun den Ausdruck »unsere Universität« fallen und wendet sich in seinem letzten Brief (5. 12. 33) kühl an »die Universität von Jerusalem« – mit der gleichen Enttäuschung hinsichtlich der Aufnahme der Psychoanalyse endet, der er sich sein Leben lang durch alle Institutionen höherer Bildung ausgesetzt sah.

Eine weitere wohlbekannte Erklärung für die Ablehnung der Psychoanalyse wird von den Erfahrungen des Analytikers in der individuellen Psychotherapie abgeleitet; es ist dies die Behauptung, die Ablehnung der Analyse sei durch »Widerstand« verursacht. Wie Sie wissen, bezieht sich der Ausdruck Widerstand auf die Tatsache, daß die Konfrontation mit unbewußten psychischen Inhalten die Kräfte der Verdrängung stärkt. Die Analyse konfrontiert den Menschen – den Laien wie den Wissenschaftler – mit all jenen Strebungen in ihm, die nicht zu kennen er gelernt hat; es ist also kein Wunder, daß die Menschen im allgemeinen und die Wissenschaftler im besonderen eine Wissenschaft zurückweisen, die die Aufrechterhaltung der etablierten Verdrängungen bedroht.

Dies ist eine einfache und bestechende Argumentation, ich glaube jedoch, daß sie genausowenig angemessen ist wie jene Erklärungen, die auf sozialen Betrachtungen basieren. Um diese Behauptung gegen die möglichen Einwände zu verteidigen, die gegen diesen Punkt vorgebracht werden könnten, wäre eine eigene Schrift notwendig. Es möge also genügen, wenn ich sage, daß der fragliche Mechanismus zweifellos häufig zutage tritt, wenn Menschen zum ersten Male mit spezifischen psychoanalytischen Funden konfrontiert werden. Es wäre gleichfalls nicht schwer, gewisse Individuen anzuführen, in deren Fall die lautstarke und ärgerliche Zurückweisung der Psychoanalyse klar auf persönlichen psychoanalytischen Kräften beruht, die in der Tat dem Widerstand verwandt sind. Ich glaube jedoch nicht, daß die mangelnde Integration des gesamten von der Psychoanalyse angesammelten Wissens in die wissenschaftlichen Sektoren unserer Zivilisation auf diese Weise erklärt werden kann. Schließlich wurde die Psychoanalyse von Menschen geschaffen und findet bei vielen Menschen tiefes Verstehen. Außerdem wurden verschieden Aspekte der Analyse – wenn auch nur einige sehr spezielle – innerhalb und außerhalb der Wissenschaft zunehmend akzeptiert. Warum also besteht die Kluft zwischen der Psychoanalyse und den Wissenschaften immer noch?

Warum ist die Verleihung einer Ehrendoktorwürde aus dem Bereich der Naturwissenschaften an einen Analytiker *für seine psychoanalytische Arbeit* im Jahre 1973 noch immer ein recht bedeutendes Ereignis, mehr als siebzig Jahre nach der Veröffentlichung der »Traumdeutung«, mehr als neunzig Jahre nach der Aufzeichnung der ersten analytischen Beobachtungen? Nein, von den Wissenschaftlern mit ihrer insgesamt überdurchschnittlichen Fähigkeit, Tatsachen zu akzeptieren, welche auch deren gefühlsmäßige Bedeutungen sein mögen, sollte man annehmen, sie hätten mittlerweile gelernt, die notwendigen psychologischen Berichtigungen vorzunehmen, und innerhalb ihrer streng abgeschirmten autonomen Egos die Arbeit der Integration zwischen Psychoanalyse und den etablierten wissenschaftlichen Disziplinen vorangebracht.

Eine der tiefgründigsten Erklärungen der psychologischen Kräfte, die sich der Anerkennung der Psychoanalyse widersetzen, wurde von Freud vor mehr als sechzig Jahren gegeben. Verkürzt ausgedrückt sagte er, die Analyse werde häufig zurückgewiesen – vor allem ihre zentrale Behauptung von der Existenz unbewußter seelischer Vorgänge –, weil sie eine Entdeckung gemacht habe, die gegen die irrige, aber zäh verteidigte Überzeugung des Menschen spreche, er sei Herr seines eigenen psychologischen Haushaltes. Um Freuds Gedankengang bündig zu paraphrasieren: seine Entdeckung – wie jene von Kopernikus und Darwin vor ihm – stellten einen narzißtischen Schlag für die Menschen dar, und sie reagierten darauf mit narzißtischer Wut in Form von Angriffen gegen die Psychoanalyse.

Ich habe immer größte Bewunderung für diese verblüffend einfache These Freuds gehegt und schätze seine Formulierung noch immer hoch. Es ist jedoch meine Überzeugung, daß sie sich auf einen Faktor bezieht, der auf die Dauer nicht entscheidender ist als die sozialen und psychologischen Kräfte, von denen ich vorher sprach. All diese Erklärungen – und noch eine weitere, zu der ich gleich kommen werde – übergehen das Bestehen von Gegenkräften, die Schaffung von Gegenströmen, wenn Sie so wollen, die den Menschen durch den Gebrauch der verschiedensten psychologischen Mittel dazu befähigen, das scheinbar Unannehmbare anzunehmen. Es mag eine unangenehme Verletzung unseres Stolzes sein, wenn wir merken, daß wir nicht im Mittelpunkt der Welt leben, daß unsere Erde ein winziges Staubkorn im Universum ist – doch es ist uns allen gelungen, diese Tatsache zu akzeptieren, ohne unter vermindertem Selbstwertgefühl zu leiden. Es mag unerfreulich sein festzustellen, daß wir nicht allein und einmalig von Gott als höchstes Produkt seiner Schöpferkraft erschaffen wurden, daß die Menschheit höchstens ein kleines Glied in der Entwicklungskette lebender Materie ist. Und doch – vom Monkey Trial[2] einmal abgesehen – haben wir alle auch diesen Aspekt der Realität akzeptieren können und scheinen deswegen nicht über Gebühr deprimiert. Ich glaube in der Tat, daß die meisten Menschen einen deutlichen Stolz empfinden, wenn sie die erklärende Kraft dieser Theorien kennengelernt haben: ein erhöhtes Wohlgefühl, ein narzißtischer Gewinn, der darauf beruht, daß sie fähig waren, sich durch das Wirken ihres Geistes über sich selbst zu erheben, teilzuhaben an einer höheren Realität durch das Akzeptieren einer Wahrheit, deren Gültigkeit über die Grenzen ihrer individuellen Existenz hinausgeht.

Doch ich muß mich noch einem weiteren psychologischen Hindernis zuwenden, das meiner Meinung nach ebensoviel zur Isolierung der Psychoanalyse unter den Wissenschaften beiträgt wie soziale Vorurteile, Widerstand gegen Verdrängtes und die Ablehnung des Begriffs eines Unbewußten. Es ist dies eine psychologische Konstellation, die nicht nur für die Kluft verantwortlich ist, welche die Psychoanalyse von den anderen Wissenschaften trennt, sie tendiert auch dazu, andere Zweige der Wissenschaft voneinander zu trennen. Ich habe diese trennende Kraft Werkzeug-und-Methoden-Stolz oder Werkzeug-und-Methoden-Snobismus genannt.

Der Begriff allein wird die richtige Bedeutung erkennen lassen. Er bezieht sich auf die zunehmende Wertschätzung jener spezifischen Methoden, die jeder Zweig der Wissenschaft bei der Verfolgung seiner Ziele entwickelt, ja sogar auf die Ehrfurcht, mit der der ganz seiner Arbeit hingegebene Spezialist schließlich zu der idealisierten Methodologie seines Gebietes aufblickt. Die charakteristische Mischung aus Stolz auf seine technische und konzeptionelle Methodologie und Herablassung dem Uneingeweihten gegenüber, die der Spezialist gern entwickelt, führt nicht nur zur Isolation der verschiedenen Wissenszweige voneinander, sondern auch zu einer inneren Verhärtung jedes Zweiges der Wissenschaft und damit zu verringerter Vitalität, da sie den Akzent von dem zu untersuchenden Feld auf die spezifischen Mittel verschiebt, die zu seiner Erforschung entwickelt wurden.

Obwohl ich meine Bemerkungen zu diesem Punkt kurz fassen muß, möchte ich nicht simplifizieren. Ich weiß, daß Methoden und Ziele manchmal nicht sauber zu trennen sind, daß – was gewiß auch für die Tiefenpsychologie gilt – die Entdeckung einer bahnbrechenden Methode der entscheidende Schritt zur Eröffnung eines neuen Feldes sein kann. Ich spreche nicht gegen die Wichtigkeit der Methode, ich verkleinere nicht Methodologie und Spezialkenntnisse, ich sage nur, daß sie nicht idealisiert werden, sondern, psychoanalytisch gesprochen, Ich-Funktionen bleiben sollten. Der Praktiker soll sich an der Fähigkeit freuen, sie perfekt zu meistern. Wenn die Erlangung technologischer Meisterschaft jedoch höchstes Ziel irgendeines Zweiges der Wissenschaft wird, dann erstarrt sein schöpferischer Geist, und sein Überleben ist zweifelhaft.

Dies ist ein ausgedehntes Thema, das ich heute nicht sehr weit verfolgen kann. Wenn unter den Zuhörern vielleicht einige Musikliebhaber sein sollten, kann ich nichts besseres tun, als sie daran zu erinnern, wie bewegend und schön in Richard Wagners Oper *Die Meistersinger* nicht nur die dadurch aufgeworfenen Probleme dargestellt werden, sondern auch die ausgewogene menschliche Haltung, die ihre Lösung erfordert. Die Meistersinger waren eine Zunft, die den freien Ausdruck der Kunst durch immer strenger angewandte Regeln erstarren ließ. Aber der größte von ihnen, Hans Sachs, erhielt sich nicht nur seine Empfänglichkeit für ein schönes Lied, selbst wenn es die engen Grenzen überschritt, sondern konnte gleichzeitig die Erkenntnis des Wertes einer konservativen Methodologie bewahren. »Verachtet mir die Meister nicht, und ehrt mir ihre Kunst!« Das sagt er zu dem schöpferischen Rebellen, der das Gefühl hat, der Werkzeug-und-Methoden-Stolz des etablierten Berufsstandes lasse keinen Raum für seine Originalität.

Doch nun muß ich zu meinem Hauptgedanken zurückkehren und noch einmal meine Überzeugung aussprechen, daß kaum Zweifel an der Tatsache bestehen, daß eine der Barrieren, die die Psychoanalyse von den etablierten Zweigen der Wissenschaft getrennt hat, der Werkzeug-und-Methoden-Stolz war; und daß außerdem wahrscheinlich beide Seiten die Verantwortung für die Existenz dieser Barriere tragen. Ich würde jedoch auch vermuten, daß die zunehmende Annäherung zwischen Psychoanalyse und den etablierten Wissenschaften auf die Tatsache zurückzuführen ist, daß diese besondere Wand durch von beiden Seiten vorgenommene Berichtigungen nach und nach abgetragen wird. Sie wird abgetragen durch die Anstrengungen einiger, die in den etablierten Wissenschaften arbeiten, zum Beispiel von Experimentalpsychologen, die beginnen, die von der Psychoanalyse gesammelten Daten mit Respekt zu behandeln, und die ihre eigene Forschung bereichern, indem sie ihre Aufmerksamkeit auf Gebiete richten, die ihnen durch die Analyse zugänglich wurden. Ebenfalls abgetragen wird die Barriere durch die Bemühung mancher Psychoanalytiker, zum Beispiel jener, die versuchen, die Richtigkeit einiger empirischer Funde der Psychoanalyse mit Hilfe traditioneller Methoden zu beweisen, speziell durch die Methoden statistischer Beweisführung.

Ich habe jetzt einen Wendepunkt in meinen Überlegungen erreicht. Nachdem ich eine Anzahl von Faktoren untersucht habe, die die mangelnde Integration der Psychoanalyse in die etablierten Wissenschaften erklären könnten, und zu dem Schluß gekommen bin, daß keiner von ihnen, allein oder mit anderen kombiniert, für die relative Ausschließung des Psychoanalytikers aus der Gemeinschaft der Wissenschaftler verantwortlich sein kann, muß ich mich nun jenen Merkmalen der Psychoanalyse zuwenden, die in der Tat für die immer noch bestehende Isolation dieser Wissenschaft verantwortlich sind. Ich werde diesen wesentlichen Punkt jedoch nicht direkt angehen, sondern zunächst einen wichtigen Zweifel in Betracht ziehen, der vielleicht vielen nachdenklichen Zuhörern immer deutlicher in den Sinn kommt.

Ist es wirklich wahr, daß die Analyse von unserer modernen westlichen Kultur nicht anerkannt wird? Ist sie nicht im Gegenteil zu einer der Säulen geworden, auf denen die moderne Welt ruht – wie dialektischer Materialismus, Relativität und Quantenphysik und die visuelle Welt von Picasso? Ist es wirklich wahr, daß die Psychoanalyse von unseren Universitäten nicht akzeptiert wird? Hat sie nicht im Gegenteil einen starken Einfluß ausgeübt auf gewisse Aktivitäten innerhalb der Universitäten? Wir brauchen nur an viele Fakultäten für Psychiatrie und Fachschulen für Sozialarbeit zu denken, an einige Fakultäten für Psychologie, soziale und politische Wissenschaften, Geschichte, Theologie, Anthropologie und sogar Jurisprudenz, um festzustellen, daß die Psychoanalyse in den Universitäten festen Fuß gefaßt hat. Und auf anderen wichtigen Gebieten der modernen westlichen Zivilisation – nehmen Sie zum Beispiel den psychologischen Roman, das psychologische

Theaterstück oder den psychologischen Film – ist der Einfluß der Analyse oft so groß, daß er gelegentlich der Entfaltung der eigenen Verdienste der Schöpfungen auf diesen Gebieten im Wege zu stehen scheint, indem psychologisches Verständnis von außen eingebracht wird, statt aus der Tiefe der Seele des schöpferischen Autors aufzusteigen. Doch trotz des gelehrten Eklektizismus an den Universitäten, der seine Toleranz auf die Analyse erstreckt, und trotz der Begeisterung, mit der einige Einsichten der Psychoanalyse von gewissen Gruppen von Künstlern verwendet werden, bin ich immer noch nicht davon überzeugt, daß unsere Kultur die Analyse akzeptiert.

Lassen Sie mich ein konkretes Beispiel geben für die verwirrende Natur der ernsten Schwierigkeiten, die bei dem Versuch auftreten, eine wirkliche Integration der Psychoanalyse mit anderen wissenschaftlichen Disziplinen herbeizuführen. Eine zunehmende Anzahl von Wissenschaftlern verschiedener Gebiete – aus der Psychologie, Anthropologie, Jurisprudenz zum Beispiel – unterzieht sich heutzutage einem psychoanalytischen Training. Ich leugne nicht, daß dies wünschenswert ist – ich habe es sogar viele Jahre lang stark unterstützt. Doch ein spezifisches, paradoxes Resultat solcher Trainings hat mich beunruhigt. Nach dem Training bewegt sich der Teilnehmer nicht selten in eine von zwei Richtungen: nach einer Weile kehrt er emotional und intellektuell zu seiner ursprünglichen Disziplin zurück, kaum sichtbar bereichert durch die psychoanalytische Erfahrung – oder er wird Psychoanalytiker und läßt das Wissen und die Geschicklichkeit seines ursprünglichen Berufes mehr oder weniger fallen. Und selbst da, wo es einem außergewöhnlich begabten Menschen tatsächlich gelingt, eine sichtbare Integration zu erreichen – wie die jetzt größere Fähigkeit eines kenntnisreichen Historikers, Pathographien historischer Persönlichkeiten zu schreiben –, fällt mir auf, daß zwei in ihrer Essenz verschiedene Fertigkeiten von ihm nun Seite an Seite benutzt werden, daß die wesentlichen Inhalte der beiden Wissensgebiete durch die emotionale und intellektuelle Arbeit eines Individuums, das in beiden von ihnen unterrichtet wurde, keine neue Synthese erreicht haben. Man fühlt sich an die Wahrnehmung bei den Figur-Grund-Experimenten erinnert: man sieht entweder die eine Konfiguration oder die andere; doch es ist unmöglich, beide gleichzeitig zu sehen.

Die verwirrende Frage nach der Beziehung zwischen Psychoanalyse und den anderen Wissenschaften ist also noch immer nicht beantwortet, das heißt, wir müssen noch immer die Natur des Hindernisses definieren, das der wirklichen Annahme des zentralen Gebietes der Methoden und Funde der Psychoanalyse durch die anderen Wissenschaften im Wege steht.

Es fehlt in der Tat nicht an Beweisen für meine Behauptung, daß eine dauerhafte Integration zwischen der Psychoanalyse und den anderen Wissenschaften noch immer nicht stattgefunden hat. Das Akzeptieren der Psychoanalyse scheint nicht nur stets temporär und widerruflich zu bleiben – davon zeugen die wiederholten Versicherungen, die Analyse sei veraltet, sei von moderneren Entwicklungen überholt worden – und wird nicht nur gewöhnlich von lautstark ausgedrücktem Unbehagen und Vorsicht begleitet, sondern, und das ist das wichtigste, ich glaube, daß das Akzeptieren der Analyse immer nur ihre Randgebiete betrifft. In der Tat kann ich mich des unheimlichen Eindrucks nicht erwehren, daß die Analyse im Verlauf ihrer Anerkennung an Essenz verliert, daß sie vor allem Gefahr läuft, auf die Verwerfung ihrer stolzesten Errungenschaften zuzutreiben, wenn sie versucht, für die anderen Zweige der Wissenschaft akzeptabel zu werden. Das Unbehagen, das ich unter diesen Umständen empfinde, beruht nicht auf irgendeinem partikularistischen professionellen Snobismus meinerseits, hat nichts mit irgendeinem Überlegenheitsgefühl bezüglich der Fertigkeit des Analytikers im Gebrauch der psychoanalytischen Situation zu tun, sondern mit der Bestürzung, die ich empfinde, wenn ich sehe, wie die tiefsten Einsichten über die tragische Bedingtheit des Menschen, die die Analyse gewonnen hat, in geschickt ausgedachten Filmen, Stücken und Romanen benutzt werden. In allen Fällen, ob die Analyse sich durch das Medium der Kunst darstellt, ob sie wieder reine Wissenschaft wird, ob sie nicht mehr ist als subtile Phänomenologie oder versucht, trockene, quantifizierende Formulierung zu sein – in allen Fällen erkenne ich Unvollständigkeit, in allen Fällen weiß ich, daß jeweils ein wesentlicher Teil dieses großen neuen Gebäudes menschlichen Denkens fehlt.

Vielleicht denken Sie, meine Damen und Herren, daß ich mit all diesen komplizierten Gedankengängen einfach sagen möchte – wie es oft bezüglich des Medizinerberufes gesagt wird –, daß die Psychoanalyse zum Teil Kunst und zum Teil Wissenschaft ist und daß ich es nicht mag, wenn sie entweder ganz das eine oder ganz das andere wird. Man könnte es so ausdrücken; doch ich glaube nicht, daß man damit den Problemen, um die es hier geht, gerecht wird. Zwar möchte ich Ihnen demonstrieren, daß die Psychoanalyse in ihrer Essenz aus zwei scheinbar antithetischen Bestandteilen besteht, von denen einer vielleicht das künstlerische Temperament besonders anzieht, während der andere eher dem nüchternen Intellekt der Wissenschaftlerpersönlichkeit entspricht; es ist jedoch nicht mein Hauptanliegen, die emotionalen Reaktionen verschiedener Menschen auf die verschiedenen Facetten der Analyse zu beschreiben: ich möchte, wenn das in dieser Kürze möglich ist, die aus zwei Schichten bestehende Substanz der Analyse definieren, die, wie ich glaube, für ihre revolutionäre Natur verantwortlich ist, welche sie in der Tat von den etablierten Wissenschaften trennt, ihre einzigartige Position in der modernen Kultur erklärt und vor allem die wichtigste Ursache für die mangelnde Integration in die anderen Zweige der Wissenschaft und folglich die Universitäten ist.

Ziel der Wissenschaft ist es, Erklärungen für von Menschen beobachtete Phänomene zu liefern, letztlich mit dem Ziel, die Herrschaft des Menschen über die Natur auszudehnen. Soweit es die Interessen der Wissenschaft selbst angeht, ist diese Herrschaft auf das Reich der Wahrnehmung beschränkt, obwohl intellektuelle Fortschritte sekundär zu verbesserter technologischer Kontrolle führen können. Um die kognitive Herrschaft über die von ihm beobachtete Welt zu gewinnen, mußte der Wissenschaftler seine Denkprozesse von gewissen archaischen oder infantilen Eigenschaften freimachen: er mußte die Subjektivität aufgeben (das heißt, er mußte lernen, äußere Phänomene als im wesentlichen unabhängig von ihm selbst zu beobachten und in ihren Interaktionen zu erklären); er mußte die animistische Auffassung der Natur aufgeben (das heißt, er mußte erkennen, daß Naturphänomene nicht nach dem Schema der Selbsterfahrung zu erklären sind wie z. B. Wollen und Emotion); und er mußte lernen, sich in seinen Erklärungen immer weiter von seinen Sinneseindrücken zu entfernen. Um ein einfaches Beispiel zu geben: ein Blitz wird nicht als zorniger Angriff eines Gottes auf den Menschen verstanden, sondern muß in mathematischen und physikalischen Begriffen als Entladungsprozeß zwischen verschieden hohen elektrischen Spannungen formuliert werden.

Ich glaube, daß eine Unvollständigkeit in der kognitiven Entwicklung des Menschen in Form einer nicht erkannten, noch immer bestehenden Versuchung, zu animistischem Denken und anthropomorphen Konzepten zurückzukehren, eine defensive Überempfindlichkeit gegenüber der Psychoanalyse geschaffen hat, einer Wissenschaft, die unwissenschaftlich animistisch und anthropomorph zu sein scheint, weil sie sich mit dem inneren Leben des Menschen beschäftigt. Psychoanalyse ist die Wissenschaft von komplexen seelischen Zuständen, die Wissenschaft von den Erfahrungen des Menschen. Damit ist sie für wissenschaftliches Denken die größte Herausforderung: objektiv und (in den Erklärungen) vom Phänomen distanziert zu sein auf dem Gebiet des Subjekts, der menschlichen Seele, der menschlichen Erfahrung selbst. Es ist die emotionale Schwierigkeit, dieser Herausforderung zu begegnen, nicht die Komplexität der intellektuellen Arbeit, die für die Tatsache verantwortlich ist, daß die Psychoanalyse eine sehr späte Entwicklung in der Wissenschaft sein mußte. Die volle Integration der Analyse in die etablierten Wissenschaften wird daher die Manifestation eines entscheidenden Fortschritts im Akzeptieren des wissenschaftlichen Denkens sein.

Die Schwierigkeit, diesen Schritt auf die Integration der Analyse in die Gesamtheit der etablierten Wissenschaften hin zu tun, ist groß und erfordert mehr als guten Willen und die Überwindung des üblichen Werkzeug-und-Methoden-Stolzes. Die emotionale Haltung, die nötig ist, wenn man sich dieser Aufgabe wirklich stellt, ist nicht tolerantes Willkommen gegenüber einem schwachen Nachzügler, sondern offene Konfrontation mit einem bahnbrechenden Pionier. Die Erfüllung dieser Aufgabe ist, wie ich es sehe, von beiden Seiten aus gefährdet: von der Seite des traditionellen Wissenschaftlers, der sich gegen die Analyse abschirmt aus Angst, das Akzeptieren ihrer Methodologie werde das bereits errichtete Gebäude wissenschaftlichen Denkens unterminieren; und, was noch wichtiger ist, von seiten des Analytikers, der wegen seiner Empfindlichkeit gegen den Anschein von Unwissenschaftlichkeit versucht, nicht nur den formalen Stil der Theorien der etablierten Wissenschaften zu übernehmen, sondern auch ihre Beobachtungsmethoden.

Das Unbehagen unter den Analytikern ist nicht neu. Freud drückte es schon 1895 in seinen Studien über Hysterie aus, als er bemerkte, seine Fallgeschichten hörten sich an wie »Novellen... und entbehrten des ernsten Gepräges der Wissenschaftlichkeit«, dieser Eindruck jedoch, so fügte er entschuldigend hinzu, sei auf die Natur des Gegenstandes zurückzuführen und nicht, wie er sagte, auf »meine Vorliebe«.

Ist der Verdacht der anderen Wissenschaften, die Psychoanalyse sei unwissenschaftlich, gerechtfertigt? Besagt das Unbehagen des Analytikers, daß seiner Tätigkeit vielleicht »das ernste Gepräge der Wissenschaftlichkeit« fehlt? Wo ist die Antwort auf diese Fragen? Ich glaube nicht, daß sie schwer zu finden ist.

Jede empirische Wissenschaft beginnt mit Beobachtungen, mit einzelnen Punkten oder mit Gruppen und Kombinationen solcher Punkte; diese werden dann in einen erklärenden (kausalen) Zusammenhang gebracht mit anderen einzelnen Punkten des beobachteten Feldes oder mit Gruppen solcher Punkte, um ihr Verhalten zu erklären. Wir haben die Masse eines Steines, die Masse der Erde und die Fallgeschwindigkeit des Steines; wenn wir diese drei beobachtbaren Punkte korrelieren, kommen wir zu einer erklärenden Annahme, zum Beispiel zu der Hypothese, daß Massen sich anziehen. Oder wir beobachten die Tatsache, daß die Vorstellung eines Menschen ihn zu einem bestimmten Wunsch führt, sehen dann, daß er mit Angst auf diesen Wunsch reagiert, und schließlich werden wir Zeuge, wie die den Wunsch betreffende Vorstellung aus dem Bewußtsein verschwindet; indem wir nun diese drei beobachtbaren Punkte korrelieren, kommen wir wieder zu einer erklärenden Annahme, in diesem Fall zum Beispiel zu der Hypothese eines Verdrängungsmechanismus. Es ist also nicht irgendeine unübliche Art der Erklärung, die die Psychoanalyse von den anderen Wissenschaften unterscheidet, sondern die große Komplexität der Elemente ihrer ursprünglichen Beobachtungen. Die Psychoanalyse beschäftigt sich nicht mit psychologischen Phänomenen so einfacher Art wie zum Beispiel dem Messen der Zeit zwischen dem Ertönen eines plötzlichen lauten Geräuschs und dem Auftreten der Schreckreaktion. Wenn der Analytiker die Reaktion eines Menschen auf eine Erfahrung in seinem gegenwärtigen Leben beobachtet, die einer spezifischen traumatischen Erfahrung in der Kindheit ähnelt, so kann er diese beiden Erfahrungen nicht in Einzelheiten zerlegen – die von gestern und jene aus der Kindheit –, ohne die Essenz der Ereignisse zu verlieren, ohne irrelevant zu werden.[3]

Wie können wir diese erfahrungsmäßigen Konfigurationen mit einer gewissen Sicherheit unterscheiden? Ebenso wie der Beobachter in den anderen empirischen Wissenschaften sich letztlich auf die Eindrücke seiner Sinne verlassen muß, wie verfeinert diese auch immer durch Instrumentierung sein mögen, so muß der psychoanalytische Beobachter sich letztlich auf die Introspektion und vor allem auf die stellvertretende Introspektion verlassen, d. h. auf die Empathie, um die bedeutungsvollen und relevanten Daten im Felde seiner Beobachtungen zu sammeln. Er benutzt natürlich seine Sinneseindrücke, da er die Worte des Analysanden hört und seine Gesten und Bewegungen sieht – doch diese sensorischen Daten würden bedeutungslos bleiben, gäbe es nicht seine Fähigkeit, komplexe psychologische Konfigurationen zu erkennen, die nur die Empathie, das menschliche Echo auf eine menschliche Erfahrung, liefern kann. Ein nicht sehr zuverlässiges Instrument, werden manche sagen. Ja und nein. Die Antwort ist Ja, wenn das Instrument ohne Sorgfalt und Übung benutzt wird, wenn man sich auf die Intuition verläßt anstatt auf geduldiges Warten, Prüfen und Vergleichen. Die Antwort ist jedoch Nein, wenn wir die Notwendigkeit ständigen Studiums zur Absicherung gegen Irrtümer erkennen – Vorurteile, die zu falscher Wahrnehmung führen – und wenn wir erkennen, daß ausdauernde Übung in der Anwendung des Instruments notwendig ist. Es kann außerdem wohl sein, daß Übung in Empathie die Überwindung spezifischer Hindernisse erfordert. Bei zumindest manchen Individuen scheint der Zugang zur empathischen Fähigkeit durch die Entwicklung der nicht-empathischen Wahrnehmungsart blockiert worden zu sein – vielleicht analog zu der Beziehung zwischen der phylogenetischen Verkümmerung des menschlichen Geruchssinnes und der evolutionären Entwicklung der Sehfähigkeit. Doch anders als der Geruchssinn ist die Empathie, d. h. Erkennen mittels narzißtischer Besetzung des anderen, immer noch ein kraftvolles, potentiell verläßliches und auf jeden Fall unersetzliches Beobachtungsinstrument. Die Übung seiner Anwendung stellt den Analytiker vor Aufgaben, die in ihrem Wesen die gleichen sind wie jene, mit denen sich alle anderen empirischen Wissenschaften konfrontiert sehen, d. h. auch jene empirischen Wissenschaften, wo das Beobachtete vom Beobachter essentiell verschieden ist – zum Beispiel im Falle eines Biologen, der bunte Gewebeschnitte durch das Mikroskop untersucht –, d. h. auch jene Wissenschaften, in denen die Empathie nicht verwendet werden muß.

Ich nehme an, daß ich jetzt klargemacht habe, warum ich es zurückweisen muß, wenn die Psychoanalyse unter den Tagesmoden willkommen geheißen wird aufgrund der irrigen Annahme, sie sei nicht mehr als eine spezifische, hochgezüchtete Kunst – eine Kunst, Menschen mittels der empathischen Resonanz zu verstehen. Ich glaube, daß ich auch habe aufzeigen können, warum ich die Aufnahme der Psychoanalyse in den Kreis der Wissenschaften unserer Zeit ablehnen muß, wenn diese Aufnahme auf der restriktiven Zustimmung zu ihren explanatorischen Formulierungen und der Zurückweisung der empathischen Art ihres Datensammelns beruht, die als unerwünschte Unzulänglichkeit angesehen wird, baldmöglichst zu ersetzen durch die traditionellen Methoden wissenschaftlicher Beobachtung. Beide Positionen lassen die eigentliche Natur der Psychoanalyse unberücksichtigt – dieses bedeutenden Fortschrittes auf dem Weg des Menschen zur Erlangung von Herrschaft und Kontrolle durch sein Denken. Beide Positionen übergehen die Tatsache, daß der entscheidende Schritt der Psychoanalyse in der Entwicklung des wissenschaftlichen Denkens darin bestand, daß sie Empathie und die traditionelle wissenschaftliche Methode kombiniert hat, daß sie wissenschaftliche Wahrheitsfindung in den Bereich jener Prozesse eingeführt hat, die nur durch genaue Untersuchung der inneren Erfahrungen des Menschen zugänglich werden.

Lassen Sie mich hier einen Augenblick innehalten und das Ziel der vorangegangenen Überlegungen deutlich machen. Wie ich vorhin schon andeutete: so sehr ich für die mir erwiesene Ehre dankbar bin, glaube ich doch, daß der heutige Anlaß über das Persönliche hinausgeht, daß die Verleihung eines Ehrengrades einer großen, fortschrittlichen Universität an einen Analytiker, dessen Forschung im zentralen Gebiet der Psychoanalyse liegt, einen Schritt auf dem Wege zur Integration der Analyse in die Gemeinschaft der Wissenschaftler darstellt. Durch die Definition jener Eigenschaften der Analyse, die, wie ich meine, ihre Essenz enthalten, wollte ich einen spezifischen Beitrag zu diesem Tag leisten: ich wollte jenen Kommunikationskanal zwischen der Psychoanalyse und den anderen Wissenschaften vertiefen, der, wie ich meine, von der Universität von Cincinnati eröffnet wurde – ich wollte ihn vertiefen, indem ich ihren großzügigen Freunden und Gastgebern die Natur der Psychoanalyse erläuterte. Doch ich möchte es nicht dabei belassen. Da ich mich akzeptiert fühle, möchte ich nicht nur eine Gabe annehmen, sondern auch eine Gegengabe anbieten.

Was jedoch kann die Analyse, dieser Neuankömmling in der modernen Wissenschaft, zu den etablierten Gebieten beitragen? Was kann die Analyse den anderen Wissenschaften geben, von denen sie das Streben nach wissenschaftlicher Objektivität und nach erfahrungsunabhängigen Erklärungen übernommen hat oder es mit ihnen teilt? Die Antwort lautet: die Einführung der Empathie in das Feld der Wissenschaft.

Dies mag Sie vielleicht überraschen, doch nach allem, was ich gesagt habe, werden Sie nicht fürchten, daß ich hier für eine Rückkehr zu sentimentalisierendem Anthropomorphismus, zu einer animistischen Weltauffassung plädiere. Nein, ich habe etwas anderes im Sinn. Ich denke an die Einführung der Empathie in die Universität auf zwei spezifische, miteinander verbundene Arten: erstens, an ihre Benutzung als Mittel der Beobachtung, das die Tiefe und Breite der von einer Reihe traditioneller wissenschaftlicher Disziplinen durchgeführten Untersuchungen vergrößern wird; zweitens, an ihre Verwendung als Matrix, in die alle wissenschaftlichen Aktivitäten eingebettet sein müssen, wenn sie sich nicht immer weiter vom menschlichen Leben entfernen sollen, wenn sie nicht unsere unmenschlichen Herren statt unsere Diener und Werkzeuge sein sollen.

Sie fragen sich nun vielleicht, ob ich nicht die Bedeutung der Rolle der Empathie übertreibe – im menschlichen Leben im allgemeinen und als potentiellen Bestandteil der Wissenschaft. War es nicht genug, daß ich sie als legitimes und wertvolles Instrument wissenschaftlicher Beobachtung im Dienste der Wissenschaft von komplexen seelischen Zuständen vorstellte? Gehe ich nicht zu weit, wenn ich jetzt auch behaupte, daß mit ihrer Hilfe die Formulierung neuer Forschungsziele anderer Wissenschaften erleichtert werden kann, daß – um es korrekt auszudrücken – der Psychoanalytiker wegen seiner Übung in der Empathie in der Lage sein könnte, anderen Forschern bei der Erschließung neuer Forschungsbereiche zu helfen, Probleme aufzuzeigen, die die auf den etablierten Gebieten Arbeitenden nicht erkannt haben, und Fragen zu stellen, die von ihnen vorher nicht gestellt wurden? Sind diese Behauptungen nicht übertrieben, werden Sie fragen. Dennoch gehe ich noch weiter und sage, Empathie sollte das leitende Ideal aller Wissenschaften werden, die Bindung des Wissenschaftlers an die Empathie sollte an die Stelle des Stolzes auf seine methodologische und technologische Kenntnis treten, den er bisher empfunden hat.

Ich muß zugeben, daß diese Aussagen leicht schwärmerisch und idiosynkratisch erscheinen könnten oder, schlimmer noch: daß sie einfach als ein weiteres Beispiel für die Idealisierung eines spezifischen Hilfsmittels angesehen werden könnten, für die eitle Überzeugung, daß jene eine überlegene Position einnehmen, die Experten in dessen Anwendung geworden sind.

Doch dies sind natürlich nicht die Ansichten, die ich vertrete. Die geschickte Anwendung der Empathie als Mittel der Beobachtung verleiht dem Tiefenpsychologen keine größere Überlegenheit als dem Astronomen die geschickte Benutzung des Teleskops oder dem Virologen die Benutzung des Elektronenmikroskops. Ich behaupte auch nicht, daß das Wissen des Psychoanalytikers um die tieferen Bereiche des Menschen, seine Vertrautheit mit den tiefsten menschlichen Strebungen und Konflikten, ihm das Recht gibt, sich eine führende Stellung anzumaßen hinsichtlich der Wertbestimmung der Hierarchie menschlicher Aktivitäten und damit der Bedeutung der Ziele und Strebungen des Wissenschaftlers und Gelehrten innerhalb des sozialen Gefüges der Universität. Nein! Während in mancher Hinsicht der Psychoanalytiker die menschliche Seele in größerer Tiefe und Breite und mit mehr Details erforscht als andere Beobachter des Menschen, neigt seine Sicht vom Menschen zu einer Einschränkung durch die Tatsache, daß er Menschen in einem spezifischen therapeutischen Kontext beobachtet und in einer spezifischen Umgebung, der psychoanalytischen Situation. Der Analytiker kann in der Tat sehr vieles erfahren, das sich auf das Verständnis des allgemeinen menschlichen Verhaltens anwenden läßt; trotzdem würde ich es als Ausdruck von Spezialisteneitelkeit ansehen, wenn der Analytiker behaupten würde, er wisse notwendigerweise mehr über den Menschen als, sagen wir, der Anthropologe, der Historiker, der Soziologe oder der Politikwissenschaftler. Was auf diesem Gebiet nottut, ist die Zusammenarbeit von Spezialisten und damit ihre gegenseitige Bereicherung, nicht jedoch die Erhebung eines Zweiges der Wissenschaften vom Menschen über die anderen.

Anders ist die Situation jedoch hinsichtlich der vollen Würdigung der bedeutenden Rolle, die die Empathie im menschlichen Leben spielt, einer Bedeutung, die weit über ihre Nützlichkeit als Mittel wissenschaftlicher Beobachtung hinausgeht. Hier ist es in der Tat, zumindest an diesem Punkt in der Geschichte des menschlichen Denkens, kein anderer als der Psychoanalytiker, der den breitesten

Zugang zu den relevanten Daten hat. Er weiß, daß die Empathie, trotz ihrer im wesentlichen narzißtischen Natur, ein fundamentaler Modus menschlicher Verbundenheit ist; daß sie nicht nur ein starkes, grundlegendes Band zwischen Individuen ist, sondern die eigentliche Matrix des psychologischen Überlebens des Menschen bildet. Da der heutige Anlaß mir die Rolle übertragen hat, als Vertreter der Psychoanalyse zur Gemeinschaft der Wissenschaftler zu sprechen, darf ich, wie ich glaube, mit dem Versuch fortfahren, Ihnen die Bereicherung darzulegen, die das jeweils angemessene Annehmen der empathischen Einstellung den Wissenschaften bringen würde.

Bevor ich jedoch damit beginne, Ihnen die potentielle Fruchtbarkeit der Anwendung der Empathie in der Wissenschaft zu demonstrieren, werde ich Ihnen zunächst einen Überblick darüber geben, wie ich die Bedeutung der Empathie im allgemeinen menschlichen Leben sehe. Ich habe meine Ansichten in folgende drei Sätze gefaßt: 1. Empathie, das Erkennen des Selbst im Anderen, ist ein unentbehrliches Mittel der Beobachtung, ohne das weite Bereiche des menschlichen Lebens, einschließlich des menschlichen Verhaltens im sozialen Umfeld, unverständlich bleiben. 2. Empathie, die Erweiterung des Selbst, um den Anderen einzuschließen, stellt ein starkes psychologisches Band dar zwischen Individuen, das – vielleicht mehr noch als die Liebe, Ausdruck und Sublimation des Sexualtriebes – der Destruktivität des Menschen gegenüber seinen Mitmenschen entgegenwirkt. 3. Empathie, das annehmende, bestätigende und verstehende Echo, das vom Selbst hervorgerufen wird, ist eine psychologische Nahrung, ohne die menschliches Leben, wie wir es kennen und schätzen, nicht bestehen könnte.

Unter dem Gesichtspunkt der Bedeutung der gegenwärtigen Probleme der Wissenschaft sollte hier keine weitere Erklärung der vorhergehenden Definitionen erforderlich sein.[4] Die Tatsache jedoch, daß eine ganze ältere Generation von psychotherapeutischen Tiefenpsychologen den ursprünglichen Kampf ihres Lebens gegen das unwissenschaftliche »Heilen durch Liebe« zu kämpfen hatte, daß sie militante Positionen als Verteidiger einer wissenschaflichen, »erklärenden« Psychologie gegen ein bloßes »Verstehen«, d. h. eine unwissenschaftliche Psychologie, zu beziehen hatte, läßt es ratsam erscheinen, meine früheren Darlegungen an dieser Stelle zu erweitern. Besonders möchte ich jetzt kurz die Beziehung besprechen zwischen dem vorhergehenden ersten Satz einerseits, nämlich daß Empathie, korrekt angewandt, ein unentbehrliches Mittel wissenschaftlicher Beobachtung ist, und andererseits dem zweiten und dritten Satz, nämlich daß (a) Empathie ein psychologisches Band zwischen Individuen und Gruppen darstellt, das ihre Aggressionen verringert, und (b) daß Empathie eine wichtige psychologische Nährquelle ist, ohne die psychologisches Leben, wie wir es kennen, nicht bestehen könnte.

Diejenigen, die der Meinung sind, unser Hauptkampf müsse sich noch immer gegen Mystizismus, Okkultismus und sentimentalisierende Verwirrung richten, werden nicht nur fortfahren, die rein kognitiven Aspekte der Empathie als Instrument der Datensammlung, das mittels »stellvertretender Introspektion« operiert, zu betonen (wie ich es in meinem Aufsatz von 1959 tat), sondern sie werden auch davor zurückschrecken, die Bedeutung der wertvollen Wirkungen der Empathie auf sozialem Gebiet zu betonen (wie ich es jetzt in Satz 2 und 3 getan habe). Ich bezweifle nicht, daß der Kampf gegen den Mystizismus noch nicht gewonnen ist und daß der Kampf gegen unwissenschaftliche, sentimentale Psychologie fortgesetzt werden muß. Ich bin jedoch überzeugt, daß man diesen Sachverhalt jetzt als untergeordnet ansehen sollte und daß die Aufgabe, die Wissenschaft der Werkzeuge und Methoden in eine größere Matrix menschlicher Werte zu integrieren, nun vorrangig wird.

Wenn man die Empathie als reines Mittel der Beobachtung betrachtet, als einen spezifischen kognitiven Prozeß – man könnte diesen Aspekt der Empathie in der Tat den »empathischen Prozeß« nennen, wie Dr. Warren Bennis vorschlug –, so ist sie wertneutral. Sie kann in ihrer Wahrnehmung der Geschehnisse des Innenlebens eines anderen Individuums nur korrekt oder nicht korrekt sein. Man kann auch zu Recht behaupten, daß Empathie (sogar korrekte Empathie) im Gegensatz zu meinen Sätzen 2 und 3 feindliche Ziele verfolgen kann und oft für destruktive und asoziale Zwecke verwendet wird.[5]

Es kann jedoch kein Zweifel daran bestehen, daß unter normalen Umständen empathische Wahrnehmungsmethoden von Beginn des Lebens an amalgamiert sind mit Erfahrungen einer Vermischung von empathischem Verstehen durch das Selbst-Objekt und dem empathischen Sich-verstanden-Fühlen durch dieses (siehe Kohut 1971), die dem Gefühl entgegenwirken, die Kontrolle des letzteren zu verlieren, und so die destruktive narzißtische Wut des

Kindes mildern (siehe Kohut 1972). Es kann gleichfalls kein Zweifel daran bestehen, daß die Anfänge der empathischen Wahrnehmung innerhalb einer spezifischen Matrix auftreten, die den gesunden Narzißmus des Individuums aufrechterhält, indem sie dem Selbst psychologische Nahrung zuführt (zum Beispiel durch »mirroring« [»spiegeln«] [siehe Kohut 1971]). Und wie mit zunehmender Reife des Individuums der kognitive Aspekt der Empathie immer angemessener und umsichtiger benutzt werden wird (z. B. in der Wissenschaft allgemein, in der Erforschung des Menschen, jedoch nicht in der Erforschung der nicht-menschlichen Umgebung des Menschen), so auch die aggressionsverringernden, das Selbstwertgefühl nährenden und die Menschlichkeit bewahrenden Aspekte der Empathie. Die empathische Brücke zum Innenleben des Anderen, zu seinen Erfahrungen, und die empathische Brücke der Anderen zu uns, zu unseren Erfahrungen, mildern unseren Zorn und unsere Destruktivität und stärken unsere menschliche Essenz. Doch wir sind jetzt auch in der Lage, die nicht-kognitiven Dimensionen der Empathie zu kontrollieren, sie einzuschränken, wo sie unserer Objektivität im Wege stehen, ihnen jedoch freien Spielraum zu gewähren, wo sie unseren größeren Zielen dienen. Innerhalb des Gebietes der gegenwärtigen Untersuchung kann unser Ideal als Wissenschaftler in einem einzigen, vielsagenden Satz zusammengefaßt werden: wir müssen nicht nur nach wissenschaftlicher Empathie streben, sondern auch nach einer empathischen Wissenschaft.

Ich möchte mich jetzt gern der Aufgabe zuwenden, konkrete Beispiele für die Interaktion zwischen dem empathischen Prozeß als Modus der Kognition einerseits und den heilsamen sozialen Effekten der Empathie andererseits anzuführen, um die potentielle Rolle deutlich zu machen, die die Empathie für die Wissenschaft spielen kann. Bevor ich dies jedoch tue, werde ich wieder meinen Gedankengang darstellen – doch jetzt in Form eines kurzen, zusammenfassenden Statements. Die Tiefenpsychologie von gestern hatte die Pflicht, ihre Grenzen so klar wie möglich zu definieren – sie mußte nachdrücklich betonen, daß sie sich nicht der unwissenschaftlichen Methoden einer Heilung durch Liebe bediente, die so viele therapeutische Kulte charakterisieren. Diese Pflicht besteht natürlich noch immer; doch die Prioritäten haben sich verändert. Ich glaube, daß die heutige Tiefenpsychologie – die wissenschaftliche Empathie anwendet – es nicht länger als ihre größte Aufgabe ansehen muß, für die Etablierung als Wissenschaft zu kämpfen. Es ist im Gegenteil meine Überzeugung, daß sie jetzt, da sie ihre eigene Position als Wissenschaft gesichert hat, in der Lage, ja sogar verpflichtet ist, den anderen Wissenschaften, vor allem den in den Universitäten organisierten, bei ihrer Aufgabe zu helfen, eine Matrix des Sinns – empathische Wissenschaft – für ihre Aktivitäten zu bestimmen. Sie muß ihre Hilfe anbieten, da die Gemeinschaft der Wissenschaftler versucht, die Hierarchie ihrer Werte neu zu ordnen, um ihren Kurs in der heutigen Welt – und in der von morgen! – festzulegen.

Doch genug der Verallgemeinerungen und Abstraktionen! Ich weiß, daß sie nicht überzeugen, und ich werde mich daher wieder dem Einzelnen und Konkreten zuwenden. Ich beginne mit zwei Beispielen, die meine Behauptung belegen, daß Empathie als Instrument der Beobachtung bedeutende und auf manchen Gebieten unersetzliche Fähigkeiten der Wahrnehmung besitzt – vor allem, daß mit ihrer Hilfe gewisse Aspekte des menschlichen Lebens verstanden und daher erkannt werden können, die ohne sie nicht verstanden und daher ungesehen bleiben würden. Insbesondere werde ich zwei lehrreiche Beispiele anführen, die die Existenz bisher weitgehend unerschlossener Möglichkeiten dieser psychologischen Funktion aufzeigen und die demonstrieren, daß Menschen mit ungewöhnlicher Begabung für Empathie oder Menschen, deren empathische Funktion in den Genuß eines besonderen Trainings kam, aufgeschlossen bleiben und damit fähig, die Realität in einem neuen Licht zu sehen, wo andere mit geringerer Begabung oder geringerer Übung nur mit stereotyper Empörung oder Haß reagieren können.

Erlauben Sie mir also, Ihnen zwei solcher Beispiele zu geben, in denen die Empathie die Grenzen überschritt, die ihr gewöhnlich auferlegt sind. Das erste ist ein Beispiel für ungeübte, naive Empathie; das zweite ist professioneller; es ereignete sich in meinem eigenen beruflichen Leben.

Mein erstes Beispiel betrifft eine Episode im Leben des Folk-Sängers Bob Dylan, die sich vor Jahren ereignete, kurz nach der Ermordung von Präsident Kennedy und zu einer Zeit, als unser Kummer und Schrecken über dieses Ereignis noch frisch und intensiv waren. Dylan sollte einen Preis von einer Bürgerrechtsgruppe erhalten. Er war sich des großen Unterschiedes bewußt, der zwischen ihm und der konventionellen Mittelklasseversammlung bestand, bei der ihm der Preis verliehen wurde, und wollte etwas von seinem eigenen Wesen demonstrieren, das er durch die Annahme des Preises gefährdet sah. Anstatt seiner Wertschätzung Ausdruck zu geben und um Unterstützung für die Sache der Bürgerrechtsbewegung zu bitten, wie es von ihm erwartet wurde, schockierte er sein Publikum, indem er über Lee Oswald sprach. Er berichtete: »Ich sagte ihnen, ich hätte eine Menge über seine (d. h. Oswalds) Gefühle in den Zeitungen gelesen, und ich wüßte, daß er ziemlich kaputt (up-tight) wäre. Ich sagte, ich sei auch kaputt gewesen, hätte auch eine Menge solcher Gefühle gehabt. Ich sähe eine Menge von mir in Oswald, sagte ich, und ich sähe viel in ihm von den Zeiten, in denen wir alle lebten. Und, wissen Sie«, fuhr Dylan fort, »sie buhten mich aus. Sie sahen mich an, als sei ich ein Tier.«

Sie merken gewiß, auch wenn dieser Bericht jetzt nicht mehr so eindrucksvoll ist wie damals, als ich ihn zum ersten Male las, daß ich Ihnen eine Großtat an Empathie demonstrieren wollte. Dylans Verständnis für menschliche Isolation, für die Verzweiflung, die den Täter einer verrückten Tat motiviert, hat etwas von dem Genie Dostojewskis, das es ihm ermöglichte, das Menschsein des Sünders zu erfassen, von dem Genie, das ihn die essentielle Ähnlichkeit der Menschen bis in die tiefsten Abgründe der Verworfenheit erkennen ließ. Wieviel demonstrative Rebellion auch in Dylans provokativem Akt enthalten gewesen sein mag, er zeigte dennoch, daß ein Selbst seine Grenzen ausdehnen kann, um eine andere menschliche Erfahrung zu verstehen, selbst wenn diese empathische Resonanz zu sozialer Ächtung, zu Ablehnung führt, selbst wenn die Versuchung unwiderstehlich scheint, sich der vorherrschenden Stimmung anzuschließen und so die Belohnung zu ernten dafür, daß man ein etabliertes psychologisches Gleichgewicht nicht stört.

Doch nun das zweite Beispiel. Es betrifft ebenfalls das Erkennen menschlichen Leidens in menschlicher Verworfenheit. Es ist nicht naiv, hat nicht den Beigeschmack dieser Mischung aus Rebellion und Heiligkeit, die Dylans Haltung charakterisiert, sondern illustriert den nüchternen wissenschaftlichen oder beruflichen Gebrauch der Empathie durch einen geübten Beobachter. Ich erlebte es in meiner Funktion als Kontrollanalytiker eines in der Ausbildung befindlichen Analytikers; sein Patient war ein einsamer Mann, der unter dem Gefühl litt, er sei anders als die übrige Menschheit und daher nicht akzeptabel. Wir hatten einige Fortschritte im Verständnis seiner Erfahrungen in Gegenwart und Vergangenheit gemacht, und der Analytiker hatte begonnen, dem Patienten unser Verständnis dafür zu übermitteln, wie die Ablehnung seiner Männlichkeit, des jungenhaften Kerns seiner Persönlichkeit, durch seine bizarre und unberechenbare, jedoch mächtige Mutter ihn beeinflußt hatte und wie verlassen er sich durch den Rückzug seines menschlich berechenbareren, aber schwachen und zurückweichenden Vaters gefühlt hatte. Als Reaktion auf das Gefühl des Verstandenwerdens durch den Analytiker war der Patient weniger argwöhnisch geworden und damit weniger vorsichtig in seinen Mitteilungen. Dies war jedoch der Punkt, an dem er von seiner unaussprechlichen Grausamkeit gegen Tiere zu berichten begann, die unsere empathische Fähigkeit, unsere Toleranz aufs äußerste strapazierte. Schon in seiner Kindheit hielt er Tiere, zu denen er meist freundlich war, die er aber von Zeit zu Zeit unbarmherzig schlug, oft ohne jeden Anlaß, bis sie schwer verletzt waren oder starben. Es war schon schwierig, unsere empathische Haltung gegenüber diesen Geschichten seiner Kindheit aufrechtzuerhalten, doch es wurde noch schwieriger, als er von seinen gegenwärtigen Aktivitäten berichtete, vor allem was sein Verhalten gegenüber seinen Katzen betraf, die er normalerweise hätschelte, manchmal jedoch plötzlich ergriff und gegen die Wand schlug, wiederum oft bis zu schweren Verletzungen oder Tod.

Sie bemerken, meine Damen und Herren, daß ich hier vor allem über unsere Aufgabe spreche, eine empathische Haltung dem Patienten gegenüber beizubehalten. Ich wollte Sie nicht mit einigen der entsetzlichsten Details über die Taten des Patienten belasten, doch auch so werden Sie gewiß verstehen, daß wir aufgebracht und empört waren. In der Tat waren wir nahe daran, die tolerante Haltung des Analytikers, die Bereitschaft zu empathischem Verstehen, aufzugeben, mit anderen Worten, wir waren nahe daran, es dem Beispiel jener Therapeuten gleichzutun, die von heilsamen Folgen berichteten, wenn sie unter ähnlichen Umständen offen ihrer Empörung Ausdruck gegeben hatten und, wie sie es sahen, ehrlich und angemessen auf die Übeltaten eines Patienten reagierten. Wir schlugen jedoch nicht diesen Weg ein, sondern bissen die Zähne zusammen und versuchten weiter, die Bedeutung der Taten des Patienten zu verstehen. Wollte er den Therapeuten erschrecken? <u>Wollte er sich selbst unannehmbar machen aus Angst vor der wachsenden Zuneigung</u>, die er vielleicht für den Analytiker empfand? Drückte er Haß gegen jemanden auf symbolische Art aus oder verteilte er Schläge als Rache für Schläge, die er selbst erhalten hatte? Keine dieser Interpretationen und versuchten Rekonstruktionen[6] traf den Kern der Sache – obwohl die letzte in der Tat nicht weit fehlging. Die empathische Einsicht, die uns zum korrekten Verstehen des Verhaltens des Patienten gegenüber Tieren brachte, kam, was nicht überraschend ist, nicht von dem in Ausbildung befindlichen Analytiker, sondern von mir. Sie kam von mir – oder zuerst von mir –, nicht weil ich auf dem Gebiet der wissenschaftlichen Empathie irgendwelche ungewöhnlichen Kräfte besäße, sondern, wie ich glaube, hauptsächlich deshalb, weil ich – anders als mein Schüler – nicht direkt der Wirkung der empörenden Berichte des Patienten ausgesetzt war.[7] Ich verstand, daß das Verhalten dieses Patienten gegenüber Tieren eine wortlose Beschreibung dessen war, wie er sich als Kind gefühlt hatte. Er fühlte sich damals, wie sich jetzt die Tiere fühlten, wenn er sie herumwarf und zerschmetterte, d. h., wenn er das bizarre Verhalten seiner Mutter wiederholte, die ihn zu verstehen schien und ihn dadurch sensible, empathische Reaktionen auf seine Bedürfnisse und Strebungen erwarten ließ, die ihn jedoch dann auf unberechenbare Art lächerlich machte und abwies und beißend und sarkastisch eben jene Attribute verkleinerte, die er ihr gerade stolz gezeigt hatte. In solchen Augenblicken hatte er sich genauso grausam herumgestoßen und psychologisch so schrecklich zerschmettert gefühlt, wie es die Tiere physisch waren, wenn er sie mißhandelte. In der Tat war er in solchen Augenblicken Qualen und Verletzungen ausgesetzt, die jenen entsprachen, die er seinen Tieren zufügte. Kein Spruch ist in meinen Augen falscher als jener über die Stöcke und Steine, die einem die Beine brechen, und über die Worte, die nie verletzen.

Ich möchte hier nicht die Beweise für die Korrektheit der Rekonstruktion anführen, die ich Ihnen darstellte, und ich muß mich auch darauf beschränken, der Hoffnung Ausdruck zu geben, daß Sie mir glauben, wenn ich kurz erwähne, daß die Interpretationen des Analytikers gegenüber dem Patienten, die auf der oben erwähnten Rekonstruktion beruhen, eine heilsame Wirkung auf den Patienten und sein weiteres Verhalten hatten. Ich wollte ein Beispiel für humanisierende, für heilende Empathie geben, für die Empathie als Brücke zwischen Menschen; ich wollte die Art von Empathie demonstrieren, die fähig ist, nicht nur die Humanität in unserer immer inhumaneren Welt zu bewahren, sondern auch das zurückzubringen, was bereits unwiederbringlich enthumanisiert schien, und es zurückzubringen in das Reich des lebenden, fühlenden Menschen.

Mit den vorangegangenen Beispielen für Empathie versuchte ich, die Kraft dieser psychologischen Funktion zu demonstrieren, nicht nur als Instrument der Kognition, sondern auch als zivilisierende Kraft. Auf diesen beiden umfangreichen Gebieten scheint mir die Empathie unersetzlich, und ich glaube daher, daß die Bedeutung empathischer Beziehungen des Menschen zu seiner menschlichen Umgebung, daß die Bedeutung jenes »Mechanismus, mittels dessen wir in die Lage versetzt werden, jede mögliche Haltung einem anderen Seelenleben gegenüber einzunehmen«, wie Freud sagte, kaum überschätzt werden kann. Hätte ich genügend Zeit zur Verfügung, so würde ich mir den Beweis dafür zutrauen, daß Empathie, die Resonanz essentieller menschlicher Ähnlichkeit, in der Tat – von der Geburt bis zum Tode – die Kraft ist, die der Neigung des Menschen entgegenwirkt, Sinnlosigkeit zu sehen und Verzweiflung zu fühlen; daß die weitverbreitete existentielle Malaise unserer Zeit nicht so sehr auf einer philosophischen, sondern vielmehr auf einer konkreten Erfahrungsbasis beruht, daß unser Hang zu ihr auf den ungenügenden oder falschen empathischen Reaktionen basiert, die wir während der entscheidenden Zeitspanne erlebten, in der der Kern unseres Selbst sich bildet. Und ich könnte zeigen, wie die intensiven Bedürfnisse jener, deren Selbst unterernährt wurde, sie zur leichten Beute jedes Verführers machen, der ihnen verspricht, ihr Gefühl der Leere zu beseitigen, jedes Vorwandes, der, wenn auch nur zeitweise, ihnen das Gefühl gibt, empathisch geschätzt und akzeptiert zu werden, das sie als Kinder internalisiert haben sollten und das ihnen eigentlich heute als unangreifbarer psychologischer Besitz zu eigen sein sollte. Wenn dieses Gefühl jedoch fehlt, ist jede Erleichterung willkommen – von Drogen und wortloser Berührung in Encounter-Gruppen bis zu nationalistischer Ekstase und Eintauchen in mystische Erfahrung.

Schlage ich also vor, daß die Wissenschaft, daß die Universitäten jene emotionale Substanz liefern sollen, die diese Bedürfnisse erfüllt? Schlage ich vor, daß die Universitäten sich eine quasi religiöse Mystik der Empathie zu eigen machen, eine Religion der Empathie, die an die Stelle der Religion der Liebe treten soll? Natürlich nicht! Weder möchte ich, daß unsere Professoren Heilige sind, noch glaube ich, daß irgendeine der geläufigen Heiligkeitsmoden – man denke an die Jesus-Freaks und die Pseudo-Buddhisten unter der Jugend – uns der Lösung unserer Probleme näherbringen wird.

Doch es gibt unter den vielleicht Besten unserer jungen Leute eine neue Haltung, die unsere Aufmerksamkeit verdient. Es ist eine Haltung naiver Unweltlichkeit, gepaart mit Desinteresse und oft Geringschätzung für die traditionellen Werte unserer Kultur. Auf den ersten Blick könnte man darin nichts weiter sehen als die Haltung, die von der Jugend zu erwarten wir gelernt haben. Doch sie ist ein Teil der dauerhaften Weltanschauung dieser jungen Menschen, reicht oft weit ins Erwachsenenalter hinein und ist zwar unweltlich, doch keineswegs weltfremd. Diese jungen Leute zeigen uns, daß die Ideale, die wir ihnen anbieten – vor allem die Ideale der Gelehrsamkeit und wahrheitsfindenden Forschung, die am Ende des neunzehnten Jahrhunderts ihre größte Macht erreicht hatten –, daß diese Ideale nicht bestehen und sie nicht mehr leiten können. Klarsicht und Werkzeug-und-Methoden-Stolz, das Ideal der Suche nach der Wahrheit, darauf stützten sich die Besten in unseren gelehrten Gemeinschaften bis zum Beginn unseres Jahrhunderts. Doch wir haben auch die isolierende Wirkung wissenschaftlichen Stolzes gesehen, haben gesehen, wie leicht der Werkzeug- und-Methoden-orientierte Wissenschaftler sich mit unvermindertem Stolz den totalitären Regimes dieses Jahrhunderts unterwarf und damit einigen der unmenschlichsten Ziele, die die Welt je gekannt hat.

Natürlich kann die Wissenschaft nicht beweisen, daß der Mensch von humanitären Idealen geleitet sein sollte – ebensowenig kann sie beweisen, wie sie es auf der Basis eines vulgarisierten Darwinismus vielfach versucht hat, daß inhumane Ideale, die Lehre vom Überleben des Stärksten, gerechtfertigt sind. Zwar führen unsere wissenschaftlichen Einsichten bezüglich der Bedeutung des empathischen Bandes zwischen Menschen uns nicht zu einem Beweis der Gültigkeit humanitärer Ideale, doch sie tragen wesentlich dazu bei, unser Bewußtsein dafür zu vergrößern, wieviel von der menschlichen Essenz wir aufgeben, wenn unser überwältigender Stolz die spezifischen Ego-Funktionen färbt, die bei der Wahrheitsfindung beteiligt sind, statt der Expansion unseres Selbst, die wir unternehmen, um den Mitmenschen zu erhalten.

Ich trete statt dessen dafür ein, unsere spezialisierten Aktivitäten mit einer neuen Art des Humanitarismus zu durchsetzen – nicht mit dem Humanitarismus der Aufklärung, der die Bildung unserer Universitäten begleitete, wie wir sie heute kennen, und der alt geworden ist, nicht mehr begeisternd und ineffektiv, sondern mit der neuen und wissenschaftlich gestützten Erkenntnis, daß der Mensch sein wesentliches Selbst nicht besser erfüllen kann als indem er dem Menschen, d. h. sich selbst und seinesgleichen, emotional nährende Unterstützung zuteil werden läßt.

Kein Regierungssystem, das das Leben der Bevölkerung regelt, kein sozialer Apparat, der für vernünftige wirtschaftliche Gleichheit sorgt, keine internationale Vereinigung von Ländern, die den Weltfrieden aufrechterhält, wie edel ihre Ziele und wie wirksam ihre Technologie auch sein mögen, können allein auf der Basis ihrer technologischen Perfektion dem Menschen jene fundamentale emotionale Nahrung geben, die er für sein psychologisches Überleben braucht. Selbst wenn die Ziele dieser Institutionen gemäß den Ergebnissen der besten wissenschaftlichen Untersuchungen gewählt werden, die von an unseren Universitäten in den traditionellen Wissensgebieten unterrichteten Fachleuten durchgeführt wurden, selbst wenn ihre Methoden auf der Basis von Experimenten verfeinert wurden, die unsere fortgeschrittensten akademischen Forscher ausgearbeitet haben, Institutionen allein können den Menschen nicht besser erhalten als ausreichende Kalorienzufuhr, optimale Temperatur und bakterienfreie Sauberkeit für das psychologische und biologische Überleben unserer Säuglinge sorgen können. Natürlich sind Nahrung, Wärme und Sauberkeit unentbehrlich; ebenso unentbehrlich sind die großen sozialen Institutionen des Menschen. Doch wenn die Nahrung, die Wärme und die Sauberkeit nicht mit empathischem menschlichem Verständnis gegeben werden und wenn auf den sich entwickelnden Körper und die sich bildende Persönlichkeit des Kindes nicht mit empathischem Annehmen reagiert wird, so wird das Baby nicht wachsen und überleben.

Wir dürfen natürlich ein Prinzip nicht durch seine übertriebene Anwendung auf Details karikieren. Ich möchte, daß der Physiker die Geheimnisse des Atoms untersucht, ich möchte, daß der Chirurg seine Geschicklichkeit verfeinert, und ich glaube, daß sich der Historiker weiterhin der objektiven Entdeckung von Fakten und Dokumenten widmen muß. Doch wenn die Universität vornehmlich nicht mehr ist als eine Organisation, die Laboratorien für ihre Forscher zur Verfügung stellt, Bibliotheken für ihre Gelehrten und

Gehälter für ihre Angestellten, wenn sie nicht mehr ist als eine Ansammlung von spezialisierten Technikern, von denen jeder versucht, einen Sektor der Realität mit seinen eigenen Mitteln zu erklären, dann wird sie weiter an Bedeutung für eine junge Generation verlieren, die bereits tief enttäuscht ist. Das Predigen der alten Werte der Gelehrsamkeit und der nach dem Nobelpreis schielenden Forschung genügt nicht, ebensowenig wie die Erweiterung von theologischen Schulen und philosophischen Fakultäten, wo nur zu oft mit einer gewissen Verlegenheit Bahnen des Denkens verfolgt werden, deren Irrelevanz die Besten der Fakultät selbst schon lange stillschweigend in ihrem Inneren erkannt haben. Und so sehr ich den Gegenstand der klassischen Philologie liebe, so glaube ich doch auch nicht, daß die Betonung dieses Zweiges des Lernens auf Kosten der Naturwissenschaften die Antwort bringen würde.

Doch wie können die Universitäten, wie können die Wissenschaften ihr Wissen zu diesen lebenserhaltenden Zielen vereinigen und damit wieder zu den intellektuellen Führern, den Pionieren unserer Gesellschaft werden, wie können sie wieder zur Verkörperung von Idealen werden, die für unsere Jugend akzeptabel sind?

Freud definierte einmal das Denken auf die folgende schöne Weise. Denken, sagte er, ist ein »Probehandeln«, das mit »geringem Aufwand« an psychischer Energie betrieben wird. Ich glaube, daß eine analoge Definition auf die Aktivitäten der Universität angewandt werden kann. Ebenso wie es die Funktion des Denkens ist, den unterschiedlichen Verlauf möglicher Aktionen zu prüfen, ehe die ganze Persönlichkeit sich für eine spezielle entscheidet und darauf ihre Energien verwendet, so ist es die Funktion unserer Universitäten, Experimente zu unternehmen, die dem Handeln des Menschen in der größeren Arena der Zivilisation vorangehen sollten. Unsere Universitäten sollten das Testgelände sein, auf dem Wissenschaftler verschiedene Hilfsmittel für das Fortbestehen menschlichen Lebens in seinen physischen, biologischen und psychologischen Dimensionen erproben.

Wird die Universität wieder eine Gemeinschaft von Gelehrten sein anstatt eines Ortes, wo einzelne, von der Technik her definierte Spezialitäten durch administratives Übereinkommen zusammengehalten werden? Können Universitäten, kann *eine* Universität den gewagten Schritt unternehmen, zu einer Mikro-Gesellschaft zu werden, einer Enklave innerhalb des Systems der großen Gesellschaft, die in Versuchsaktionen die Selbstprüfung sozialer Prozesse unternimmt, welche außerhalb ihrer Mauern nicht durchgeführt werden können?

Hier ist nicht der Ort, um über Details spezifischer »Probehandlungen« zu sprechen, über – ich benutze den geweihten Ausdruck mit einigem Widerstreben – spezifische Forschungsprojekte, die eine Universität unternehmen könnte, um einen Beitrag zur Definition und Lösung einiger der wesentlichen Probleme unseres Zeitalters zu leisten. Doch ich muß wenigstens einige konkrete, illustrative Beispiele für Fragen liefern, die Gelehrte stellen könnten, denen klargeworden ist, daß die Anwendung von Empathie ihre Arbeit in der Tat bereichern kann.

Nehmen Sie zum Beispiel die Maxime von der lebenserhaltenden, zivilisierenden, heilenden Kraft der Empathie selbst. Sobald wir uns von der Einschätzung der Rolle abwenden, die sie in der Beziehung zwischen zwei Individuen spielt – seien es Mutter und Kind, seien es Psychotherapeut und Patient –, und beginnen, ihre Möglichkeiten in der sozialen Arena zu prüfen, so ist es offensichtlich, daß allein das Wissen des Psychoanalytikers nicht tragfähig genug ist. Es wäre Selbstmord, wollte man den aus zwei Schritten bestehenden Prozeß empathischen Verstehens und wissenschaftlicher Erklärung direkt auf einige der Quellen des Übels in unserer Welt anwenden. Es ist eine Sache, das hinter der grausamen Tierquälerei eines Patienten verborgene menschliche Leid zu erkennen, eine andere aber, den antihumanitären Aktiväten eines gefährlichen faschistischen Politikers und der Anziehung, die er auf die Massen ausübt, tolerant und verstehend gegenüberzustehen. Selbst wenn unser Verständnis der Psychologie des charismatischen oder messianischen Führers zunimmt, selbst wenn wir die psychologischen Bedürfnisse jener erkennen, die ihm folgen, unsere tolerante Kommunikation wird in der politischen Arena keine Bewegung in Richtung auf die Gesundheit in Gang setzen, wie wir dies in der therapeutischen Situation erreichen können. Hier jedoch kann die Universität durch die Kooperation von Wissenschaftlern der verschiedensten Gebiete innerhalb ihres eigenen Mikrokosmos ein Gerüst von experimentellen Aktionen erdenken, kann beantwortbare Fragen formulieren und so Licht werfen sowohl auf die Begrenzungen als auch auf die mögliche Ausdehnung der Wirkung von Empathie auf sozialem Gebiet.

Obwohl sie nicht im Rahmen der konventionellen Forschung liegen, sind die Ziele, die mit jenen Untersuchungen erreicht werden können, die die Anwendung von Empathie erfordern (zusätzlich zum Gebrauch der traditionellen Mittel wissenschaftlicher Kognition), nicht utopisch. Ihre Verfolgung wäre auch nicht undurchführbar. Es stimmt zwar: Mut wäre erforderlich, wollte eine Universität ernsthaft versuchen, die Art von Programm durchzuführen, die mir vorschwebt. Doch wir sollten es als selbstverständlich ansehen, daß jeder entscheidende Schritt in der Geschichte der Wissenschaft, daß jeder bahnbrechende Fortschritt im Verständnis des Menschen für seine Welt die Überwindung von Vorurteilen erfordert, Mut erfordert, die Fähigkeit erfordert, trotz Ächtung und Lächerlichkeit zu überleben. Außerdem braucht die Bewegung in Richtung auf eine neue Definition der Leitphilosophie der Universität nicht mit revolutionärer Geschwindigkeit vonstatten zu gehen, sie kann mittels kleiner Testschritte erfolgen, sagen wir in Form einer begrenzten Anzahl von Untersuchungen, die in Ziel und Methodik vom Wissen des Analytikers um die Probleme und die Persönlichkeit des Menschen beeinflußt sind.

Vor einiger Zeit wies ich zum Beispiel darauf hin, daß ein Universitätskrankenhaus ein großartiges Testfeld zur Untersuchung der enthumanisierenden Wirkung einer großen Institution ist, der spezifischen Angst vor dem Verlust des Selbst, der das Individuum ausgesetzt ist, wenn es sich in der Maschinerie eines unpersönlichen Prozesses gefangen fühlt – selbst wenn das Ziel dieses Prozesses für das Individuum von Nutzen ist. Wäre eine solche Untersuchung nicht eine gute Gelegenheit zur Zusammenarbeit für Wissenschaftler verschiedener Disziplinen? Der Literaturwissenschaftler könnte die Bedeutung von Kafkas Einsichten über den Menschen studieren, der sich in einer verständnislosen Umgebung befindet, von der »*Verwandlung*« bis zum »*Prozeß*« und dem »*Schloß*«; er könnte die wesentlichen Lehren auffinden, die aus den scharfsichtigen Beobachtungen Solschenizyns in der »*Krebsstation*« zu ziehen sind. Der Psychoanalytiker könnte die Reaktionen derjenigen seiner Analysanden prüfen, die dem Prozeß von Diagnose und Behandlung in einer großen medizinischen Institution ausgesetzt waren. In Empathie geübte Beobachter könnten einzelne Patienten in den verschiedenen Stadien der Behandlung befragen und zu bestimmen versuchen, wie man ihre Einsamkeit und Angst am besten lindern könnte; wie man die emotionalen Ressourcen jener erschließen könnte, die vor dem letzten Schritt menschlicher Existenz stehen.

Die Anwendung der Ergebnisse eines solchen Forschungsprojekts wären von so großem Wert bei der Veränderung des Hospitals – des Ortes, an dem zu irgendeiner Zeit die meisten von uns bedeutungsschwere Stunden durchleben müssen; des Ortes, an dem die meisten von uns geboren wurden und sterben werden –, bei der Veränderung des Krankenhauses von einer Fabrik, die diagnostische und therapeutische Maschinen beherbergt, in einen Aufenthaltsort für menschliche Wesen. Doch mein Vorschlag, das Krankenhaus zu studieren, zielte nicht in erster Linie darauf ab, humanitäre Verbesserungen in einer speziellen Umgebung zu erreichen, so groß der Bedarf für diese spezifischen Verbesserungen auch sein mag; mir schwebte bei diesem Vorschlag ein viel umfassenderes Ziel vor. Diese Untersuchungen und andere ähnlicher Art würden, wie ich glaube, unser Verständnis für einige der zentralen psychologischen Probleme des modernen Menschen vergrößern: das Verständnis der menschlichen Probleme in einer Welt – der Welt von morgen –, in der das Individuum mehr und mehr mit einer Umgebung konfrontiert wird, die es auf schmerzliche Anonymität reduziert, die es seines wertvollsten Besitzes beraubt, seines Selbst.

Lassen Sie mich Ihnen ein letztes Beispiel geben für ein Gebiet, auf dem die Einsichten des Psychoanalytikers innerhalb des größeren sozialen Feldes die wissenschaftlichen Untersuchungen stimulieren und bereichern könnten. Die Beobachtungen gewisser besonders verwundbarer Individuen haben uns gezeigt, daß sie auf den Verlust empathischen Verständnisses durch andere unter Umständen damit reagieren, daß sie sich selbst als tot, leblos, nichtmenschlich erleben – vor allem als Maschinen. Auch bin ich zu dem Schluß gekommen, daß der nicht selten vorkommende Wahn gewisser geisteskranker Patienten, sie würden beobachtet, würden elektrisch von jemandem durchdrungen, der die Geheimnisse ihrer Gedanken liest, ihre Wahrnehmung einer Welt ausdrückt, in der es für sie keine Empathie mehr gibt. Solche Patienten demonstrieren mit ihrem Wahn, daß sie ihre Umgebung nicht als warm empathisch erleben, nicht als ihre Gegenwart mit Freude widerspiegelnd und als verständnisvoll für ihre Bedürfnisse, sondern als kalt, indifferent, mechanisch, nicht-menschlich, maschinenähnlich und damit als ihrem Überleben feindlich gesinnt. Dies sind Manifestationen individueller persönlicher Tragödie, die Wiederbelebung der tragischen frühen Kindheit eines Menschen – einer Kindheit zum Beispiel, in der ihm bizarr unempathische Menschen gegenüberstanden.[8] Doch es gibt spezifische soziale Analogien zu solchen Erfahrungen. Denken sie an die vage Angst, die die Berichte über die Benutzung elektronischer Abhörgeräte durch Regierungsstellen in den meisten von uns auslöst. Ich glaube nicht, daß es hauptsächlich Schuldgefühle sind – realistisch und bewußt oder unrealistisch und unbewußt –, die für unser Unbehagen verantwortlich sind. Ich glaube eher, daß die Verwendung dieser Mittel deshalb so unangenehm berührt, weil sie auf gesellschaftlichem Gebiet ein Ebenbild jener enthumanisierten Entartung der Empathie sind, die den psychotischen Patienten quälen, welcher unter dem Wahn leidet, beobachtet zu werden. Der Wahn stellt die Umwandlung der Empathie in eine Kraft dar, die kalt und feindlich in das Selbst des Patienten eindringt, anstatt ihr Verständnis seinen Bedürfnissen anzupassen. Ähnlich scheint durch den Gebrauch von Abhör- und Mitschneidegeräten die soziale Umgebung eine verderbliche Veränderung durchgemacht zu haben: anstatt wohlwollend verständnisvoll gegenüber dem Individuum zu sein, ist sie zu einer feindlichen Kraft geworden, die in die privatesten Mitteilungen des Individuums einzudringen versucht und damit in seine Gedanken.

Würden nicht Einsichten wie diese, gewonnen mit Hilfe der geübten empathischen Wahrnehmung des Tiefenpsychologen, von großem Wert sein für den Historiker, den politischen Wissenschaftler, den Soziologen, den Anthropologen? Würde nicht die Synthese dieser Einsichten mit jenen, die mittels traditioneller, nichtempathischer Untersuchungsmethoden gewonnen wurden, nicht den Weg ebnen zur Definition neuer Problemgebiete und zur Formulierung signifikanter neuer, überprüfbarer Hypothesen? Würden wir nicht auf diesem Wege die Arbeit gewisser bedeutender Kräfte beleuchten, die in der Gesellschaft wirken, in der wir leben? Und wären wir nicht vielleicht mit Hilfe unseres vergrößerten Verständnisses auch in der Lage, diese Kräfte besser zu kontrollieren?

Doch genug! Ich laufe Gefahr, meine Botschaft, meine Aussage unter der Masse der Beweise zu begraben, die zu ihrer Unterstützung angeführt werden. Lassen Sie mich darum meine Behauptung wiederholen. Es ist die Behauptung, daß die Psychoanalyse als Denksystem einen Beitrag zu unseren Universitäten leisten kann, den zur Zeit keine andere Wissenschaft zu liefern in der Lage ist: nicht nur, indem sie ihre spezifischen Werkzeuge und Methoden dem Arsenal der von der Wissenschaft verwendeten Methoden und dem von ihnen angesammelten Wissensfundus hinzufügt, sondern auch, indem sie der Universität hilft, ihre Ziele neu zu definieren, indem sie dem einzelnen Wissenschaftler hilft, die Hierarchie seiner Ideale neu einzuschätzen.

Die Psychoanalyse ist weder unrealistisch noch sentimental gegenüber der menschlichen Persönlichkeit noch den grundlegenden psychologischen Bedürfnissen des Menschen entfremdet. Sie predigt weder die inhumane Lehre vom Menschen als einem Darwinschen Tier, das, unbeeinflußt von altruistischen Werten, sich dem Gesetz des Dschungels unterwirft, noch verkündet sie bequeme, weltfremde Ideale von grenzenloser Humanität oder eine Lehre von übermenschlicher Liebe. Wenn wir jedoch bei der Suche nach Sinngehalten und Idealen zu dem axiomatischen Schluß kommen, daß es das höchste Ziel des Menschen ist, für das Überleben des Menschen zu sorgen, dann sollte die Psychoanalyse in der Lage sein, jene empirischen Beobachtungsdaten zu liefern, die es uns erlauben, realisierbare Ziele für unsere Gesellschaft zu bestimmen, indem wir die tiefsten Einsichten in Rechnung ziehen, die die Wissenschaft bisher über die Natur der menschlichen Seele gewonnen hat.

Es gibt kritische Perioden des Übergangs nicht nur in der Entwicklungsgeschichte des Individuums, sondern auch in der Gruppe – Perioden, in denen ein etabliertes Gleichgewicht aufgegeben werden muß, in denen ein neues Selbst gebildet werden muß. Das Ergebnis des Kampfes während solcher Perioden entscheidet über Gesundheit oder Krankheit, über weiterführende neue Lösungen oder Abstieg. Es hat den Anschein, als sei unsere Zivilisation mit der Herausforderung konfrontiert, neue Wege für das menschliche Überleben in einer Massengesellschaft zu finden. Die Universität wie wir sie gekannt haben – wie sie sich aus den humanistischen Anfängen in der Renaissance zu ihrer modernen Kulmination entwickelte: ihre beeindruckenden Leistungen in Biologie und Physik – war Ausdruck der Strebungen des denkenden, forschenden Individuums, das aus der mittelalterlichen Anonymität aufgetaucht war. Doch als die soziale Umgebung sich veränderte und selbst zur größten Gefahr für das Überleben des Menschen wurde, haben die Universitäten auf diese Veränderung nicht ausreichend reagiert. Sie arbeiteten weiter wie gewöhnlich an der Verfolgung ihrer alten Ziele und tendierten gleichzeitig dazu, sich ihrer neuen Umgebung anzupassen, ohne den Versuch zu machen, ihre Rolle neu zu definieren und die Struktur ihrer Ziele neu zu überdenken. Vor allem – und da liegt, wie ich glaube, die ernsteste Konsequenz ihrer Trägheit – haben sie ihre Ressourcen nicht mobilisiert im Dienste der Verschiebung der Ziele von der Eroberung der Natur auf die Kontrolle des menschlichen Schicksals, welche das sich verändernde Muster der Zivilisation erfordert.

Eine beträchtliche Anzahl von Wissenschaftlern hat bereits begonnen, diese Tatsachen zu realisieren. Sie haben noch nicht erkannt, daß sie und damit die Universitäten für den modernen Menschen immer weniger relevant geworden sind, doch sie haben klar erkannt, daß sie oft von Kräften benutzt werden, mit deren Zielen sie nicht übereinstimmen. Das Beispiel von der technologischen Ausnutzung grundlegender wissenschaftlicher Entdeckungen im Kriege – von der Physik bis zur Psychologie – ist das offensichtlichste, doch es gibt noch viele andere. Die Reaktion der Wissenschaft, der Universitäten auf diese Übel war mehr oder weniger ein Notbehelf und insgesamt unwirksam. Ich möchte persönlichen Mut in diesem Zusammenhang nicht abwerten, und ich leugne nicht, daß Beispiele individuellen Widerstandes gegen die Ausbeutung wissenschaftlichen Denkens ihre historisch bedeutenden Zeichen gesetzt haben – doch individueller Mut ist nicht ausreichend. Was erforderlich ist, ist eine Veränderung des Leitsystems von Idealen innerhalb der wissenschaftlichen Gemeinschaft.

Der Mensch nahm es gewöhnlich als selbstverständlich hin, daß er gegenüber den Kräften der Natur hilflos war, wehrloses Opfer von Sturm und Seuche; daß er diesen Kräften gegenüber nicht mehr tun konnte, als sich darein zu schicken und zu beten. Die Wissenschaft hat dieses Gefühl der Resignation verändert. Physik und Biologie haben uns Erklärungen geliefert, welche die Basis einer Technologie wurden, die uns Kräfte meistern ließ, von denen der Mensch gedacht hatte, sie seien für alle Zeit seiner Kontrolle entzogen.

Zwar hat der Mensch ein Stück Weges zur Eroberung der Natur zurückgelegt, doch er betrachtet sich immer noch als den Strömen der Geschichte und den Gezeiten kultureller Veränderung hilflos ausgeliefert. Heute gibt es weniger Gebet, sondern Resignation und manchmal sogar einen versnobt-aristokratischen Pessimismus, der den vermeintlichen hohlen Optimismus des Versuchs zurückweist, den Lauf der Geschichte zu beeinflussen und Geschwindigkeit und Richtung der kulturellen Wandlung zu kontrollieren. Auf lange Sicht jedoch sind wir vielleicht weniger hilflos als wir denken. Seit dem Aufkommen der Tiefenpsychologie beginnt der Mensch, über Instrumente und Begriffe zu verfügen, die ihm einen breiteren Zugang als je zuvor zu den Kräften verschaffen, die ihn motivieren. Das größere Verständnis seiner eigenen Ziele und Zwecke, das er so vielleicht gewinnt, kann ihn auch einer effektiven Kontrolle seiner eigenen Handlungen näherbringen.

Hier muß der mutige Gelehrte und Wissenschaftler wieder zum intellektuellen Führer des Menschen werden, muß dem Menschen wohldurchdachte Pläne zur Herrschaft über bisher uneroberte Gebiete liefern.

Kurz gesagt, es war das Versäumnis der Universität, daß sie ihre traditionellen Anstrengungen zur Verfolgung ihrer spezialisierten Bemühungen fortsetzte und ihre Augen vor dem tragischen Menschen verschloß, der in einer immer unmenschlicheren Umwelt erstickt, die er selbst weiterhin schafft. Die gegenwärtige Isolation der Psychoanalyse von den Universitäten sollte also als Zeichen dafür angesehen werden, daß ein ungesundes kulturelles Stocken noch nicht voll überwunden ist; ihre beginnende Integration jedoch ist nicht nur ein Schritt auf dem Wege zur Mobilisierung eines kreativen Kampfes um neue Sinngebungen und Ideale und um neue wissenschaftliche Ziele, sie zeigt auch, daß eine Bewegung in Richtung auf erneuerte kulturelle Gesundheit in Gang ist.

Übersetzt von Elke Kamper

Anmerkungen

1 Wie ich schon in früheren Mitteilungen gesagt habe und wie auch heute wieder deutlich werden wird, glaube ich, daß die wesentliche Bedeutung von Freuds Beitrag weder in der Erfindung der ungeheuer fruchtbaren Methodologie der Psychoanalyse lag noch auch in den zahlreichen psychologischen Entdeckungen, die er mit Hilfe seiner neuen Methoden zu machen in der Lage war, sondern darin, daß er eine Wissenschaft geschaffen hat, die einen empirischen und begrifflichen Zugang zu einem

Gebiet ermöglichte, das bis dahin nur dem nicht wissenschaftlichen Eingehen von Künstlern und Schriftstellern offenstand, d. h. eine Wissenschaft von der menschlichen Seele in all ihrer Komplexität.

2 Ein Prozeß, der in den 20er Jahren im Staate Tennessee gegen die Verbreitung der Darwinschen Abstammungslehre geführt wurde. A. d. Ü.

3 In diesem Zusammenhang ist es interessant, an Goethes berühmte Weigerung zu denken, die Relevanz von Newtons Farbentheorie zu akzeptieren, vor allem Newtons Behauptung, die Summierung aller Farben des Spektrums würde Weiß ergeben oder umgekehrt, weißes Licht lasse sich in die Farben des Spektrums zerlegen (durch Brechung mittels eines Prismas). Es gibt keinen Zweifel, daß Goethe im Unrecht war, was die Physik des Lichtes angeht, doch im Kontext einer psychologischen Farbtheorie ist seine Position gültig. (Vgl. Heisenberg W., Philosophic Problems of Nuclear Science, Pantheon, New York, 1952; S. 60–76, besonders S. 64, wo er sagt: »Allen, die sich mit... Goethes und Newtons Theorien beschäftigt haben, ist klar, daß eine Untersuchung ihrer jeweiligen richtigen und falschen Ansichten nichts ergibt... im Grunde beschäftigen sich diese beiden Theorien mit verschiedenen Dingen.«) Vom Standpunkt des Beobachters aus ist Weiß ein Phänomen, das nicht in sinnvoller Weise als Summierung der Farben des Spektrums verstanden werden kann.

Es ist nicht leicht für den Geist des modernen Menschen, dem von Kindheit an die Betrachtungsweise der physikalischen und biologischen Wissenschaften eingeimpft wurde, die Tatsache zu akzeptieren, daß eine wissenschaftliche Haltung gegenüber einer Welt subjektiver Erfahrungen nicht weniger gültig (und in manchen Zusammenhängen wesentlich relevanter) ist als eine wissenschaftliche Haltung gegenüber einer Welt objektiver sensorischer Daten. Die folgenden Überlegungen jedoch werden zeigen, daß jeder der beiden Ansätze innerhalb seines (von der Wirkung her definierten) Bereiches gültig ist. Für den Physiker ist die essentielle Natur der von den menschlichen Sinnen als Hitze und Farbe wahrgenommenen Phänomene identisch. Er begreift sie in der analogisierenden Darstellung von Wellen und unterscheidet sie nur durch die unterschiedliche Häufigkeit dieser Wellen entlang der Zeitachse. Die energetischen Konstellationen, die vom Menschen als Empfindung von Hitze oder Wahrnehmung von Rot erfahren werden, bilden daher für den Physiker ein ungebrochenes Kontinuum, ungeachtet der Tatsache, daß eine Art von Rezeptoren in der biologischen Ausstattung des Menschen (gewisse sensorische Organe in der Haut) auf Wärme eingestellt ist, während eine andere Art (gewisse sensorische Endorgane in der Retina des Auges) auf die Farbe Rot eingestellt ist. Aus der Sicht des Psychologen jedoch, der sich mit den menschlichen Erfahrungen beschäftigt, können Wärme und die Farbe Rot völlig verschiedene Begriffsinhalte haben – in der Einschätzung des Psychologen können

Wärme und die Farbe Rot völlig unterschiedliche Erfahrungen sein, die kein Kontinuum bilden.

An dieser Stelle ließe sich einwenden, daß die Fähigkeit, über die Wahrnehmung der Sinne hinauszugehen, ja gerade das Kennzeichen der Wissenschaft ist und daß es daher eine charakteristische Errungenschaft der Wissenschaft ist, eine Einheit (ein Kontinuum) hinter Phänomenen zu erkennen, die der bloßen Wahrnehmung als verschieden (Diskontinuum) erscheinen. Ein solcher Einwand jedoch basiert auf einem antipsychologischen Vorurteil und dreht sich im Kreise. Tatsächlich führen wissenschaftliche Unternehmungen manchmal zu Ergebnissen, die in krassem Gegensatz zu den Eindrücken des Alltagslebens stehen. Die Wissenschaft entdeckt in der Tat manchmal Ähnlichkeit, Verwandtschaft und Kontinuität, wo der Ansatz des gesunden Menschenverstandes nur Verschiedenheit, Fehlen von Verwandtschaft und Diskontinuität sehen kann. Andererseits entdeckt die Wissenschaft auch Verschiedenheit, essentielle Fremdheit oder das Fehlen von Kontinuität, wo der nicht wissenschaftliche Beobachter den Eindruck von Einheit, Verwandtschaft oder Kontinuität gewinnt. Doch solche Entdeckungen, die im Gegensatz zu Alltagswahrnehmung und -urteil stehen, sind nicht auf Beobachtungen innerhalb der Sphäre physikalischer und biologischer Wissenschaften beschränkt, sie tauchen auch in der wissenschaftlichen Psychologie und par excellence in der Tiefenpsychologie auf, d. h. innerhalb des Gebietes der Psychologie komplexer seelischer Zustände. Die Behauptung zum Beispiel von der essentiellen psychologischen Einheit der drei Begriffe Pedanterie, Geiz und Starrsinn mag dem alltäglichen Beobachter als widersinnig erscheinen – für den tiefenpsychologischen Wissenschaftler jedoch ist die genetisch-dynamische Verbindung dieser psychologischen Merkmale so offensichtlich wie für den Physiker die Tatsache, daß Hitze und Rot im Spektrum energetischer Konstellationen benachbarte Plätze einnehmen. Oder, um diese Überlegungen mit einer weniger technischen Note zu beenden, verschieden hohe Temperaturen werden vom Physiker nur als quantitativ unterschiedlich begriffen – für den Psychologen jedoch ist es offensichtlich, daß Kälte, Wärme und Hitze qualitativ verschiedene Erfahrungen sein können, die (z. B. in Träumen) als Symbol stehen für kalte emotionale Gleichgültigkeit, warme empathische (mütterliche) Fürsorge und glühend heiße, destruktive Kritik.

4 Ich sage dies vor allem im Hinblick auf die Tatsache, daß ich mich in früheren Publikationen ausführlich über die wissenschaftliche Empathie geäußert habe. (Siehe z. B. Kohut 1959; Kohut 1971, vor allem S. 300 bis 307; sowie Kohut 1973, vor allem S. 14.)

5 In diesem Zusammenhang brauchen wir nur an die psychologischen Mittel zu denken, die, empathisch auf den psychologischen Zustand eines Gegners ausgerichtet, in der Kriegspropaganda verwendet wurden,

damit der Feind den Mut verlieren und den Kampf aufgeben sollte; oder an die Mittel von Verkaufskanonen, die empathisch die Bereitschaft des Opfers, sich überreden zu lassen, einschätzen und dann diese empathisch gewonnenen Daten benutzen, um minderwertige Ware zu verkaufen; etc.

6 Ich stelle die verschiedenen psychologischen Konfigurationen, die durch versuchsweise Empathie erhalten wurden, dar, um einen Aspekt der *wissenschaftlichen* Empathie zu demonstrieren. Der Gebrauch der Empathie in der Tiefenpsychologie basiert nicht auf undefinierbarer Intuition des Beobachters – er ist ein spezifischer, disziplinierter kognitiver Prozeß. Der geübte Analytiker lernt, sich nicht durch Aha-Erlebnisse empathischer Pseudo-Schlüsse überzeugen zu lassen. Er definiert geduldig die größte Vielfalt möglicher Konfigurationen und schätzt dann das auftauchende Material – einschließlich der Reaktionen des Patienten auf versuchsweise Deutungen als Beispiele für oder gegen die Korrektheit, Exaktheit und Relevanz der Bedeutung ab, die er zu definieren versuchte.

7 Die relativ abgeschirmte Position, die der Kontrollanalytiker oder Konsultant genießt, verdient als methodologischer Faktor in der psychoanalytischen Forschung besondere Aufmerksamkeit. Die Vorteile, die sich aus dem Schutz der kognitiven Prozesse des Konsultanten ergeben (einschließlich der größeren Entspannung, mit der er seine Empathie den Daten zuwendet), müssen abgewogen werden gegen die ungünstige Wirkung der möglichen Verzerrung des Materials bei der Übermittlung durch den Analytiker und durch die Artefakte, die durch die Kontrollsituation eingeführt werden. Ich glaube jedoch, daß die Vorteile oft gewichtiger sind als die Nachteile – vor allem, wo die Untersuchung emotional verführerische, regressive Formen der Psychopathologie betrifft. Ich glaube daher, daß die Situation, die wir traditionell als Lehrmethode benutzt haben, auch ein vielversprechendes Forschungsinstrument ist.

8 Die Bedeutung gewisser psychopathologischer Phänomene ist oft leichter zu begreifen, wenn sie Manifestationen einer kleineren (relativ geringen) Abweichung von den normalen seelischen Funktionen sind (d. h., wenn sie fließend auftreten und die Persönlichkeit des Patienten nicht überwältigt haben), als wenn sie Symptome einer größeren Störung sind (d. h., wenn sie sich für längere Zeiträume etabliert haben und die gesunden Sektoren der Persönlichkeit des Patienten überwältigt haben). Diese Betrachtungen lassen sich auch auf die Erkenntnis anwenden, daß der Wahn, von Strahlen oder anderen elektrischen Vorrichtungen beobachtet zu werden, ein Ausdruck für die Erfahrung des Patienten ist, daß eine Verschlechterung der Empathie von seiten seiner Umgebung stattgefunden hat. Für mich selbst zum Beispiel war der erste Anstoß zu dieser Einsicht der Bericht von der Behandlung eines siebenjährigen Jungen, der im allgemeinen guten Kontakt zur Realität hatte und, obwohl von Ängsten bedrängt und mit einer Neigung zu Argwohn und Provokation, ein-

deutig nicht psychotisch war. Als der Therapeut in dem Jungen die Hoffnung erweckt hatte, er werde empathisches Verständnis für seine Bedürfnisse zeigen (und sich damit von seinen Eltern unterscheiden), reagierte der Therapeut auf eine Mitteilung des Kindes in einer Art, die das Kind als unempathisch erlebte. Das Kind, das sich sehr auf den intensiveren Stundenplan der Psychotherapie gefreut hatte, den der Therapeut jetzt einführte, hatte einen Orangensaft-Automaten in einem der Klinikbüros entdeckt und hatte den Therapeuten gebeten, ihm etwas Saft zu geben. Anstatt auf das Kind zu reagieren auf der Basis der Einsicht, daß der Wunsch des Kindes seine begierige und hoffnungsvolle Haltung gegenüber dem ausdrückte, was es nun in der therapeutischen Beziehung sicher zu erhalten glaubte, dachte der Therapeut, er müsse den Wunsch des Kindes nach direkter oraler Befriedigung zügeln. Das Kind reagierte darauf, indem es die Überzeugung entwickelte, die Stifte, die der Therapeut in der Hemdtasche trug, seien Mikrophone, die seine vertraulichen Mitteilungen an ein Tonbandgerät und damit letztlich an die Eltern des Kindes weitergäben. Ich glaube, daß der temporäre paranoide Wahn des Kindes als Botschaft zu verstehen ist: »Du bist ebenso kalt und unempathisch wie meine Eltern!« sagt das Kind zu seinem Therapeuten. Obwohl diese klinische Vignette nicht mehr als eine Illustration sein kann, da ich weder das Kind behandelte noch die weitere Therapie als Konsultant verfolgte, habe ich seither viele ähnliche Beispiele in meiner analytischen Praxis beobachtet, bei denen die Assoziationen eines Analysanden zeitweise einen paranoiden Zug annahmen, nachdem ich unempathisch gewesen war und so vom Patienten als traumatisch unempathischer Elternteil seiner Kindheit erlebt worden war.

Bibliographie

Heisenberg, W. (1952): *Philosophic Problems of Nuclear Science*, New York (Pantheon). Deutsch: *Wandlungen in den Grundlagen der Naturwissenschaft*.

Kohut, H. (1959): deutsch (1971): »Introspektion, Empathie und Psychoanalyse«, *Psyche* 25, S. 831-855.

– (1971): *The Analysis of the Self*. Deutsch: *Narzißmus. Eine psychoanalytische Theorie zur Behandlung narzißtischer Persönlichkeitsstörungen*, Frankfurt a. M. 1973 (Suhrkamp).

– (1972): deutsch (1973): »Überlegungen zum Narzißmus und zur narzißtischen Wut«, *Psyche* 27, S. 513-554.

Ist das Studium des menschlichen Innenlebens heute noch relevant?

Wie Sie wissen, ist die Psychoanalyse von den verschiedensten Seiten her Angriffen ausgesetzt: sie gilt als hedonistisch, als puritanisch; als mystisch-unwissenschaftlich, als hyperrational; als zu revolutionär, als zu altmodisch; als rechtsreaktionär, als linkskommunistisch. Da die Psychoanalyse auf vielen Ebenen arbeitet, viele Seiten des Menschlichen beobachtet, viele Schichten menschlicher Leidenschaft aufdeckt, viele Hemmungen menschlicher Tätigkeit erklärt (und erklärend behebt), haben solche Anklagen oft in einem gewissen Sinne recht. Es gibt immer das dialektisch Andere, dessen Vernachlässigung man der Analyse an jedem Punkt vorwerfen kann, den sie gerade erforscht und beschreibt. Es ist in solchen Fällen leicht, anzuklagen und schwer, zu verteidigen. Die Anklage ist einfach und konkret, die Verteidigung müßte auf dem mühsamen Studium des vielfältig Ganzen der psychoanalytischen Erkenntnis beruhen – einschließlich ihrer Unvollständigkeit und Entwicklungsmöglichkeit.

Im Hinblick auf diese Sachlage begann mich die Möglichkeit zu beunruhigen, daß ich in einem Universitätsmilieu zu Ihnen sprechen würde. Ich weiß, daß die Ungeduld der Universitätsjugend mit Meinungen, die zu verwerfen sie sich berechtigt fühlt – und in vielen Fällen auch berechtigt ist! – sehr groß ist und daß deshalb Vorträge an Universitäten nicht selten gestört werden, was es dem Vortragenden unmöglich machen kann, seine Gedankengänge verständlich auszuführen. Für einen solchen Fall wählte ich den Titel meines Vortrags. »Ist das Studium des menschlichen Innenlebens heute noch relevant?« fragte ich. Im Falle von Demonstrationen nahm ich mir vor, einfach ein lautes »Ja!« auszustoßen und so schnell wie möglich den Rückzug anzutreten.

Ich hoffe natürlich, meine Damen und Herren, daß Ihre Freundlichkeit es mir gestatten wird, auf die vorgenannte prägnante Beantwortung meiner selbst gestellten Frage zu verzichten. Und wie Sie sehen werden, hätte ein einfaches »Ja« einen viel weniger eindeutigen Sachverhalt verdeckt. Die Frage scheint mir in der Tat völlig berechtigt, und es gibt eine Reihe von ernstzunehmenden Gründen, mit denen man ein »Nein« unterstützen kann.

Wir leben in einer Zeit intensiver Veränderungen der *condition humaine*. Riesige Menschengruppen formieren sich in kürzesten Zeiträumen unter neuen Richtlinien des menschlichen Zusammenlebens. Allenthalben steht der einzelne plötzlich vor der Aufgabe, sich neuen Lebenszielen zuzuwenden, sich neue Wertvorstellungen zu eigen zu machen, sich oft innerhalb einiger Jahre einer neuen Gesellschaftsordnung anzupassen. Solche Anforderungen werden nicht nur in jenen Territorien gestellt, in denen sich eine soziale Revolution durchsetzte, wo ein neuer Staat gegründet worden ist oder wo eine Regierungsform sich grundsätzlich geändert hat, sondern auch innerhalb jener Nationen, wie z. B. in den Vereinigten Staaten, deren Gefüge im ganzen gesehen unverändert erscheint. Man denke nur an die Emanzipierung des amerikanischen Negers und an seine Tendenz, sich gewalttätiger Mittel zu bedienen; oder an die schnelle Amerikanisierung der ethnisch neuen Gruppen mit ihrem für Amerika so untraditionellen, amoralischen Patriotismus, die die Frage nach der Gerechtigkeit der Staatshandlung ungeduldig beiseiteschieben und sich – wieder im Gegensatz zum historisch etablierten Typus – einer rechthaberischen Unduldsamkeit gegen die moralischen Zweifler hingeben. Überall muß neu gedacht und gehandelt werden, wenn man effektiv am Neuen teilnehmen will. Und überall gehen die Schiwagos zugrunde, die nicht imstande sind, sich den neuen Bedingungen anzupassen, ohne den lebenserhaltenden Kern ihres Wesens aufzugeben.

Und wie nimmt sich da die tiefenpsychologische Forschung aus, wenn man sie gegen den Hintergrund der gegenwärtigen Lage betrachtet? Recht übel – wenn man nur flüchtig hinsieht und sich nicht dazu bringt, den Sachverhalt im Breiten zu untersuchen.

Die tiefenpsychologische Forschung wird beinahe ausschließlich anhand der therapeutischen Situation betrieben. Vier-, fünf- oder gar sechsmal in der Woche kommt der Analysand zum Analytiker und schwätzt eine Stunde lang über alles, was ihm, scheinbar ungeordnet, durch den Kopf geht. Der Analytiker, der eine lange, intensive Ausbildung hinter sich hat, hört zu, hat Einsichten, die er dem Patienten mitteilt. Das alles kann Jahre dauern, und wenn es gut geht, wie sich das Gott sei Dank bei einem ständig zunehmenden Prozentsatz ereignet, führt dieser mühevolle Aufwand in der Tat zu einer tiefgreifenden Besserung eines einzelnen Menschenschicksals, zu einem neuen Einblick in ungeahnte Zusammenhänge einer Persönlichkeit, die mit ihrer Vergangenheit Frieden geschlossen, die Achtung vor sich selber gewonnen hat und die der Zukunft mit unabhängiger Kraft und Initiative entgegensieht. Schön, wird man sagen, aber lohnt sich dieser Aufwand? Alle diese hundert und aberhundert Stunden der Arbeit – für *einen* Menschen? Ist das nicht Verschwendung, unmoralischer Luxus in einer Zeit, in der Millionen und Abermillionen kämpfen, leiden, zugrundegehen?

Ich will mich hier nicht ausführlich auf eine kleinliche Verteidigung der therapeutischen Analyse einlassen. Ich könnte sagen, daß wir oft sehr wertvollen Menschen Hilfe bringen – statistisch ist z. B. gezeigt worden (was jeder Analytiker auch ohne Statistiken gewußt hat), daß die Analyse nicht die müßigen Reichen behandelt, wie das oft behauptet wird, sondern die Gebildeten und potentiell Kreativen, die sich nun wichtigen Aufgaben innerhalb der menschlichen Gesellschaft zuwenden können. Ich könnte ausführen, daß durch jede Behebung tiefgründender psychischer Störungen eines einzelnen Vaters oder einer einzelnen Mutter das Schicksal einer ganzen Generationsreihe – von den »Kindern und Kindeskindern« der Bibel spreche ich da – günstig beeinflußt wird. Von der Richtigkeit dieser Behauptungen bin ich überzeugt, aber ich glaube nicht, daß man damit allein den Aufwand an Mühe, den die professionelle Tiefenpsychologie erfordert, zufriedenstellend rechtfertigen kann.

Was gezeigt werden muß, ist, daß die Hilfe, die dem Einzelschicksal zuteil wird, daß die Einsichten, die über einzelne Persönlichkeiten mühselig erworben werden, allgemeine Bedeutsamkeit erlangen, daß sie über das Leben des einzelnen, über die Kenntnis vom einzelnen hinausgehen und die Aktivierung einer Kette von sozialen, kulturellen und historischen Vorgängen potenzieren, die für die großen Gruppen, die Gesellschaft, die Menschheit und ihre Zukunft von Wichtigkeit sind.

W. H. Auden, der große moderne englische Dichter, mag etwas den vorstehenden Überlegungen Verwandtes im Auge gehabt haben, als er 1940, ein Jahr nach Freuds Tod, in seinem Gedicht »Für Sigmund Freud« die folgenden schönen Zeilen schrieb:

> To us he is no more a person now,
> but a whole climate of opinion,
> under whom we conduct our differing lives.

Freud, meint Auden hier, ist für uns schon nicht mehr ein Individuum. Er ist »a whole climate of opinion, under whom we conduct our differing lives«, d. h. er enthält in sich die Umwälzung des modernen Zeitgeistes, in dem wir durch sein Werk nun unser Leben in einer neuen Weise führen.

Daß Freuds Werk die Lebensführung, die Weltanschauung des Menschen des 20. Jahrhunderts beeinflußt hat, daran werden wohl nur wenige zweifeln. Doch könnte gewiß eine Reihe von Einwänden gegen die Behauptung erhoben werden, die uns Auden hier eindrucksvoll vorsetzt. Man könnte sagen, daß die Änderung des Zeitgeistes zuerst da war und daß die Psychoanalyse und Freuds Entdeckungen eine Folge, nicht eine Ursache des veränderten Zeitgeistes seien. (Das gleiche könnte man freilich auch von Kopernikus oder Darwin sagen. Wer will da Richter sein?) Oder man könnte sagen, daß man den Einfluß großer Männer und ihrer Entdeckungen und Taten nicht überschätzen soll. (Man denke in diesem Zusammenhang an Tolstois entwertende Meinung über den Einfluß Napoleons auf das Weltgeschehen.) Gewiß, man spricht heute leichthin vom Unbewußten, von psychischen Komplexen; man gibt zu, daß unerkannte eigene Gedanken und Gefühle auf andere »projiziert« werden und daß Fehlleistungen – das Vergessen, Versprechen, Verlegen – unsere geheimen Absichten enthüllen. Und die Dichter und Künstler und Dramatiker wissen das alles nur zu gut. Das moderne Schauspiel und der moderne psychologische Film triefen ja manchmal geradezu, in allzu offenbarer und unkünstlerisch-bewußter Weise, von den Freudschen Entdeckungen und Einsichten. Ist das jenes »whole climate of opinion«, von dem Auden spricht? »Wie gewonnen, so zerronnen«, denkt man sich da. Man weiß, daß Moden auftauchen, das ganze Leben zu beherrschen scheinen und dann plötzlich verschwinden, als ob es sie nie gegeben hätte.

Der Einfluß der psychoanalytischen Einsichten hat sich allerdings schon seit einiger Zeit in der zivilisierten westlichen Welt erhalten; er scheint eher einen kulturellen Stil darzustellen als eine schnell verschwindende Mode. Aber es liegt nahe, zu denken, daß »plus ça change, plus c'est la même chose«. Die Leute haben sich ein paar Fachausdrücke zu eigen gemacht, sind mit einigen neuen Begriffen oberflächlich bekannt geworden, spielen analytische Gesellschaftsspiele – d. h. sie frönen der Unart, sich gegenseitig mißwillig zu »analysieren« –, aber im Tiefen bleiben sie doch unberührt.

Diese Fragen beziehen sich aber kaum auf das Gebiet, um das ich bemüht bin. Es ist ja nicht meine Absicht zu zeigen, daß die Analyse und ihre Einsichten schon einen tiefen Einfluß auf die lebende Generation genommen haben, sondern daß eine solche Möglichkeit für die Zukunft besteht und – was ebenso wichtig ist – daß eine solche Einflußnahme für die wachsende Zivilisierung der Menschheit (und damit für ihr Überleben) von Wichtigkeit ist. Mit anderen Worten, ich habe ein im weitesten Sinne moralisches Ziel im Auge.

Ich will mich zunächst der taktisch-technischen Frage zuwenden, ob die Analyse imstande ist, eine im sozialen Sinn weitreichende Wirkung auszuüben; ob es denkbar ist, daß die Analyse den Zustand und die Entwicklung der Gesellschaft beeinflussen könnte – zunächst unabhängig von der natürlich viel wichtigeren Frage, ob eine solche Beeinflussung erstrebenswert wäre oder nicht.

Es mag sein, meine Damen und Herren, daß Sie diese Art der Problemstellung als überspannt ansehen. Ist es denn notwendig, breite Auswirkungen der beruflichen Tätigkeit einer kleinen Gruppe von Psychotherapeuten zu verlangen? Ist es nicht genug für uns Analytiker, brav zu arbeiten und uns mit begrenzten Erfolgen zufrieden zu geben? Ist es nicht ein Zeichen innerer Unsicherheit, wenn ein kleiner Berufsstand soviel Aufhebens macht und in der Öffentlichkeit darüber nachzudenken beginnt, ob er imstande sein mag, die Zukunft der Menschheit zu beeinflussen?

Ja und nein. Ich habe völliges Verständnis für jene unter meinen Kollegen, die sich in bescheidener Ruhe auf die konkreten Probleme des Therapeutentums beschränken wollen, ohne schlaflose Nächte über Fragen der Menschheitsentwicklung zu verbringen. Aber ich möchte doch auch die Legitimität eines anderen Gesichtspunktes verteidigen. Nicht nur weil es sich in dieser Woche um ein Jubiläum handelt – das 50jährige Jubiläum des Berliner Psychoanalytischen Instituts – das heißt, daß ich in einem Rahmen spreche, der es einem nahelegt, von breiten und historischen Gesichtspunkten aus zu sehen und zu denken. Ich habe schon allzu viele hochtrabende Reden bei solchen Anlässen gehört und möchte nicht gerne dieser Sammlung eine weitere hinzufügen. Nein, was ich im Auge habe, scheint mir ein konkreter Sachverhalt zu sein, nämlich, daß die Analyse – als Heilmittel und als forschende Wissenschaft – ein ernstzunehmender Kulturfaktor ist.

An dieser Stelle aber kommt es mir zunächst darauf an, aufzuzeigen, daß manche kulturellen Einflüsse, die eine grundlegende Wirkung auf die Menschheit ausüben, in frühen Stadien ihrer Entwicklung nicht makroskopisch zu erkennen sind, sich nicht mit der Zentnerwaage wägen lassen.

Die Vorgänge, die den Berichten der Evangelisten zugrunde gelegen haben mögen, hatten Auswirkungen auf die Kulturentwicklung, auf die Moralitätsformen, auf die ganze Geschichte der westlichen Menschheit, die in keinem meßbaren Verhältnis zu diesen winzigen Anfängen stehen. Es war die Wirksamkeit einer Reihe von Ideen, die sich da so machtvoll durchsetzten, nicht Massenansammlungen von Armeen oder ein von Anfang an mächtiger Propagandaapparat. Die einfache, an sich begrenzte Erkenntnis, daß die Erde nicht im Mittelpunkt der Welt steht, hatte Auswirkungen auf das wissenschaftliche Denken aller menschlichen Generationen seit Kopernikus und kann gewiß in einen innigen kausalen Zusammenhang mit vielen Seiten der Menschheitsentwicklung auch außerhalb des rein Wissenschaftlichen (in Kunst und Literatur, vielleicht auch in der Politik) gebracht werden. Die Darwinsche Lehre von der Entwicklung der Arten hatte Folgen, die weit über die Einsichten auf dem Gebiet des strikt Biologischen hinausgehen, in dem sie ursprünglich entstanden. Eine neue Art zu denken (das entwicklungsgeschichtliche Denken) und ein neues Weltbild (ein Weltbild der Relativität der biologischen und psychologischen Phänomene im Gegensatz zum vorhergehenden Absolutismus der Beurteilung dieser Erscheinungen, dessen Symbol die Schöpfungsgeschichte der Bibel ist) entstanden als Folge von Darwins revolutionärer Erkenntnis.

Kleine Ursachen, große Wirkungen! könnte man sagen. Aber das ist ein dummer Satz, denn das Kleine ist oft nur deshalb klein, weil man seine Größe nicht erkennt, weil man darauf besteht, es mit Apparaten zu messen und zu wägen, die nicht auf seine wirksamen Dimensionen abgestimmt sind, nichts mit seiner potentiellen Kraftauswirkung zu tun zu haben. Es ist, als ob man darauf bestünde, eine Wasserstoffbombe so zu messen, als wäre sie ein Stein.

Auf manchen Gebieten sind wir allerdings bereit, auch unansehnliche Tätigkeiten ernst zu nehmen. Wir erwarten nicht vom Forscher, der einem Virus nachspürt, daß er sich nur mit großen Epidemien befaßt. Man erlaubt ihm gerne, mit Eprouvetten, Nährböden und Filtern im Laboratorium seinen Arbeitstag zu verbringen. Und man unterstützt ihn sowohl moralisch als auch finanziell. Der tiefenpsychologische Forscher und Lehrer aber kann nicht auf ein solches Verständnis des potentiellen Einflusses seiner analogen Kleinarbeit von seiten der Öffentlichkeit und ihrer offiziellen Vertreter rechnen. Er ist im allgemeinen auf sein eigenes Einkommen angewiesen und wird nur in den seltensten Fällen von der Öffentlichkeit in adäquater Weise unterstützt. Ich meine, daß dieser Tatbestand von künftigen Generationen einmal mit ungläubigem Kopfschütteln angesehen werden wird.

Nein, die Tatsache, daß wir Analytiker im kleinen arbeiten, daß unsere Forschungen psychische Inhalte betreffen, die scheinbar meilenweit vom großen Weltgeschehen entfernt sind, das spricht ebensowenig gegen die Relevanz der psychoanalytischen Forschung wie die Kleinheit des Virus oder des Atoms gegen die Relevanz der biologischen oder der Atomforschung.

Ein junger Patient berichtete mir vor kurzem, daß er am Vortag in einen bösen Streit mit seinem Nachbarn, einem älteren Mann, geraten sei, der ihm die Benutzung eines Zufahrtsweges durch seinen Garten verweigert hatte. Eine sorgfältige Untersuchung des psychischen Sachverhaltes konnte sicherstellen, daß das anscheinend unfreundliche Verhalten des sonst immer freundlichen Nachbarn nichts mit dem Verlangen des Patienten zu tun hatte, sondern auf die provozierende Weise zurückzuführen war, in der er es vorgebracht hatte. Ich erinnerte mich – und ich erinnerte den Patienten daran –, daß sich schon einmal vorher während der Behandlung etwas Ähnliches ereignet hatte. Damals geriet der Patient in einen heftigen Streit mit einem Mann, der neben ihm in einem überfüllten Restaurant saß und dessen Zeitung meinen Patienten störte. Ich konnte meinem Patienten zeigen, daß er damals – ebenso wie diesmal – unnötigerweise provozierend gehandelt und dem anderen keine Wahl gelassen habe, als aggressiv auf seine Aggressivität zu reagieren.

Ich will Sie hier, meine Damen und Herren, nicht mit der Beschreibung der Details einer Analyse belasten, sondern will nur kurz erwähnen, daß sich beide Ereignisse zu einer Zeit abspielten, die kurz vor dem Antritt einer Reise des Analytikers lag; daß sich der Patient, der mich liebgewonnen hatte, durch die Ankündigung meines Wegbleibens ausgeschlossen fühlte und zutiefst wütend darüber war, was ihm da angetan wurde. Und daß dies alles ein erschütterndes Ereignis seiner Kindheit wiederholte, als nämlich der geliebte, bewunderte und verehrte Vater plötzlich die Familie (und damit den Patienten) verließ.

Ich berichtete diese klinische Episode nicht, um für die Richtigkeit und Zweckmäßigkeit der Methodik der Psychoanalyse Propaganda zu machen, nicht um zu zeigen, daß in der analytischen Situation die Hauptkonflikte des Lebens der Einzelperson sich zur Lösung darbieten, sondern um nahezulegen, daß solche Einsichten potentielle Bedeutsamkeit für das Verständnis menschlichen Verhaltens im großen haben. Der Nachbar meines Patienten hatte ihm in der Tat eine an sich gewährenswerte Bitte abgeschlagen. Der fremde Tischgenosse im überfüllten Restaurant hatte in der Tat mit seiner Zeitung den Patienten gestört. Aber in beiden Fällen hätte eine Veränderung der Art, in welcher mein Patient sein Verlangen vorbrachte, anstatt zu einem bösen Streit zu einem freundlichen Gewähren geführt. Haben solche Überlegungen wirklich keinen Bezug auf das Verständnis von Ereignissen im großen Weltgeschehen? Können wir wirklich nichts, was für das Verhalten großer Gruppen von Belang ist, von der detaillierten Erforschung des Innenlebens des Individuums lernen? Nähern wir uns nicht auf diese Weise Einsichten, die es uns gestatten würden, reale Situationen (wie z. B. soziale Ungerechtigkeiten oder nationale Unsicherheiten), deren Bestehen die Konflikte der Weltgeschichte völlig zu erklären scheinen, auf eine neue Weise zu handhaben – auf eine Weise, die nicht zur Tötung eines Gegners führt, sondern zur Diskussion, zur Identifizierung mit dem Gesichtspunkt des anderen, zur friedlichen Planung?

Wir Analytiker nehmen einerseits an, daß eine tiefe, aus unserer biologisch-tierischen Vergangenheit stammende Bereitschaft im Menschen vorhanden ist, die aufs Töten zielt. Andererseits aber wissen wir auch, daß die soziale Umgebung Entbehrungen und Enttäuschungen schafft, die unsere größte Aufmerksamkeit verdienen und deren Beseitigung zu den wichtigsten menschlichen Zielsetzungen gerechnet werden muß – ob es sich nun um Probleme der Verteilung der Güter oder um die Gefahren der Überbevölkerung handelt. Analoges kann natürlich auch für den Fall des Einzelpatienten gesagt werden. Die Triebe einerseits, die zur Aggressivität bereit machen, sind immer vorhanden und mit ihnen muß gerechnet werden, wenn wir die irrige Zuversicht vermeiden wollen, daß des Menschen Angriffslust unschwer zu zähmen sei. Und die realen Umstände andererseits, die zur Streitbarkeit anstacheln, müssen ernstgenommen und genauestens untersucht werden – ob es sich nun beim individuellen Patienten um das Verhalten des Ehepartners handelt, im Gesellschaftsgefüge um soziale Ungerechtigkeiten oder im Weltpolitischen um territoriale oder wirtschaftliche Benachteiligungen.

Ich bin mir der Gefahr der Einseitigkeit, des Verlusts einer ausgeglichenen wissenschaftlichen Perspektive wohl bewußt. Diese Gefahr wird besonders groß, wenn man sich um Erklärungen auf Gebieten bemüht, in denen eine Vielzahl von Faktoren an der Entstehung der beobachteten Phänomene beteiligt ist. Es ist in solchen Fällen leicht, eine bestimmte Gruppe von Bedingungen herauszuheben, sie zur fundamentalen Ursache zu ernennen und damit den sonstigen Faktoren eine bloß sekundäre Rolle zuzuweisen.

Für den Tiefenpsychologen, der tagaus, tagein Gelegenheit hat, die Auswirkungen der enormen Kraft der unbewußten Motivierungen zu beobachten, ist die Versuchung groß, die unbewußten seelischen Momente als die ausschlaggebenden, wesentlichen und einzig gültigen im Leben des Individuums und der Gruppen zu betrachten. Dieser Versuchung einer naiv-einseitigen Überbewertung der tiefenpsychologischen Erkenntnisse muß der Analytiker aber natürlich widerstehen. Die psychoanalytischen Erkenntnisse in bezug auf die tieferen Motivationen des Menschen stellen weder eine vollständige Erklärung des Verhaltens des Individuums dar noch eine des Verhaltens großer Gruppen. Was die Analyse jedoch in vielen Fällen zum Verständnis gewisser komplexer menschlicher Beziehungen beitragen kann, ist die Erweiterung der Einsicht betreffs vordem unbewußter Motivationen und damit die bessere Kontrolle des Ichs. Und – siehe da! – auf einmal wird eine vorher scheinbar unlösbare Situation lösbar. Unerwartete Freundlichkeit beeinflußt das Verhalten des Patienten, sein vordem provozierendes Benehmen verwandelt sich in gelassene Stärke und moralische Festigkeit: seine Aggressivität wird konstruktiven Zielen dienstbar gemacht. Kann die Erkenntnis dieser Zusammenhänge wirklich so ganz ohne Bezug auf das Verständnis für das geschichtlich Große des Weltgeschehens sein? Und könnte uns ein solches Verständnis nicht auch eine bessere Kontrolle über unser historisches Schicksal ermöglichen?

Mag sein! wird man sagen. Aber sind das nicht alles leere Spekulationen? Die Bakteriologen, die Virologen, mit deren Kleinarbeit im Laboratorium ich die analytische Kleinarbeit mit einzelnen Patienten verglichen habe, die haben ja demonstriert, daß ihre Bemühungen weitreichende günstige Resultate für die Menschheit zeitigen. Wo sind die analogen Resultate der Analyse? Gewiß, der individuelle Patient legt Zeugnis ab für die heilende Wirkung der analytisch gewonnenen Einsichten. Vielleicht kann auch zugegeben werden, daß die jahrzehntelangen Forschungen der Analyse dazu geführt haben, seelische Erkrankungen nun erfolgreich behandeln zu können, die vordem therapeutisch ebenso unangreifbar waren wie die Poliomyelitis vor der Einführung des Salkserums. Aber nichts ist bisher von der Analyse dargeboten worden, was den der allgemeinen Bevölkerung zugänglichen Heilerfolgen entspräche, z. B. der erfolgreichen Bekämpfung von Epidemien, die durch bakteriologische oder virologische Forschungen ermöglicht wurden.

Ich will wieder darauf verzichten, mich in kleinliche Argumente zu verlieren. Gewiß, man könnte sagen, daß die sich ständig erweiternden Einsichten der Psychoanalyse, die im Laboratorium der intensiven Einzelbehandlung erworben werden, in der breiteren Arena der allgemeinen Psychotherapie von Nutzen sind. Ich denke hier besonders an die Formen der nicht allzu tiefschürfenden Behandlung psychischer Störungen, bei denen wie in der Psychoanalyse mit einzelnen Patienten gearbeitet wird, wobei aber der Zeitaufwand für Patient und Therapeut wesentlich geringer ist als bei der Analyse. Und man könnte erwähnen, daß es wohl kaum eine Form der Psychotherapie gibt – mit Ausnahme vielleicht der krassesten Anwendung der Suggestion oder jener Art der Psychotherapie (»conditioning«), wo Patienten sozusagen zur seelischen Gesundheit dressiert werden –, die sich die fortschreitenden wissenschaftlichen Erkenntnisse der Psychoanalyse nicht zunutze macht, ob nun offen und direkt oder indirekt und verleugnet.

Das alles mag eindrucksvoll klingen. Ich muß freilich gestehen, daß mir der Export der Befunde der Psychoanalyse in vielen Fällen nicht als wesentlicher Fortschritt erscheint. Es ist in der Tat nicht leicht, die psychologischen Erkenntnisse der Analyse und die auf ihnen beruhenden therapeutischen Maßnahmen aus dem großen inneren Zusammenhang der analytischen Therapie zu reißen, ohne sie ihrer Bedeutung zu berauben.

Eine in Amerika sehr populäre Form der Psychotherapie beschränkt sich z. B. darauf, wie in der Analyse den Patienten alles sagen zu lassen, was ihm einfällt. Scheinbar ähnlich dem abwartend-schweigenden Zuhören des Analytikers, ist der Therapeut hier passiv: er hört zu, sagt aber entweder gar nichts oder wiederholt nur, was der Patient gerade selber gesagt hat. Während jedoch für den Analytiker diese Methodik Mittel zum Zweck ist – er hört zu, um zu verstehen und dann zu erklären, damit der Patient sich selber besser verstehen kann –, scheint hier die freie Assoziation zum Endzweck geworden zu sein. Diese Art der Anwendung der freien Assoziationsmethode wird als wesentlich besser angepriesen als die Psychoanalyse selbst, dem Analytiker jedoch kommt eine solche Verwendung seiner Methodik merkwürdig vor. In gewissen Fällen können wir ja verstehen, weshalb vorübergehende therapeutische Erfolge mit dieser Methode schnell erzielt werden. Für einen Patienten etwa, der als Kind die Aufmerksamkeit der Erwachsenen ungenügend auf sich ziehen konnte, der nie die Gewißheit erlangte, akzeptiert zu werden, weil er allzu viel kritisiert und allzu oft belehrt wurde – für einen solchen Patienten ist dieses wohlwollende »non-directive« Zuhören eine schöne und heilsame Erfahrung. Aber von den unzähligen Varianten der seelischen Störungen und Bedürfnisse des Menschen (auch innerhalb des Persönlichkeitsgewebes des einzelnen) stellt diese Konstellation ja nur eine spezifische von vielen Möglichkeiten dar. Sie ist keine Seltenheit, doch ist sie weit davon entfernt, die ausschließlich auftretende Form seelischer Krankheit zu sein.

Solche therapeutischen Erfolge erinnern mich an ein amüsantes Erlebnis während der ersten Kriegsjahre in Amerika. Ich hatte eine alte Weckuhr, die eines Tages ihren Dienst einstellte und nicht weiterlief. Neue Weckuhren waren wegen der Umstellung auf die Rüstungsindustrie nicht zu haben, und meine kleine, nicht elektrisch betriebene Uhr wurde von niemandem zur Reparatur angenommen. Da kam ich eines Tages an einem kleinen Laden vorbei, in dessen Schaufenster die Reparatur von Weckuhren versprochen wurde. Der Besitzer nahm meine Uhr ohne Zögern zur Reparatur an, sagte mir, daß ich sie am nächsten Tag abholen könnte und daß der Preis zwei Doller sei – nicht teuer im Hinblick auf die Verhältnisse. Am nächsten Tag erhielt ich meine Uhr zurück, die nun wieder normal lief und bezahlte beglückt meine zwei Dollar. Ich konnte aber nicht umhin, den Mann zu fragen, wie es denn käme, daß er als einziger diese Reparatur hatte ausführen können. Da erklärte er mir mit entwaffnender Ehrlichkeit, daß er gar nichts von Uhren verstünde, geschweige denn von der Reparatur von Weckuhren. Er sei aber auf die Idee gekommen, daß viele alte Weckuhren einfach verstaubt seien, nur gereinigt werden müßten und Öl brauchten. Er nahm sie also zur Reparatur an und legte das Getriebe über Nacht in ein Ölbad. Ging eine Uhr dann wieder, so verlangte er die vereinbarten zwei Dollar. Wenn nicht, erklärte er, leider könne selbst er die Uhr nicht reparieren, gab sie dem Eigentümer zurück und verlangte keine Bezahlung. Der Vergleich mit manchen Formen der Psychotherapie bedarf gewiß keiner weiteren Aufhellung – nur denke ich, daß mein sogenannter Uhrmacher einen höheren Prozentsatz von Erfolgen erzielte und besser wußte, was er tat, als die meisten Psychotherapeuten, die sich die eine oder andere Erkenntnis oder technische Regel der Analyse ausborgen, ohne sie wirklich zu verstehen.

Ich will nicht übertreiben. Obzwar viele Anwendungen psychoanalytischer Erkenntnisse auf abgekürzte Prozeduren unbefriedigend sind, gibt es gewiß auch eine Reihe erfolgreicher und wissenschaftlich durchdachter Formen von Psychotherapie analytischer Art, die von geschulten und erfahrenen Analytikern angewandt und gelehrt werden. Und wir Analytiker dürfen gewiß darauf stolz sein, daß nun durch die Anwendung analytischer Erkenntnisse auf kürzere und finanziell erschwinglichere Formen der Psychotherapie das Leben vieler Menschen erleichtert werden kann, das sonst in neurotischen Hemmungen versandet wäre.

Trotz der schönen Erfolge mancher Anwendungen analytischer Erkenntnisse können solche Entwicklungen aber im Rahmen der gegenwärtigen Überlegungen nicht als befriedigend angesehen werden, da sie immer auf das Einzelwesen oder höchstens – im Fall der Behandlung kleiner Gruppen nach analytischen Grundsätzen – auf eine beschränkte Zahl von Patienten abzielen. Die bloße Summierung der psychotherapeutischen Hilfeleistung an Individuen ist jedoch, im großen gesehen, als ein ungenügendes Resultat aufzufassen, auch wenn es uns in Zukunft gelingen sollte, die Therapiemöglichkeiten noch weit über die gegenwärtigen Grenzen auszudehnen. Beruht denn nicht die ganze Problemstellung, die ich heute untersuche, auf der stillschweigenden Annahme, daß die Menschheit gefährdet ist – in einem tieferen und weiteren Sinn, als es durch die Summierung von Einzelneurosen verständlich gemacht werden könnte?

Ja, der Mensch ist in Gefahr. Er mag im Begriff sein, sich zu zerstören. Er kann die Grausamkeit gegen seine Artgenossen nicht überwinden, er scheint machtlos gegenüber seiner Neigung, auf Meinungsverschiedenheiten und Interessenkonflikte stets nur mit Kampfbereitschaft und kriegerischer Zerstörungssucht zu reagieren. Das bloße Anderssein anderer flößt ihm Furcht und Ekel ein – Gefühle von so starker Antriebskraft, daß er eher das Risiko totaler Zerstörung auf sich nimmt als die Last geduldiger Toleranz, des Nebeneinanderlebens, des zeitweiligen Hintansetzens der eigenen Interessen und des eigenen Stolzes. Es ist banal zu sagen, weil es doch schon so oft gesagt worden ist, daß die technologische Zerstörungskraft des Menschen enorm gestiegen ist, während seine Fähigkeit, Selbstkontrolle gegenüber seinen Aggressionen zu üben, entweder gar nicht oder doch in unvergleichlich geringerem Maße zugenommen hat. Diese Entwicklungsdiskrepanz ist es, die nach Heilung verlangt. Und sollten die bedeutendsten wissenschaftlichen Erkenntnisse über den Menschen – die Einsichten der modernen Tiefenpsychologie seit Freud – hier nicht von Nutzen sein können? Man glaubt, es müsse so sein – aber ist es so? Trägt die Psychoanalyse dazu bei, den Gruppen und Nationen das Zusammenleben zu erleichtern? Gewiß nicht in demonstrierbarer Weise, was immer auch von den Befunden der Analyse zu den Massen und ihren Führern durchgesickert sein mag.

Worauf ist dieser Mangel analytischen Einflusses auf die großen Probleme unserer Zeit zurückzuführen? Beginnen wir mit der einfachsten Erklärung; die Analyse ist jung. Eine solche Feststellung mag Ihnen merkwürdig vorkommen, meine Damen und Herren, besonders im Zusammenhang mit der 50-Jahr-Feier der Gründung des Berliner Instituts, die wir diese Woche begehen. Fünfzig Jahre ist doch ein respektables Alter. Und wenn man noch 30 Jahre hinzufügt und den eigentlichen Anfang der Analyse von den ersten Publikationen an rechnet, dann besteht sie sogar schon seit 80 Jahren – ist also gewiß alt genug, um eindeutige Leistungen auf ihren potentiellen Wirkungsfeldern erwarten zu können. Das ist in der Tat eine Meinung, die vielfach vertreten wird – auch von Analytikern – eine Meinung, die ich nicht teile. Ich glaube nämlich nicht, daß die Analyse nur eine interessante neue Methode zur Erforschung des Seelenlebens darstellt oder nur ein neues Mittel zur Behebung gewisser seelischer Störungen. Für den, der die Analyse so eng technisch-professionell auffaßt, wäre sie gewiß nicht mehr jung; er würde wohl kaum noch weitere bahnbrechende Neuerungen von ihr erwarten, sondern sähe sie in der Kleinarbeitsphase des Ordnens ihrer Entdeckungen angelangt, die die Endstufe der Entwicklung eines begrenzten Wissenschaftszweiges darstellt. Doch eine solche Auffassung ist zu eng. So merkwürdig es vielen erscheinen mag: ich glaube, daß die Ausbildung der Psychoanalyse einen bedeutsamen Schritt in der Geschichte der Wissenschaft und möglicherweise sogar einen entscheidenden Wendepunkt in der Entwicklung der Kultur darstellt. Mit der Ausbildung der Psychoanalyse ist es dem Menschen gelungen, Introspektion und Empathie in Werkzeuge einer empirischen Wissenschaft zu verwandeln. Einstmals impressionistisch, mystisch und spekulativ anmutende Operationen sind zu Instrumenten der systematischen Erforschung des Innenlebens des Menschen geworden. Darüber hinaus haben die Methoden der Psychoanalyse der Wissenschaft ein neues Feld eröffnet. Konnten die wissenschaftlichen Methoden der Psychologie einst nur vergleichsweise einfache Oberflächenphänomene des Verhaltens erfassen, so unternimmt die Psychoanalyse die wissenschaftliche Erforschung der komplexen und bedeutsamen Tiefendimensionen des menschlichen Lebens. Sie hat die Brücke zwischen den beiden gegensätzlichen Wegen – dem Verstehen und dem Erklären – zum Innenleben des Menschen gefunden. Sie hat zum erstenmal die Fähigkeit des Beobachters – die unendliche Vielfalt psychologischer Erfahrungen durch Introspektion und Empathie zu verstehen – und die Fähigkeit des Theoretikers – diese Erfahrungen auf höheren Ebenen der Abstraktion zu konzeptualisieren und ihre wechselseitigen Beziehungen in einem System allgemeiner Erklärungen zu formulieren – überzeugend integriert. Während mystische Introspektion verstehen mag, aber nicht erklärt, und die voranalytische wissenschaftliche Psychologie erklärt, aber nicht versteht, erklärt die Psychoanalyse, was sie versteht. Und diese Verbindung empathisch-introspektiver Datensammlung mit abstrakter Formulierung und theoretischer Erklärung auf dem Feld komplexer seelischer Zustände ist ein revolutionärer Schritt in der Geschichte der Wissenschaft. Deshalb glaube ich, daß die Analyse, dieser neue und bahnbrechende Vorstoß in bislang unerforschtes Gebiet, noch in ihrem Anfangsstadium steckt und unsere analytischen Untersuchungen heute noch nicht sehr weit unter die Oberfläche vordringen.

Wer die Größe des Schrittes, den die Wissenschaft mit der Ausbildung der Psychoanalyse getan hat, voll ermißt, wird leicht verstehen, weshalb sich die analytische Forschung fast nur auf das Innenleben des einzelnen beschränkt hat, weshalb bisher nur eine einzige grundlegende Erkenntnis durch die Anwendung der begrifflichen Methode der Analyse auf das Gruppenleben gewonnen wurde: Freuds Entdeckung, daß die Formierung gewisser Gruppen auf einem gemeinsam gehaltenen Ichideal beruht. Es ist die verhältnismäßige Jugend der Analyse, die es uns bisher hat ratsam erscheinen lassen, erst im zentralen Gebiet unserer Forschungen solide zu arbeiten und vorschnelle Übertragungen der Erkenntnisse über das Seelenleben des Einzelmenschen auf die Gruppen und deren Verhalten zu vermeiden.

Unsere bisherige Beschränkung auf das Individuum ist aber auch durch die Tatsache begründet, daß der Zutritt zur Seele des Mitmenschen von dessen Bereitwilligkeit abhängt, sich aufzuschließen. Im allgemeinen ist uns deshalb nur das Innenleben jener Menschen zugänglich, die sich krank fühlen. Wo kein Heilungsbedürfnis vorhanden ist, ist es schwer, Einblicke in die innere Welt eines anderen zu erlangen.

Trotzdem bin ich nicht pessimistisch. Es ist gewiß möglich, auch ohne die Hilfe eines kooperativen Patienten Einsichten in das Innenleben anderer zu gewinnen. Des Menschen Wunsch, sich auszudrücken, ist stark. Und wenn wir auch wissen, daß die Dokumente der Selbstoffenbarung gleichzeitig der Selbstverhüllung dienen mögen – häufig gerade dort, wo sie tiefe Geheimnisse preiszugeben scheinen – kann doch die sorgfältig beurteilende Durchforschung des dargebotenen Materials manche wesentlichen Einsichten herausschälen. Freud glaubte zum Beispiel, daß psychotische Patienten sich nicht zur analytischen Behandlung eignen, da ihnen die Möglichkeit fehle, dem Analytiker emotionell nahezukommen und ihm Vertrauen zu schenken. Trotzdem aber konnte Freud aufgrund eines ihm zur Verfügung stehenden Dokuments (der *Denkwürdigkeiten eines Nervenkranken,* des Senatpräsidenten Schreber) zu den tiefsten Einsichten in die Psychologie des Verfolgungs- und Größenwahns gelangen, die je erreicht worden waren.

Könnten analoge Wege gefunden werden, über die wir uns einem Verständnis des Verhaltens großer Gruppen anzunähern imstande wären? Erkenntnisse über die Motivierungen des Einzelmenschen sind an sich nicht genug. Forschungen aber, die die psychoanalytischen Kenntnisse über das Individuum in kreativer Weise zum Verständnis des Gebarens von großen Gruppen, Völkern oder Nationen verwerten, werden bestimmt solide Resultate erzielen, die dazu führen mögen, die potentielle Selbstkontrolle der Gruppen und ihrer Führer durch Einsicht zu verstärken.

Ich weiß, daß im Verhalten großer Gruppen – vor allem in den gefährlichsten Formen der Gruppenaggressivität – verwundete Selbstliebe, gekränkte Allmachtsphantasien und dergleichen eine nicht zu überschätzende Rolle spielen. Die fortschreitende Durchdringung dieser seelischen Bereiche erlaubt es uns jetzt, Einzelpatienten mit Erfolg behandeln zu können, deren therapeutische Prognose einst viel schlechter war. Diese Erfolge verstärken die Hoffnung, daß wir auch zum Verständnis der Psychologie großer Gruppen praktisch verwertbares Material werden liefern können.

Ich wollte, ich könnte mich bei dieser wichtigen seelischen Konstellation – wir nennen sie den Narzißmus – aufhalten; ich würde gerne konkrete Beispiele für die große Rolle liefern, die sie im Leben des einzelnen und in der Gruppe spielt: wie – und warum – zum Beispiel endloser Haß und Rachedurst, ohne Rücksicht selbst auf das eigene Leben, die Folge einer dem Selbstgefühl zugefügten Wunde sein können und ähnliches mehr. Aber ich darf hier nicht auf diesem Spezialgebiet verweilen. Vielleicht darf ich Sie aber, meine Damen und Herren, an zwei literarische Meisterwerke erinnern, in denen das Thema, das ich eben erwähnte, zwar nicht im psychologisch-wissenschaftlichen Rahmen, aber doch in poetisch-künstlerischer Weise demonstriert wird. Ich denke hier an die große deutsche Erzählung über den gekränkten Stolz und seine Folgen: Kleists *Michael Kohlhaas*, und an sein amerikanisches Gegenstück, den größten Roman Amerikas, Melvilles *Moby Dick*.

Erkenntnisse – selbst wissenschaftlich klare und eindeutig gesicherte – sind aber nur ein erster Schritt. Um sie wirksam zu machen, bedarf es des guten Willens derer, denen man diese Erkenntnis zum Gebrauch vorsetzt. Man kann das Pferd zur Tränke führen, aber man kann es nicht zum Trinken zwingen, sagt ein amerikanisches Sprichwort. Es müssen Mittel und Wege gefunden werden, um die heilsamen Erkenntnisse der modernen Tiefenpsychologie den großen Gruppen zugänglich zu machen. Ich sehe hier zwei Möglichkeiten.

Die erste wäre die Planung von bewußt zu handhabenden Mitteln der Massenbeeinflussung. Ich gebe gerne zu, daß ich mit solchen Methoden nicht vertraut bin – mehr noch: daß ich ein nicht unbeträchtliches Mißtrauen gegen sie verspüre. Die Technik der Massenbeeinflussung erinnert an Demagogie, an die Berauschung der Massen durch geschickte Verführer. Und in der Tat haben die Führer der Massen diese – wie der Rattenfänger von Hameln die

Kinder – nur allzu häufig ins Verderben geführt. Ich glaube zu wissen, warum das so ist. Die großen Massenverführer haben aus ihrer Kindheit die unangreifbare Überzeugung von der eigenen Allmacht und Allwissenheit gerettet, die, nahe der Schwelle ihres Bewußtseins liegend, ihre Haltung und ihre Aktionen bestimmt. Solche Menschen formulieren gewisse einfache, klar umrissene Ziele – ob in der Religion oder in der Politik; ob in bezug auf die Körperkultur oder auf das Kräuteressen – die zwar rational erscheinen mögen, jedoch von der absolutistisch-tyrannischen Selbstkonzeption herrühren, die einer archaischen psychologischen Entwicklungsphase angehört. Die unerkannte Verbindung mit dieser archaischen Selbstkonzeption verleiht solchen Zielsetzungen eine fanatische Intensität und erklärt die Rücksichtslosigkeit, mit der der messianische Führer seine Ziele verfolgt. Dazu kommt noch, daß solche Persönlichkeiten auf viele Menschen eine quasi hypnotische Wirkung auszuüben imstande sind. Eine tiefe, aus der frühen Kindheit stammende Sehnsucht nach Verschmelzung mit einer idealen allmächtigen und allwissenden Figur findet in der völligen Unterordnung unter die messianische Persönlichkeit und deren absolute Überzeugungen eine anscheinend unwiderstehliche Erfüllung.

Sie werden gewiß verstehen, meine Damen und Herren, daß ich die Anwendung von Methoden der Massenbeeinflussung, die denen eines messianischen Führers verwandt wären, instinktiv verabscheue. Aber ist hier nicht ein Vorurteil im Spiel? Erscheinen denn nicht manchmal auch gute Führer auf der Szene, die sich geschickt irrationaler Mittel zur Massenbeeinflussung bedienen, um rationale, kulturfördernde Ziele zu erreichen. Was hätten wir nicht darum gegeben – ich spreche jetzt von meiner eigenen Generation – wenn wir eine mitreißende charismatische Persönlichkeit, die ihre humanitären Ideale mit tiefster Überzeugungskraft verfolgt hätte, jenem verderblichsten Massenverführer unserer Zeit hätten entgegensetzen können, dem es beinahe gelang, die westliche Kultur zu zerstören. Unter gewissen Umständen – wir müssen es gestehen – scheint das rein Rationale, die nicht aus tiefen irrationalen Quellen gespeist wird, trotz der Gültigkeit seiner Ziele, ohnmächtig gegenüber der irrationalen Stärke des zerstörerischen Bösen. Der Teufel ist kein zufällig entstandenes Symbol.

Eine weitere Frage ist freilich, ob wir überhaupt imstande wären, irrationale Mittel mit Überzeugskraft zu gebrauchen, wenn wir uns tatsächlich zu einem solchen Schritt entschließen sollten. Wenn man sich einmal eine solide rationale Haltung zu eigen gemacht hat – ob in der Therapie der Einzelpersönlichkeit, ob in der Frage der Massenbeeinflussung – dann steht einem gewöhnlich das charismatisch Überzeugende nicht zur Verfügung. Und weiterhin: sollte es einem trotzdem gelingen, irrationale Mittel der Beeinflussung heranzuziehen, dann darf man nicht vergessen, daß die Gefahren eines solchen Unternehmens – wie für den Zauberlehrling – nicht unbeträchtlich sind. Man fängt an, für rationale Zwecke irrational zu sein. Doch ehe man sichs versieht, hat das Irrationale die Führung übernommen und ist unser Herr geworden. Allmählich beginnt man an die eigene Allmacht zu glauben, die man zuerst nur gespielt hat. Der ursprünglich gute Führer wird zum Despoten, der Berater und Helfer wird zum Messias, der keinen Widerspruch dulden kann. Für all das gibt es Zeugnisse, nicht nur in der Geschichte der Völker, sondern – ich versage es mir, hier Beispiele anzuführen – auch in der Geschichte der Psychotherapie.

Die zweite Möglichkeit der Eröffnung eines Zugangs zu den großen Gruppen und ihren Führern liegt – analog den Verhältnissen, die uns die Einzelpersönlichkeit zugänglich machen – in der Hilfsbedürftigkeit der Gruppe. Vielleicht wird die Größe der künftigen Gefahr einen Wendepunkt bezüglich des traditionellen Einflusses des Irrationalen auf das Verhalten der Gruppe mit sich bringen. In der Tat ist diese Gefahr ungeheuer groß, da zum ersten Mal in der Geschichte die Möglichkeit der vollkommenen Selbstzerstörung des Menschengeschlechts besteht. Mag nicht unter dem Druck der Erkenntnis, daß der irrationale Glaube an die eigene Allmacht, Unzerstörbarkeit und Vollkommenheit zum Untergang führen könnte, mag nicht in einem Augenblick höchster Gefahr die Fähigkeit gebildet werden, zu pausieren, zuzuhören, zu überlegen – vor der nicht mehr rückgängig zu machenden Tat noch einsichtsvoll zu werden? Könnte unter solchen Umständen nicht das Unglaubliche geschehen, daß selbst die großen Gruppen – oder zumindest ihre Führer – bereit sind, sich selber zu verstehen, ein umfassendes und tiefes Selbstverständnis auf seelischen Gebieten zu erreichen, deren Durchdringung und Bemeisterung die höchsten Anforderungen selbst an die Einsichtsfähigkeit des einzelnen stellen? Ich spreche hier von der Einsicht in die Irrationalität der Allmachts- und Größenideen, wie sie im Nationalen verankert sind. Ich denke dabei an das Verständnis dafür, daß man kein gottgegebenes Recht hat, sich größer und besser zu fühlen als der Nächste und, was noch viel wichtiger ist: daß man ein solches Recht nicht braucht. Daß man auf sich stolz sein und Freude an sich selbst haben kann, ohne den anderen zu erniedrigen, ohne den anderen aus dem Wege schaffen zu müssen, dessen bloßes Anderssein einen daran erinnert, daß man nicht der Einzige ist.

Ich bin mir bewußt, daß man viel gegen diesen Gedankengang einwenden könnte. Daß man sagen kann, daß Menschen in Augenblicken der Verzweiflung und höchster Gefahr nicht mehr, sondern weniger Rationalität aufzubringen pflegen, daß sie sich in solchen Augenblicken nicht die rationalsten, sondern eben wieder die irrational-charismatischen Führer wählen werden. Wer weiß da die Antwort? Aber ich glaube doch, daß wir, solange ein Zweifel besteht, darauf vorbereitet sein müssen, mit rationalen Antworten, die den Bedürfnissen einer Lage höchster Gefahr entsprechen, bereit zu stehen. Daß wir darauf hinarbeiten müssen, Einsichten zu erwerben, die es uns erlauben würden – wenn der geschichtliche Augenblick günstig ist – die Rolle zu spielen, die der Tiefenpsychologie auf seiten des Rationalen angemessen ist. Darüber hinaus können wir heute nicht sehen. Aber die bloße Möglichkeit einer solchen Einflußnahme scheint mir schon Ansporn genug, unser Werk mit allen Kräften, die uns zur Verfügung stehen, fortzuführen.

Aber ich muß nun Atem holen. Nach dem, was ich bisher gesagt habe, mag es Ihnen scheinen, daß ich darauf abziele, die Analytiker von der Behandlung ihrer Patienten zu entfernen, sie zur Gruppenbeobachtung zu veranlassen und von ihnen zu verlangen, daß sie sich nunmehr der Sozialpsychologie widmen sollen statt ihren Patienten zu helfen und Beiträge zum Verständnis des Seelenlebens des Individuums und seiner psychischen Behandlung zu leisten. Nichts liegt mir ferner als eine solche Absicht. Im Gegenteil, ich bin sicher, daß es nicht nur wenig produktiv wäre, die traditionellen therapeutischen Ziele und Forschungsaufgaben der Analytiker aufzugeben und sich statt dessen der Sozialpsychologie zuzuwenden, sondern daß eine solche Änderung der Arbeitsrichtung auch zum Versiegen der eigentlichen Quellen der potentiellen Einsichten des Analytikers in die Massenpsychologie führen würde.

Schuster bleib bei deinem Leisten! heißt es. Analytiker, bleibe bei deinen Patienten im Ordinationszimmer. Laß dich nicht überreden, in deinen Bemühungen im Dienste der Aufgabe nachzulassen, für die du ausgebildet bist: den Einzelmenschen zu verstehen, ihm dieses Verständnis zu übermitteln und ihm durch sein wachsendes Selbstverständnis zu helfen, Meister seines Schicksals zu werden.

Diese Argumente sind andererseits aber nicht gegen die Sozialpsychologie gerichtet und natürlich auch nicht gegen jene Analytiker, deren Interesse und Begabung sie auf das Gebiet der Anthropologie und Sozialpsychologie geführt hat. Die Anwendung analytischer Erkenntnisse auf die Erforschung dieser beiden Gebiete hat schon mancherlei schöne Erfolge gezeitigt. Nirgends aber ist der Zugang zur Seele des Menschen – zu den Gipfeln seiner Liebe und den Abgründen seines Hasses – offener als in jenem eigen- und einzigartigen, langjährigen Zusammensein zweier Menschen, das man die psychoanalytische Situation nennt. Da die grundlegenden tiefenpsychologischen Entdeckungen vom Analytiker deshalb wohl nur auf dem zentralen Gebiet seiner Arbeit gemacht werden können, darf er also nicht von seiner therapeutischen Tätigkeit ablassen, da er sich sonst der reichsten Quelle neuer Einsichten berauben würde.

Meine Überzeugung, daß der Analytiker bei seiner therapeutischen Tätigkeit beharren muß, ruht aber noch auf einer breiteren Basis. Jede einzelne Analyse führt zu mehr als nur zur Rettung eines neurotisch versandeten Menschenlebens, ist mehr selbst als das Stück neuer Einsicht in die Inhalte und Funktionen der Psyche, die die Zusammenarbeit eines begabten Patienten mit seinem Analytiker vielleicht erbringen konnte. Jeder derartige Erfolg – lächeln Sie nicht! – ist ein wichtiges symbolisches Geschehen. Jede Behandlung, die zu einem gültigen Abschluß gekommen ist, jeder Teilerfolg sogar, der zur bleibenden Veränderung eines bisher unangreifbaren neurotischen Gleichgewichts geführt hat, ist ein Ereignis, das für die Fortdauer des Menschlichen auf Erden von Bedeutung ist. Es ist ein Sieg des planend-denkenden Anteils des Menschen über das unpersönlich Schicksalsgebundene in ihm. Mit jedem analytischen Erfolg haben wir es erreicht, daß ein Mensch weniger gelebt wird und mehr lebt. Was ich hier im Sinn habe, ist nicht der Sieg des Rationalen über das Irrationale, nicht der Sieg des ruhigen Überlegens über die Leidenschaft. Das Menschliche schließt das Irrationale und das Leidenschaftliche ein. Der Mensch als Denkmaschine ist ebenso wenig menschlich wie der besessene Fanatiker. Das Wesentliche ist, daß einer in seine Ziele und Haltungen Einblick gewonnen hat, daß er nun versteht, warum er so fühlt, denkt und handelt, wie er es tut, und daß es für ihn darum jetzt leichter ist, über sein Fühlen, Denken und Handeln Entscheidungen zu treffen. Daß er nun weiß, warum er immer kalt, logisch und rational sein mußte, und daß er nun imstande ist, leidenschaftlich zu fühlen und zu handeln. Oder daß er erkennt, warum er immer von einer Aufregung in die andere geraten mußte, und daß er nun imstande ist, erst nachzudenken und zu überlegen, ehe er sich ins Handeln stürzt. Um Freuds Gleichnis zu benutzen: er ist nicht mehr der Sonntagsreiter, der behauptet, dorthin zu wollen, wohin das Pferd ihn führt – er ist jetzt in der Tat der Lenker des Pferdes.

Meine Damen und Herren, je mehr ich mich dem Ende nähere, desto deutlicher wird mir bewußt, wie schwierig es ist, Überzeugendes über die Analyse zu sagen, ohne auf die konkreten Erfahrungen einzugehen, auf denen diese Wissenschaft aufgebaut ist. Ich mag deshalb trotz meiner Beteuerungen der Nüchternheit ein wenig verstiegen geklungen haben mit all diesen Ausführungen über die Bedeutung der Psychoanalyse, die vielleicht mancher von Ihnen, vom Hörensagen und von geschwinder Lektüre her, als eine unwissenschaftliche und unsolide Betätigung ansieht.

Trotz der Gefahr, Sie in Ihren Vorurteilen zu bestärken, da ich mich hier vielleicht dem berechtigten Vorwurf der Unwissenschaftlichkeit aussetze, will ich es mir zum Schluß doch nicht versagen, einen spekulativen Gedankengang zu entwickeln, betreffs dessen ich mir jedoch nicht Ihre schnelle Zustimmung wünsche, sondern bei dem ich bloß die Hoffnung hege, daß Sie ein wenig überdenken werden. Er betrifft das Wesen der Phänomene, die wir Analytiker studieren, das heißt – um zunächst im Traditionellen zu bleiben – das Wesen der Krankheiten, die wir behandeln.

Die Ideen, die ich Ihnen heute vortrug, standen zwar im allgemeinen mit der Auffassung der seelischen Störungen im Einklang, die für die heutige zivilisierte Gesellschaft – die Analytiker einbegriffen – charakteristisch ist, doch glaube ich, daß die partielle Umwertung des Begriffs der seelischen Störungen, die ich jetzt Ihrer Beurteilung überlassen möchte, dazu führen wird, daß Ihnen auch das Vorangegangene in einem anderen Lichte erscheinen wird.

Die herrschende Meinung heutzutage, zumindest unter den Gebildeten, ist nicht mehr, daß seelische Störungen sündhaft oder eine Schande sind, sondern Krankheiten, die geheilt werden sollen. Vielleicht bin ich hier zu optimistisch, vielleicht sind die alten Vorurteile immer noch größer als ich denke. Diese Unsicherheit hat aber im wesentlichen nichts mit der Hypothese zu tun, von der ich jetzt sprechen werde.

Ich schlage vor, die seelischen Störungen nicht als Krankheit zu betrachten – oder zumindest nicht ausschließlich –, sondern sie als Ausdruck der Suche des Menschen nach einem neuen seelischen Gleichgewicht zu verstehen. Der geschichtliche Mensch ist der mehr oder weniger zivilisierte Mensch. Er lebt in zunehmendem Maße in einer Umgebung, die er selbst geschaffen hat. Die Triebe, mit denen er ausgestattet ist, kommen ihm in dieser sozialen Umwelt immer weniger zustatten. Die Aggressivität zum Beispiel, die er einst in seiner tierischen Vergangenheit zum Überleben benötigte, ist jetzt, wenn er sie nicht zu zähmen versteht, seine größte Gefahr.

Die Triebe zu unterdrücken ist aber auch gefährlich. Der menschliche Organismus, die menschliche Psyche hat Grenzen, jenseits welcher die Unterdrückung des tierisch Triebhaften in uns kaum mehr erträglich ist. Wie Sie wissen, prägte Freud einen Satz, der in diesem Zusammenhang wie ein *understatement* klingt – er sprach vom *Unbehagen in der Kultur*. Der Mensch fühlt sich in die Enge getrieben und sucht nach Auswegen. Sich gehenzulassen in Orgien der Lust und Aggressivität, führt ihn an den Rand des Abgrunds. Die Triebe völlig zu unterdrücken, in demutsvoller Askese zu leben, dazu scheint er nicht fähig zu sein – trotz der zweitausendjährigen Bemühungen des Christentums. Manche der Auswege, die wir uns in dieser Bedrängnis geschaffen haben, gehen langsam verloren. Es gibt mehr Menschen und weniger Raum. Immer schwerer findet man Gegenden zum Wandern. Überall ersetzen Maschinen unsere Muskeln. Und mit dem Kinderkriegen wird es wohl auch bald ein Ende haben müssen, zumindest für die meisten, wenn wir nicht zusammengepfercht wie die Sardinen leben wollen.

Sind das nun, um mit Karl Kraus zu sprechen, *die letzten Tage der Menschheit*? Ich glaube nicht. Fußballspielen und Boxen werden uns freilich nicht retten – nicht einmal Bergsteigen und Wandern, so schön es auch ist. Was zum Überleben des Menschen nötig ist – und das ist die Hypothese, die Ihnen zunächst seltsam erscheinen mag – das ist die Intensivierung und vor allem die Bereicherung des menschlichen Innenlebens.

Ich weiß, daß vielen ein solcher Ausspruch gegen den Strich geht. Der neuzeitliche Mensch des zivilisierten Westens ist der Überlieferung nach der Mensch der Tat, zumindest der Tätigkeit. Den eigenen Nabel betrachten, sich in sich selber versenken, das gehört in andere Regionen und ist hierzulande auf einige Käuze beschränkt, die sich nicht auf übliche Weise in der Welt durchbringen können.

Ja, aber blicken wir doch ein wenig umher. Betrachten wir zum Beispiel die weitverbreiteten Versuche der jüngeren Generation, sich Genüsse zu verschaffen, die von äußerer Aktivität weitgehend unabhängig sind. Durch Berauschung, durch rhythmische Musik, mit Hilfe östlicher Philosophie, durch bloßes oft wortloses Nebeneinandersitzen mit leichtester Berührung und dergleichen mehr. Ich behaupte nicht, daß diese Praktiken gültige Antworten auf die großen Menschheitsprobleme darstellen. Ich wollte nur zeigen, daß die neue Generation auf der Suche ist – und zwar auf der Suche nach einer Art der Erfüllung, die nicht aus Quellen äußerer Betätigung gespeist werden muß.

Nehmen wir an, daß der Mensch seine Aktivität in der Umwelt noch weiter wird einschränken müssen als er es ohnedies seit langem tun muß. Wenn er unter diesen Umständen selbstbewußt und befriedigt leben will, ohne neue territoriale Gebiete zu erschließen, ohne zu kämpfen und zu töten und – last but not least – ohne sich die Freude an neuen Kinderscharen gönnen zu dürfen, dann wird die Originalität, das Genie des Menschen auf eine schwere Probe gestellt werden. Das Ziel, das menschliche Leben unter diesen Umständen nicht nur als lebbar, sondern als lebenswert zu erhalten, kann – soweit ich es sehen kann – nur durch eine Bereicherung des menschlichen Innenlebens erreicht werden.

Und was hat das alles mit der Neurose zu tun? Ich meine, daß die sogenannten seelischen Störungen, die unsere Patienten und deren Familien oft so unglücklich machen, in mancher Hinsicht als Versuche aufzufassen sind, neue Formen der Verinnerlichung zu etablieren. Ich beeile mich hinzuzufügen, daß es sich hier um mißglückte Versuche handelt. Trotzdem will ich die Behauptung wagen, daß viele dieser mißglückten Versuche höher einzuschätzen sind als manche andere Formen seelischen Gleichgewichts, die man als normale oder als psychische Gesundheit bezeichnet.

Psychische Gesundheit wird im allgemeinen als der Zustand betrachtet, der es dem Menschen erlaubt, sich tätig und zu seiner Befriedigung mit seiner Umwelt auseinanderzusetzen. Freud beschrieb ihn als die Fähigkeit, zu lieben und zu arbeiten. Gegen eine solche Auffassung ist nichts einzuwenden, wenn wir uns auf den

Menschen von gestern und heute beziehen, das heißt auf die Stellung des Menschen in der Welt, wie wir sie aus der Geschichte und durch eigene Betrachtung kennen. Gewiß schätzen wir es dann als erstrebenswerte Norm, wenn einer sich der physischen und sozialen Welt, wie er sie vorfindet, aktiv gegenüberstellt – sie beurteilt; sie kämpfend zurückweist, wo das nötig ist; sie liebend akzeptiert, wo er es kann.

Versuchen wir aber, uns die seelische Aufgabe des Menschen der Zukunft vorzustellen. Nehmen wir an, daß die Gefahr der Selbstvernichtung die Menschheit dazu veranlaßt, keine Kriege mehr zu führen. Nehmen wir an, daß unter dem Einfluß andauernden äußeren Friedens und unter dem Druck der Angst, innere Kämpfe heraufzubeschwören, die das friedliche Gleichgewicht stören könnten, ein gewisses Maß an sozialer Gerechtigkeit erzielt wird. Nehmen wir an, daß Vernunft und Zurückhaltung zu einer Einigung über die Zahl der Menschen führen werden, für die auf unserer Erde Platz ist, und zu den angemessenen Kontrollen, damit diese Zahl nicht überschritten wird. Was dann?

Ich hoffe, daß Sie sich hier nicht vorschnell von meinen Ausführungen abwenden werden, obwohl ich eine solche Reaktion verstehen könnte. Die Zustände, die ich Ihnen eben geschildert habe, sehen so utopisch aus, daß Sie mir leicht entgegnen könnten, ich sollte mir doch keine Sorgen um das Wohlbefinden der Menschen in einem Paradies machen, das ohnehin niemals zustande kommen wird. Ich könnte auf einen solchen Einwand mit einem »Wer weiß?« antworten und darauf hinweisen, daß eine von Menschen angefüllte Erde im Verein mit einem Zerstörungspotential von der Größe der entfesselten Energie des Atoms eine noch niemals dagewesene Situation darstellen, in der sich die Menschen vielleicht vernünftiger benehmen werden, als es bisher der Fall war. Eine andere Überlegung ist aber im gegenwärtigen Zusammenhang wichtiger. Die Bedingungen für den Entwicklungsprozeß, der zu einem Gleichgewicht der Menschheit führen könnte, sind komplementär. Die scheinbar paradiesische äußere Situation, von der ich sprach, würde einerseits zur Folge haben, daß sich die psychischen Energien des Einzelmenschen von den gelösten äußeren Aufgaben zurückzögen, nach neuer Verwendung verlangten und darum eine weit größere Aktivität seines Innenlebens erforderten. Andererseits aber – und hierin ruht der Schwerpunkt meiner Überlegungen! – ist das wesentlichste Mittel zur Erreichung dieser anscheinend paradiesischen Verhältnisse eine vorausgehende Veränderung des Menschen, das heißt, die Entwicklung eines neuen menschlichen Typs. Wenn die Menschen ihre Initiative und ihr Streben nach Befriedigung mehr und mehr auf Werte lenken könnten, die nichts mit dem Schauplatz ihrer traditionellen Tätigkeiten zu tun haben, den wir als die Umwelt bezeichnen, dann werden sie, *pari passu,* immer mehr imstande sein, ihre aggressiven und libidinösen Triebe von den gefährlichen äußeren Zielen zurückzuziehen, die der Schaffung einer friedlich-rationalen sozialen Umwelt im Wege standen.

Die Künstler und die sich an der Kunst Erfreuenden sind wohl als Vorläufer der verinnerlichten Initiative und Befriedigung anzusehen, die ich im Sinne habe. Denken Sie z. B. an die große psychische Aktivität, die die Musik in dem sich an ihr Erfreuenden auszulösen vermag. Hier haben wir ein weites, potentiell seelisch befriedigendes Gebiet, das kaum etwas mit der äußeren Welt unseres alltäglichen Lebens, kaum etwas mit den traditionellen Zielen des Liebens und Kämpfens zu tun hat. Aber ich denke hier nicht nur an die Kunst. Erwägen Sie auch gewisse Aspekte der Wissenschaft. Das Denken ist ein Probehandeln mit kleinsten Energiemengen, sagt Freuds schöne Definition. Ja – aber in immer stärkerem Maße (und Freud ist selber ein hervorragendes Beispiel für diese These) kann das Denken, das Erkennen zum befriedigenden Selbstzweck werden. Zu wissen, um zu wissen: zu verstehen, um zu verstehen – nicht nur um Brücken zu bauen oder Ausflüge auf den Mond inszenieren zu können – das erlaubt es gewissen begabten Menschen sicherlich, das Leben zu genießen und ihre Lebensenergie als erfüllend verwendet zu empfinden.

Aber ich kann diese Gedanken heute nicht weiter verfolgen. Meine Hypothese ist wohl im allgemeinen als eine darwinistisch-entwicklungsgeschichtliche aufzufassen. Die Natur schafft Millionen und Abermillionen von Spielarten innerhalb der Rasse. Die meisten von ihnen sind, wenn sich die äußeren Verhältnisse stark zu ihren Ungunsten verändern, zum Aussterben verurteilt. Aber in der Unzahl finden sich auch einige wenige – vielleicht vordem Schwache – die nun dieser veränderten Umwelt angepaßt sind und am Leben bleiben, während die Vielzahl der anderen, der ehemals Starken, zugrunde geht.

Die seelischen Störungen wären also fehlgeschlagene Versuche, jene verstärkte Verinnerlichung des Menschenlebens zu erzielen, die die neue soziale Umwelt notwendig zu machen beginnt. Die Neurosen, wie wir sie kennen, haben eine teilweise Ablösung der Triebe vom Engagement mit der Welt zustande gebracht. Die damit verbundene Intensivierung der Phantasie und des Selbst führt hier aber nicht zu kreativer innerer Betätigung und zur Freude am Selbst, sondern zu ungelösten inneren Konflikten und zu psychischen Leiden.

Und welche Bedeutung hat die Psychoanalyse als forschende Wissenschaft im Zusammenhang mit der Auffassung, daß die Neurosen Versuche sind, neue Formen des Seelenlebens zu finden? Was für eine Rolle spielt sie als Therapie im Zusammenhang mit der Auffassung, daß die Neurosen gescheiterte Versuche sind, den Menschen von den traditionellen Quellen äußerer Befriedigung unabhängiger zu machen, als es bisher mit der Erhaltung der seelischen Gesundheit und dem Druck der sozial sanktionierten Ideale vereinbar war?

In den meisten Wissenschaften stehen die Gebiete der praktisch-empirischen Anwendung und der theoretisch-systematischen Begriffsbildung miteinander in enger Wechselbeziehung und unterstützen sich gegenseitig. In der Analyse aber besteht zwischen diesen beiden Gebieten nicht nur ein enger Zusammenhang, sie sind auch weitgehend miteinander verschmolzen.

Der Grund für diese wesentliche Einheit der analytischen Therapie (des Schauplatzes der empirischen Beobachtung) und der analytischen Forschung (des Gebietes der theoretischen Erklärung) liegt darin, daß beide Tätigkeiten dasselbe Ziel haben: die Grenzen des Bewußten zu erweitern, das Reich des erkennenden und Entscheidungen treffenden Ichs zu vergrößern. Eine gut zu Ende gebrachte therapeutische Analyse bringt darum mehr für den Analysierten zustande als das Verschwinden quälender Symptome – sie bewirkt eine gewisse seelische Offenheit, hinterläßt vielleicht einen Funken jenes spielerisch Kreativen im Menschen, das sich neuen Umständen mit freudiger Aufmerksamkeit und lebensbejahender Initiative zuzuwenden vermag. In dieser Hinsicht ist also ein solcher Mensch aufnahmebereiter und reaktionsfähiger als der rigide Normale, obzwar er oft noch weiterhin stärkeren seelischen Erschütterungen ausgesetzt sein wird als derjenige, der sich ein verläßliches, aber häufig beengendes und starres seelisches Gleichgewicht zu eigen gemacht hat.

Die Tiefenpsychologie kann daher trotz der Begrenztheit des bisher Errungenen nicht nur mit Überzeugung behaupten, daß die alt-ehrwürdige Weisung an Apollos Tempel in Delphi: »Erkenne dich selbst!« noch niemals in der Geschichte der Menschheit strikter befolgt wurde als im Bereiche ihrer Tätigkeit; sie kann vielleicht auch darauf Anspruch erheben, der einzige respektvolle, systematische Beobachter und hilfreich-verständige Beistand bei Versuchen zu sein, die darauf abzielen, eine dauerhafte Stärkung des menschlichen Innenlebens und damit ein neues seelisches Gleichgewicht zu schaffen, das den veränderten Lebensaufgaben der Zukunft angepaßt ist.

Ich bin nun zum Ende gekommen. Wie Sie wohl erkannt haben, meine Damen und Herren, habe ich mich bemüht, Ihnen keine vereinfachten Lösungen vorzusetzen, nicht schwarz oder weiß zu malen, Problematisches nicht zu verschleiern. Ich will aber gestehen, daß ich die Hoffnung habe, es möge mir trotzdem gelungen sein, für die Bedeutung des Studiums des menschlichen Innenlebens im Rahmen der tiefenpsychologischen Behandlung und Forschung eine Lanze zu brechen. Dazu beizutragen, den Bereich des Bewußtseins auszudehnen und damit zugleich das der Selbstkontrolle und der kreativen Reaktionsfähigkeit – in einer Entwicklungsphase der Menschheit, die diese vor neue große Anforderungen stellt –: das ist in der Tat ein Ziel, das die Anstrengung und Hingabe der Analytiker an ihre Arbeit und die Unterstützung dieser Arbeit durch eine wohlwollende Öffentlichkeit rechtfertigt.

Kreativität, Charisma, Gruppenpsychologie
Gedanken zu Freuds Selbstanalyse*

1. Der Psychoanalytiker und sein Freud-Bild

Wenn man sich die Aufgabe stellt, Freuds Selbstanalyse zu untersuchen, überfallen einen sogleich allerlei Zweifel und Bedenken: einmal die sich auf allen Gebieten der angewandten Psychoanalyse ergebenden, daß es sich nicht um eine lebendige klinische Situation handelt; dann die Befürchtung, als Analytiker könnte man hier nicht objektiv urteilen, weil Freud für uns eine Übertragungsgestalt *par excellence* ist (besonders weil wir dazu neigen, eine idealisierende Übertragung auf ihn zu bilden oder umgekehrt, uns dagegen durch eine Reaktionsbildung zu wehren); schließlich der Einwand, daß Freuds Selbstanalyse ein ganz besonderes, gewissermaßen unerhörtes Unternehmen in der Ideengeschichte der Menschheit war.

Es ist hier nicht Raum für eine Untersuchung der Ziele und methodologischen Probleme der angewandten Psychoanalyse; ich möchte aber immerhin zwei Themen erwähnen: die allgemeinen Schwierigkeiten, denen wir begegnen, wenn wir uns dem Studium von Freud zuwenden (z. B. Aspekten seiner Persönlichkeit, seiner Biographie, seines wissenschaftlichen Ranges), und die besonderen Schwierigkeiten hinsichtlich der Erklärung und Bewertung von Freuds Selbstanalyse. Diese besonderen Schwierigkeiten ergeben sich, weil wir es hier mit einer psychischen Situation zu tun bekommen, die – als erste, wissenschaftlich exakte, introspektive Bemühung, komplexe psychische Zustände zu erforschen – ohne Beispiel ist.[1]

Einen großen Mann objektiv zu beurteilen, ist immer eine schwierige Aufgabe, ganz gleich, ob die Beurteilung von einem Biographen im üblichen Sinne, einem Historiker oder einem Tiefenpsychologen vorgenommen wird (R. und E. Sterbas Buch »Beethoven und sein Neffe« erörtert diese Probleme sehr einleuchtend, s. besonders die Seiten 10ff.). Ein großer Mann eignet sich gar zu gut als Übertragungsfigur. Gewöhnlich wird er natürlich zu einer Vaterfigur, und die Kindheitsambivalenzen des Forschers können sich eindrängen und die Ergebnisse fälschen. Noch verbreiteter ist eine andere Gefahr, daß nämlich der Biograph sich in seinen Helden verliebt.[2] Bei näherer Betrachtung zeigt sich allerdings, daß es sich hier nicht um Objektliebe handelt, sondern um Identifizierung. Schon die Wahl der Persönlichkeit, deren Leben erforscht werden soll, ergibt sich aus den identifikatorischen Neigungen des Biographen (die vielleicht auf Bedürfnissen beruhen, die aus irgendwelchen strukturellen Mängeln oder Schwächen stammen), und die jahrelange Beschäftigung mit dem Leben des Helden ist geeignet, die identifikatorischen Bindungen noch zu verstärken.[3] Man sollte jedoch vom Analytiker erwarten, daß er gegen diese Gefahren gefeit ist. Er ist schließlich geschult, seine eigenen Reaktionen zu beobachten und zu beherrschen, und so sollte er imstande sein, seine aus der Kindheit stammenden Liebes- und Haßgefühle und seine narzißtischen (d. h. identifikatorischen) Bedürfnisse in seinen Behandlungen und seiner wissenschaftlichen Arbeit auszuklammern oder sich wenigstens für ungeeignet zu erklären, wenn er fühlt, daß er das nicht kann.

Diese Forderungen darf man also mit Recht an den Analytiker stellen, und man kann wohl annehmen, daß er im allgemeinen auch imstande ist, ihnen zu entsprechen. Nur hinsichtlich der Gestalt von Freud ist die Vorbelastung enorm und Objektivität besonders schwer zu erreichen.

Es sind zwei Hindernisse, die dem Psychoanalytiker im Wege stehen, wenn er sich in bezug auf Freud um Objektivität bemüht. Da ist erstens die Tatsache, daß der Analytiker mit Freud zu Beginn seiner Ausbildung bekannt wird, wenn sich seine berufliche Identität als Psychoanalytiker zu formen anfängt. Das allein ist schwerwiegend genug. Aber hinzu tritt noch ein besonderer Umstand, der nicht unterschätzt werden darf. Als Ausbildungskandidat an einem psychoanalytischen Institut studiert der künftige Analytiker ja nicht in erster Linie Freuds Leben und Verhalten, sondern er wird gezwungen, sich sozusagen von innen mit Freud zu identifizieren, d. h., es wird von ihm verlangt, sich in sehr intime, kleinste Regungen von Freuds Seelenleben hineinzudenken. Konkret gesprochen: Jeder Ausbildungskandidat liest zunächst wieder und wieder Freuds *Traumdeutung*. Dabei hat er dauernd das eigenartige Erlebnis, sich zwischen dem manifesten Inhalt des betreffenden Traumes und Freuds unbewußten Traumwünschen hin und her zu bewegen und so an den innersten Schwingungen im Seelengrunde Freuds teilzunehmen: so macht er sich die vorbewußten und unbewußten libidinösen Strebungen Freuds auf den objektlibidinösen wie den narzißtischen Sektoren seiner Persönlichkeit zu eigen, zugleich aber auch Freuds Widerstände, Konflikte und Ängste. Wenn der Kandidat sich nicht des vollen, bereichernden Erlebnisses berauben will, sein Grundwissen aus der Quelle, aus dem Bericht des Entdeckers zu schöpfen, eines Berichts, der geschrieben wurde, als die Entdeckung noch so neu und frisch erlebt war, dann ist er gezwungen, sich mit den tiefsten Schichten der Persönlichkeit Freuds zu identifizieren. Solche empathische Nähe in ganzen Sektoren der Seele eines anderen, von den bewußten zu den unbewußten Schichten, ist in unseren Alltagsbeziehungen gar nicht erreichbar, nicht einmal mit den nächsten Menschen, den Familienmitgliedern und Freunden. Wenn wir erst einmal Psychoanalyse praktizieren, füllen solche Berührungen mit dem Innenleben anderer Menschen natürlich unser Berufsleben aus; aber dieser Kontakt ist weniger intensiv wegen der schlichten Tatsache, daß wir unsere empathischen Probeidentifizierungen nicht nur mit einem einzigen, sondern mit einer zunehmenden Zahl von Patienten erleben. Die Konvergenz der Tatsache, daß Freud die große Vaterfigur und der große Lehrer unseres Faches ist, daß wir ihn sozusagen von innen her studieren, und daß dieses Studium unser erstes oder wenigstens doch sehr frühes, grundlegendes Identifizierungserlebnis mit dem Unbewußten eines anderen Menschen ist[4] – diese Tatsachen haben zusammen die Wirkung, daß wir Analytiker zu Freud eine besondere Einstellung haben, nämlich eine fest verankerte Identifizierung mit einer idealisierten Vaterfigur (oder als Reaktionsbildung: Rebellion gegen diese Identifikation). Die Idealisierung großer Lehrer findet zweifellos auch in anderen Wissenschaftszweigen statt. Aber im allgemeinen bilden diese Idealisierungen nur einen neu hinzutretenden seelischen Inhalt, der sich zeitweilig an die bleibenden, unbewußten Idealbilder des Über-Ichs anheftet; sie sind keineswegs mit der tief verankerten, dauerhaften Identifikation mit der Gestalt Freuds identisch, die sich beim Analytiker entwickelt.[5]

Obwohl dieser Sog zur unbeschränkten, unkontrollierten Identifizierung mit Freud, der durch die frühe, unaufhörliche Beschäftigung mit Freuds Denken in der psychoanalytischen Ausbildung entsteht, sehr stark ist, glaube ich doch, daß der Kandidat mit Hilfe des Selbstverständnisses, das er in der Lehranalyse gewinnt, ihm nicht anheimzufallen braucht. Ich glaube, daß mit wachsender

Einsicht selbst eine schon bestehende Identifizierung mit Freud wieder aufgelöst werden könnte – sei es denn, sie ist das Symptom eines unanalysierten Defekts in seiner Charakterstruktur –, falls nur diejenigen verursachenden Faktoren im Spiel waren, die ich bisher erwähnt habe. Es ist jedoch ein weiterer Faktor vorhanden, dessen Einfluß noch schwerer ins Gewicht fällt.

Das wichtigste Hindernis auf dem Wege des Analytikers, der eine objektive Einstellung zu Freud anstrebt, ist die Tatsache, daß die idealisierte Gestalt Freuds immerfort aktiv in der Dynamik der psychoanalytischen Gemeinschaft mitspielt, also in jener Körperschaft von praktizierenden Psychoanalytikern, Theoretikern und Forschern, die in der Vergangenheit manchmal – leider, und ich glaube, weitgehend irrtümlicherweise – als »psychoanalytische Bewegung« bezeichnet wurde (vgl. Freud, 1914). Ich möchte darauf hinweisen, daß die Idealisierung Freuds durch die einzelnen Mitglieder der psychoanalytischen Gemeinschaft eine wichtige – gewöhnlich, aber nicht immer, positive – Rolle bei der Aufrechterhaltung des seelischen Gleichgewichts des einzelnen Analytikers und der Aufrechterhaltung der Gruppenzusammengehörigkeit der analytischen Gemeinschaft gespielt hat. Sie übt ihren Einfluß insbesondere dadurch aus, daß sie beim einzelnen Analytiker die Entwicklung gewisser äußerst schmerzlicher Erlebnisse, z. B. die Erschütterung des narzißtischen Gleichgewichts (etwa quälenden Neid oder Eifersucht) verhütet, beziehungsweise in psychoanalytischen Gruppen als Gegengewicht gegen die vorschnelle, unreflektierte Bildung von Splittergruppen wirkt, die sich aufgrund schlecht kontrollierter narzißtischer Ansprüche einzelner ihrer kreativen Mitglieder ergeben könnte (so wie neue Entdeckungen zu Sezessionen führen können, statt in den akkumulierten Wissensschatz integriert zu werden). Wir brauchen uns hierüber nicht weiter zu verbreiten, denn es handelt sich um die grundlegenden psychoanalytischen Einsichten der Massenpsychologie. Seit Freuds Pionierleistung (1921) ist es uns selbstverständlich, daß der Gruppenzusammenhang vor allem mittels der Imago eines Führers gestiftet und erhalten wird, die als gemeinsames Ichideal in allen Mitgliedern der Gruppe wirkt und das große Vorbild ist, zu dem alle aufblicken, dem sie sich in gemeinsamer Bewunderung unterwerfen.

Es muß eines Tages einmal eine detaillierte, umfassende Studie geschrieben werden über die Vorteile und Nachteile, die der psychoanalytischen Wissenschaft aus der Tatsache erwachsen, daß die Psychoanalytiker durch das Band eines gemeinsamen Ichideals, nämlich des idealisierten Freud-Bildes, zusammengehalten werden; das ist jedoch eine Aufgabe, die den Rahmen der vorliegenden Arbeit übersteigt.

Es soll hier nur auf einen Vorteil hingewiesen werden, den die Analyse aus der starken gefühlsmäßigen Bindung der Analytiker untereinander zieht. Der Fortbestand einer Gruppe, ihr über Zeitläufte hinweg gleichbleibender Kern, trotz der durch Wachstum und Entwicklung verursachten Änderungen, ist eine Vorbedingung für die gesunde Produktivität der Gruppe, ganz analog der Bedeutung der Kontinuität des Selbst-Erlebens – trotz aller Änderungen innerhalb der Grenzen der einzelnen Lebenszeit – für die gesunde Produktivität des Individuums. Oder, um es anders auszudrücken: Ein festes Gruppen-Selbst[6] trägt die Produktivität der Gruppe, genauso wie ein festes individuelles Selbst die Produktivität des Individuums trägt. Wenn man diesen Satz auf die Psychoanalyse anwendet und ihn negativ faßt, kann man sagen: Wenn – selbst aufgrund berechtigter Reformen in der Theorie und Praxis – die Psychoanalyse sich so plötzlich und so stark verändern sollte, daß das Gefühl für ihre Kontinuität verlorenginge, würde der einzelne Psychoanalytiker auch keinen Anreiz von seiner Zugehörigkeit zur wissenschaftlichen Gemeinschaft der Analytiker mehr empfangen, würde er sein Gefühl für die Zugehörigkeit zu einem lebendigen, sich entwickelnden Wissenschaftskörper, zu dessen Wachstum er beitragen kann, verlieren, und seine Produktivität würde versiegen.[7]

Ich will jedoch auch zwei der Nachteile, die dem Psychoanalytiker von den idealisierenden Bindungen an eine verinnerlichte Freud-Imago erwachsen, kurz erwähnen. Der erste, der mir als der weniger schädliche erscheint, ist die Tendenz zum Konformismus. Anders ausgedrückt: Es besteht die Gefahr, daß neuen Gedanken mit Mißtrauen begegnet wird, weil man sie als potentiell zersetzend betrachtet. Manche Analytiker sind hinsichtlich neuer Ideen vielleicht übervorsichtig, während andere, etwa aufgrund einer vorbewußten Auflehnung gegen die Allgegenwart eines unwandelbaren Ideals, die neuen Ideen nicht so sehr aus Überzeugung begrüßen, sondern weil sie als eine Befreiung aus einer unklar gefühlten inneren Versklavung erleben. Die zweite ungünstige Folge der idealisierenden Besetzung des Freud-Bildes scheint mir schwerwiegender zu sein. Die Kanalisierung eines erheblichen Teils der narzißtischen Energien des einzelnen Analytikers in das Gruppenich-Ideal erzeugt psychologische Bedingungen, die für die aus dem Größenselbst stammenden kreativen Aktivitäten nicht förderlich sind. Um es vom Erlebnis her zu beschreiben: Das vom Ehrgeiz motivierte Streben und der damit verbundene ich-erweiternde Drang zu neuen Entdeckungen – in der Außenwelt der Drang zur Eroberung neuer Gebiete, ein Abkömmling der archaischen Flugphantasien – sind nicht genügend engagiert, und es kommt daher nicht zu Wachstum und Verfeinerung neuer sublimierender Strukturen, z. B. jener Ichfunktionen (Talente), die mit Hilfe des aus dem Größenselbst stammenden Drucks Leistungen zu vollbringen hätten. Die potentiell kreativen narzißtischen Strebungen des einzelnen Psychoanalytikers könnten also in zu starkem Maße an idealisierte Ziele gekettet sein. Natürlich hängt jegliche schöpferisch-produktive Leistung vom Einsatz beider, der grandiosen *und* der idealisierenden narzißtischen Energie ab, aber ich meine, daß das wirklich originale Denken, d. h. die eigentliche *Kreativität*, vorwiegend vom Größenselbst gespeist wird, während die traditionsgebundene wissenschaftliche und künstlerische Leistung, die *Produktivität*,[8] mit Hilfe idealisierender Besetzungen erbracht wird.

Nach diesem Exkurs in allgemeine Spekulationen kehren wir zu unserem eigentlichen, umschriebenen Thema zurück. Es handelt sich um die Frage, welche Konstellation psychischer Kräfte vermutlich vorliegt, wenn der Analytiker sich gegen die Störung seines narzißtischen Gleichgewichts durch eine nicht-objektive, idealisierende Einstellung zu Freud schützen muß. Die Antwort hierauf wird natürlich in zweiter Linie auch gewisse spezifische Widerstände gegen die Aufhebung der Idealisierung Freuds aufklären, Widerstände, die aus dem Wunsch des Analytikers erwachsen, sich sein narzißtisches Gleichgewicht ungestört zu erhalten.

Ich glaube, daß die Idealisierung Freuds den Analytiker auf zweierlei Weise gegen schmerzliche narzißtische Spannungen schützt: 1. die echte, also nicht auf Abwehr beruhende Idealisierung in jeder Form und mit jedem Inhalt (am wirkungsvollsten in Gestalt eines stark idealisierenden Über-Ichs, d. h. hoher, sinnerfüllter Ideale) ist immer ein wichtiger und wertvoller Schutz gegen narzißtische Spannungen (z. B. gegen die Neigung zu Scham), weil ein erheblicher Betrag der narzißtischen Energien des Betreffenden von seinen Idealen absorbiert wird. 2. Die Idealisierung eines Gruppen-Vorbilds schützt das einzelne Mitglied der Gruppe gegen gewisse Zustände narzißtischer Gleichgewichtsstörungen, die als Neid, Eifersucht und Wut erlebt werden. Wenn diese narzißtischen Spannungen nicht abgeführt werden, sind sie äußerst peinigend; wenn sie jedoch abgeführt werden (durch Handlungen, besonders aus narzißtischer Wut), sind sie sozial gefährlich. Wenn jedoch der Psychoanalytiker behauptet, daß alles Wichtige in der Psychoanalyse bereits von Freud gesagt worden ist, und wenn ferner das Bild Freuds in sein idealisiertes Über-Ich integriert und dadurch ein Teil seines Selbst geworden ist, dann kann der betreffende Analytiker seine Rivalen unbeachtet lassen, seine narzißtische Sicherheit ist nicht durch sie bedroht, und er kann sich die peinigenden narzißtischen Leiden ersparen, die der Vergleich mit den Rivalen seiner Generation ihm bereiten würde. Dann ist es auch kein Wunder, daß die Aufhebung der Idealisierung des Freud-Bildes beim Analytiker auf großes Unbehagen stößt und starke Widerstände gegen die Suche nach einer objektiven, realistischen Einstellung zu Freud mobilisiert, z. B. dagegen, Freud als einen normalen Menschen mit seinen guten und schlechten Seiten, seiner Leistung und seinen Grenzen zu sehen. Freilich hat man oft genug versucht, das Bild Freuds vom Sockel zu stoßen. Das geschah aber wohl meist aus Abwehrgründen; in vielen Fällen zeugten diese Versuche von einer beharrlichen, unverminderten Idealisierung Freuds im Unbewußten des betreffenden Umstürzlers.

Psychoanalyse-feindliche Leser mögen über diese Feststellungen Genugtuung empfinden und sich in ihrer Kritik an der Psychoanalyse als einem unwissenschaftlichen, halb-religiösen Unternehmen bestätigt fühlen. Ich will mir die verhältnismäßig leichte Aufgabe, auf diese polemische Ausbeutung meiner Erwägungen vorwegnehmend eine Erwiderung zu formulieren, schenken. Die echte, traditionelle, psychoanalytische Einstellung fordert vom Analytiker, diese Einsichten, falls sie überhaupt zutreffen, nicht nach außen zu verteidigen, sondern sie zur Ausweitung seiner Selbstwahrnehmung zu verwenden. Ich möchte hinzufügen, daß sie speziell auch eine Aufforderung darstellen, unsere Lehranalysen hinsichtlich des narzißtischen Persönlichkeitsanteils der Ausbildungskandidaten zu vertiefen und auszudehnen. Besonders muß man ein wachsames Auge auf die Gefahr haben, daß die unbewußten, grandios-exhibitionistischen Strebungen der Ausbildungskandidaten nicht genügend in der psychoanalytischen Situation engagiert sind und infolgedessen nicht allmählich sublimiert und in das Realitäts-Ich des zukünftigen Psychoanalytikers integriert werden können. Daß der Narzißmus des Kandidaten nur unvollständig mobilisiert wird (oder die Durcharbeitung im narzißtischen Sektor unvollständig geblieben ist), kann auf verschiedene Weise zustande kommen, z. B. durch bestimmte Widerstände aus dem ganzen Widerstandsspektrum, über das der Kandidat verfügt, aber auch durch blinde Flecken, Gegenübertragungen und theoretisch untermauerte Einstellungen des Lehranalytikers. Ich möchte einen besonderen Modus erwähnen, wie die narzißtischen Kräfte beim Ausbildungskandidaten beiseite gelassen und unanalysiert bleiben können: die implizite oder explizite Abmachung zwischen Analysanden und Lehranalytiker, die möglicherweise störenden narzißtischen Besetzungen des Kandidaten auf das idealisierte Freud-Bild zu richten, denn wenn die Analyse hochgestimmt auf der gemeinsamen Bewunderung für Freud endet, so ist dies, wegen der Betonung der brüderlichen Gemeinschafts-Gefühle, nicht nur höchst willkommen und respektabel, sondern es kann auch für den Kandidaten ein bewegendes Erlebnis sein, das seinen Trennungsschmerz lindert und die unvermeidliche Bitterkeit versüßt, jetzt die Realität der ihm auferlegten Versagungen auf der objektlibidinösen und narzißtischen Ebene annehmen zu müssen. Es kann jedoch nicht geleugnet werden, daß eine solche Beendigung in manchen Fällen dazu führen kann, gewisse postanalytische Möglichkeiten des zukünftigen Analytikers abzuschneiden. Die Bindung besonders seiner bis dahin noch freien narzißtischen Besetzung an das Freud-Bild kann ihn von dem seelischen Druck entlasten, nach eigenen Lösungen suchen zu müssen, und kann seine strukturellen Konflikte (seine Schuldgefühle) vermehren, wenn er versuchen würde, sich selbst zu behaupten und eigene Lösungen zu finden. Die technischen Fragen, die mit diesem ganzen Problemkreis verbunden sind, können hier ihrer Kompliziertheit wegen nicht abgehandelt werden, und ich möchte nur noch einen Gedanken erwähnen, um nicht einseitig zu sein: Natürlich muß die spontane, realistische, nicht aus Abwehrgründen übertriebene Bewunderung Freuds als eines der großen Geister der westlichen Welt und als Vorbild wissenschaftlicher Unbestechlichkeit und moralischen Mutes keineswegs bedeuten, daß der narzißtische Sektor in der

Analyse des Analysanden oder Kandidaten nicht hinreichend bearbeitet worden sei. Im Gegenteil, sie kann sogar manchmal das Zeichen des analytischen Erfolgs sein, besonders bei Persönlichkeiten, die bis dahin keinerlei Begeisterung für Größe aufzubringen imstande waren, sei es für bewundernswerte Ideen oder für großartige Persönlichkeiten.

2. Freuds Selbstanalyse: die Kreativitäts-Übertragung

Nach dieser warnenden Erwähnung gewisser persönlicher, soziologischer und methodologischer Probleme, die dem psychoanalytischen Forscher aus der Beschäftigung mit Freud (mit seinem Leben und seinen wissenschaftlichen Werken) erwachsen könnten, wende ich mich nun meinem eigentlichen Thema zu: der Selbstanalyse Freuds während der Jahre vor der Veröffentlichung seines bahnbrechenden wissenschaftlichen Beitrages und umfangreichsten Werkes, der »Traumdeutung« (1900).

Die erste Frage, die sich hier erhebt, ist die Erwägung, ob man Freuds Selbstanalyse in erster Linie als etwas ähnliches wie alle anderen, z. B. die therapeutischen Analysen betrachten darf, die Freud, seine ersten Schüler und schließlich alle folgenden Generationen von Analytikern durchgeführt haben, oder ob die eigentliche Bedeutung dieser Selbstanalyse Freuds an anderer Stelle zu suchen ist.

Zweifellos waren die Einsichten, die Freud erreichte, im üblichen psychoanalytischen Sinne heilsam für seine seelische Gesundheit; d. h. seine Selbstanalyse hob Verdrängungen auf, befreite ihn von psychoneurotischen Symptomen und Hemmungen und gab seinem Ich die Verfügung über Triebkräfte zurück, die vorher in Strukturkonflikten gebunden waren. Unter diesem uns gewohnten Gesichtspunkt können wir sagen, daß der Erfolg von Freuds Selbstanalyse die Vorbedingung für seine Kreativität war. Wir können aber nicht nur sagen, daß die durch die Selbstanalyse erreichte innere Freiheit die kreativen Triebenergien befreite, die ihn zu seinen Leistungen befähigten, sondern daß er außerdem aufgrund seiner einmaligen, spezifischen Ich-Begabungen fähig war, jede persönliche Einsicht in eine überpersönliche, wissenschaftlich wertvolle psychologische Entdeckung umzusetzen.[9]

Wenn wir an die Beziehung zu Wilhelm Fließ denken, die Freud in der Zeit seiner Selbstanalyse knüpfte, kommen wir natürlich auf den Gedanken, daß Freud mangels eines Analytikers (ohne den, wie wir inzwischen wissen, die analytische Situation sich nicht bilden kann, da er als Fokus der Übertragung, als Zielscheibe der objekt-gerichteten und narzißtischen, der libidinösen und aggressiven Strebungen aus dem Unbewußten dienen muß) sich wie selbstverständlich einen geeigneten Menschen aus seiner Umgebung suchte, der diese Funktion für ihn übernehmen konnte. Freud traf seine Wahl mit wahrhaft bewundernswerter Klugheit; er wählte Fließ, mit dem er nur selten in direktem Kontakt stand, so daß die Hinter-der-Couch-Distanz und die Unsichtbarkeit des normalen Analytikers in seinem Fall durch die Distanz zwischen Wien und Berlin ersetzt war, was die störende Realität auf ein Minimum reduzierte. Ganz im Einklang mit seinem psychologischen Genie stand auch, daß Freud nicht – wie es so viele unserer Patienten und Lehranalysanden tun, obwohl sie ihren Analytiker bei der Hand haben – seine Übertragungen an seinen Freunden oder Familienangehörigen auslebte oder, was die größte Versuchung bedeutet haben mußte, an seinen Patienten durch Bildung von Gegenübertragungen. So wird es verständlich, warum Freuds Analyse bisher immer als eine besondere Variante einer normalen therapeutischen Analyse angesehen worden ist, und warum bisher keine andere Hypothese nötig gewesen zu sein scheint als die genannte, daß Fließ die Aufgabe hatte, den Sessel hinter der symbolischen Couch einzunehmen, auf der Freud das Ringen um die Einsicht in sein Seelenleben – das Seelenleben des Menschen – aufnahm.

Freuds Selbstanalyse ist nicht die absolut erste Psychoanalyse – Freud (und Breuer) waren schon bei mehreren Patienten mittels der psychoanalytischen Methode zum Verständnis ihrer seelischen Konflikte vorgedrungen. Wenn wir jedoch die ganze Breite der Zielsetzung und Freuds Ausdauer bei ihrer Verfolgung betrachten, ist diese Selbstanalyse in der Tat etwas Neues, auch wenn wir vom Fehlen eines Analytikers absehen. Es ist die erste Analyse, die derjenigen entspricht, die vom heutigen Analytiker praktiziert wird, d. h. eine Analyse mit dem Ziel der tiefenpsychologischen Erfassung der Gesamtpersönlichkeit, also nicht nur eines Symptoms oder Syndroms. Freuds Selbstanalyse – die er getreulich fast bis zum letzten Tage seines Lebens fortsetzte – ist das Vorbild der »unendlichen Analyse«.

Obwohl nun Freuds Selbstanalyse im wesentlichen als Musterbeispiel der heutigen Analysetechnik aufzufassen ist, enthält sie dennoch Züge, die in unserer heutigen, normalen therapeutischen Arbeit nicht auftreten. Es ist die historische Stellung von Freuds Selbstanalyse – nicht die Tatsache, daß Analysand und Analytiker ein und dieselbe Person waren –, die für diese Besonderheit maßgeblich ist, vor allem für die Bedeutung des Kerns seiner Übertragung. Diese Züge sollen jetzt erörtert und es soll eine Alternative bzw. Ergänzung zu den bisher in der psychoanalytischen Literatur aufgestellten Hypothesen über die Bedeutung von Freuds Übertragung auf Wilhelm Fließ vorgelegt werden.

In der normalen therapeutischen Analyse ist auf dem Höhepunkt der Übertragungsneurose die Aktivität des Analysanden außerhalb der Analyse und seine Fähigkeit zur vollen gefühlsmäßigen Reaktion auf die Außenwelt gewöhnlich eingeschränkt; auch die Kreativität ist häufig herabgesetzt und pflegt erst gegen Ende der Analyse wieder zuzunehmen, wenn gewisse Sektoren der Übertragung durch Einsicht zur Lösung gebracht werden konnten. Freud dagegen war während seiner Selbstanalyse nicht nur imstande, intensiv und mit dem ganzen Spektrum angemessener Emotionen auf seine Umgebung zu reagieren, wie man seiner Korrespondenz aus jener Zeit entnehmen kann, sondern er hatte gerade damals die originellsten Einsichten, machte die größten Entdeckungen und formulierte die entscheidenden Theorien seines Lebens, wie die große Arbeit beweist, die als Krönung jener Schaffensperiode vor uns liegt.

Wenn Freuds Selbstanalyse in erster Linie ein Akt der Selbstheilung durch Einsicht gewesen wäre, so würde man erwarten, daß sie, entsprechend der Beendigung einer Analyse mit normaler Übertragungsneurose, mit der Entdeckung der Bedeutung der Übertragung und zugleich mit ihrer Lösung geendet hätte. In Freuds Fall indessen scheint die Auflösung der Übertragungsbindung ohne korrespondierende Einsicht vor sich gegangen zu sein, d. h. Freuds Verständnis für die volle Bedeutung der Übertragung kam erst allmählich, viel später, und stammte aus seiner klinischen Arbeit. Freuds Übertragung auf Fließ muß daher als ein Phänomen angesehen werden, das eine schöpferische Arbeit begleitete: Freuds Selbstanalyse war ein schöpferischer Akt, der gleichzeitig analytisch durchgearbeitet wurde.

Dieses Phänomen gehört nicht in das Gebiet der Pathologie; es ist jedoch entfernt verwandt mit dem klinisch zu beobachtenden

Tatbestand, daß ein Maß empathischen Kontakts mit dem Analytiker notwendig ist, wenn die neu erworbene Fähigkeit zu künstlerischer Sublimierung, die sich bei bestimmten analytischen Patienten einstellt, aufrechterhalten bleiben soll.

Herr E.[10] zum Beispiel litt an einer schweren narzißtischen Persönlichkeitsstörung mit regressiven Schüben, die wie flüchtige psychotische Episoden aussahen. Infolge der systematischen Durcharbeitung in der fachmännisch gehandhabten Analyse erlangte er jedoch allmählich die Fähigkeit, gewisse, vorher pathologisch benutzte narzißtische Besetzungen in ihn absorbierende und erfüllende künstlerische Aktivitäten umzuleiten. Sowohl das Leitsymptom seiner Psychopathologie (Voyeurismus) als auch seine neuerworbenen künstlerischen Sublimierungen waren Abkömmlinge seiner lebenslangen Konzentration auf ununterbrochenen visuellen Kontakt mit der Welt. Schon in frühester Jugend hatte er offenbar sein Kontaktbedürfnis von seinen frustrierten oralen, taktilen und olfaktorischen Bedürfnissen auf den Gesichtssinn verschoben, wie man aus seiner in der Übertragung geäußerten Furcht, er könnte mit seinem intensiven Blick den Analytiker (als Mutterimago überlasten und zerstören, schließen konnte. (Während der gesamten Kindheit des Patienten hatte seine Mutter an starkem Bluthochdruck gelitten; sie war oft sehr müde, mochte das Kind niemals auf den Arm nehmen und war außerstande, ihm die selbstbestätigende gefühlshafte Stützung zu geben, die es brauchte. Sie starb in des Patienten später Adoleszenz.)

Die Bedeutung der voyeuristischen Perversion des Patienten – er hatte den unwiderstehlichen Drang, die Genitalien von Männern zu sehen – kann der Situation entnommen werden, in der dieser Drang erstmals in Erscheinung trat. Der Patient war als Junge zu Beginn der Pubertät einmal mit seiner Mutter auf einem Jahrmarkt gewesen. Er hatte allein auf der Luftschaukel geschaukelt (zweifellos in einer vorbewußten Darstellung archaischer Fliegephantasien) und war dann, stolz auf seinen Mut und seine Geschicklichkeit, zur Mutter gelaufen und hatte sie aufgefordert, ihm zuzusehen. Die Mutter war müde und deprimiert und ging nicht auf ihn ein, so daß ihn plötzlich aller Überschwang verließ und er sich arm und ausgeleert vorkam. Da wandte er sich von der Mutter ab und ging zur Herrentoilette, getrieben von dem unwiderstehlichen Wunsch, einen mächtigen Penis zu sehen (vgl. Kohut, 1973 [»Narzißmus«], S. 185-186).

Wir brauchen uns hier nicht näher mit der metapsychologischen Substanz dieser Perversion zu befassen, abgesehen von dem Mindestmaß, das wir für das Verständnis des narzißtischen Übertragungsbandes benötigen, das sich zwischen seiner Analyse und der Fähigkeit zur Aufrechterhaltung der neu besetzten künstlerischen Sublimierung gebildet hatte. Das Wesen der Perversion konnte seinen Kindheitserinnerungen entnommen werden und fand sich bei der Durcharbeitung der Übertragung vielfach bestätigt. Des Patienten sich entwickelndes Selbst hatte infolge des Ausbleibens der notwendigen (spiegelnden) Reaktionen auf seine narzißtisch-(exhibitionistischen) Bedürfnisse ein ungenügendes Maß jener narzißtischen Besetzungen erhalten, die sonst kohäsion-stiftend und sichernd wirken. Sein Drang, die innere Leere auszufüllen, um sich lebendig fühlen zu können, wurde deshalb überstark; daß dieses Bedürfnis sich auf das Sehen konzentrierte, ergab sich wohl aus einer Kombination angeborener Tendenzen und frühkindlicher Erfahrungen (nämlich daß er taktile Kontakte entbehren mußte). Aber wie frustriert sein Selbst auch war und wie tief es regredieren mochte, es desintegrierte niemals auf die Dauer; der Patient gab die Hoffnung nie völlig auf, daß er einmal die bestätigende, billigende Spiegelantwort des narzißtischen Objekts erhalten würde. So bot er sich (visuell) seiner Mutter dar (z. B. auf dem Jahrmarkt), und so reinszenierte er die Darbietung seiner selbst vor dem Analytiker in der Übertragung. (Als einen frühen, sehr schön gestalteten Versuch des Patienten, die Analyse und ihre Deutungen in den visuell-künstlerischen Bereich überzuleiten, ist die Art und Weise zu betrachten, wie der Patient mit dem Trauma einer Wochenend-Trennung vom Analytiker zu Anfang seiner Analyse fertigzuwerden versuchte; s. Kohut, 1973 [»Narzißmus«], S. 156-58.) Immer aber, wenn seine Hoffnung auf eine empathische Spiegelreaktion enttäuscht wurde, regredierte der Patient. Statt an seinem Wunsch festzuhalten und seine Versuche, narzißtische Befriedigung zu erlangen, zu erneuern, wandte er sich dem sexualisierten Versuch zu, die benötigte narzißtische Stützung durch visuelle Verschmelzung mit dem Symbol männlicher Stärke zu erreichen, mit der er sich dann identifizieren konnte.

Es wäre verlockend, an dieser Stelle in eine Diskussion der Bedeutung der Perversion dieses Patienten einzutreten; das aber würde uns zu weit von unserem Thema wegführen.[11] In unserem Zusammenhang können wir so viel sagen, daß in der Übertragung der Patient wiederholt die folgende spezifische Ereignisreihe erlebte: 1. Er bietet sich selbst – später das Werk seiner Kunst, d. h. einen Ausläufer seines grandiosen Selbst – dem narzißtischen Objekt (dem Analytiker in der Spiegelübertragung) an; 2. er wird enttäuscht, und zwar aufgrund mangelnder Empathie des Analytikers oder aufgrund anderweitiger narzißtischer Kränkungen durch ihn; 3. es folgt eine Regression, die zur Verstärkung der voyeuristischen Perversion führt; 4. der Analytiker antwortet mit einer empathischen Deutung dieser Reaktion; 5. der Drang zur perversen Betätigung läßt nach, und der Patient erneuert seinen Versuch, die bewundernde Spiegelreaktion zu erzielen. Nachdem diese wiederholte Ereignisabfolge durchgearbeitet worden war und die Fähigkeit des Patienten, seine Regressionsneigung zu beherrschen, allmählich zugenommen hatte, konnte er auch bei Enttäuschungen seine künstlerische Schaffenskraft ohne Unterbrechungen aufrechterhalten.

Ich führe eine besondere Episode an, die sich ereignete, als der Patient nach mehrjähriger Analyse bereits erhebliche Fortschritte gemacht hatte, weil sie in dem Kontext, in welchem ich diese Behandlung erwähne – nämlich zur Beleuchtung der Rolle, die das narzißtische Objekt übernehmen soll, um die noch ungenügend gesicherte Fähigkeit zu künstlerischem Schaffen aufrechtzuerhalten –, von besonderer Bedeutung ist. Herrn E.s Allgemeinzustand hatte sich schon sehr gebessert, und sein ganzes Leben stand nun auf höherer Stufe und war weit befriedigender. Sein homosexueller Voyeurismus war fast ganz verschwunden, und er genoß nicht nur beträchtliche innere Befriedigung durch seine Kunst, sondern er erhielt, da er glücklicherweise auch sehr begabt war, so viel Beifall, daß ein Teil seines Bedürfnisses nach billigenden, zustimmenden und selbstbestätigenden Reaktionen dadurch befriedigt wurde. Der Patient war jetzt imstande, die normalen Wochenend-Trennungen vom Psychoanalytiker durchzustehen, ohne sich durch seinen voyeuristischen Drang bedroht zu fühlen – ein deutliches Zeichen des Fortschritts, den er inzwischen gemacht hatte. Unter den Umständen aber, mit denen wir uns jetzt beschäftigen wollen, mußte er sich nicht nur mit der Spannung abfinden, die sich durch den Zeitabstand zwischen der letzten Stunde der Woche bis zur ersten der nächsten Woche ergab, sondern er mußte auch das Gefühl einer räumlichen Trennung vom Analytiker ertragen. Er mußte nämlich an dem betreffenden Wochenende in eine etwa 350 km entfernte Stadt reisen, in welcher er eine künstlerische Aufgabe übernommen hatte. Als er in Chicago in den Zug stieg, war er in bester Stimmung und innerlich bereits mit der Arbeit beschäftigt, die er bei seiner Ankunft in jener Stadt ausführen sollte. Als der Zug ihn jedoch weiter und weiter von seinem Analytiker hinwegtrug, den er sich sonst in der Phantasie immer als in seinem Analytikersessel sitzend und auf die Wiederkehr des Patienten am Montagmorgen wartend vorgestellt hatte, empfand er wieder das alte Gefühl, das er schon überwunden geglaubt hatte: Depression, Verlust der inneren Sicherheit und des Selbstgefühls, innere Leere und das Bedürfnis, diese Leere auszufüllen. Im Laufe der Fahrt fühlte er, wie der Druck dieses Vakuums zunahm; zugleich nahm sein Interesse an der künstlerischen Aufgabe, die ihm vorher so faszinierend erschienen war, immer mehr ab. Halbwegs zwischen Chicago und seinem Bestimmungsort hatte er plötzlich den Drang, einem Marinesoldaten auf die Toilette zu folgen. In diesem Augenblick war er jedoch imstande, sich die analytische Einsicht zunutze zu machen, die er gewonnen hatte. Er begriff, was in ihm vorging, widerstand der Versuchung, fuhr zu seinem Bestimmungsort, führte den Auftrag aus (allerdings nicht so begeistert und schöpferisch, wie er zu Beginn des Unternehmens gehofft hatte) und kehrte nach Chicago zurück. Auf der Rückreise stellte er fest, daß seine Selbstachtung wieder zunahm, daß das Gefühl innerer Leere geringer wurde und seine künstlerischen Interessen sich in dem Maße verstärkten, wie der Abstand zu seinem narzißtischen Objekt kleiner wurde.

Ich kehre nun zu Freud und seinem Quasi-Analytiker zurück, um die Bedeutung zu untersuchen, welche, wie ich annehme, die Gestalt Fließ' als narzißtischer Stützpfeiler für die kreativen (nicht therapeutischen) Aspekte seiner Analyse gehabt hatte. Ich sehe sehr wohl den großen Unterschied zwischen Freuds Übertragungserlebnis und dem des Patienten E.[12] Wie schon gesagt, handelt es sich bei Freuds Beziehung zu Fließ nicht um etwas Pathologisches, und Herrn E.s Beziehung zu seinem Analytiker, wie sie auf der beschriebenen Reise zutage trat, hat nur eine entfernte Ähnlichkeit mit der Übertragung in Freuds Selbstanalyse. Wenn wir jedoch unsere Aufmerksamkeit von der besonderen Funktion der narzißtischen Übertragung in der Psychopathologie weg auf die allgemeine psychische Bedeutung richten, die – in Krankheit wie Gesundheit – die Beziehung zu Selbst-Objekten für den Menschen haben kann, dann kann das erwähnte Material aus einer Behandlung als geeignete Folie für die folgenden Konstruktionen dienen.

Ich behaupte – und dies ist die Grundlage meiner Ausführungen –, daß manche schöpferisch begabten Menschen in Zeiten erhöhter Kreativität (besonders in den Anfangsstadien) eine ganz spezifische Beziehung zu einem anderen Menschen brauchen: eine Kreativitäts-Übertragung, ähnlich der, die sich in der psychoanalytischen Behandlung bei einer Hauptgruppe narzißtischer Persönlichkeitsstörungen herstellt.

In der Behandlungssituation besteht die innerpsychische Substanz dieser Beziehung in der idealisierenden Übertragung des Analysanden auf den Analytiker. Diese Übertragung stellt die Wiederholung einer normalen Entwicklungsphase dar, die in verzerrter Form, infolge der therapeutisch induzierten Regression in der Behandlungssituation zustande kommt. Während der normalen Entwicklungsphase, die der idealisierenden Übertragung entspricht, wird der betreuende, empathische Erwachsene vom Kind für allmächtig gehalten, und das Kind erhält ein Gefühl narzißtischen Wohlbefindens (ein machtvolles Ganzes zu sein), wenn es sich als Teil des idealisierten Selbst-Objekts erleben kann. Unter günstigen Bedingungen erzeugt die empathische Antwort des Erwachsenen auf das Kind eine Situation, in der dessen phasenspezifisches Bedürfnis nach Verschmelzung mit einem omnipotenten Objekt hinreichend erfüllt wird, so daß keine Traumatisierung eintritt. Diese fundamentale Bedürfnisbefriedigung ist jedoch nur Vorbedingung für die eigentliche Entwicklungsaufgabe des Kindes, nämlich zu erkennen, erstens, daß der Erwachsene nicht omnipotent ist, und zweitens, daß es selbst nicht ein Teil dieses Erwachsenen, sondern ein von ihm getrenntes Individuum ist. Infolge dieser ganz allmählich stattfindenden, phasengerechten Desillusionierung werden die idealisierenden Besetzungen vom archaischen Objekt abgezogen und im psychischen Apparat verwendet (nämlich zur Idealisierung der Überich-Werte). Mit anderen Worten, ein archaisches Selbst-Objekt-Bild wird zu einer psychischen Struktur. Wenn aber diese Entwicklungsaufgabe nicht erfüllt wird, dann erhält der betreffende Mensch keine ausreichend idealisierten psychischen Strukturen. Er entbehrt eine der wichtigsten inneren Möglichkeiten, sein Selbstgefühl aufrechtzuerhalten: das Eintauschen seines Selbst in das idealisierte Überich, indem es gemäß den in dieser psychischen Struktur errichteten Werten denkt und handelt. In ihrem Hunger nach einem Ersatz für die fehlende (oder ungenügend entwickelte) psychische Struktur suchen diese Menschen andauernd, suchtartig, oft mit sexualisierten Mitteln (wobei das klinische Bild das einer Perversion sein kann) nach Menschen, denen sie sich anschließen und die ihnen als Ersatz für das omnipotente, idealisierte Selbst-Objekt dienen können, jenem archaischen Vorläufer der fehlenden inneren Struktur. Im Alltagsleben und in der analytischen Übertragung wird das Selbstwertgefühl dieser Menschen daher durch ihre Beziehungen zu archaischen Selbst-Objekten aufrechterhalten.

Obwohl ich glaube, daß die Kreativitäts-Übertragung ein Phänomen ist, das mit der idealisierenden Übertragung verwandt ist, behaupte ich nicht, daß schöpferische Menschen notwendig an Strukturdefekten leiden, so daß sie nach archaischen Verschmelzungserlebnissen suchen müssen. Ich vermute jedoch, daß die psychische Organisation mancher schöpferischen Persönlichkeiten durch eine gewisse Labilität der narzißtischen Konfigurationen gekennzeichnet ist,[13] daß auf Perioden narzißtischen Gleichgewichts (stabiles Selbstwertgefühl und fest verankerte Idealisierung der inneren Werte: stetige, ausdauernde Arbeit bei Beachtung der Details) prä-kreative Perioden mit Gefühlen von Leere und Rastlosigkeit folgen (Besetzungsabzug von den Werten, niedriges Selbstwertgefühl; suchthafte oder perverse Strebungen: es wird nichts geschaffen), worauf wieder kreative Perioden eintreten (die freien narzißtischen Besetzungen, die von den Idealen und vom Selbst abgezogen waren, werden nun im Dienste des kreativen, künstlerischen oder wissenschaftlichen Schaffens verwendet: originelle Gedanken, intensives, leidenschaftliches Arbeiten). Wenn man diese metapsychologischen Formulierungen in Aussagen über das Verhalten umformuliert, könnte man sagen, daß auf eine Phase fieberhaften Schaffens (originelle Gedanken) eine Phase ruhiger Arbeit folgt (die originellen Einfälle der ersten Phase werden geprüft, geordnet, in unmittelbare Form gebracht, d. h. niedergeschrieben); diese Phase wird unterbrochen durch eine unfruchtbare Phase prä-kreativer narzißtischer Spannung, die eine Phase erneuter Kreativität einleitet usw.

Ich will die Frage, ob dieses dreiphasige Schema auf Freuds Werk und Schaffenskraft anwendbar ist, nicht entscheiden, glaube aber doch einiges Beweismaterial vorlegen zu können, das dafür spricht.

So hatte Freud zweifellos in hohem Maße die Fähigkeit zu anhaltender, konzentrierter Aufmerksamkeit für Einzelheiten im Dienste der Vollendung und Abrundung seines Werks (zweite Phase des dreiphasigen Schemas), und er besaß hohe, stark besetzte, verinnerlichte Wertvorstellungen. Ferner könnte man die Hypothese aufstellen, daß seine starken, oral-respiratorischen Bedürfnisse (z. B. seine zunehmende, unlösbare Abhängigkeit vom Zigarrenrauchen)[14] mit einem depressionsähnlichen Zustand präkreativer innerer Leere verknüpft waren, einer Manifestation des Besetzungsabzugs vom Selbst, während zugleich die narzißtischen Energien sich lösten und für das kreative Schaffen verfügbar wurden.[15] In der Tat berichtete Freud, daß eine gewisse Störung seines Wohlbefindens eine notwendige Bedingung seines Schaffens sei (Jones, 1953, S. 356f.). Hat Freud hier das Unlustgefühl beschrieben, das die prä-kreative Regression der narzißtischen Libido begleitet (d. h. einen autoerotischen Spannungszustand)? Fühlte er sich in solchen Perioden leer und deprimiert, kam es dann zu einer suchtartigen Verstärkung seiner oral-respirativen Bedürfnisse als Manifestation des Besetzungsabzugs von den narzißtischen Strukturen, weil die narzißtischen Energien freischwebend bleiben mußten, um dann im Schaffensakt absorbiert zu werden? Ich kann diese Fragen hier nur aufwerfen. Könnten diese Hypothesen bewiesen werden, so würden sie meine Deutung des einen Aspekts von Freuds Beziehung zu Fließ als eine Regression auf die Idealisierung einer archaischen Omnipotenzgestalt unterstützen. Ich möchte im folgenden darauf hinweisen, daß diese Deutung auch im Rahmen (vor-)bewußter Motivation gültig ist, d. h., daß man ihre Gültigkeit auch dann anerkennen kann, wenn man die Kreativität nicht im Sinne narzißtischer Dynamik erklären will.

Während schöpferischer Perioden ist das Selbst Kräften ausgeliefert, die es nicht beherrschen kann, und das Gefühl seiner Geschwächtheit erhöht sich noch, wenn es sich hilflos extremen Stimmungsschwankungen ausgesetzt fühlt, die von schwerer prä-kreativer Depression bis hin zu gefährlicher hypomanischer Überreiztheit reichen. Letztere tritt ein, wenn der schaffende Geist sich der Schwelle der kreativen Aktivität nähert. (Hierzu Freuds lebhafte Beschreibung seines emotionalen Zustandes während seiner kreativen Phasen, s. Jones, 1953, S. 356f.). Und wenn der schöpferische Geist durch seine Entdeckungen in Einöden geführt wird, die noch kein anderer betrat, so kann ein Gefühl großer Vereinsamung eintreten. Das sind die angsteinflößenden Erlebnisse, in denen sich überwältigende Ängste der frühen Kindheit zu wiederholen scheinen, als das Kind sich allein, verlassen, hilflos fühlte.[16] So schrieb Freud am 16. März 1896 an Fließ die bitteren Worte: »Ich... lebe in solcher Isolierung, als ob ich die größten Wahrheiten gefunden hätte.« Hier mußte Freud sich freilich mit seinem Sinn für Humor trösten, denn er hatte ja in der Tat Wahrheiten entdeckt, die ihn unwiderruflich einsam in dem eben erst betretenen Gebiet machen mußten, bis einige mutige Schüler ihm zu folgen wagten. So wundert es nicht, wenn schöpferische Künstler und Wissenschaftler – letztere mitunter in schroffem Gegensatz zu der entschiedenen Rationalität, die sie bei der Durchführung ihrer Aufgabe walten lassen – versuchen, ihr Schaffen mit abergläubischen Ritualen zu schützen. Während ein Künstler sich schützte, indem er »ein Paar hoher Wachskerzen in silbernen Leuchtern zu Häupten des Manuskripts« aufstellte (so der Schriftsteller Aschenbach in Thomas Manns »Tod in Vendig«), ein anderer (Schiller) den Geruch fauliger Äpfel brauchte, die er in einer Schublade seines Arbeitstischs aufbewahrte (s. Eckermann, Gespräche mit Goethe, 3. Teil, 7. Oktober 1827), müssen andere, und darunter, glaube ich, Freud, in Zeiten ihrer kühnsten schöpferischen Leistungen sich einen Menschen in ihrer Umwelt wählen, den sie als omnipotent betrachten, eine Gestalt, mit der sie sich zeitweilig verschmelzen können.

Solche Übertragungen sind nun eher denen verwandt, die in der Analyse narzißtischer Persönlichkeiten vorkommen, als denen in der Analyse von Übertragungsneurosen. Es handelt sich dabei nämlich entweder a) um den Wunsch des Selbst, das sich in einer Schaffensperiode geschwächt fühlt, seine Kohäsion durch zeitweilige ausweitende Verschmelzung mit der psychischen Struktur eines anderen zu wahren, sich in einem anderen zu finden oder sich durch die Bewunderung anderer (ähnlich einer Spiegelübertragung) bestätigt zu fühlen; oder es handelt sich b) um das Bedürfnis, Kraft von einem idealisierten Objekt zu erhalten (ähnlich einer idealisierenden Übertragung). So wird in Beziehungen, die in kreativen Perioden eingegangen werden, in erster Linie eine Gestalt aus der (ödipalen) Vergangenheit wiederbelebt, die ihre Übertragungsbedeutung in erster Linie daher bekommt, daß sie noch immer das Ziel der Liebe und des Hasses aus der Kindheit des Schaffenden darstellt.

Es wäre faszinierend, die Vielfalt der narzißtischen Beziehungen (und im einzelnen der narzißtischen Bindungen, durch die sie aufrechterhalten werden) solcher kreativer Persönlichkeiten besonders während der schöpferischen Perioden weiterzuverfolgen. Im Bereich des Größenselbst z. B. besitzen wir schon einiges Beweismaterial dafür, daß die Zwillingsbeziehung zu einem *alter ego* die benötigte Bestätigung der Realität des Selbst zu liefern imstande ist. Mary Gedos Untersuchungen (1972) zeigen, daß Picasso in seinen kreativen Perioden der Beziehung zu *alter-ego*-Gestalten bedurfte (z. B. zu dem Maler George Braque), die ihm die Erhaltung der Kohäsion seines Selbst ermöglichte. Das Vorhandensein eines solchen *alter ego* und die narzißtische Beziehung zu ihm schützte – so könnte man spekulieren – das bedrohte Selbst Picassos vor der Gefahr irreversibler Fragmentierung. Diese Gefahr muß in jenen kreativen Perioden bestanden haben, in denen der geniale Maler das Erlebnis des Zerfalls und der wiederhergestellten Kohäsion des eigenen Selbst künstlerisch darstellte: er ließ die visuelle Welt in sinnlose Stücke zerfallen, um sie dann wieder zusammenzusetzen. Mit dieser Tat aber gab er dem westlichen Kulturkreis eine neue Wahrnehmung der sichtbaren Welt.

Zweifellos wird sich auch das weite Feld der Beziehung zwischen Homosexualität und Kreativität, das erstmals von Freud (1910, S. 59) exploriert wurde, durch die Beachtung der narzißtischen Besetzungsverschiebungen weiter aufklären lassen. Obwohl ich hierzu kein empirisches Material aus systematischer psychoanalytischer Beobachtung eines großen schaffenden Künstlers oder Wissenschaftlers besitze, möchte ich immerhin auf ein literarisches Zeugnis hinweisen. Der Wert diese Zeugnisses wird durch die Tatsache erhöht, daß die in dem betreffenden Werk enthaltenen Einsichten im wesentlichen wohl aus dem eigenen Erleben des betreffenden Schriftstellers – besonders hinsichtlich der Schicksale seiner eigenen Kreativität – entnommen sind. Thomas Manns schöne Novelle »Der Tod in Venedig« (s. Kohut, 1957) ist ein fast wissenschaftlich exaktes Porträt des Zerfalls der künstlerischen Sublimierung. Der Künstler Aschenbach, der Held der Erzählung, ist während seines langen schöpferischen Lebens imstande gewesen, seine freien narzißtischen Besetzungen auf seine künstlerische Produktion überzuleiten.[17] Während seine Kindheit wohl noch unter schweren Gefährdungen stand – sein Selbst hatte damals von der Umwelt nur unzureichende Unterstützung erfahren und in Gefahr gestanden zu desintegrieren –, war es ihm später gelungen, sich das notwendige Erleben psychischer Kohäsion und Vollkommenheit, d. h. des Selbstwertgefühls, durch Abfassung künstlerischer Arbeiten selber zu verschaffen. Dadurch standen ihm Erweiterungen oder Kopien seines Selbst zur Verfügung, die er nun mit narzißtischer Libido besetzen konnte: er konnte ihnen formale Vollkommenheit geben. Als die Erzählung beginnt, ist er jedoch im Begriff, diese Fähigkeit zu verlieren. Der Künstler ist gealtert, und seine Kraft, Duplikate des vollkommenen Selbst zu erschaffen, nimmt ab. Auf dem Wege zur Desintegration aber – und hier liegt der Brennpunkt der Novelle – ersteht noch einmal der sexualisierte Vorläufer des Kunstwerks: der schöne Knabe (der allerdings zart und schon vom Untergang gezeichnet ist), die Symbolgestalt für das noch unverändert fortbestehende Kindheits-Selbst, das nach Liebe und Bewunderung dürstet. Wenn die »Kultur seines Lebens« untergeht, d. h. wenn der Schriftsteller die Fähigkeit verloren hat, die narzißtischen Besetzungen in künstlerischer Leistung zu entfalten, gehen diese Besetzungen wieder auf die Imago des fragmentierenden Kindheits-Selbst über. Dort kommen sie kurzfristig zur Ruhe und verzögern die schließliche Vernichtung der Persönlichkeit des großen Künstlers noch ein wenig.

Die Aussendung der freien narzißtischen Libido kreativer Persönlichkeiten zu idealisierten Imagines scheint jedoch verbreiteter zu sein als die Suche nach Ebenbildern des Größenselbst (wie es bei Thomas Manns Aschenbach der Fall ist) oder als der Versuch, das Größenselbst auf geeignete Objekte auszudehnen. Zumindest ist das Bedürfnis nach Verschmelzung mit einer stützenden idealisierten Gestalt der Beobachtung leichter zugänglich.

Aber kehren wir zu Freud zurück. Angenommen, Freuds Selbstanalyse sei nicht ein selbst-heilendes Experiment, sondern die krönende Leistung einer genialen Schaffensperiode: dann wird verständlich, warum Freud die Übertragung damals nicht erkannte. Der Abschluß seiner Selbstanalyse entspricht nicht der Beendigung einer normalen therapeutischen Analyse, d. h. sie endet nicht aufgrund der Tatsache, daß der Analysand (Freud) die Übertragung erkannt, die wahnhaften Aspekte der Beziehung zum Analytiker (Fließ) durchschaut hat, und daß die Übertragung durchgearbeitet worden ist. Eher gilt das Entgegengesetzte: Die Übertragung – eine idealisierende Kreativitäts-Übertragung – wurde überflüssig und hörte auf, als das Werk fertig dastand. Mit anderen Worten,

Wilhelm Fließ war für Freud die Verkörperung einer idealisierten Kraftquelle, aber nur während einer höchst bedeutsamen kreativen Schaffensperiode; Freud konnte auf die Illusion der Größe des Freundes und somit auf die narzißtische Beziehung verzichten – ganz im Gegensatz zur Auflösung der Übertragung durch Einsicht –, nachdem er seine schöpferische Aufgabe erfüllt hatte.[18]

3. Charismatische und messianische Persönlichkeiten

Hinsichtlich der Kreativitäts-Übertragung stellt sich eine nebengeordnete Frage, nämlich das Problem der Spezifität der Wahl des narzißtisch besetzten, idealisierten Selbst-Objekts.

Unter normalen Umständen, bei angemessen neutraler Haltung des Analytikers, der den durch die psychoanalytische Situation ausgelösten innerseelischen Prozeß nicht stört, entwickelt sich die Übertragung im Einklang mit voranalytisch bestehenden innerseelischen Faktoren. Die Übertragung spiegelt die libidinösen Objekte aus der Kindheit des Anlysanden wider, so wie er sie im Zusammenhang mit entscheidenden Ereignissen, die seine Persönlichkeit – besonders ihre neurotischen Aspekte – formten, geliebt und gehaßt hat. Natürlich heften sich auch manche aktuellen Züge des Analytikers und seiner Interventionen während der Analyse an die Imagines an, die aus der Kindheit des Analysanden stammen. Aber diese Details der Übertragung in der Behandlung, die für die Psychoanalyse von beträchtlicher taktischer Bedeutung sein können, machen ihr Wesen nicht aus; ihre Beziehung zum Kern der Übertragung, d. h. zum genetischen Zentrum der psychischen Störung, ist die gleiche wie die Beziehung zwischen den Tagesresten und dem unbewußten, erhalten gebliebenen Traum-Wunsch aus der Kindheit in der Traum-Psychologie.

In der Kreativitäts-Übertragung dagegen gilt wohl das Entgegengesetzte. Hier ist es eine aktuelle Situation, die im Mittelpunkt steht, eine Situation, in der ein geschwächtes Selbst, seiner kohäsiven Besetzungen entleert und mit der gewagten Erforschung einer noch nie vorher betretenen Mondlandschaft beschäftigt, eine zeitweilige Hilfe braucht. Es findet sie in der Beziehung zu einem archaischen Selbst-Objekt, z. B. zu einer idealisierten Elternimago. Wohl wiederholt die Kreativitäts-Übertragung eine archaische Kindheitssituation: sie ist eine Rückkehr zu jener Entwicklungsphase, in der das Selbst sich noch nicht von den Imagines seiner Umwelt abgelöst hatte, die vom sozialpsychologischen Beobachter als die Objekte des Kindes bezeichnet werden. Aber diese Gestalten der frühen Umwelt wurden vom Kind noch als Teile seines Selbst erlebt, sie waren noch »Selbst-Objekte«. Wenn nun in der Analyse einer narzißtischen Pesönlichkeitsstörung die psychoanalytische Situation sich ungestört hergestellt hat, dann entwickelt sich spontan eine narzißtische Übertragung, die ihre vorherbestimmte Form annimmt – bzw. die vorherbestimmte Folge oder Mischung von Formen –, die der spezifischen Kindheitsgeschichte des Analysanden entstammt und den spezifischen Fixierungspunkten seiner Entwicklung entspricht. Diese Verhältnisse gelten jedoch nicht für die schöpferische Persönlichkeit – jedenfalls sind sie für diese nicht wesentlich.[19]

Die Hauptbestandteile der normalen klinischen Übertragung sind also vor-analytische Gebilde, und die Persönlichkeit des Anlytikers und die sonstigen auf ihn bezüglichen Realitätsfaktoren müssen im allgemeinen nur insofern in Rechnung gestellt werden, als sie die Entfaltung und das Durcharbeiten der Übertragung behindern könnten. Das gilt nicht für die Kreativitäts-Übertragung, gleichgültig, ob ein Zwillingsverhältnis (bei welchem ein *alter ego* für seine Rolle geeignet sein, d. h. dem betreffenden kreativen Individuum wirklich ähnlich sein muß) gesucht wird, oder ob es das archaische, idealisierte, omnipotente Objekt ist, das gebraucht wird (und das dann gewisse Züge aufweisen muß, die es für das kreative Individuum in der gewünschten Rolle geeignet macht).

Was aber sind die charakteristischen Züge, die der kreativ Schaffende im Partner sucht, der ihn als das bewunderte omnipotente Selbst-Objekt begleiten soll, während er seine entscheidenden Schritte in das von ihm neuentdeckte Gebiet tut?

Es gibt gewisse narzißtisch fixierte Individuen – manchmal weisen sie sogar paranoide Züge auf –, die ein scheinbar unerschütterliches Selbstvertrauen ausstrahlen und ihre Meinungen mit größter Gewißheit verkünden; diese sind besonders geeignet, dem schöpferischen Menschen als idealisiertes Objekt zu dienen, dessen er während seiner zeitweiligen Schwächung in kreativen Perioden bedarf.

Menschen, die in diese psychologische Kategorie fallen, sind natürlich kaum jemals bereit, sich einer psychoanalytischen Untersuchung zu unterziehen. Sie fühlen sich ja nicht krank, und ihr

Selbstwertgefühl ist hoch. Was sie besonders geeignet macht, die Rolle des idealisierten archaischen Objekts zu übernehmen, die sie auch bereitwillig ausfüllen, ist die Tatsache, daß ihr eigenes Selbstgefühl von der ständigen Verwendung gewisser seelischer Funktionen abhängt: sie müssen ununterbrochen andere Menschen beurteilen, gewöhnlich, indem sie auf die moralischen Mängel anderer hinweisen;[20] sie werfen sich ungescheut zu Führern und Göttern derjenigen auf, die das Bedürfnis haben, geführt zu werden und ein Ziel für ihre Verehrung zu finden. In manchen Fällen scheint es, daß solche charismatischen und messianischen Persönlichkeiten sich restlos mit ihrem grandiosen Selbst oder ihrem idealisierten Über-Ich identifizieren. Für die meisten gewöhnlich Sterblichen sind Ideale[21] richtungweisende Symbole der Vollkommenheit. Sie vermitteln ein narzißtisches Glücksgefühl, wenn der Betreffende dem Ziel, das er sich gesteckt hat, nahe kommt, und entziehen ihm die narzißtische Stützung, wenn die Leistung gar zu weit hinter dem Ziel zurückbleibt. Dagegen hat die messianische Führergestalt es nicht nötig, sich an den Idealen seines Über-Ichs zu messen: sein Selbst und die Idealstruktur sind eins geworden.

Allerdings nehmen die innerpsychischen Vorkehrungen, die das Selbstwertgefühl des charismatischen oder messianischen Individuums hochhalten sollen, seiner Persönlichkeit die Elastizität. Auf die Dauer schützen Beweglichkeit und Benutzung verschiedener Quellen der Selbstachtung das psychische Weiterleben besser als starres narzißtisches Gleichgewicht durch Verwendung nur einer einzigen Gruppe von Funktionen. In der Tat scheint das innerpsychische Gleichgewicht des charismatischen Führers oder Messias vom Typus »alles oder nichts« zu sein: zwischen den Extremen größter Festigkeit und Stärke und völligen Zerfalls (Psychose, Selbstmord) gibt es oft keinerlei andere lebenserhaltenden Möglichkeiten. Ich möchte jedoch hervorheben, daß der Tiefenpsychologe beim Nachdenken über messianische oder charismatische Führergestalten seinen objektiven Standpunkt nicht vorschnell aufgeben sollte, um sich darauf zu beschränken, ein bloß moralisches Urteil zu fällen. Charismatische und messianische Persönlichkeiten gibt es in allen Farben und Schattierungen. Manche sind zweifellos der Psychose nahe. Es sind Dogmatiker, die keinerlei Einfühlung für die Psyche anderer haben – ausgenommen freilich ihren Spürsinn für alle, auch die subtilsten, Regungen in anderen Menschen, die auf ihre narzißtischen Bedürfnisse Bezug haben. Bei anderen messianischen Persönlichkeiten ist dagegen die Bindung zwischen ihrem Selbst und dem idealisierten Über-Ich zwar auch chronisch, aber nur partiell, so daß sie in nichtmessianischen Sektoren ihres Selbst, die sich jedoch durchaus harmonisch in die messianische Gesamtpersönlichkeit einfügen, zu Zeiten einen unbefangenen, ganz unmessianischen Humor bekunden können. Man muß betonen, daß die Wirkung messianischer und charismatischer Persönlichkeiten im sozialen Sektor nicht unter allen Umständen schädlich ist. Zu Zeiten schwerer Krisen ist es nicht der bescheidene, sich selbst infragestellende Persönlichkeitstypus, der gebraucht wird und der in ruhigeren Zeiten meist die führende Schicht ausmacht. Im Augenblick der Krise und Angst wendet die Masse sich einer messianischen oder charismatischen Persönlichkeit zu, und zwar nicht in erster Linie, weil sie deren Fähigkeiten und Tüchtigkeit erkannt hat, sondern weil sie fühlt, daß dieser Führer ihr Bedürfnis, sich mit seinem unbeirrten Gefühl, im Recht zu sein, oder mit seiner Stärke und Sicherheit zu identifizieren, befriedigen werde.

Ein Beispiel hierfür ist die Beziehung des englischen Volkes zu Winston Churchill vor, während und nach der größten Gefahr, der England (und mit ihm die westliche Welt) jemals ausgesetzt war. Churchill – eine Führerpersönlichkeit, deren geheimnisvolle Stärke wohl vorwiegend aus seinem grandiosen Selbst, nicht aus dem idealisierten Über-Ich stammte – war vor der Krise unbeliebt, erfüllte während der Krise seine Rolle in höchster Vollkommenheit und wurde zum allgemein anerkannten Führer der Nation. Nachdem die Krise überstanden war, wurde er jedoch beiseite geschoben. Das englische Volk identifizierte sich mit ihm und seinem unerschütterlichen Glauben an seine und – in Erweiterung – Englands Stärke, solange das Volk sich angesichts der drohenden Gefahr schwach fühlte. Sobald jedoch der Sieg errungen war, war das Bedürfnis nach Verschmelzung mit einer omnipotenten Gestalt vergangen, und das Volk wandte sich anderen (nicht-charismatischen) Führern zu.[22] Die Parallele zwischen den zeitweiligen Bedürfnissen des geschwächten Selbst des kreativen Individuums und den zeitweiligen Bedürfnissen einer gefährdeten Nation in Krisenzeiten bietet sich an: in beiden Fällen wird die Idealisierung des Führers, die narzißtische Übertragung auf ihn, nach Aufhören des Bedürfnisses aufgehoben.

Im Gegensatz zu den innerpsychischen Bedingungen, die bei der messianischen bzw. charismatischen Persönlichkeit vorherrschen, muß das Ich des Durchschnittsmenschen, des Menschen, der sozusagen von durchschnittlicher seelischer Gesundheit ist, zwei Aufgaben zu erfüllen versuchen. Einerseits reagiert es auf den Druck des Größen-Selbst vom Innern der Psyche her – und auch wenn es sich um Erhöhung des Selbstwertgefühls durch Aktivitäten bemüht, die dem Ehrgeiz des Größen-Selbst genügen sollen, bedient es sich realistischer Methoden. Insbesondere trägt es den Bedürfnissen und Gefühlen anderer, der Mitmenschen, Rechnung, mit denen es in empathischem Kontakt ist.

Andererseits versucht das normale Ich, Initiative und Selbstbeherrschung an den Tag zu legen, um in seinem Verhalten den idealisierten Normen des Über-Ichs nahezukommen. Dabei vergleicht es sich mit diesen Normen und sieht ein, daß Perfektion unerreichbar ist. Daher ist das narzißtische Glücksgefühl, auch wenn das Ich seinem Idealbild nahe kommt, doch immer nur begrenzt. Zugleich wird der empathische Kontakt mit anderen die Entwicklung absoluter moralischer Überlegenheit über die Mitmenschen verhindern. Wenn das nicht-messianische Individuum seine eigene Leistung mit derjenigen anderer vergleicht, ist sein Urteil beeinflußt von seinem empathischen Verständnis dafür, daß andere auf moralischem Gebiet auch Siege und Niederlagen erleben, so daß kein unrealistisches Gefühl der Vollkommenheit des eigenen Ichs und der Korruptheit aller anderen aufkommen kann.

Was aber macht es charismatischen Persönlichkeiten möglich, das Gefühl von Stärke aufrechtzuerhalten (so als wäre ihr wirkliches Selbst und ihr archaisches Größenselbst eins), und was gibt messianischen Persönlichkeiten das Gefühl absoluter moralischer Überlegenheit (so als wäre ihr wirkliches Selbst und das idealisierte Selbst-Objekt eins), das sie so unwiderstehlich für jene macht, die das Bedürfnis haben, eine Verschmelzung mit selbstsicheren charismatischen Führern und selbstgerechten messianischen Propheten einzugehen?

Manche dieser Persönlichkeiten scheinen zu dem Typus zu gehören, den Freud in etwas anderem Zusammenhang »die Ausnahmen« nannte (1916, S. 365-370). Freud meinte, daß manche Menschen sich ihr Leben lang amoralische Taten erlauben können, weil sie das Gefühl haben, sie seien in der Kindheit ungerecht bestraft worden und hätten daher die Strafe für ihre späteren Missetaten schon abgebüßt, so daß sie sie nun mit dem Gefühl der Straflosigkeit begehen können.[23]

Obwohl nun, wie schon erwähnt, messianische und charismatische Individuen sich kaum jemals freiwillig einer psychoanalytischen Behandlung unterwerfen, habe ich immerhin eine Anzahl von Patienten gesehen, die dem betreffenden Charaktertyp recht nahe kommen. Aus der Behandlung dieser Patienten möchte ich einige tentative Schlußfolgerungen auf die Persönlichkeitsstruktur ziehen, in der sich charismatische und messianische Züge manifestieren können, vor allem aber auf die genetische Matrix, welche die Entwicklung solcher Persönlichkeiten zu begünstigen scheint.

Es trifft zu, daß diese Individuen keine dynamisch wirksamen Schuldgefühle zu haben scheinen und über ihre Taten niemals irgendwelche Gewissensnöte empfinden. Sie sind empfindlich gegen Unrecht, das man ihnen antut, sind schnell bei der Hand, andere anzuklagen, und wirken in ihren Anklagen so überzeugend, daß sie imstande sind, bei anderen Schuldgefühle zu erwecken, so daß diese sich ihnen unterwerfen und sich von ihnen tyrannisieren lassen. Soweit ich erkennen konnte, stand hinter dem Verhalten dieser Personen nicht die Überzeugung, sich schon in der Kindheit das Recht auf spätere Übeltaten erworben zu haben. Die Dynamik ihres Verhaltens scheint mir eher in der Abstumpfung ihrer Fähigkeit zu Empathie zu liegen: sie haben kein Verständnis für die Wünsche oder Entbehrungen und Enttäuschungen anderer. Dagegen ist ihr Gefühl für die Rechtmäßigkeit ihrer eigenen Wünsche und ihre Empfindlichkeit bei eigenen Versagungen sehr intensiv. Genetisch bedeutsam ist die Tatsache, in unscharfer Annäherung formuliert, daß diese Menschen frühe narzißtische Kränkungen erlitten hatten, hauptsächlich aufgrund der Unzuverlässigkeit und Unvorhersagbarkeit der empathischen Reaktionen von seiten der Echo- oder Spiegel-Objekte oder des idealisierten Selbst-Objekts. Genauer gesagt: auf starke Selbstwerterlebnisse, die durch Echo-Spiegel-Reaktionen (z. B. das stolze Lächeln der Mutter) und auf starke Sicherheitsgefühle, die durch Verschmelzung mit dem omnipotenten Selbstobjekt bewirkt wurden (z. B. wenn das Kind vom Erwachsenen einfühlend im Arm gehalten und getragen wird), scheinen in der Kindheit dieser Menschen plötzliche Versagungen gefolgt zu sein. Das spezifische Ergebnis dieses Traumas war eine Unterbrechung des Entwicklungsprozesses zur allmählichen Integration und Neutralisierung der archaischen narzißtischen Strukturen, so daß das Kind, vielleicht mit Hilfe gewisser ungewöhnlich starker kongenitaler Fähigkeiten auf dem Gebiet der Erhaltung des Selbstwertgefühls (man könnte hier mit Hartmann von der primären Autonomie dieser Funktionen sprechen), die Funktionen, die eigentlich die archaischen Selbst-Objekte noch für es hätten ausüben sollen, vorzeitig und voll selbst übernahm. So haben wir es nicht mit Persönlichkeiten zu tun, die ihre Sünden schon früher abgebüßt haben. Sie leben nicht im Einklang mit den Normen einer inneren Welt, die von Schuldgefühlen reguliert wird, sondern eher in einer archaischen Welt, die, so wie sie es erleben, ihnen die äußerste narzißtische Kränkung zugefügt hat, in einer Welt also, die ihnen den empathischen Kontakt entzog, nachdem sie sie zuerst verführt hatte, daran zu naschen, den Geschmack von Sicherheit und Wonne zu kosten. Sie haben auf diese Kränkung geantwortet, indem sie eine Super-Empathie mit sich selbst und ihren eigenen Bedürfnissen entwickelten und zugleich unaufhörlich gegen eine Welt wüteten, die es gewagt hatte, ihnen etwas vorzuenthalten, auf das sie einen Anspruch zu haben meinten: die Antwort des Selbst-Objekts, also eines Teils des archaischen Selbst. Mit dem Gefühl, im Recht zu sein, üben sie nun selbst Funktionen aus, die das Selbst-Objekt hätte übernehmen sollen; sie versichern sich ihrer eigenen Vollkommenheit und fordern volle Herrschaftsausübung über den Partner, den sie als Regulator ihres Selbstwertgefühls benötigen, ohne auf dessen eigene Bedürfnisse Rücksicht zu nehmen. Mit anderen Worten: die Ungerechtigkeit, die sie in früher Kindheit erlitten haben, war der abrupte Entzug narzißtischer Stützung; und das, was die Welt als Übergriffe jetzt an ihnen verurteilt, sind für sie nur die Äußerungen ihrer berechtigten narzißtischen Ansprüche.

Ich gebe gern zu, daß rein ausgeprägte Fälle nicht häufig anzutreffen sein mögen. Auf die Gefahr hin, schematisch zu erscheinen, wage ich doch zu behaupten, daß Menschen, die charismatische Stärke und Selbstsicherheit ausstrahlen (oft gekoppelt mit Äußerungen von Selbst-Mitleid und hypochondrischen Klagen), in der Kindheit einen traumatischen Entzug von Empathie von seiten jener Selbst-Objekte erlitten haben, von denen das Kind die Antwort auf seine Spiegel-Bedürfnisse erwartete, während Persönlichkeiten mit messianischen Zügen ähnliche Enttäuschungen von seiten der archaischen idealisierten Objekte erfuhren. Wenn wir ferner die Wirkung dieser Traumen vom entwicklungsgeschichtlichen Gesichtspunkt der Sozialpsychologie aus betrachten, so können wir sagen, daß in beiden Fällen die plötzliche Abwendung des Selbst-Objekts zu einer schweren Verminderung des erzieherischen Einflusses der Umwelt führte. Wenn das Kind imstande ist, die benötigte narzißtische Stützung mit selbstgerechtem zornigen Anspruch zu fordern, statt sie sich verdienen zu müssen, dann verliert der Erwachsene ein wichtiges Mittel zur Erziehung des Kindes. Er kann dann seinen Einfluß, das Kind zur allmählichen Milderung und Umformung seiner narzißtischen Ansprüche anzuleiten – sowohl in der Sphäre des Größenselbst als auch in der des archaischen Vorläufers der verinnerlichten Ideale – nicht ausüben.

4. Gruppenpsychologie und historischer Prozeß

Die Erhellung der Persönlichkeit charismatischer und messianischer Individuen und die psychologische Erklärung der engen Beziehung, die die Anhänger solcher Individuen mit ihnen eingehen, sind für den Tiefenpsychologen, der mit den Werkzeugen der Psychoanalyse Gruppenprozesse und ihre Wirkung auf die Dynamik der Geschichte zu erforschen versucht, wichtige Aufgaben. Obwohl ich im Rahmen des vorliegenden Essays nicht versuchen kann, Einzelheiten des Wechselspiels zwischen der Persönlichkeit eines speziellen Führers, den Reaktionen seiner Anhänger und der Dynamik im Verlauf der damit in Zusammenhang stehenden spezifischen historischen Ereignisse aufzuklären, wird der psychoanalytische Historiker keine Mühe haben, Themen für entsprechende Studien zu finden. Ich erwähne nur zwei Beispiele, um anzudeuten, worauf ich abziele. Daniel Schreber, an sich gewiß keine historisch bedeutende Gestalt, ist dem Psychoanalytiker sicherlich besser bekannt als dem Historiker, denn er war der Vater eines Mannes, den Freud in einer seiner großen Falldarstellungen beschrieben hat, des Senatspräsidenten Daniel Paul Schreber; ein anderer Mann, Adolf Hitler, bedarf keiner Vorstellung, denn jeder kennt ihn als eine der verhängnisvollsten historischen Persönlichkeiten der Neuzeit.

Daniel Gottlob Moritz Schreber, der Vater des »Senatspräsidenten«, der an *dementia paranoides* erkrankte, stand an der Spitze einer sehr populären Bewegung für Volksgesundheit. Wie viele Führer von Bewegungen, Kulten und Sekten, war er von seiner Mission fest überzeugt; es handelte sich in seinem Falle um das Gebiet von Gesundheit und Moral, d. h. der Bedeutung von körperlichem Training, guter Haltung, reinem Leben usw. – und er erfuhr nicht nur in Deutschland, sondern auch in anderen Ländern, z. B. in England, enthusiastische Anerkennung seiner Lehren. Sein Einfluß auf seine zahlreichen Anhänger ist, soweit ich weiß, nicht untersucht worden, aber dank der Forschungen von Baumeyer (1955), Niederland (1959 a, 1959 b und 1960) und anderen besitzen wir ziemlich viel Information über sein gefühlloses und tyrannisches Regiment über seine Kinder, das bei der Psychose seines Sohnes eine entscheidende genetische Rolle gespielt zu haben scheint. Hitler dagegen ist noch immer ein Rätsel, und sein scheinbar unwiderstehlicher charismatischer Einfluß auf die Deutschen ist im wesentlichen noch unerklärt. Seine Anschauungen waren rigide und konnten auf manchen Gebieten nicht in Frage gestellt oder modifiziert werden. Nach einer einsamen, hypochondrischen, von Selbstzweifel verdunkelten Periode als junger Erwachsener tauchte er mit einem neuen, starren Kern unerschütterbarer Meinungen auf, die von da an unantastbar blieben, welchen Wandlungen und Schwankungen er selbst auch ausgesetzt war. Er wußte mit absoluter Sicherheit, was in der Welt böse und was gut war, was ausgerottet und was erhalten werden mußte. Er war überzeugt davon, daß die Juden ein böses destruktives Element waren, das den reinen, gesunden Volkskörper der gottähnlichen germanischen Rasse infiziert hatte, und diese Gewißheit war von da an der Kern seines Daseins und sicherte nicht nur den Bestand seines eigenen hochgespannten Selbstwertgefühls, sondern forderte auch das deutsche Volk auf, durch Verschmelzung mit ihm an dieser Selbstverherrlichung teilzuhaben.

Schrebers Vater und Hitler – und vielleicht auch noch einige mehr oder weniger verwandte Persönlichkeiten, wie z. B. Wilhelm Fließ –: was haben sie bei aller Verschiedenheit gemeinsam? Alle scheinen Personen zu sein, die eine absolute Gewißheit von ihrer eigenen Stärke und die unerschütterliche Überzeugung von der Gültigkeit ihrer Werte mit einem ebenso vollständigen Mangel an empathischem Verständnis für große Segmente der Gefühle, Bedürfnisse und Rechte anderer Menschen und deren Werte zu vereinigen wissen. Sie sehen die Welt, in der sie leben, nur als eine Erweiterung ihres eigenen narzißtischen Universums an. Sie verstehen andere nur insoweit – und hier aber mit großem Scharfblick – als diese für ihre Ziele von Nutzen sein können oder ihnen im Wege stehen. Es ist unwahrscheinlich, daß die Tiefenpsychologie jemals wirksame Mittel finden wird, um solche Individuen zu beeinflussen, jedenfalls nicht jene, die sich in der Arena der Geschichte tummeln. Aber der historisch denkende Analytiker bzw. analytisch denkende Historiker ist vielleicht imstande, Beiträge zu liefern, die nicht nur unser psychologisches Verständnis für solche historischen Gestalten vermehren, sondern auch Antworten auf die beiden folgenden, miteinander in Zusammenhang stehenden Fragen geben können: Auf welche Weise kommt die charakteristische Persönlichkeit des messianischen bzw. charismatischen Führers als das ergänzende Gegenstück dem so weit verbreiteten Sehnen nach archaischen omnipotenten Gestalten entgegen? Und welches sind die besonderen historischen Umstände, die diese Sehnsucht hochtreiben? Um es zu wiederholen: Sicherlich besteht ein weiter Abstand zwischen der Persönlichkeit einer fast einmaligen historischen Gestalt wie Adolf Hitler und jenem nicht atypischen Begründer eines populären Gesundheitskults wie Daniel Schreber. Und ein noch weiterer Abstand mag zwischen einem Typ wie Schrebers Vater und Wilhelm Fließ bestehen. Aber eine künftige Erforschung der Persönlichkeit dieser und anderer ins Licht der Öffentlichkeit getretenen Gestalten, die in einem historisch entscheidenden Augenblick auf ihre Zeitgenossen eine Anziehung ausübten – sei es auf ganze Nationen oder auf kleine Gruppen, oder auch auf einen einzelnen, zur Zeit einer Krise besonders empfänglichen, schöpferisch tätigen Menschen – könnte wohl auch zeigen, was sie gemeinsam haben. Besaßen sie ähnliche psychische Eigenschaften, die sie alle so unwiderstehlich machten? Ähnliche Züge, die den geheimen Kern ihrer ehernen Stärke, ihrer scheinbar allwissenden Sicherheit bildeten? Und führte die Wirkung, die sie auf andere hatten, zu ähnlichen oder vergleichbaren Konsequenzen? Wie erging es ihren Anhängern oder ihren Kindern, die sich dem Charisma oder der messianischen Persönlichkeit ihres Führers oder ihres Vaters nicht entziehen konnten? Alle diese Fragen sind Aufgaben, an denen der psychoanalytische Historiker seine Kräfte messen kann.[24]

Kehren wir nun unverzüglich zu dem schon mehrmals angeschnittenen Thema der Beziehung Freuds zu Fließ zurück, als Freud sich bei seinem kühnen Forschungsabenteuer in seinem Selbst geschwächt fühlte.

Ist dieses Bedürfnis, das Freud bei seiner Reise ins Unbekannte aufsteigen fühlte, irgendwie, wenn auch entfernt, verwandt mit dem Bedürfnis, das ganze Völker fühlen, wenn sie einem charismatischen Führer folgen, oder auch dem Bedürfnis eines Hypochonders, der sich den Lehren eines Gsundheitsapostels verschreibt? Ich glaube, wir sollten ohne Scheu die Möglichkeit ins Auge fassen, daß hier eine ähnliche Gruppe psychischer Faktoren aktiv sein könnte und daß die Zeit kommen wird, wo wir imstande sein werden, sie tiefenpsychologisch zu erforschen, nicht nur hinsichtlich Freuds Beziehung zu Fließ, sondern vielleicht auch hinsichtlich unserer eigenen Beziehung zu Freud.

Ich nähere mich dem Ende. Ich bin mir der Tatsache – die dem aufmerksamen Leser gewiß nicht entgangen ist – durchaus bewußt, daß meine Darlegungen höchst tentativ und spekulativ sind. Statt spezifische Beispiele heranzuziehen, z. B. spezifisches Material aus Freuds Selbstanalyse oder über die Persönlichkeit von Wilhelm Fließ, habe ich mich weitgehend auf die Logik und den inneren Zusammenhang meiner Ideen und auf das indirekte Zeugnis klinischer Phänomene gestützt, die denen, für die ich keine direkten empirischen Beweise geben konnte, analog waren. Dieses Vorgehen bedarf der Rechtfertigung.

Was war der Kern der Aufgabe, die ich mir gestellt hatte? Warum mußte ich sie so tentativ angehen? Und aus welchem Grunde mußte ich sie so unvollständig lassen?

Die Aufgabe war die Anwendung psychoanalytischen Wissens auf die Massenpsychologie, mit dem besonderen Ziel, einen Beitrag zur Erklärung historischer Begebenheiten zu leisten. Ich vermute, daß die scheinbar zweckdienlichste Anwendung der Psychoanalyse auf diesem Gebiet, die Erforschung von Individuen (selbst nach dem Beispiel von psychoanalytisch hochqualifizierten biographischen Studien), also der Persönlichkeit von Menschen, die auf den Verlauf der Geschichte entscheidenden Einfluß hatten, nur in Grenzen zu einer wissenschaftlich gültigen Erklärung der Geschichte im Rahmen der Tiefenpsychologie beitragen kann. Vielmehr glaube ich, daß die Psychoanalyse neue Zugangswege finden muß, wenn sie uns mit umfassenderen Erklärungen des Ablaufs der Geschichte beliefern will, Erklärungen, die imstande sind, die Herrschaft des Menschen über sein historisches Geschick zu verstärken. Spezifischer: zusätzlich zum Studium geschichtlicher Persönlichkeiten muß der psychoanalytische Historiker auch die historischen Prozesse, die Dynamik der historischen Ereignisse studieren.

Dieses Studium muß, um Erfolg zu haben, durch soziologische Forschungen untermauert werden. Ich denke hier besonders an die psychoanalytische Untersuchung von (mehr oder weniger großen) Gruppen: wie Gruppen sich bilden, wie sie zusammenhalten, sich auflösen; oder genauer: die Umstände, die eine Gruppenbildung begünstigen, das Wesen des psychischen Kitts, der die Gruppe zusammenhält, die psychologischen Bedingungen, unter denen sie regressives Verhalten zeigt und zu zerfallen beginnt usw. Ich schlage vor (wie es wohl schon aus meinen früheren Arbeiten zu entnehmen ist), die Existenz einer zentralen psychischen Konfiguration von Gruppen – nennen wir sie das »Gruppen-Selbst«[25] – anzunehmen, analog zum Selbst des Individuums. Wir können dann beschreiben, wie das Gruppen-Selbst sich bildet, wie es zusammengehalten wird, wie es zwischen Zerfall und neuer Festigung schwankt, wie es auf dem Wege zum Zerfall sich regressiv verhält usw. – alles in Analogie zu Erscheinungen der Psychologie des Individuums, die wir in der psychoanalytischen Behandlungssituation ja verhältnismäßig leicht beobachten können.

Es ist noch zu früh zu sagen, wie erfolgreich dieser Weg sein wird, aber doch nicht zu früh, ihn vorzuschlagen. Die Schwierigkeiten sind groß, da die relevanten tiefenspsychologischen Daten über das Gruppen-Selbst nur mit Hilfe eines besonderen Instruments der Beobachtung beschafft werden können: der Introspektion und der Empathie. Ist es überhaupt möglich, verläßliche Daten dieser Art – d. h. Daten, die eine Gruppe über sich selbst erhebt – zu erhalten? Zur Untersuchung dieser Frage wende ich mich nun wieder der psychoanalytischen Gruppe zu. (Widerstrebend fühle ich mich zum zweitenmal an den Begriff der »psychoanalytischen Bewegung« erinnert, darf ihm aber in dem hier gegebenen, wertneutralen Kontext nicht ausweichen.) Die Geschichte der psychoanalytischen Bewegung, ihrer Bildung, der Kristallisierung und Ausschließung dissidenter Gruppen, ihrer bei aller Wandlung kontinuierlichen Existenz, bildet in gewissem Sinne ein ausgezeichnetes Thema für das psychoanalytische Studium von Gruppenprozessen. Zumindest potentiell – ich sage das, obwohl ich weiß, daß diese Behauptung mit Heiterkeit oder mit Sarkasmus quittiert werden wird – ist es die Gruppe mit der größten Selbst-Einsicht. Es ist, mit anderen Worten, die Gruppe, von der man erwarten sollte, daß sie den Forscher mit der größten Anzahl von Daten über das Wesen der Gruppenkohäsion und über die Ursachen für den Zerfall einer Gruppe versehen könnte. Und der Analytiker hat es nicht nötig, die Tatsache zu vertuschen, daß die psychoanalytische Gemeinschaft dem Beobachter ein reiches Feld für die Untersuchung von Verhaltensweisen bietet (einschließlich eines ganzen Spektrums von Manifestationen narzißtischer Wut bei den Aggressionen der Mitglieder der Gruppen untereinander), die Gruppenregressionen begleiten.

Einer objektiven Bewertung der Gemeinschaft der Psychoanalytiker durch Psychoanalytiker stehen natürlich viele Hindernisse im Wege. Aber wenn dieses Selbst-Studium auch schwierig ist, unmöglich ist es nicht. Ich halte es sogar für möglich, daß trotz der offensichtlichen Schwierigkeiten (oder vielleicht gerade, weil die Schwierigkeiten so offensichtlich sind, d. h. weil so viele sich ihrer bewußt sind) die Selbst-Erforschung der psychoanalytischen Gemeinschaft durch Analytiker fruchtbarer zu sein verspricht als ähnliche Studien, die von anderen Gruppen unternommen werden könnten.

Wenn ich hier von der Selbst-Analyse der psychoanalytischen Gemeinschaft spreche, so denke ich natürlich nicht an ein Gruppen-Unternehmen. Die psychologischen Enthüllungen, die aus der Matrix von Gruppensitzungen und Gruppenversammlungen stammen, ergeben sich infolge der psychischen Regression, welche das Untertauchen in der Gruppe dem einzelnen auferlegt. Gruppendruck verringert die Individualität, führt zur Vereinfachung der psychischen Vorgänge, vor allem zu einer teilweisen Lähmung des Ichs und zu einem Abbau der Widerstände. Der Verringerung des Einflusses des Ichs folgt dann der kathartische Ausdruck archaischer (oder zumindest unverhüllter) Impulse, Affekte und Vorstellungen, d. h. von Material, das unter normalen Umständen nicht zugänglich ist. Die Einsichten jedoch, die ich hier im Auge habe, können nicht in einer regressiven Atmosphäre gewonnen werden. Die echte Selbst-Analyse der psychoanalytischen Gruppe – wie jeder Gruppe – bedarf nicht nur der klaren, nicht-regressiven Wahrnehmung archaischer psychischer Erlebnisse, die in der Gruppe aufsteigen; sie erfordert auch die intellektuelle und emotionale Beherrschung dieses Materials. Die Gültigkeit der so erzielten Einsichten würde sich an der Tatsache erweisen, daß sich in der Gruppe der Druck zu agieren (besonders Ärger zu agieren:

ein Hauptsymptom der Gruppen-Psychopathologie) vermindert. Der Forscher, der entscheidende Schritte in Richtung auf neue tiefenpsychologische Einsichten zu machen wünscht, muß daher imstande sein, sich tief und direkt auf die Gruppenprozesse einzulassen, ohne sie aber zu agieren – er muß lernen, die Spannung scheinbarer Passivität zu ertragen. Alle seine Energien müssen vom Mit-der-Gruppe-Mithandeln abgezogen und auf ein Mit-der-Gruppe-Mitdenken konzentriert werden. Nur wenn er die volle emotionale Teilnahme am Gruppen-Prozeß seiner eigenen Gruppe aufrechterhalten, aber alle seine Energien auf seine kognitiven Funktionen überleiten kann (nämlich erstens das Sammeln von Daten durch empathische Beobachtung und zweitens die anschließende Erklärung der beobachteten Daten), wird er imstande sein, entscheidende Entdeckungen zu machen und Einsichten zu gewinnen, die unser Verständnis für das Verhalten von Gruppen und von Gruppenmitgliedern vertiefen können.

Gruppenprozesse werden weitgehend von narzißtischen Motiven aktiviert. Wir können daher hoffen, daß die erhöhte Aufmerksamkeit, die von den Lehranalytikern jetzt auf die narzißtische Dimension in der Persönlichkeit der Ausbildungskandidaten gerichtet wird, sich hier günstig auswirkt. Die verstärkte Ich-Herrschaft über den narzißtischen Sektor der Persönlichkeit, über den künftige Generationen von Analytikern dann vielleicht verfügen werden, könnte vor allem auch die Erforschung von Gruppenprozessen innerhalb der psychoanalytischen Gemeinschaft erleichtern. Und wir können auch annehmen, daß dem einen oder anderen begabten Psychoanalytiker bei seiner Erforschung des Einflusses narzißtischer Motive auf das Verhalten der psychoanalytischen Gemeinschaft die Einsichten zugute kommen werden, die er bezüglich der Beherrschung seiner eigenen narzißtischen Strebungen in seiner Lehranalyse gewonnen hat.

Unter den Themen, die bei einer psychologischen Selbst-Erforschung der psychoanalytischen Gemeinschaft studiert werden müßten, wird die (sich wandelnde) Bedeutung der Gestalt Freuds für die Gruppe gewiß einen obersten Platz einnehmen. Aber dafür ist die Zeit noch nicht ganz reif. Bewußtes Zögern aus Gründen des Takts und Anstands, wie auch unbewußte Hemmungen greifen jetzt noch störend in unsere Fähigkeit ein, den Grad der Objektivität aufrechtzuerhalten, der notwendig ist, wenn wir durch den kreativen Akt einer Gruppen-Selbstanalyse einen echten Beitrag zur psychoanalytischen Gruppenpsychologie und zur Psychologie des historischen Prozesses leisten wollen. Und ich glaube auch – wobei ich mich hier nicht auf die Gründe einlasse, auf die ich meine Schlußfolgerungen stütze –, daß, gemessen am Maßstab der Geschichte, die Zeit nicht mehr fern ist, daß Psychoanalytiker imstande sein werden, solche Studien zu unternehmen und hoffen dürfen, objektive, gültige Ergebnisse zu erzielen.

Ich möchte daher diese meine tentativen, spekulativen Ausführungen damit rechtfertigen, daß ich sie als Skizzen zukünftiger Forschungsaufgaben zu betrachten bitte. Ich glaube allerdings, daß meine Hypothesen über die Bedeutung von Freuds Selbst-Analyse und auch die Bedeutung, die Wilhelm Fließ für Freud in der Zeit seiner Selbstanalyse hatte, durch spätere analytische Historiker Bestätigung erhalten werden, die ihre Einsichten unvoreingenommen »Aus den Anfängen der Psychoanalyse« schöpfen werden. Auch wenn die Aufgabe immer noch schwer genug sein wird und diese Historiker über einen großen Zeitabstand hinweg komplexe psychische Situationen rekonstruieren müssen, die sie aus der Literatur entnehmen müssen,[26] so sind sie dann innerlich besser vorbereitet, und die emotionale Atmosphäre wird ihrer Arbeit günstiger sein. Die Beurteilung des seelischen Zustandes Freuds auf dem Höhepunkt seines kreativen Forscherlebens, die Untersuchung der Persönlichkeit von Fließ, vor allem aber auch der Rolle, die die Gestalt Freuds in der Geschichte der psychoanalytischen Gemeinschaft und in der Entwicklung der Psychoanalyse als Wissenschaft spielte: das sind Aufgaben, die von späteren Analytikergenerationen geleistet werden müssen – vielleicht schon von der nächsten; sie brauchen dazu die rechte Mischung aus empathischer Nähe und wissenschaftlicher Distanz, die dem Psychoanalytiker unserer Zeit noch nicht möglich ist.

Angesichts der Tatsache, daß ich hier, am Schluß meiner Reflexionen, die Möglichkeit ins Auge gefaßt habe, daß in der Gemeinschaft psychoanalytischer Wissenschaftler eines Tages in einer nicht zu fernen Zukunft kreative Forscher erstehen könnten, die sich der tiefenpsychologischen Selbst-Erforschung der psychoanalytischen Gemeinschaft widmen, möchte ich mit einigen Bemerkungen über das Wesen des wissenschaftlichen Fortschritts in der Psychoanalyse schließen.

Meiner Meinung nach ist der Fortschritt auf dem Gebiet des Wissens des Menschen von sich selbst nicht in erster Linie eine kognitive Leistung, sondern eine Mutprobe, wie man es in der Alltagssprache ausdrücken könnte. Pionierleistungen auf dem Gebiet der Tiefenpsychologie erfordern nicht nur einen wachen Intellekt, sondern auch Charakterstärke, weil sie ihrem Wesen nach auf dem Verzicht auf infantile Wünsche beruhen (s. in diesem Zusammenhang Freud, 1932, S. 6), sowie auf dem Verzicht auf Illusionen, die uns gegen Angst schützen. Es gibt wohl kaum ein anderes Feld, auf dem die Entdeckerleistungen so viel Mut erfordern.[27] Ich nehme an, daß der Physiker oder Astronom durch die intellektuelle Distanz, die zwischen ihm und seinem Gegenstand besteht, vor der Furcht geschützt ist, die der Tiefenpsychologe empfindet, wenn er allein der Erkenntnis einer unlustbereitenden psychischen Realität gegenübersteht. Ich möchte behaupten, daß diese Annahme zumindest heute gilt, da wissenschaftliche Entdeckungen in der Physik oder Biologie nicht mehr aus moralischen Gründen bekämpft werden.

Aber wie es auch auf anderen Gebieten aussehen mag, ich bin sicher, daß auf dem Gebiet der Tiefenpsychologie der Fortschritt an den persönlichen Mut des Forschers gebunden ist, der nicht nur Angst ertragen, sondern persönliche Anfeindung und Verfemung erwarten muß. Es ist kein Zufall, daß einer der größten Fortschritte in der Erforschung des Seelenlebens, die wissenschaftliche Erkenntnis des Innenlebens des Menschen, durch das sieghafte Bestehen eines schweren inneren Kampfes zustande kam: durch Freuds kreative Selbst-Analyse. Könnte es sein, daß ein analoger Schritt in der Gruppenpsychologie, ein entscheidender Vorstoß zu einem gültigen tiefenpsychologischen Verständnis der Erlebensweisen und Handlungen der Gruppe, im Ergebnis einer ähnlich mutigen Selbst-Erforschung der psychoanalytischen Gemeinschaft geschehen wird? Ich muß diese Frage offen lassen. Ich weiß, daß man die Zukunft nicht zuverlässig durch Analogieschlüsse aus der Vergangenheit vorhersagen kann, daß der Erfolg, den Freuds Genie in der Psychologie des Individuums errang, auf dem Felde der Gruppen-Psychologie nicht wiederholbar sein mag, trotz aller Anstrengungen künftiger Analytiker. Aber von einem bin ich überzeugt: Sollte jemals eine Gruppe imstande sein, ihre inneren Widerstände zu überwinden und auf diese Weise dem Verständnis der Dynamik ihres Verhaltens, des Wesens und der Entwicklung ihres Gruppen-Selbst, der Genese ihrer Konflikte und der Schwankungen ihres Selbst um einen entscheidenden Schritt näher zu kommen – sollte jemals eine Gruppe imstande sein, diese Leistung zu vollbringen, dann hat sie die Grundlagen für eine psychologische Geschichtswissenschaft gelegt.

Übersetzt von Käte Hügel

Anmerkungen

* Englische Fassung in: Gedo, J. E., und G. H. Pollock (Hg.): Freud, The Fusion of Science and Humanism. Psychological Issues, Monogr. 34/35, 1974.

1 Ich beanspruche für Freuds Selbstanalyse (und darüber hinaus für die Wissenschaft der Psychoanalyse) nicht etwa deshalb Priorität, weil Freud sich introspektiv mit dem Seelenleben befaßte – das haben Dichter und Mystiker schon seit undenklichen Zeiten getan –, sondern weil Freud es auf wissenschaftlich exakte, systematische Weise tat und die Ergebnisse seiner Beobachtungen in Begriffen einer mehr oder weniger von der Erfahrung abgehobenen Theorie niederlegte. Andererseits behaupte ich auch nicht, daß Freuds Selbstanalyse deshalb einmalig sei (und ich behaupte dies auch nicht in bezug auf die Psychoanalyse), nur weil er die introspektive Methode benutzte, um wissenschaftlich gültige psychologische Daten zu erhalten – das könnte auch die Experimentalpsychologie für ihre Selbstbeobachtungen beanspruchen –, sondern weil er das gesamte Seelenleben in seiner ganzen Weite und Tiefe zum Gegenstand nahm. Es ist vielmehr die Tatsache, daß Freud die introspektive Methode systematisch-wissenschaftlich verwendete, ohne den Umfang seines Forschungsgebietes einzuengen (und daß seither die Psychoanalyse die introspektiv-empathische Methode ebenfalls zur Erforschung des ganzen Lebens uneingeschränkt im Sinne von Freud verwendet hat), die uns berechtigt, von der Einführung der psychoanalytischen Methode als einer Revolution in der Geschichte der Wissenschaft zu sprechen. – Weiteres zu diesem wichtigen Thema findet sich bei Kohut, 1959, speziell die Seiten 459-465; Kohut, 1970, S. 466, Fn.; Kohut, 1973, speziell die Seiten 14 u. 15.
2 Weitere Äußerungen hierzu finden sich in den Diskussionsbemerkungen B. Meyers beim Podiumsgespräch über die Methodologie psychoanalytischer Biographik (Gedo, 1972).
3 Zur Illustration s. die Bemerkungen M. Zeligs' in Gedo, 1972b.
4 Ich berücksichtige hier natürlich nur die Lebenserfahrungen des Erwachsenen, nicht die Kindheitserlebnisse des zukünftigen Analytikers.
5 Ich will jedoch keinesfalls einer einfachen Korrektur des psychoanalytischen Lehrplans das Wort reden – nämlich daß man das Studium der

»Traumdeutung« auf später verschiebt und sie im Literaturkatalog für die Kandidaten durch Sekundärliteratur oder heutige Autoren ersetzt. Im Gegenteil: Der Analytiker darf sich den psychologischen Aufgaben nicht dadurch entziehen, daß er sie umgeht; er muß sich einerseits dem Identifizierungssog offen stellen, sich andererseits dieses Sogs und der psychischen Defekte, die eine Identifizierungsbereitschaft in ihm verursachen, sowie der psychischen Kräfte, die dagegen mobilisiert werden können, nur in um so höherem Maße bewußt sein. (In diesem Zusammenhang sei auf die Bemerkungen über den entscheidenden Unterschied zwischen rückhaltloser Identifikation und dem Prozeß einer *umwandelnden Verinnerlichung* hingewiesen; s. Kohut: Narzißmus, 1973, S. 65 bis 71 und 192-195).

6 Das Konzept des »Gruppen-Selbst« wird weiter unten diskutiert.

7 Zugleich mit meiner Überzeugung von der Wichtigkeit eines Gefühls historischer Kontinuität für den Psychoanalytiker befürworte ich auch einen historisch orientierten Studiengang in den analytischen Ausbildungsinstituten. Ich weiß wohl, daß auch eine systematische Ordnung der psychoanalytischen Theorie und Technik für den Studierenden gewisse Vorteile hätte, glaube aber doch, daß der Studienanfänger mindestens einige Vorlesungen über die Ideen des frühen Freud und seiner ersten Schüler hören sollte. In dieser Hinsicht sind Seminare über die *Traumdeutung* und die großen *Fallgeschichten* besonders wichtig. Diese Arbeiten lesen sich nicht nur wunderbar, sondern ich halte sie nach wie vor für eine unersetzliche Einübung in die neue, schwierige Denkweise (z. B. hinsichtlich der Symbolbegriffe der Metapsychologie), und sie bilden außerdem die historische Grundlinie, von der aus die Entwicklung, die zu den heutigen Theorien und Techniken führte, verfolgt werden kann. Die Vorteile der Beibehaltung eines Mindestmaßes historisch orientierten Studiums sind unermeßlich und überwiegen meines Erachtens die Vorteile einer ausschließlich nichthistorischen, rein systematischen Orientierung. Die Verfolgung der ununterbrochenen Entwicklungslinie von den ersten Entdeckungen in ihrer ursprünglichen Form über die verschiedenen Wandlungen der frühen Formulierungen bis zu ihrem derzeitigen Stand ermöglicht es dem Studierenden, im Gange seiner Ausbildung die Entwicklung der Psychoanalyse nachzuvollziehen und sich feste Vorstellungen vom Zusammenhang und der Kontinuität der Psychoanalyse als dem sicheren Grund für alle zukünftigen kreativen Entwicklungen zu bilden. Die kognitiven Vorzüge einer historischen Orientierung sind auch nicht zu unterschätzen. Nur wenn man die Ursprünge und die einzelnen Stationen kennt, kann die heutige Theorie voll verstanden werden. Und nur wenn man sich klarmacht, wie die frühen Analytiker unaufhörlich darum rangen, die neuentdeckten Erscheinungen mit Hilfe neuer Begriffe zur Darstellung zu bringen, ist das Potential zu weiterem Wachstum voll mobilisierbar. Ich bin fest

davon überzeugt, daß die Lebenskraft der Psychoanalyse als einer immer noch wachsenden Wissenschaft längst nicht erschöpft ist. Noch ist ja kaum die Oberfläche der menschlichen Psyche erforscht, und die psychoanalytischen Forschungen werden noch lange Zeit tiefer hinunterstoßen müssen, wenn nicht – und hier liegt allerdings eine schwere Gefahr – die geschichtlichen, politischen Entwicklungen sie von außen mundtot machen. Die Erkenntnis dieser Gefahr – vielleicht in Gestalt einer antipsychologischen, totalitären Massengesellschaft – sollte, neben dem uneigennützigen Wunsch, die Grenzen psychologischen Wissens auszuweiten, den Analytiker veranlassen, auch das Gebiet der Geschichte zu erforschen, in der Hoffnung, dem Menschen bei der Eroberung der Herrschaft über sein historisches Schicksal Hilfestellung leisten zu können.

8 Ich fand die einleuchtende Gegenüberstellung der Termini »Kreativität« und »Produktivität« in einem an mich gerichteten Brief Dr. K. R. Eisslers vom 5. Februar 1968.

9 Hier könnte man einwenden, daß jede Analyse zugleich Therapie und Forschung ist. Dieser Meinung würde ich mich anschließen, wenn der Begriff Forschung im weiteren Sinne verstanden wird, nämlich als eine besondere seelische Haltung (von Analytiker und Analysand), ein Offensein für das Unerwartete und Unbekannte. In diesem Sinne kann jede Analyse als eine Forschung betrachtet werden, besonders im Vergleich zu den medizinischen Therapieformen, bei denen bekannte Heilmittel zur Beeinflussung bekannter Krankheiten verordnet werden. Aber die Forschung im engeren Sinne zielt auf die Entdeckung von noch unbekannten Daten und Beziehungen hin, während die übliche therapeutische Analyse eher eine Wieder-Entdeckung bereits einmal entdeckter Konfigurationen ist. Die eigentliche Forschung muß ferner die – bewußt oder unbewußt eingesetzte – Intention haben, die neu erkannten Konfigurationen in mehr oder weniger vom Erlebnis distanzierten Termini auszudrücken und sie als Befunde und Theorien der breiteren wissenschaftlichen Öffentlichkeit mitzuteilen. Insofern behaupte ich, daß Freuds Selbstanalyse doch einmalig war, denn hier wurde die Kombination von Therapie und Forschung nicht zur Wiederentdeckung von schon Bekanntem eingesetzt, sondern sie vereinte sich 1. mit der kreativen Entdeckung von Konfigurationen, die bis dahin noch niemand erkannt hatte, und 2. mit der mutigen Absicht, diese Entdeckungen der wissenschaftlichen Welt mitzuteilen.

10 Dieser Patient wurde am Chicago Institute for Psychoanalysis von einer fortgeschrittenen Ausbildungskandidatin unter Kontrollanalyse durch den Autor behandelt. Der Fall wird in Kohut 1973 (»Narzißmus«) mehrfach erwähnt. – Besonders relevant für die gegenwärtige Diskussion sind die Ausführungen auf den Seiten 156-58, 185-86 und 352-54.

11 Kennern meines Narzißmuskonzepts wird auch hier wieder (wie bei

meinem Patienten A. in Kohut, 1973 [»Narzißmus«], besonders auf S. 90 ff.) klarwerden, daß die Perversion nicht durch prägenitale sexuelle Fixierungen, die wohl vorhanden waren, verursacht wurde, sondern aus dem Bedürfnis herrührte, einen Defekt in der psychischen Struktur auszufüllen. Die visuelle Verschmelzung mit dem starken Penis (einschließlich der begleitenden unbewußten oder vorbewußten Fellatio-Phantasie) stellte den Vesuch dar, die benötigte narzißtische Stützung (die Auffüllung des Strukturdefekts) zu erhalten und dem Gefühl der inneren Leere und Depression zu entrinnen.

12 Ich habe hier nicht die Tatsache im Auge, daß die Sublimierungstätigkeit des Patienten E. durch eine *Spiegel*-Übertragung gestützt wurde, während Freud in der einsamen Ungewißheit seiner Entdeckungsreise in die Tiefen der Seele sich einer omnipotenten Idealgestalt zuwandte, also eine Beziehung einging, die man als eine Art *idealisierender* Übertragung bezeichnen könnte. Diese Unterschiede sind im gegenwärtigen Zusammenhang nicht wichtig, sind nur Variationen über ein Grundthema und können in unserem Zusammenhang vernachlässigt werden. Menschen, die eine Stützung für ihr Selbst brauchen, entweder wegen Erschöpfung nach andauerndem Energieaufwand und der in schöpferischen Perioden auftretenden Angst oder aus anderen Gründen, neigen dazu, narzißtische Beziehungen zu archaischen Selbst-Objekten zu errichten, und zwar entweder in Gestalt einer der Variationen der Spiegel-Übertragung (s. die Bemerkungen auf S. 112 über die Beziehung Picassos zu Braque sowie die Diskussion auf S. 117 über die Beziehung der Engländer zu Churchill) oder durch Verschmelzung mit einer idealisierten Gestalt.

13 Die metapsychologische Erklärung der wissenschaftlichen und künstlerischen Schaffensprozesse, die hier im Rahmen der Narzißmustheorie (d. h. der Theorie der beiden hauptsächlichen narzißtischen Konfigurationen und deren Besetzungen) versucht wird, müßte mit den von früheren Theoretikern (vor allem Sachs und Kris) im Bezugsrahmen des Strukturmodells aufgestellten Erklärungen verglichen werden.

Sachs (1942, s. besonders S. 48/49) glaubt in Übereinstimmung mit Freud (1908), daß der dichterisch Schaffende ursprünglich »seine Phantasie dazu benutzt, sich selbst narzißtische Befriedigung zu verschaffen«. Seine Schuldgefühle zwingen ihn jedoch, seinen Narzißmus von sich weg auf sein Werk zu verlegen. So gibt der Dichter mehr als der Durchschnittsmensch von seinem Narzißmus auf, »aber sein Werk gewinnt ihm unermeßlich viel mehr davon zurück, als andere Menschen erhoffen können...«.

Die relevanten Aussagen von Kris (1952, s. besonders S. 59-62) über die Folge von Inspiration und Ausarbeitung im künstlerischen Schaffensprozeß sind nicht nur psychoanalytisch hochentwickelte Verhaltensbeschreibungen, sondern sie liefern auch eine metapsychologische Erklärung für den Schaffensprozeß. Kris sieht diesen genau wie Sachs im metapsychologischen Kontext des Strukturmodells. Im Gegensatz zu Sachs hebt Kris jedoch nicht den Überich-Konflikt, also das Schuldgefühl als motivierende Grundverfassung hervor, sondern sieht diese im Wechselspiel zwischen Ich und Es während der Zusammenarbeit der beiden Strukturen im Schaffensakt. Abgekürzt könnte man Kris' Auffassung so darstellen: In der Phase der Inspiration herrscht das Es, in der Phase der Ausarbeitung aber das Ich.

14 Freud selbst glaubte an einen Zusammenhang zwischen seinem suchthaften Rauchen und seiner Arbeitsfähigkeit. In einem Brief an Fließ vom 6. Juni 1895 schrieb er: »Ich habe Rauchen wieder begonnen, weil es mir immer gefehlt hat (nach 14monatiger Abstinenz) und weil ich den psychischen Kerl gut behandeln muß, sonst arbeitet er mir nichts.«

15 Das Entfremdungsgefühl, das der schöpferische Mensch oft seinem Werk gegenüber empfindet, ist in manchen Fällen nicht das Ergebnis struktureller Konflikte (etwa Schuldgefühlen, weil man etwas Schönes geschaffen oder etwas Wichtiges entdeckt hat), sondern der direkte Ausdruck der Tatsache, daß im Moment des Schaffens das Selbst seiner narzißtischen Besetzungen beraubt ist, die auf das Werk übergegangen sind. Bei Aktivitäten nicht-kreativer Persönlichkeiten und in der Phase ruhiger Ausarbeitung bei schöpferischen Menschen ist die narzißtische Besetzung zwischen dem Selbst und dem Werk geteilt, mit dem Resultat, daß das Selbst als Initiator, Quelle oder Gestalter des Produkts erlebt und später so erinnert wird. In der Phase fieberhafter schöpferischer Tätigkeit dagegen ist das Selbst aller Besetzungen entblößt, weil die narzißtischen Energien auf das Werk konzentriert sind, mit dem Ergebnis, daß das Selbst vom Schaffenden weder als Urheber oder Gestalter des Produkts erlebt wird, noch er sich in der Erinnerung als solchen sieht.

16 Siehe in diesem Zusammenhang Szekelys Beobachtungen (1967, 1970) über die Furcht vor dem Neuen, Unbekannten bei Wissenschaftlern. Klinisches Material über solche Seelenzustände bringt Gedo (1972). Der von Gedo beschriebene Patient beugte der Entwicklung von Einsamkeits- und Verlassenheitsgefühlen bei seinen sehr originellen Entdeckungen vor, indem er sie zusammen mit einem Ko-Autor veröffentlichte. Die Aufgabe des Ko-Autors hatte aber nur darin bestanden, daß er dem Patienten geduldig zuhörte und ihm die Bedeutung und Gültigkeit seiner Ideen bestätigte. Interessanterweise wurde die Arbeit in der kleinen Gruppe von Wissenschaftlern, die imstande war, sie zu beurteilen, immer ausschließlich dem Patienten zugeschrieben.

17 Ich beziehe mich hier und im folgenden auf die in einer früheren Arbeit (Kohut, 1957) gezogenen Schlüsse, die ich im Sinne neuerer Erkenntnisse ausdrücke.

18 J. E. Gedo und G. H. Pollock, die Herausgeber des Buches: Freud –

The Fusion of Science and Humanism (Psychological Issues, Monograph 34/35), in dem die vorliegende Arbeit enthalten ist, fügten an dieser Stelle die folgende Anmerkung an. Es kann gezeigt werden, schreiben die Herausgeber, daß Freuds Schöpferkraft späterhin auf einer ähnlichen Expansion seines Größenselbst beruhte, z. B. während er am Leonardo-Aufsatz (1910), am Kleinen Hans (1909), am Rattenmann (1909), am Fall Schreber (1911) und an Totem und Tabu (1912-13) arbeitete. Es wird gewiß demnächst möglich sein (s. Gedos noch unveröffentlichte Arbeit zu diesem Thema), den Verlauf der Beziehung zwischen Freud und Jung aufgrund ihres Briefwechsels (1974) und aufgrund von Jungs Memoiren (1961) zu klären. Freuds Bedürfnis, sich an idealisierte Gestalten anzuschließen, ist inzwischen ausreichend dokumentiert. Dieses Bedürfnis ist aber wohl nicht ausschließlich im Zusammenhang mit Freuds schöpferischer Arbeit zu verstehen. Im Anschluß an Gedos Aufsatz über den Briefwechsel zwischen Freud und Jung schlug Kohut kürzlich (auf der Versammlung der Chicagoer Psychoanalytischen Gesellschaft im November 1974) vor, die zeitweilige Verstärkung von Freuds Bedürfnis, sich einer mächtigen Persönlichkeit anzuschließen (z. B. während der Zeit seiner größten Idealisierung von Jung), nicht ausschließlich als eine Begleiterscheinung eines erneuten Schubs von schöpferischer Leistung aufzufassen, sondern mit der damals stattfindenden Expansion der Psychoanalyse in Zusammenhang zu sehen. Mit anderen Worten: Freud brauchte die Anlehnung an eine omnipotente Gestalt zu einer Zeit, in der das Bekanntwerden der Psychoanalyse über die Grenzen Wiens hinaus seine Kindheitsängste anläßlich der Übersiedlung der Familie aus einer engen (jüdischen) Kleinwelt in eine weite (christliche) Großwelt wiederaufleben ließ.

19 Die Kreativität kann sich bei den verschiedensten Persönlichkeiten äußern und sowohl normale als auch psychotische Formen annehmen. Es gibt ohne Frage viele schöpferische Persönlichkeiten, die, wenn man sie im Lichte psychopathologischer Klassifizierung betrachten würde, unter die narzißtisch gestörten Pesönlichkeiten gerechnet werden müßten. Während einerseits die Labilität der narzißtischen Besetzungen die Psyche schöpferischer Menschen ähnlich verletzlich macht, wie es bei (nicht-schöpferischen) narzißtischen Persönlichkeiten der Fall ist, und andererseits der gute Ausgang der psychoanalytischen Behandlung narzißtischer Persönlichkeitsstörungen nicht selten darauf beruht, daß es dem Patienten gelingt, einen Teil seiner vorher pathogenen narzißtischen Energie auf kreative Leistungen umzuleiten, ist die spontane Kreativität ihrem Wesen nach nicht mit narzißtischen Pesönlichkeitsstörungen verwandt.

20 Man sollte übrigens die Rolle, welche die Urteilsfunktion für die seelische Ökonomie des Narzißmus bei den meisten Menschen spielt, nicht unterschätzen. Ich spreche hier nicht in erster Linie vom Projektions-

mechanismus, mit dessen Hilfe wir unsere Fehler anderen zuschreiben, sondern von den zahllosen, nicht-spezifischen Urteilsakten hinsichtlich des Verhaltens, der Moral, der Persönlichkeit anderer. So ist z. B. das mehr oder minder heimliche Vergnügen, das man empfindet, wenn über Abwesende geurteilt wird, meines Erachtens nicht so sehr eine Abfuhr von sublimiertem Sadismus als vielmehr eine Zufuhr an Selbstwertgefühl, die der Akt des Urteilens und Vergleichens liefert.

21 Ich sehe hier vorläufig vom Größenselbst ab.

22 Hier ergeben sich zwei relevante Themen, die des Studiums durch psychoanalytische Historiker und Soziologen wert wären. Eines betrifft das politische Genie eines Volkes, d. h. seine Geschicklichkeit, sein politisches *savoir faire*, das sich darin äußert, zur rechten Zeit den richtigen Führer zu wählen. Das andere betrifft die besondere Beziehung zwischen Führer und Anhängern, vor allem die Frage, ob 1. der Führer sich zur Idealisierung eignet (in diesem Falle würde ich ihn als messianische Persönlichkeit bezeichnen, womit ich andeuten will, daß sein Selbst weitgehend mit seinem idealisierten Über-Ich veschmolzen ist); 2. ob der Führer sich dazu eignet, zum im wesentlichen nicht-idealisierten Gegenstand der Identifikation mit einem omnipotenten Objekt zu werden (in diesem Fall würde ich ihn eine charismatische Persönlichkeit nennen, um damit anzudeuten, daß sein Selbst hauptsächlich Träger seines Größen-Selbst geworden ist); oder 3. ob der Führer sich dazu eignet, einfach gewisse Ichfunktionen derjenigen, die ihn gewählt haben, auszuüben (in diesem Falle ist er weder ein messianischer noch ein charismatischer Führer).

23 Freud beschreibt den Seelenzustand von Shakespeares König Richard III., der seinen Ausnahmeanspruch in einem Monolog mit seiner kongenitalen Deformierung begründet, mit folgenden Worten: »Ich habe den Anspruch darauf, eine Ausnahme zu sein, mich über die Bedenken hinwegzusetzen, durch die sich andere hindern lassen. Ich darf selbst Unrecht tun, denn an mir ist Unrecht geschehen« (a.a.O., S. 369).

24 Gedo und Pollock, die Herausgeber des Buches: Freud – The Fusion of Science and Humanism (s. Fn. 18) machen zu der englischen Fassung dieses Aufsatzes die folgende Bemerkung: Kürzlich sei eine Bestätigung für eine der wesentlichen Hypothesen in der vorliegenden Arbeit Kohuts zutage gekommen, nämlich für seine Annahme, daß Fließ ein latenter Psychotiker war. In einem seiner Briefe an Jung (1974) behauptete Freud ganz unzweideutig, daß Fließ eine paranoide Persönlichkeit gewesen sei. Er ging sogar so weit zu erklären, daß er seine Einsichten in die Dynamik der Paranoia, die er dann am Fall Schreber exemplifizierte, erstmals aufgrund seiner Beobachtungen an Fließ in der Zeit ihres Zerwürfnisses gewonnen habe.

25 Ich glaube, daß sich hier ein tiefenpsychologischer Weg zur Aufhellung heute noch schlecht definierter, nur oberflächlich verstandener Phäno-

mene wie des sog. Nationalcharakters eröffnen könnte. Die Vorstellung von einer nationalen, ethnologisch oder kulturell determinierten »Identität« – einer »Gruppen-Identität« – ist jedoch vom Begriff des »Gruppen-Selbst« zu unterscheiden, genauso wie man in der Psychologie des Individuums zwischen den von Erikson beschriebenen psychopathologischen Wechselfällen der späteren Adoleszenz und den Schicksalen des Selbst unterscheiden muß (s. Kohut, 1970, besonders S. 117, und 1973, besonders S. 521-22). Das Identitätsgefühl, gleichgültig, ob der Betreffende sich als Individuum oder als Glied einer Gruppe fühlt, gehört zu seiner bewußten und vorbewußten Gewahrwerdung der Manifestationen einer psychischen Oberflächenkonfiguration – es ist eine Selbst-Repräsentanz, die sich auf die bewußten und vorbewußten Ziele und Absichten des Ichs und die bewußten und vorbewußten idealisierten Werte seines Über-Ichs bezieht. Der psychoanalytische Selbst-Begriff aber – ob er sich auf das Selbst des Einzelnen, das Selbst eines Menschen als Glied einer Gruppe oder auf das »Gruppen-Selbst« bezieht – meint eine Stuktur, die in den Tiefen der Seele verankert ist. Ich bin jetzt überzeugt, daß das Grundmuster eines unbewußten Kern-Selbst (der zentralen, unbewußten Strebungen des Größen-Selbst und der zentralen, unbewußten Werte der verinnerlichten, idealisierten Eltern-Imagines) von entscheidender Bedeutung für jenes ausschlaggebende Gefühl der beglückenden Erfüllung oder des tragischen Versagens ist, das das Lebensgefühl des Individuums bestimmt, sogar unabhängig davon, ob er unter neurotischen Konflikten, Symptomen oder Hemmungen leidet oder nicht. Und ich bin überzeugt, daß diese Erwägungen hinsichtlich des Einflusses des unbewußten narzißtischen Grundkonfigurationen beim Individuum auch für das Leben einer Gruppe gelten, daß also das Grundmuster des Kerns des Gruppen-Selbst (nämlich die zentralen Antriebskräfte der Gruppe, ihre ehrgeizigen Strebungen und Ideale) nicht nur die Kontinuität und Kohäsion der Gruppen aufrecht erhält, sondern auch ihre wichtigsten Handlungen bestimmt.

26 Die Sammlung historischen Materials über die Geschichte der Psychoanalyse im *Sigmund-Freud-Archiv* in New York wird für künftige Forscher auf vielen der in diesem Essay erwähnten Gebieten von unschätzbarem Wert sein.

27 Ich stimme mit Freud (1917, S. 3-12) überein, daß die Entdeckungen von Kopernikus und Darwin, ebenso wie seine eigenen Funde, schwere Schläge für den menschlichen Narzißmus darstellten. Diese Entdeckungen, so möchte ich hinzufügen, beruhen in erster Linie auf der mutigen Überwindung innerer Widerstände, da die Entdecker auf eine Illusion verzichten mußten, mit der sie sich gegen die schmerzliche Erkenntnis der relativen Kleinheit und Bedeutungslosigkeit des einzelnen Menschen geschützt hatten. Man darf ferner nicht vergessen, daß

der Angriff gegen grandiose Phantasien starke narzißtische Wut gegen den Angreifer hervorruft (s. Kohut, 1973). Neben innerer Stärke hatten die drei großen Entdecker auch noch erhebliche sozialen Mut aufbringen müssen, als sie ihre Funde ihren Zeitgenossen mitteilten, deren Zorn, wie sie zweifellos zumindest vorbewußt vorhersahen, sie nun erwarten mußten.

Bibliographie

Baumeyer, F. (1955): Der Fall Schreber. Psyche 9 (1955/56), 513-536.
Freud, S. (1900): Die Traumdeutung. GW II/III.
– (1908): Der Dichter und das Phantasieren. GW VII.
– (1910): Eine Kindheitserinnerung des Leonardo da Vinci. GW VIII.
– (1914): Zur Geschichte der psychoanalytischen Bewegung. GW X.
– (1916): Einige Charaktertypen aus der psychoanalytischen Arbeit. GW X.
– (1917): Eine Schwierigkeit der Psychoanalyse. GW XII, 3-12.
– (1921): Massenpsychologie. GW XIII.
– (1932): Zur Gewinnung des Feuers. GW XVI.
Gedo, J. (1972): Picasso's Self-Image. Dissertation, Northwestern University. On the psychology of genius. Int. J. Psycho-Anal., 53, 199-203.
Jones, E. (1953/55/57): Das Leben und Werk von Sigmund Freud. 3 Bde. Bern und Stuttgart (Huber) 1960, 1962.
Kohut, H. (1957): »Tod in Venedig« von Thomas Mann. In: A. Mitscherlich (Hg.): Psycho-Pathographien 1. Frankfurt a. M. (Suhrkamp) 1972.
– (1959): Introspektion, Empathie und Psychoanalyse. Psyche 25 (1971), 831-855.
– (1970): Discussion of the »Self« by D. D. Levin. Moderator's Remarks. Int. J. Psycho-Anal.
– (1970): Forschung in der amerikanischen Psychoanalytischen Vereinigung. Psyche 25 (1971), 738-757.
– (1971): Ist das Studium des menschlichen Innenlebens heute noch relevant? Psyche 25 (1971), 298-322.
– (1971): The Analysis of the Self. New York (Int. Univ. Press) – Dt.: Narzißmus. Frankfurt a. M. (Suhrkamp) 1973.
– (1972): Überlegungen zum Narzißmus und zur narzißtischen Wut. Psyche 27, (1973), 513-554.
– (1973): Psychoanalysis in a troubled world. The Annual of Psychoanalysis 1, 3-25, Quadrangle (The New York Times Book Co.).
Kris, E. (1952): Psychoanalytic Explorations in Art. New York (Int. Univ. Press).
Niederland, W. (1959 a): Schreber, father and son. Psychoanalytic Quarterly, 28, 151 bis 160.

- (1959 b): Schrebers »angewunderte« Kindheitswelt. Psyche 23 (1969), 198-223.
- (1960 a): Schreber's Father. J Amer. Psa. Assn., 8, 492-499.

Sachs, H. (1942): The Creative Unconscious. Cambridge (Sci-Art Publishers).

Sterba, E. und R. (1964): Ludwig van Beethoven und sein Neffe. München (Szczesny).

Szekely, L. (1967): The Creative pause. Int. J. Psycho-Anal., 48, 353-367.
- (1970): Über den Beginn des Menschen. Schweiz. Z. Psychol., 29, 273 bis 282.

Formen und Umformungen des Narzißmus

I

Obwohl in unseren Diskussionen über Theorie gewöhnlich nicht bestritten wird, daß der Narzißmus, d. h. die libidinöse Besetzung des Selbst,[1] an und für sich weder krankhaft noch schädlich sei, besteht eine nicht unverständliche Neigung, ihn, sobald das Feld der Theorie verlassen wird, mit einem vorgefaßten negativen Werturteil zu betrachten. Dieses Vorurteil, wo es existiert, beruht zweifellos darauf, daß man dem Narzißmus die Objektliebe gegenüberstellt; gerechtfertigt wird es mit der Behauptung, der Narzißmus sei die primitivere und für die Anpassung weniger geeignete Form der Libidoverteilung. Ich glaube jedoch, daß es sich hierbei gar nicht um eine objektive Beurteilung des Narzißmus als Entwicklungsstufe oder seines Wertes für die Anpassung handelt, sondern daß sich in dieser Auffassung der unzulässige Einfluß des altruistischen Wertsystems der westlichen Kultur bemerkbar macht. Aber was auch immer die Gründe für dieses Werturteil sein mögen, auf unsere klinische Praxis wirkt es sich jedenfalls einengend aus. Es kann im Therapeuten den Wunsch erwecken, bei einem Patienten die narzißtische Position durch Objektliebe ersetzen zu wollen, anstelle des oft geeigneteren Ziels, den Narzißmus zu transformieren, d. h. die narzißtische Libido anders zu verteilen und die primitiven seelischen Strukturen in die reife Persönlichkeit des Patienten aufgehen zu lassen. Auch von seiten der Theorie ist der Beitrag des Narzißmus zur Gesundheit, Anpassung und Leistung nicht sehr eingehend betrachtet worden.[2] Dies ließe sich aus heuristischen Gründen rechtfertigen, denn die Erforschung der relativen Lautlosigkeit des Narzißmus bei seelischem Gleichgewicht ist natürlich weniger ergiebig als die Untersuchung der lärmenden Zustände bei Störungen der psychischen Gesundheit. Die Erschütterung des seelischen Gleichgewichts, die wir »narzißtische Kränkung« nennen, scheint einen besonders aussichtsreichen Zugang zum Problem des Narzißmus zu eröffnen, nicht nur, weil sie im breiten Spektrum der normalen und abnormen psychischen Zustände so häufig vorkommt, sondern auch, weil sie gewöhnlich leicht zu erkennen ist an dem schmerzlichen Affekt von Verlegenheit oder Scham, der sie begleitet, und an ihrer inneren Weiterverarbeitung in den Minderwertigkeitsgefühlen oder im verletzten Stolz.

Bei Freud kann man zwei zueinander komplementäre Richtungen unterscheiden, die beide immer wieder von Psychoanalytikern eingeschlagen wurden, um gewisse Erschütterungen des narzißtischen Gleichgewichts innerhalb eines schon vorhandenen psychoanalytischen Begriffsrahmens zu erklären. Einerseits lenkte Freud die Aufmerksamkeit auf bestimmte Ichfunktionen, welche auf Eskräfte Bezug haben, z. B. Reaktionsbildungen auf die exhibitionistische Seite der prägenitalen Triebe sind. Er wies etwa auf die Schamhaftigkeit als Motiv für die Abwehr hin und auch auf das Auftreten von Schamgefühl, wenn die Abwehr mißlingt. (14, S. 389; 15, S. 247ff.; 26, S. 458ff., Fußnote; 466, Fußnote; ferner 17, S. 78/79; 18, S. 205; 19, S. 343.) Andererseits behauptete Freud jedoch, daß ein Teil des kindlichen Narzißmus auf das Über-Ich übertragen werde und es daher im Ich zu narzißtischen Spannungen kommen könne, wenn das Ich sich bemüht, das Ich-Ideal zu erreichen. Das Über-Ich, sagt Freud, »ist auch der Träger des Ich-Ideals, an dem das Ich sich mißt, dem es nachstrebt, dessen Anspruch auf immer weitergehende Vervollkommnung es zu erfüllen bemüht ist.« (27, S. 71.)

Ich kann an dieser Stelle nicht die zahlreichen Beiträge in der psychoanalytischen und verwandten Literatur besprechen, die Freud auf diesen zwei Richtwegen hinsichtlich der Entwicklung des Narzißmus nachfolgten. Im großen und ganzen sind auch meine Gedankengänge von seinen Überlegungen geprägt, obwohl ich an einigen Stellen zu Schlußfolgerungen gelangt bin, die über den von Freud geschaffenen Rahmen hinausgehen.

Ich werde mich zwar in der vorliegenden Studie häufig auf wohlbekannte Phänomene an der psychischen Oberfläche beziehen, die man ohne Zwang in behavioristische Termini übersetzen könnte, aber die Begriffe, die ich verwende, sind nicht diejenigen der Sozialpsychologie. Die allgemeine Definition des Narzißmus als libidinöse Besetzung des Selbst ließe sich noch mit einer solchen sozialpsychologischen Theorie versöhnen; aber das Selbst im psychoanalytischen Sinne ist variabel, und seine Grenzen decken sich keineswegs mit den Grenzen der Persönlichkeit, so wie sie von einem Beobachter im sozialen Feld beurteilt weren. In bestimmten seelischen Zuständen kann sich das Selbst weit über die Grenzen des Individuums hinaus erstrecken, oder es kann zusammenschrumpfen und mit einem einzigen seiner Handlungen und Ziele identisch werden (vgl. Piaget 43, S. 226/227). Die Antithese zum Narzißmus ist nicht die Objekt*beziehung*, sondern die Objekt*liebe*. Was einem Beobachter des sozialen Feldes als Fülle der Objektbeziehungen eines Menschen vorkommen mag, kann dessen rein narzißtisches Erleben der Objektwelt verhüllen; umgekehrt können bei einem Menschen, der in scheinbarer Isolierung und Einsamkeit lebt, die reichsten Objektbeziehungen bestehen.

Der Begriff des primären Narzißmus ist ein gutes Beispiel hierfür. Obwohl aus empirischen Beobachtungen extrapoliert, bezieht er sich nicht auf das soziale Feld, sondern auf den psychischen Zustand des Säuglings. Er umfaßt die Behauptung, daß das Kind zu Anfang die Mutter und ihre Pflege nicht als ein Du und dessen Handlungen erlebt, sondern im Rahmen eines Erlebens der Welt, in welchem die Ich-Du-Differenzierung noch nicht stattgefunden hat. So ist für das Kind die Herrschaft über die Betreuung durch die Mutter eine Selbstverständlichkeit – so selbstverständlich, wie der Erwachsene über seinen Körper und seine Gedanken verfügt. Die Art, wie das Kind die mütterliche Betreuung erlebt, entspricht dem Erlebnis der eigenen Körperbeherrschung beim Erwachsenen. Die Vorstellung, welche das Kleinkind von der Mutter hat, entspricht demgemäß der Vorstellung des Erwachsenen von sich selbst. Diese Entwicklungsstufe der Erfahrung unterscheidet sich also grundsätzlich von der Art, wie der Erwachsene einen anderen Menschen und seinen Einfluß auf diesen erlebt.³

Es ist jedoch nicht der primäre Narzißmus, den wir in den Mittelpunkt der folgenden Erwägungen über die Entwicklung stellen wollen. Obwohl ein wichtiger direkter Rest der ursprünglichen Position – ein narzißtischer Grundtonus, der alle Aspekte der Persönlichkeit durchzieht – das ganze Leben hindurch erhalten bleibt, wollen wir uns hier mit zwei Formen befassen, in welche sich der primäre Narzißmus differenziert: Das *narzißtische Selbst* und die *idealisierte Elternimago*.

Das Gleichgewicht des primären Narzißmus wird durch Reifungsdruck und unlusterweckende seelische Spannungen gestört, die dadurch entstehen, daß die Versorgung durch die Mutter notwendigerweise unvollkommen ist und traumatische Verzögerungen nicht zu vermeiden sind. Die seelische Organisation des Kindes versucht jedoch, mit diesen Störungen dadurch fertig zu werden, daß sie sich neue Systeme der Vollkommenheit aufbaut.

Eines davon hat Freud als »purifiziertes Lust-Ich« bezeichnet (21, S. 228),[4] ein Entwicklungszustand, in welchem alles Lustvolle, Gute und Vollkommene als Teil eines noch rudimentären Selbst betrachtet wird, während alles Unlustbereitende, Schlechte und Unvollkommene »draußen« ist. Oder aber das Kind versucht, im Gegensatz zu diesem ersten Lösungsweg, sich die ursprüngliche Vollkommenheit und Allmacht zu erhalten, indem es das rudimentäre Du, den Erwachsenen, mit absoluter Vollkommenheit und Macht ausstattet.[5]

Die libidinöse Besetzung der seelischen Repräsentanz der idealisierten Elternimago kann man weder ganz richtig als Narzißmus noch als Objektliebe klassifizieren. Natürlich läßt sich die Idealisierung als ein Aspekt des Narzißmus beschreiben, beginnend in einer Phase, bevor noch Wonnegefühl, Macht und Vollkommenheit im moralischen und ästhetischen Sinne voneinander differenziert sind. Allmählich entwickeln sich diese Qualitäten weiter und werden gleichzeitig teilweise auf die Eltern projiziert. So verwandelt sich die vage Vollkommenheit des Kleinkindes allmählich in die differenzierteren Vollkommenheiten des Elternbildes. Die enge Beziehung zwischen Idealisierung und Narzißmus ist auch durch die Tatsache belegt, daß immer und in überwiegendem Maße homosexuelle Libido beteiligt ist, auch wenn das Objekt dem anderen Geschlecht angehört. Auch die Leichtigkeit, mit welcher die Repräsentanz des idealisierten Objekts in den verschiedensten Stadien seiner Entwicklung durch Identifizierung in den Zusammenhang des Selbst zurückgenommen werden kann, ist ein Beweis für seinen narzißtischen Charakter, wie Freud (23, S. 250) nach Rank (46, S. 416) erwähnte; nach ihm kann »eine narzißtische Art der Objektwahl« den Grund für die spätere pathogene Introjektion des Depressiven legen.

Man trifft die Wahrheit jedoch nur zur Hälfte, wenn man die idealisierte Objektimago einfach dem Narzißmus zuordnet. Nicht nur ist die narzißtische Besetzung des idealisierten Objekts mit Zügen echter Objektliebe vermischt, sondern die Libido der narzißtischen Besetzung selbst hat eine Umwandlung erfahren. Das Auftreten von idealisierender Libido soll daher als ein Reifungsschritt sui generis in der Entwicklung der narzißtischen Libido betrachtet werden, und die Entwicklung des Narzißmus muß von der Entwicklung der Objektliebe, die ihre eigenen Übergangsphasen hat, unterschieden werden.

Obwohl die Idealisierung der Elternimago eine direkte Fortsetzung des ursprünglichen Narzißmus des Kindes ist, wandelt sich das erkenntnismäßige Bild der idealisierten Eltern mit der Reifung des kognitiven Apparates. Während einer wichtigen Übergangsperiode, in der das Kind allmählich erkennt, daß Wunscherfüllung und Versagung von außen kommen, sondert sich das Objekt abwechselnd vom Selbst ab und verschmilzt wieder mit ihm. Wenn das Objekt jedoch vom Selbst getrennt ist, erlebt das Kind es an jedem Punkt der Entwicklung als ganzes, und die scheinbar objektive Aufteilung in »Teil« – und »ganze Objekte« beruht allein auf dem Werturteil des erwachsenen Beobachters.

Form und Inhalt der psychischen Repräsentanz der idealisierten Eltern variieren so mit dem Reifungsstadium des kognitiven Apparates des Kindes; einen Einfluß üben ferner Umweltfaktoren aus, die die Wahl und Intensität der Verinnerlichungen mitbedingen.

Die idealisierte Elternimago erhält zum Teil objekt-libidinöse Besetzung, und die idealisierten Eigenschaften werden als Quelle der Wunscherfüllung geliebt, gegen deren Entziehung das Kind sich hartnäckig sträubt. Wenn die Psyche aber einer Quelle der Triebbefriedigung beraubt wird, findet sie sich nicht mit dem Verlust ab, sondern verwandelt die Objektimago in ein Introjekt, d. h. in eine Struktur des psychischen Apparates, die Funktionen übernimmt, die vorher vom Objekt ausgeführt wurden. Die Tendenz zur Verinnerlichung wird also (obwohl sie zur autonomen Ausstattung der Psyche gehört und infolgedessen spontan stattfindet) durch den Objektverlust verstärkt. In unserem metapsychologischen Zusammenhang soll nun der Objektverlust sehr weit gefaßt werden und vom Tode oder der Abwesenheit eines Elternteils oder der Abwendung der Mutter aufgrund körperlicher oder seelischer Erkrankung bis zu der unvermeidlichen Enttäuschung des Kindes in eng umrissenen Eigenschaften der elterlichen Imago oder dem Verbot unmodifizierter Triebansprüche reichen.

Ich bin darauf gefaßt, daß die Verwendung der Bezeichnung »Objektverlust« für die durch die Erziehung auferlegten Versagungen und andere Realitätsforderungen auf Widerspruch stößt. Wenn man diese sonst so verschiedenen Realitätsfaktoren jedoch als Vorbedingungen für die Verinnerlichung der triebregulierenden Funktionen betrachtet, wird der Unterschied zwischen ihnen als ein nur quantitativer faßbar. Die freundliche Abweisung unmodifizierter Triebwünsche des Kindes, selbst wenn sie in die Gestalt eines positiven Wertes gekleidet wird, bleibt eine Versagung, mit der einhergeht, daß eine spezifische Objektbesetzung nicht aufrechterhalten werden kann: diese kann daher zu Verinnerlichung und zur Verstärkung der triebregulierenden psychischen Struktur führen. Die einzigartige Position des Über-Ichs unter den triebregulierenden psychischen Strukturen ist an die Tatsache geknüpft, daß das Kind einen phasenspezifischen Abzug der libidinösen Besetzung von seinen infantilen Objektrepräsentanzen vornehmen muß, und zwar eben zu der Zeit, in welcher die Besetzung ihre größte Stärke erreichte.

Wenn wir diese Erwägungen auf unser engeres Thema anwenden, können wir sagen, daß in der präödipalen Phase normalerweise ein allmählicher Verlust der idealisierten Elternimago und damit einhergehend eine Stärkung der triebregulierenden Matrix des Ichs eintritt, wogegen der massive Verlust während der ödipalen Phase zur Bildung des Über-Ichs beiträgt. Jede Unvollkommenheit, die im idealisierten Elternteil entdeckt wird, führt zu einer korrespondierenden innerlichen Konservierung der äußerlich verlorenen Eigenschaft des Objekts.[6] Angenommen, eine Lüge des Kindes bleibt unentdeckt, so ist damit ein Teil des allwissenden idealisierten Objekts verlorengegangen, der nun entweder (in präödipaler Zeit) als ein kleinster Aspekt der triebregulierenden Matrix introjiziert wird oder (während der schweren ödipalen Enttäuschungen) als ein signifikanter Aspekt zur Allwissenheit des Über-Ichs beiträgt. Eben dank dieser phasenspezifischen massiven Introjektion der idealisierten Eigenschaften des Objekts muß, wie Freud sagt, das Über-Ich als »Träger des Ich-Ideals« angesehen werden. Oder anders ausgedrückt: Das Ich-Ideal ist jener Aspekt des Über-Ichs, der der phasenspezifischen, massiven Introjektion der idealisierten Eigenschaften des Objekts entspricht. Die Tatsache, daß die idealisierten Eltern Träger der ursprünglichen Vollkommenheit und Allmacht waren, ergibt jetzt die Allmacht, Allwissenheit und Unfehlbarkeit des Über-Ichs, und darauf beruht wiederum das Phänomen, daß die Werte und Normen des Über-Ichs als absolut erlebt werden. Die Tatsache dagegen, daß der ursprüngliche Narzißmus durch ein hoch bewertetes Objekt hindurchgegangen ist, bevor er erneut verinnerlicht wurde, und daß die narzißtische Besetzung selbst auf die neue Entwicklungsstufe der Idealisierung hinaufgelangt ist, ergibt die einzigartige gefühlsmäßige Wichtigkeit unserer Normen,

Werte und Ideale, soweit sie Teile des Über-Ichs sind. Psychologisch kann dieser Wert nicht im Sinne von Inhalt oder Form definiert werden. Ein Witz ist kein Witz, wenn sein Inhalt ohne Rücksicht auf die spezifische psychologische Struktur des Witzes erzählt wird. In ähnlicher Weise ist die einzigartige Stellung derjeniger unserer Werte und Ideale, die zum Bereich des Über-Ichs gehören, weder durch ihren (variablen) Inhalt (der z. B. in der Forderung nach selbstlosem, altruistischem Verhalten oder ebensogut in der Forderung nach Heldentum und Erfolg bestehen kann) noch durch ihre (variable) Form (z. B. ob sie die Gestalt von Verboten oder von positiven Werten haben oder sogar als Forderungen nach bestimmten Weisen der Triebabfuhr gefaßt sind) bestimmt, sondern durch ihre *Genese* und *seelische Lokalisierung*. Nicht Form und Inhalt, sondern die Fähigkeit, unsere Liebe und Bewunderung zu erwecken und zugleich uns die Aufgabe der Triebsteuerung aufzuerlegen, kennzeichnen das Ich-Ideal.

Unsere nächste Aufgabe ist nun die Betrachtung des *narzißtischen Selbst*. Seine narzißtische Besetzung bleibt, im Gegensatz zu der Libido, die bei der Besetzung der idealisierten Elternimago und des Ich-Ideals verwendet wird, im Zusammenhang mit dem Selbst und macht den spezifischen Teilschritt zur Objektliebe, der zur Idealisierung führt, nicht mit. Das Ich-Ideal ist vorwiegend mit der Triebbeherrschung verbunden, während das narzißtische Selbst eng mit den Trieben und ihren unerbittlichen Spannungen verwoben ist. Auf die Gefahr hin, anthropomorphistisch zu erscheinen, in Wirklichkeit jedoch gestützt auf eine Fülle klinischer Eindrücke und lebensgeschichtlicher Rekonstruktionen, bin ich versucht zu sagen, daß das Ich den Einfluß des Ich-Ideals als von oben kommend erlebt, den des narzißtischen Selbst als von unten kommend; oder, um ein anderes Bild zu gebrauchen, das zu den vor-bewußten Derivaten der beiden Strukturen gehört, möchte ich sagen, daß der Mensch von seinen Idealen geleitet, von seinem Ehrgeiz jedoch getrieben wird. Das Ich des Kindes staunt die idealisierten Eltern-Imagines mit Ehrfurcht an, schaut bewundernd zu ihnen auf und möchte ihnen gleich werden; das narzißtische Selbst jedoch will selber angestaunt und bewundert werden. Die Errichtung des narzißtischen Selbst muß als reifungsmäßig vorbestimmter Schritt und als entwicklungsmäßige Leistung gewertet werden. Die Größenphantasie ist sein funktionales Korrelat und führt phasengerecht zur Anpassung. (Die kindliche Überschätzung der Macht und

Vollkommenheit des idealisierten Objekts ist im gleichen Sinne als phasengerecht und adaptiv aufzufassen.) Eine vorzeitige Störung des narzißtischen Selbst führt zu späterer narzißtischer Verwundbarkeit, weil die Größenphantasie verdrängt und den sie modifizierenden Einflüssen entzogen ist.

Narzißtisches Selbst und Ich-Ideal können auch an der Beziehung ihrer Oberflächenschichten zum Bewußtsein voneinander unterschieden werden. Wahrnehmung und Bewußtsein sind die psychischen Parallelen zu den Sinnesorganen, welche die Umgebung abtasten. Die Tatsache, daß das Ich-Ideal Objekt-Eigenschaften hat, erleichtert daher seine Bewußtwerdung.[7] Vom narzißtischen Selbst ist aber sogar die Oberfläche kaum wahrzunehmen, da diese Struktur keine Objekt-Eigenschaften besitzt.

In einem Brief an Freud (vom 29. Juni 1912) meinte Binswanger, es sei ihm Freuds »enormer Wille zur Macht, konkreter Beherrschung der Menschen« aufgefallen. Freuds Antwort (vom 4. Juli 1912) lautete: »... Ich getraue mich... nicht, Ihnen in bezug auf den Machtwillen zu widersprechen – weiß aber nichts davon. Ich vermute seit langem, daß nicht nur das Verdrängte ubw. ist, sondern auch das Herrschende unseres Wesens, das Eigentliche unseres Ich, unbewußt aber nicht bewußtseinsunfähig. Ich leite dies davon ab, daß das Bw doch nur Sinnesorgan ist: nach einem Außen gerichtet ist, so daß es stets an einem selbst nicht wahrgenommenen Stück des Ich hängt...« (4, S. 57/58).1)

Wie schon erwähnt, erleben wir das vorbewußte Korrelat des narzißtischen Selbst als unseren Ehrgeiz und das des Ich-Ideals als unsere Idealwerte. Ehrgeiz und Idealismus sind freilich gelegentlich schwer zu unterscheiden, nicht nur, weil sich der Ehrgeiz oft als Idealismus maskiert, sondern auch, weil es wirklich glückliche Augenblicke des Lebens gibt – und bei den sehr begünstigten Menschen sogar glückliche Zeiten –, in welchen Ehrgeiz und Ideale eins geworden sind. Adoleszente Typen geben ihre Ideale nicht selten als Ehrgeizstrebungen aus, und dann gibt es noch bestimmte Inhalte des Ich-Ideals (Leistungsforderungen), die wie Ehrgeizwünsche aussehen und daher den Beobachter leicht in die Irre führen können. Wenn man jedoch die metapsychologischen Unterschiede im Auge behält, erleichtert man sich die phänomenologische Unterscheidung wesentlich.

Unsere Ideale sind unsere inneren Führer; wir lieben sie und sehnen uns danach, sie zu erreichen. Die Ideale sind imstande, einen

1) La perspective, le "moi" déjà là !!

großen Teil der umgewandelten narzißtischen Libido in sich aufzunehmen und dadurch die narzißtischen Spannungen und die narzißtische Verwundbarkeit zu verringern. Wenn die Triebbesetzung des Über-Ichs nicht genügend desexualisiert ist (oder wieder neu sexualisiert wird), kommt es zu moralischem Masochismus, ein Zustand, in welchem das Ich in Selbsterniedrigung schwelgt, wenn es seine Ideale nicht erreicht. Das Ich erlebt jedoch im allgemeinen kein Gefühl besonderer narzißtischer Kränkung, wenn es seinen Idealen nicht gleichkommen kann, sondern es empfindet eine Art von Sehnsucht.

Auch unser Ehrgeiz, obwohl von einem System infantiler Größenphantasien herstammend, kann im optimalen Falle gezügelt werden, mit der Struktur der Ichziele verschmelzen und Autonomie erlangen. Immer bleibt aber auch hier eine charakteristische, genetisch determinierte psychische Tönung spürbar. Wir werden von unseren ehrgeizigen Wünschen zwar vorwärts getrieben, aber wir lieben sie nicht. Und wenn wir sie nicht verwirklichen können, dann bleiben die narzißtisch-exhibitionistischen Spannungen ungelöst, werden aufgestaut, und das Gefühl der Enttäuschung, das im Ich entsteht, enthält immer eine Beimischung von Scham. Und wenn, was doch so häufig der Fall ist, noch hinzukommt, daß die Größenideen des narzißtischen Selbst nur unzureichend umgewandelt worden sind, weil traumatische Angriffe auf die Selbstachtung des Kindes die Größenphantasien in die Verdrängung getrieben hatten, dann wird das Selbst des Erwachsenen dazu neigen, zwischen irrationaler Selbstüberschätzung und Minderwertigkeitsgefühlen hin- und herzuschwanken und auf die Niederlagen seines Ehrgeizes mit narzißtischer Kränkung *(»mortification«)* zu reagieren (6).

Bevor wir unsere Untersuchungen der Beziehungen zwischen dem narzißtischen Selbst und dem Ich fortsetzen können, müssen wir unsere Aufmerksamkeit noch auf zwei wichtige ergänzende Themen lenken: den Exhibitionismus und die Größenphantasien.

Beginnen wir mit der Beschreibung einer Szene zwischen einer Mutter und ihrem Bübchen aus dem Kapitel »Anbetung des Kindes« in Trollopes Roman »Barchester Towers« (51). »›Tille, tille… Hat er nicht süße Beinchen?‹ sagte die hingerissene Mutter… Er ist… mein… ganz Süßer, und er hat die allerliebsten rosa Beinchen von der Welt, ganz bestimmt… Aber!… Hat man sowas schon gesehen?... Mein böser Hansi hat Mamas ganzes Haar zerzaust... ganz, ganz schlimmer Hansi...« Das Kind kreischte vor Vergnügen.« Diese stark gekürzte Beschreibung einer ganz alltäglichen Szene beleuchtet die äußeren Umstände, die mit zwei wichtigen Seiten der psychischen Ausstattung des Kindes zusammenhängen: seinen exhibitionistischen Neigungen und seinen Größenphantasien.

Der Exhibitionismus kann, in einem erweiterten Sinne, als die wesentliche narzißtische Dimension aller Triebe betrachtet werden, d. h. (zugunsten des Selbst als des Ausführenden) als Ausdruck einer narzißtischen Betonung des Trieb*ziels* auf Kosten des Trieb*objekts*. Das Objekt ist nur insofern wichtig, als es eingeladen ist, an der narzißtischen Lust des Kindes teilzunehmen und sie auf diese Weise zu bestätigen. Bevor die seelische Trennung stattgefunden hat, erlebt der Säugling die Kundgebung der Freude, die die Mutter an seinem ganzen Körper-Selbst empfindet, als Teil seiner eigenen seelischen Ausstattung. Nach der seelischen Ablösung von der Mutter braucht das Kind den Glanz im Auge der Mutter, um sich die für die leib-seelische Entwicklung notwendige Lust, die aus dem narzißtischen Überströmtwerden mit Libido entsteht, zu erhalten. Die narzißtische Speisung von seiten der Mutter bestärkt nacheinander die jeweils leitenden Funktionen und Aktivitäten der Reifungsphasen. Wir sprechen von analem, urethralem und phallischem Exhibitionismus, wobei wir feststellen, daß beim Mädchen der Exhibitionismus der urethral-phallischen Phase bald durch einen Exhibitionismus verdrängt wird, der ihre Gesamterscheinung betrifft, und durch eine damit Hand in Hand gehende exhibitionistische Betonung von Sittsamkeit und Triebbeherrschung.

Der Exhibitionismus des Kindes muß allmählich desexualisiert und den zielgelenkten Aktivitäten untergeordnet werden, eine Aufgabe, die am besten durch stufenweise Versagung bei gleichzeitiger liebender Stützung gemeistert wird, während die verschiedenen offenen und verdeckten Haltungen von barscher Zurückweisung und übertriebener Duldsamkeit (und besonders eine Mischung von beiden oder der rasche, unvorhersehbare Übergang von einer zur anderen) den Boden für eine große Anzahl von Störungen bereitet. Die ungünstigen Folgen umfassen ein weites Feld und reichen von schwerer Hypochondrie zu milden Formen von Verlegenheit; sie sind aber alle, metapsychologisch gesprochen, Zustände erhöhter narzißtisch-exhibitionistischer Spannung mit abwegigen und unvollständigen Abfuhrformen. Bei allen diesen Zuständen hatte das Ich versucht, die Mitwirkung des Objekts am Exhibitionismus des narzißtischen Selbst zu erlangen. Wenn das Objekt sich jedoch ablehnend verhält, dann mißlingt die freie Abfuhr der exhibitionistischen Libido; statt einer lustvollen Überströmung der Körperoberfläche erscheint die Hitze peinlichen Errötens; und statt lustvoller Bestätigung des Wertes und der Schönheit des Selbst und seiner Liebens-Würdigkeit kommt es zu schmerzlicher Scham.

Wir wenden uns nun der Frage zu, welche Position die Größenphantasien in der Persönlichkeitsstruktur einnehmen, und welche Funktionen sie erfüllen. Während die exhibitionistisch-narzißtischen Antriebe als der Haupt-Triebaspekt des narzißtischen Selbst angesehen werden können, bildet die Größenphantasie seinen Vorstellungsinhalt. Ob sie zur Gesundheit oder zur Krankheit beiträgt, den Erfolg oder die Niederlage des Individuums herbeiführt, hängt von dem Grad ihrer Desexualisierung und dem Ausmaß ab, wie sie in die realistischen Ziele des Ichs integriert ist. Nehmen wir z. B. die Feststellung Freuds: »Wenn man der unbestrittene Liebling der Mutter gewesen ist, so behält man fürs Leben jenes Eroberungsgefühl, jene Zuversicht des Erfolges, welche nicht selten wirklich den Erfolg nach sich zieht.« (24, S. 26) Hier spricht Freud offenbar von narzißtischen Phantasien, die für die Anpassung wertvoll sind und der Persönlichkeit eine dauernde Stützung bedeuten. Es ist klar, daß in solchen Fällen die frühen narzißtischen Phantasien von Macht und Größe nicht durch plötzliche, vorzeitige Erlebnisse traumatischer Enttäuschung durchkreuzt, daß sie vielmehr allmählich in die realitätsorientierte Organisation des Ichs integriert wurden.

Wir können nun versuchen, den schließlichen Einfluß, den die beiden Hauptderivate des ursprünglichen Narzißmus auf die reife psychische Organisation ausüben, zusammenzufassen. Was die aus dem *narzißtischen Selbst* hervorgehenden neutralisierten Kräfte betrifft (narzißtische Bedürfnisse und Ehrgeiz der Persönlichkeit), so werden sie allmählich, unter günstigen Bedingungen, in das Gewebe unseres Ich als gesunde Freude an der eigenen Tätigkeit und den eigenen Erfolgen aufgenommen. Wo wir aber Niederlagen erleiden und Fehler anerkennen müssen, liefern auch sie ein der Anpassung nützliches Gefühl von Enttäuschung, das mit Ärger und Schamgefühl gemischt ist. Was andererseits das Ich-

Ideal betrifft (das verinnerlichte Bild der Vollkommenheit, das wir bewundern und zu dem wir aufblicken), so wird dieses allmählich ein Kontinuum mit dem Ich bilden. Es wird zum Fokus für ichsyntone Werte, zu einem gesunden Sinn für Konsequenz. Wenn wir aber das Vorbild, das es uns setzt, nicht erreichen, dann entsteht, wiederum der Anpassung nützlich, ein Gefühl sehnsuchtsvoller Enttäuschung. Ein nachhaltig mit idealisierender Libido besetztes Über-Ich absorbiert beträchtliche Mengen narzißtischer Energie und vermindert dadurch die Anfälligkeit der Persönlichkeit für Störungen des narzißtischen Gleichgewichts. Wenn andererseits jedoch das Ich unfähig ist, für die exhibitionistischen Forderungen des narzißtischen Selbst geeignete Abfuhrmöglichkeiten zu finden, dann entsteht Scham. So ist die Persönlichkeit in fast allen klinisch signifikanten Fällen übergroßer Neigung zur Scham durch eine mangelhafte Idealisierung des Über-Ichs und die Konzentration der narzißtischen Libido auf das narzißtische Selbst gekennzeichnet; daher ist der ehrgeizige, von Erfolgssucht getriebene Mensch mit schlecht integrierter grandioser Selbstvorstellung und intensiven exhibitionistisch-narzißtischen Spannungen am meisten von Schamgefühlen bedroht.[8] Wenn der Druck aus dem narzißtischen Selbst sehr stark und das Ich unfähig ist, ihn zu beherrschen, reagiert die Pesönlichkeit mit Scham auf die Niederlagen jeder Art, ganz gleich, ab ihr Ehrgeiz sich auf moralische Vollkommenheit oder äußere Erfolge erstreckt (oder, was häufig der Fall ist, abwechselnd auf das eine und das andere, da solche Persönlichkeiten weder eine feste Struktur ihrer Ziele noch ihrer Ideale besitzen).

Unter optimalen Bedingungen sind daher das Ich-Ideal und die Zielstruktur des Ichs der beste Schutz gegen narzißtische Verwundbarkeit und Schamgefühl. Mit Bezug auf die Aufrechterhaltung des homöostatischen narzißtischen Gleichgewichts der Persönlichkeit kann jedoch das Zusammenspiel von narzißtischem Selbst, Ich und Über-Ich in folgender Weise beschrieben werden: Das narzißtische Selbst liefert kleine Beträge narzißtisch-exhibitionistischer Libido, die zu unterschwelligen Signalen von narzißtischen Gleichgewichtsstörungen werden (unterschwellige Schamsignale), wenn das Ich versucht, seine Ziele zu erreichen, den äußeren Vorbildern nachzueifern und den äußeren Forderungen zu gehorchen oder gemäß den Normen und besonders den Idealen des Über-Ichs zu leben (d. h. gemäß dem Ich-Ideal »... dessen Anspruch auf immer weitergehende Vervollkommnung es zu erfüllen bemüht ist« [27, S. 71]). Oder um es in einem etwas unkonventionellen Bild auszudrücken: Das narzißtische Selbst versucht, dem Ich seine Vollkommenheit zu zeigen, oder indirekt durch Vermittlung des Ich der äußeren Welt oder dem Über-Ich. Es entdeckt aber, daß es nicht so vollkommen ist; der sich dadurch ergebende mißglückte Versuch der Libidoentspannung führt zu kleinsten narzißtischen Libidostauungen, die dem Ich warnende Kunde vor der Möglichkeit einer größeren schmerzlichen Beschämung bringen.

Im Gegensatz zu der hier dargestellten metapsychologischen Erklärung der Schamempfindung hat Saul (49, S. 92-94), gestützt auf Alexander (1) und in Übereinstimmung mit den Gesichtspunkten der Kulturanthropologen (2), Schuld und Scham als zwei Parallelerscheinungen untersucht; er schlug eine Differenzierung zwischen diesen beiden Affekten auf der Grundlage vor, daß – im Kontrast zum Schuldgefühl – Scham entstehe, wenn der Mensch nicht imstande ist, seine Ideale zu erreichen. Die Frage, ob es angeht, solche strukturellen Unterscheidungen hervorzuheben (siehe vor allem Piers und Singers umfassende Darstellung dieser Position, [44]), gehört nicht zu der vorliegenden Studie und soll hier nicht weiter verfolgt werden. Sie wurde kürzlich von Hartmann und Loewenstein (34) diskutiert, welche meinten, es sei nicht ratsam, die »Trennung des Ich-Ideals von anderen Teilen des Über-Ichs zu stark zu betonen«, ein theoretisches Vorgehen, auf welchem »die strukturmäßige Gegenüberstellung von Schuld und Scham beruht«.[9]

Sandler, Holder und Meers dagegen (48) wollen das Ich-Ideal nicht aus dem Zusammenhang des Über-Ichs herausnehmen. Gestützt auf Beiträge von Jacobson (35) und A. Reich (47), postulieren sie jedoch ein »ideales Selbst« (im Unterschied zum Ich-Ideal), stellen fest, daß das Kind versucht, »Enttäuschung und Versagung zu vermeiden, indem es seinem Ideal-Selbst nachstrebt« und schließen, daß Scham entsteht, wenn es dem Individuum mißlingt, »die idealen Normen zu erreichen, die es akzeptiert hat, während Schuld empfangen wird, wenn das Ideal-Selbst von dem Ideal abweicht, das ihm seinem Gefühl nach von seinen Introjekten diktiert wird«.

Das Zusammenspiel von narzißtischem Selbst, Ich und Über-Ich gibt dem Individuum die charakteristische Tönung und wird daher, mehr als andere Bausteine oder Eigenschaften der Persönlichkeit, instinktiv als Kennzeichen ihrer Besonderheit oder Identität betrachtet.[10] Bei vielen hervorragenden Persönlichkeiten scheint dieses spezifische innere Gleichgewicht mehr von einem gut integrierten narzißtischen Selbst (das die Triebwahl bestimmt) als vom Ich-Ideal (das die Triebe führt und beherrscht) dominiert zu sein. Churchill z. B. wiederholte immer wieder – und auf immer größerem Schauplatz – das Kunststück, sich aus Situationen zu befreien, aus denen es mit gewöhnlichen Mitteln keinen Ausweg mehr gab (ein Beispiel dafür ist seine berühmte Flucht aus der Gefangenschaft während des Burenkrieges). Es würde mich nicht überraschen, wenn in der Tiefe seiner Persönlichkeit die Überzeugung verborgen läge, daß er fliegen könnte und sich dadurch aus Situationen retten könnte, aus denen es auf der festen Erde keinen Ausweg mehr gab. In dem Band seiner Selbstbiographie »Meine frühen Jahre« (5, S. 43/44) beschreibt er die folgenden Ereignisse. Bei einem Ferienaufenthalt auf dem Lande spielte er mit einem Vetter und seinem jüngeren Bruder und wurde von diesen verfolgt. Er wollte über eine Brücke rennen, die über eine Schlucht führte, da entdeckte er, daß er in eine Falle geraten war, denn seine Gegner hatten sich geteilt. »Die Gefangennahme schien unvermeidlich«, so schreibt er, aber »wie ein Blitz kam mir ein großer Plan«. Er erspähte unter der Brücke ein Dickicht junger Fichten und entschloß sich, auf einen der Wipfel zu springen. Er überlegte kurz, berechnete die Höhe. »In Sekundenschnelle warf ich mich über das Geländer«, fährt er fort, »und versuchte mit ausgebreiteten Armen den Wipfel der Fichte zu umfassen.« Es dauerte drei Tage, bis er wieder zum Bewußtsein kam, und mehr als drei Monate, bevor er aus dem Bett kriechen konnte. Und obwohl natürlich dieses Mal die treibende unbewußte Größenphantasie noch nicht voll integriert war, war die Bereitschaft des rationalen Ich, auf Geheiß des narzißtischen Selbst in realistischer Weise zu handeln, schon angebahnt. Glücklicherweise für ihn selbst wie für die Geschichte überwog in der inneren Krafteverteilung sein rationales Ich, als er den Gipfel seiner Verantwortlichkeit erreichte.

II

Bis zu diesem Punkt haben wir den Ursprung, die Entwicklung und die Funktionen der beiden Hauptformen des Narzißmus und ihres Einbaus in die Persönlichkeit verfolgt. Obwohl die gegenseitigen Einflüsse von narzißtischem Selbst, Ich und Ich-Ideal nicht vernachlässigt wurden, konzentrierte sich unsere Aufmerksamkeit auf die narzißtischen Strukturen selbst und nicht auf die Fähigkeit des Ich, die narzißtischen Energien in gezähmter Form für die eigenen Zwecke zu verwenden und die narzißtischen Konstellationen in höher differenzierte, neue psychische Konstellationen überzuführen. Es gibt jedoch eine Anzahl von Errungenschaften des Ich, die zwar genetisch und dynamisch mit den narzißtischen Trieben verwandt sind und von ihnen mit Energie gespeist werden, aber von den präformierten narzißtischen Strukturen der Persönlichkeit so weit entfernt sind, daß sie nicht einfach als Verwandlungen des Narzißmus zu betrachten sind, sondern mehr als Errungenschaften des Ich und als Einstellungen und Leistungen der Persönlichkeit.[11]

Zunächst will ich aufzählen, welche davon ich im Zusammenhang mit dem Narzißmus diskutieren werde. Es sind 1. die schöpferische Begabung und Arbeit, 2. die Einfühlungskraft, 3. die Fähigkeit, die Begrenztheit des eigenen Lebens ins Auge zu fassen, 4. der Sinn für Humor und 5. die Weisheit.

Es soll zunächst kurz die Beziehung des Narzißmus zur *schöpferischen Leistung* betrachtet werden. Wie alle komplexen menschlichen Aktivitäten dienen künstlerische und wissenschaftliche Schöpfungen vielen Zwecken und nehmen die ganze Persönlichkeit und somit eine ganze Skala psychischer Strukturen und Triebe in Anspruch. Es ist daher nur zu erwarten, daß auch der Narzißmus des schöpferischen Menschen an seiner Leistung teilhat, als Ansporn etwa, der ihn zu Ruhm und Beifall treibt. Wenn aber sonst keine Verbindung zwischen Narzißmus und Schöpferkraft bestünde, als das Wechselspiel zwischen Ehrgeiz und hoher Begabung, dann brauchten wir die Schöpferkraft nicht spezifisch zu den Umwandlungen des Narzißmus zu rechnen. Als Individuum betrachtet, mag es bestimmt gerechtfertigt sein, den einzelnen Künstler und Wissenschaftler als einen beifallbedürftigen, narzißtisch verletzlichen Menschen anzusehen und anzuerkennen, daß der Ehrgeiz bei ihm eine Rolle spielen mag, der ihn zur geeigneten Mitteilung seines Werkes treibt; die schöpferische Arbeit selbst verdient es aber, als Transformation des Narzißmus verstanden zu werden.

Der Ehrgeiz des schöpferischen Menschen spielt für seine Beziehung zum Publikum, d. h. zu einem Auditorium potentieller Bewunderer, eine wichtige Rolle; die Umformung des Narzißmus ist jedoch ein Element in der Beziehung des Schöpfers zu seinem Werk. In der schöpferischen Arbeit werden narzißtische Energien eingesetzt, die in eine Form verwandelt sind, von der ich weiter oben als von idealisierender Libido sprach, nämlich bei der Darstellung jenes spezifischen Punktes auf dem Wege der Entwicklung vom Narzißmus zur Objektliebe, an welchem ein Objekt (im Sinne der Sozialpsychologie) mit narzißtischer Libido besetzt und so in den Zusammenhang des Selbst aufgenommen wird.

Hier bietet sich zum Vergleich die Liebe der Mutter zum noch ungeborenen Fötus und zum neugeborenen Säugling an, und zweifellos ist die einseitige Hingabe an das Kind, das in ihr sich ausweitendes Selbst aufgenommen ist, und die Einfühlungsbereitschaft, die sie dem Kind zuwendet, der Vertiefung des schöpferischen Menschen in sein Werk sehr ähnlich. Trotzdem glaube ich, daß die Beziehung des schaffenden Künstlers oder Wissenschaftlers zu seinem Werk doch weniger mit dem erweiterten Narzißmus der Mutterschaft zu tun hat als mit dem noch uneingeengten Narzißmus der frühen Kindheit. Auch phänomenologisch ist die Persönlichkeit vieler ungewöhnlich schöpferischer Menschen mehr kindlich als mütterlich. Sogar die Experimente mancher Großer in den Naturwissenschaften beeindrucken den Beobachter durch ihre fast kindliche Frische und Einfachheit. Das Verhalten Enrico Fermis z. B., als er der ersten Atomexplosion beiwohnte, wird von seiner Frau folgendermaßen beschrieben: Er riß ein Blatt Papier in kleine Stückchen, ließ sie einzeln fallen, als die Explosion ausgelöst war, und beobachtete, wie die Schockwelle sie hob und wieder sinken ließ (11, S. 239).

Die künstlerisch oder wissenschaftlich schöpferische Persönlichkeit ist im psychologischen Sinne von ihrer Umwelt nicht so abgetrennt wie die nichtschöpferische; die Schranke zwischen Ich und Du ist nicht so klar gezogen. Die Intensität ihrer Wahrnehmung ähnelt der ins einzelne gehenden Selbst-Wahrnehmung der Schizoiden und des Kindes; sie steht der Beziehung des Kindes zu seinen Ausscheidungen oder den Körpererlebnissen mancher Schizophrener[12] näher als den Gefühlen einer gesunden Mutter für ihr Neugeborenes.

Die Veschwommenheit der Grenzen zwischen »innen« und »außen« ist uns von der uns umgebenden Luft her vertraut, die beim Einatmen und Ausatmen als Teil unserer selbst erlebt wird, während wir sie kaum wahrnehmen, solange sie nur zu unserer äußeren Umgebung gehört. So ist auch der schöpferische Mensch sich jener Aspekte seiner Umwelt genauestens bewußt, die für seine Arbeit von Bedeutung sind, und er besetzt sie mit narzißtisch-idealisierender Libido. Wie die Atemluft erlebt er sie am deutlichsten im Augenblick der Vereinigung mit dem Selbst. Das metaphorische Gleichnis zwischen dem Einatmen der Luft und der Aufnahme von äußeren Einflüssen, die befruchtend auf die inneren schöpferischen Vorgänge wirken, ist schon in der ersten Beschreibung aller Schöpfung ausgedrückt: »Und Gott der Herr machte den Menschen aus einem Erdenkloß, und er blies ihm ein den lebendigen Odem in seine Nase. Und also ward der Mensch eine lebendige Seele« (1. Mose 2, 7). Es stützt die Behauptung, daß eine enge psychologische Verwandtschaft einerseits zwischen der Atmung und der schöpferischen Begeisterung (»Inspiration«) besteht, andererseits zwischen dem Lebendigwerden des Staubes und der schöpferischen Umwandlung narzißtisch erlebter Materie in Werken der Kunst.

Ph. Greenacre, die kürzlich das Wesen schöpferischer Inspiration erörterte (30) und dabei das Interesse des Kindes an der Luft als einer geheimnisvollen unsichtbaren Kraft erwähnt, die zu einem Symbol für seine Träume und Gedanken und für sein aufdämmerndes Bewußtsein wird, behauptet, daß der spätere schöpferische Künstler schon in der frühen Kindheit nicht nur eine große Empfindlichkeit für Sinnesreize besitzt, die vom frühesten Objekt, der Mutter, ausgehen, sondern auch für die solcher peripherer Objekte, die dem primären Objekt ähnlich sind. Sie verwendet die Bezeichnung »kollektive Alternativen« und »Liebesverhältnis mit der ganzen Welt«, um die Haltung des Künstlers zu seiner Umwelt zu beschreiben, und meint, das dürfe man nicht nur als einen Ausdruck seines Narzißmus auffassen, sondern es sei auch »ein Stück Objektbeziehung, wenn auch ein kollektives...« darin enthalten (29, S. 67/68).

K. R. Eissler geht ebenfalls auf das Problem der Beziehung des Künstlers zur Realität ein und spricht (6, S. 544) von »automorphischen Methoden«, d. h. von künstlerischer Arbeit, die in einem Grenzgebiet zwischen autoplastischer und alloplastischer Einstellung zur Realität stattfindet. Ein Kunstwerk, so erklärt er, ist insofern autoplastisch, als es, wie ein Traum oder ein Symptom, der Lösung eines inneren Konflikts und der Erfüllung eines Wunsches dient; und es ist zugleich alloplastisch, da es die Realität durch die Schaffung von etwas Neuem, Nicht-vorher-Dagewesenem verwandelt.

Greenacre und Eissler nähern sich dem Problem des Schöpferischen von einer anderen als der hier eingeschlagenen Richtung und kommen daher auch zu anderen Schlüssen. Ich glaube dennoch, daß ihre Befunde nicht mit meiner Behauptung, daß der Künstler sein Werk mit einer spezifischen Form narzißtischer Libido besetzt, in Widerspruch stehen. So läßt sich Ph. Greenacres Beobachtung über die Intensität der frühen Wahrnehmung der Welt durch den künftigen Künstler und das Fortdauern dieser Empfänglichkeit in die Reifezeit hinein mit der Behauptung vereinbaren, daß ein Hauptteil der psychischen Ausstattung schöpferischer Menschen durch die besondere Verbreitung und Ausgestaltung einer gewissen Übergangsphase der Libidoentwicklung bestimmt wird, nämlich der Idealisierung. Beim durchschnittlichen Menschen bleibt diese Form narzißtischer Libido nur als idealisierende Komponente im Zustand der Verliebtheit erhalten. In diesem Zustand kann ein Überschuß idealisierender Libido, der nicht durch die Amalgamierung mit der Objektbesetzung absorbiert ist, für die kurzen Durchbrüche künstlerischer Aktivität verantwortlich sein, die während der Verliebtheit ja keineswegs ungewöhnlich sind. Die wohlbekannte Tatsache ferner, daß schöpferische Menschen in ihren Perioden der Produktivität dazu neigen, zwischen Phasen zu schwanken, in denen sie von ihrem Werk das Höchste halten oder aber überzeugt sind, daß es überhaupt keinen Wert habe, ist ein sicherer Hinweis darauf, daß das Werk mit einer Form narzißtischer Libido besetzt ist. Die Ausdehnung libidinöser Besetzung auf »kollektive Alternativen« und schließlich auf die »ganze Welt«, die Ph. Greenacre beschreibt, scheint mir eher ein Zeichen dafür zu sein, daß die Welt narzißtisch erfahren wird (als ein erweitertes Selbst, das die ganze Welt umfaßt), als daß es sich um ein »Liebesverhältnis« innerhalb eines nicht näher bestimmten Kontextes von Objektliebe handelte. Auch daß Eissler überzeugend nachweist, daß das Kunstwerk zugleich die Gestaltwerdung autoplastischer und alloplastischer seelischer Prozesse sei und daß die Haltung des Künstlers zu seinem Werk in gewisser Hinsicht derjenigen ähnlich ist, die der Fetischist gegenüber seinem Fetisch einnimmt, stützt unsere Vorstellung, daß für den Schöpfer das Werk ein Übergangsobjekt ist und daß es daher mit transitorischer narzißtischer

Libido besetzt ist. Die Fixierung des Fetischisten an den Fetisch hat die Intensität einer Sucht, was nicht eine Erscheinung von Objektliebe darstellt, sondern die Fixierung an ein frühes Objekt, das noch als Teil des Selbst erlebt wird. Auch schöpferische Künstler und Wissenschaftler sind wohl an ihre Arbeit mit der Intensität eines Süchtigen gekettet und bemühen sich, es mit den Kräften und für die Zwecke zu beherrschen und zu formen, die zu einer narzißtisch erlebten Welt gehören. Sie versuchen dann, in ihrem Werk eine Vollkommenheit wiederherzustellen, die sie früher als ein direktes Attribut ihrer selbst empfanden; während des schöpferischen Aktes haben sie daher zu ihrem Werk nicht die Beziehung des gegenseitigen Gebens und Nehmens, wodurch die Objektliebe charkterisiert ist.

Ich wende mich nun der seelischen Einfühlungskraft (Empathie) als der zweiten der Ich-Fähigkeiten zu, die, obwohl sie von den Trieben weit entfernt und vorwiegend autonom sind, hier im Zusammenhang der Umwandlungen des Narzißmus betrachtet werden sollen.[13]

Einfühlung nennen wir diejenige Modalität, durch welche wir psychische Fakten über andere Menschen erfahren und die uns, wenn andere sagen, was sie denken und fühlen, vorzustellen erlaubt, was sie innerlich erleben, obwohl das der direkten Beobachtung nicht zugänglich ist. Durch Empathie verfolgen wir das Ziel, in einem einzigen Akt sicherer Erkenntnis komplexe psychische Konfigurationen zu erfassen, die wir nur entweder durch mühsame Darlegung einer Fülle von Details definieren könnten oder die sich überhaupt unserer Fähigkeit, sie zu definieren, entziehen.[14]

Empathie ist ein wesentlicher Bestandteil der psychologischen Beobachtung und ist daher für den Psychoanalytiker, der als Empiriker zunächst einmal die vorhandenen komplexen psychologischen Konfigurationen wahrnehmen muß, die das Rohmaterial menschlicher Erfahrungen darstellen, bevor er beginnen kann, sie zu erklären, von besonderer Bedeutung. Die Verwendung von Empathie in der Wissenschaft ist jedoch eine spezifische Leistung des autonomen Ichs, da es für den Akt der Empathie bewußt den in ihm vorherrschenden Operationsmodus ausschalten muß, der auf Wahrnehmung nicht-psychischer Daten aus der Umgebung eingestellt ist.

Der Grund für unsere Fähigkeit, Zugang zur Seele eines anderen Menschen zu erlangen, wurde dadurch gelegt, daß in unserer frühesten seelischen Organisation die Gefühle, Handlungen und das Verhalten der Mutter in unserem Selbst enthalten waren. Diese *primäre Empathie* mit der Mutter bereitet uns für die Erkenntnis vor, daß in einem großen Ausmaß die wichtigsten inneren Erlebnisse anderer Menschen den unsrigen ähnlich sind. Unsere erste Wahrnehmung der Manifestation von Gefühlen, Wünschen und Gedanken eines anderen Menschen ereignete sich im Rahmen einer narzißtischen Konzeption der Welt; die Fähigkeit zur Empathie gehört daher zu der ursprünglichen Ausstattung der menschlichen Seele und bleibt bis zu einem gewissen Grade mit den Primärprozessen verbunden.

Nicht-empathische Formen der Erkenntnis, die auf Objekte abgestimmt sind, die dem Selbst wesentlich unähnlich sind, überlagern jedoch die ursprüngliche, empathische Modalität der Realitätswahrnehmung und behindern zunehmend die freie Entfaltung ihrer Funktion. Die Fortdauer empathischer Formen der Beobachtung ist außerhalb der Psychologie in der Tat archaisch und führt zu einer fehlerhaften, prä-rationalen, animistischen Auffassung der Welt. Nicht-empathische Wahrnehmungsarten sind andererseits nicht auf die Erlebnisweisen anderer Menschen abgestimmt und führen, wenn man sie auf psychologischem Gebiet verwendet, zu einer mechanistischen, unlebendigen Auffassung der psychischen Realität.

Beim Erwachsenen herrschen die nicht-empathischen Formen der Erkenntnis vor. Die Empathie muß daher oft rasch erfolgen, ehe noch die nicht-empathischen Beobachtungsweisen eingeschaltet sind. Die annähernde Richtigkeit des ersten Eindrucks bei der Beurteilung von Menschen im Gegensatz zu den folgenden Beurteilungen ist bekannt; er wird von gewandten Menschen des öffentlichen Lebens und der Geschäftswelt oft benutzt. In diesen Fällen scheint die Empathie die Dazwischenkunft anderer Bewertungsmodi zu umgehen und eine rasche Sondierung zu vollziehen, bevor die anderen Formen der Beobachtung sich geltend machen können. Das erschöpfende empathische Verständnis aber, auf das der Analytiker abzielt, erfordert die Beherrschung der Fähigkeit zur Empathie über längere Perioden. Seine gewöhnliche beobachtende Haltung (»gleichschwebende Aufmerksamkeit«, Vermeiden des Aufzeichnens von Notizen; Einschränkung realistischer Eingriffe; des Analytikers Konzentration aufs Verstehen anstatt heilen und helfen wollen) ist darauf abgestellt, die psychischen Prozesse auszuschalten, die auf die nicht-psychologische Wahrnehmung von Objekten abgestimmt sind, und statt dessen das empathische Verstehen durch identifizierendes Erleben zu fördern.

An vorderster Stelle unter den Hindernissen, die in die Empathie (besonders wenn sie während längerer Perioden angewendet wird) störend eingreifen, stehen Konflikte über narzißtische Beziehungen zu anderen Menschen. Übung im Gebrauch der Empathie ist ein wichtiger Teil der psychoanalytischen Ausbildung, und Lockerung der narzißtischen Positionen gehört deshalb zu den besonderen Aufgaben der Lehranalyse. Die wachsende Fähigkeit des Kandidaten, transformierte narzißtische Besetzungsenergie für die empathische Beobachtung einsetzen zu können, ist ein Zeichen, daß die Lehranalyse in dieser Hinsicht ihr Ziel zu erreichen beginnt.

Ist es möglich, daß unter den Hindernissen für die Anwendung der Empathie sich auch der Widerstand gegen die Tatsache befindet, daß es ein unbewußtes Wissen über andere gibt? Könnte es sein, daß das »Das habe ich schon immer gewußt« des Analysanden, wenn ein unbewußter Inhalt aufgedeckt wird (20, S. 148), einem »Ich habe es schon immer erkannt« beim Analytiker entspricht, wenn er und der Patient zu einer richtigen Rekonstruktion gelangt sind oder wenn der Patient eine bedeutsame Erinnerung liefert?

Freud erwog die Frage, ob es eine Gedankenübertragung gebe (27, S. 59 bis 61) und erinnerte an gewisse biologische und soziale Phänomene, mittels welcher »Gesamtwille in den großen Insektenstaaten zustande kommt«. Er vermutete, daß sie der »ursprüngliche, archaische Weg der Verständigung unter den Einzelwesen« sei, der »im Lauf der phylogenetischen Entwicklung durch die bessere Methode der Mitteilung mit Hilfe von Zeichen zurückgedrängt« wurde. Die ältere Methode könne sich aber »unter gewissen Bedingungen noch durchsetzen, z. B. auch in leidenschaftlich erregten Massen« (S. 59/60). Zu diesen Feststellungen könnte man noch hinzufügen, daß eine bewußte Hintansetzung der üblichen kognitiven Prozesse des Ichs (wie sie etwa in der analytischen Situation unternommen wird) den Zugang zur empathischen Kommunikation freimachen kann, in ähnlicher Weise wie es in dem unabsichtlichen, trance-ähnlichen Zustand geschieht, der bei den Gliedern einer erregten Masse vorkommt,[15] und ferner, daß der Prototyp empathischen Verstehens nicht bloß in der Vorgeschichte der Menschheit zu suchen sei, sondern auch zu Anfang des Lebens eines jeden Individuums. Unter günstigen Umständen wird die Fähigkeit für die Wahrnehmung seelischer Manifestationen der Mutter, die durch die Aussendung von umfassenden narzißtischen Besetzungen erreicht wurde, zum Ausgangspunkt für eine Reihe von Entwicklungsschritten, die schließlich zu einem Zustand führen, in welchem das Ich zwischen dem Gebrauch empathischer und nichtempathischer Modi der Beobachtung wählen kann, je nach den realen Erfordernissen und der Art der Umwelt, die es beobachten und verstehen will. Die Fähigkeit des Menschen, die *Endlichkeit seiner Existenz* zu sehen, und im Einklang mit dieser schmerzlichen Entdeckung zu handeln, ist vielleicht seine größte psychische Errungenschaft, obwohl man oft beweisen kann, daß die scheinbare Hinnahme der Vergänglichkeit mit deren heimlicher Verleugnung Hand in Hand geht.

Die Erkenntnis der Vergänglichkeit wird vom Ich vollbracht, das auch sonst die emotionale Arbeit zu verrichten hat, welche den verschiedenen Trennungen vorangeht, sie begleitet und ihnen folgt. Ohne diese Bemühungen wäre eine gültige Auffassung von Zeit, von Grenzen und von der Vergänglichkeit von Objektbesetzungen nicht möglich. Freud diskutierte die emotionale Aufgabe, die der Psyche durch die Vergänglichkeit der Objekte erwächst, seien es geliebte Menschen oder hochgeschätzte Werte (22, S. 359), und gab der Überzeugung Ausdruck, daß ihre mangelnde Dauer keine Entwertung bedeute. »Im Gegenteil«, so sagt er, »eine Wertsteigerung! Der Vergänglichkeitswert ist ein Seltenheitswert in der Zeit.«

Freuds Einstellung beruht auf dem Aufgeben des affektiven Infantilismus: in ihr ist auch nicht eine Spur des narzißtischen Bestehens auf der Allmacht des Wunsches zurückgeblieben, sondern sie ist der Ausdruck der Übernahme von realistischen Werten. Jedoch schwieriger noch als die Erkenntnis von der Vergänglichkeit der Objektbesetzung ist die uneingeschränkte intellektuelle und emotionale Hinnahme der Tatsache, daß auch wir selber vergänglich sind, daß das Selbst, das mit narzißtischer Libido besetzt ist, endlich in der Zeit ist. Ich glaube, daß diese Leistung nicht nur auf dem Sieg der autonomen Vernunft und höchster Objektivität über die Ansprüche des Narzißmus beruht, sondern auch auf der Erreichung einer höheren Form des Narzißmus. Große Menschen, die jene Anschauung des Lebens erreicht haben, die von den Römern ein Leben *sub specie aeternitatis* genannt wurde, zeigen keine Resignation und Hoffnungslosigkeit, sondern einen stillen Stolz, der oft mit milder Verachtung des großen Haufens einhergeht, der, ohne imstande zu sein, sich an der Vielfalt der Genüsse, die das Leben bietet, zu erfreuen, sich vor dem Tode fürchtet und vor seinem Herannahen zittert. Goethe (28) hat seiner Verachtung des Menschen, der den Tod nicht als einen immanenten Teil des Lebens zu erkennen vermag, in der folgenden Strophe dichterischen Ausdruck verliehen:

»Und so lang du das nicht hast,
Dieses: Stirb und werde!
Bist du nur ein trüber Gast
Auf der dunklen Erde.«

(Selige Sehnsucht, West-Östlicher Divan)

Nur durch die Hinnahme des Todes, so sagt Goethe hier, kann der Mensch alles, was es im Leben gibt, ernten; ohne sie ist das Leben trübe und unbedeutend. Ich glaube nicht, daß die darin ausgedrückte Haltung als schöne Leugnung der Todesfurcht zu verstehen ist. Sie enthält keinen Unterton von Angst und keine Erregung. Es ist vielmehr eine nicht-isolierte, schöpferische Überlegenheit spürbar, die mit ruhiger Gewißheit urteilt und ermahnt. Ich zweifle nicht, daß Menschen, die imstande sind, diese höchste Haltung gegenüber dem Leben einzunehmen, dies kraft eines neuen, erweiterten, transformierten Narzißmus tun. Es ist ein kosmischer Narzißmus, der die Grenzen des Individuums transzendiert.

So wie die primäre Empathie des Kindes mit der Mutter den Vorläufer bildet für die Fähigkeit des Erwachsenen zur Empathie, so kann auch seine *primäre Identität* mit der Mutter als Vorläufer für eine spät im Leben eintretende Erweiterung des Selbst betrachtet werden, in welcher es möglich wird, die Endlichkeit der individuellen Existenz zu bejahen. Das ursprüngliche psychische Universum, d. h. die urtümliche Erfahrung der Mutter, wird von vielen Menschen in der Form gelegentlich auftretender vager Anklänge »erinnert«, die wir unter dem Namen eines »ozeanischen Gefühls« kennen (26 S. 422). Wie beim »ozeanischen Gefühl«, so muß auch die Verschiebung der narzißtischen Besetzung – sobald die Gewißheit des endlichen Todes voll angenommen ist – vom Selbst auf die Teilhabe an einer überindividuellen, zeitlosen Existenz als eine von der primären Identität des Kindes mit der Mutter vorgeprägte Errungenschaft gelten. Im Gegensatz zu dem ozeanischen Gefühl aber, das nur passiv (und gewöhnlich nur flüchtig) erlebt wird, ist die echte Verschiebung der Besetzung auf einen kosmischen Narzißmus das dauerhafte, schöpferische Resultat einer stetigen Aktivität des autonomen Ich, und nur sehr wenige Menschen sind imstande, das zu erreichen.

Es scheint ein weiter Weg von der Beschäftigung mit der Annahme der Vergänglichkeit und der fast religiösen Feierlichkeit des kosmischen Narzißmus zu der Untersuchung einer nur dem Menschen eigenen Errungenschaft: der Fähigkeit zum *Humor*. Und dennoch haben die beiden Erscheinungen viel Gemeinsames. Es ist kein Zufall, daß Freud seinen Aufsatz über den Humor (25, S. 383) mit einem Witz einleitet, in dem ein Mann die Furcht vor dem unmittelbar bevorstehenden Tod überwindet und sich mittels des Humors auf eine höhere Ebene erhebt. »Wenn... der Delinquent der am Montag zum Galgen geführt wird, die Äußerung tut: ›Na, die Woche fängt gut an‹, so entwickelt er... Humor, (und) der humoristische Vorgang... trägt ihm offenbar eine gewisse Genugtuung ein«, und Freud konstatiert weiter, der Humor habe »etwas Befreiendes«, und auch »etwas Großartiges und Erhebendes«, er sei ein »Triumph des Narzißmus« und die »siegreich behauptete Unverletzlichkeit des Ichs« (S. 285). Metapsychologisch jedoch erklärt Freud, daß dieser »Triumph des Narzißmus« dadurch erreicht werde, daß die Person des Humoristen »den psychischen Akzent von ihrem Ich abgezogen und auf ihr Überich verlegt« habe (S. 387).

Humor wie kosmischer Narzißmus sind also beides Umformungen des Narzißmus, die dem Menschen helfen, die äußerste Meisterschaft über die Forderungen des narzißtischen Selbst zu erlangen, d. h. die Erkenntnis seiner Endlichkeit im Prinzip und selbst seines bevorstehenden Endes zu ertragen.

Ohne Zweifel ist die Behauptung, das Ich habe seine Todesfurcht überwunden, oft nicht echt. Wenn ein Mensch niemals imstande ist, ernst zu sein, und übermäßig zum Spaßen neigt oder wenn er nicht willens ist, die Schmerzen und Mühen des Alltags ins Auge zu fassen, sondern ständig mit dem Kopf in den Wolken dahergeht, werden wir mißtrauisch gegen diesen Clown oder Heiligen und haben wahrscheinlich recht in unserer Annahme, daß weder der Humor des einen noch die Unweltlichkeit des anderen echt sind. Wenn aber einer fähig ist, auf die Erkenntnis der unveränderlichen Tatsachen, die den Behauptungen unseres narzißtischen Selbst widersprechen, mit Humor zu antworten, und wenn er wirklich jene ruhige, überlegene Haltung erreicht, die ihn befähigt, philosophisch sein eigenes Ende zu betrachten, dann erkennen wir an, daß eine Umwandlung seines Narzißmus stattgefunden hat (der Abzug des psychischen Akzents vom »Ich«, wie Freud es nennt) und werden ihn wegen dieser Errungenschaft achten.

Die Mißachtung der Interessen des Selbst, die bis zur Zulassung seines Todes geht, kann auch in Zuständen höchster Objektbesetzung eintreten. Solche Beispiele (z. B. in einer Aufwallung extremen, personifizierten Patriotismus) ereignen sich immer in einer überhitzten seelischen Verfassung, und das Ich ist gelähmt und wie in Trance. Humor und kosmischer Narzißmus dagegen, die uns erlauben, den Tod ins Auge zu fassen, ohne zur Verleugnung greifen zu müssen, beruhen metapsychologisch nicht auf einem Rückzug der Besetzung vom Selbst durch eine rasende Überbesetzung von Objekten, sondern auf der Abziehung der Besetzung vom narzißtischen Selbst und einer Neuverteilung und Umwandlung der narzißtischen Libido; und im Gegensatz zu den Zuständen extremer Objektbesetzung wird die Spannweite des Ich damit nicht eingeengt, sondern es bleibt aktiv und frei.

Eine echte Abziehung der Besetzung vom Selbst kann nur langsam durch ein intaktes, gut funktionierendes Ich geleistet werden. Sie wird von Trauer begleitet, während die Besetzung vom geliebten Selbst auf die überindividuellen Ideale und die Welt, mit der man sich identifiziert, übertragen wird. Die tiefsten Formen des Humors und des kosmischen Narzißmus bieten daher nicht ein Bild von Größenideen und Hochstimmung, sondern das eines ruhigen inneren Triumphes mit einer Beimischung unverleugneter Melancholie.

Wir haben nun unser letztes Thema erreicht, die menschliche Haltung, die wir *Weisheit* nennen. In der aufsteigenden Linie Information – Wissen – Weisheit kann man die beiden ersten immer noch fast ausschließlich im Rahmen der Erkenntnis definieren. Die Bezeichnung Information bezieht sich auf das Sammeln isolierter Daten über die Welt; Wissen ist schon ein zusammenhängendes Gewebe solcher Daten, die durch eine Matrix von Abstraktionen zusammengehalten werden. Weisheit aber geht über die kognitive Sphäre hinaus, obwohl sie sie natürlich mit einschließt.

Der Mensch erlangt Weisheit durch seine Fähigkeit, seinen unmodifizierten Narzißmus zu übersteigen und die Grenzen seiner physischen, intellektuellen und emotionalen Kräfte anzuerkennen. Man kann sie als ein Amalgam der psychischen Haltung, die zum Verzicht auf die narzißtischen Wünsche gehört, mit den höheren Prozessen der Erkenntnis definieren. Weder Ideale noch die Fähigkeit zu Humor noch das Annehmen der Vergänglichkeit allein charakterisieren sie. Es müssen alle drei zusammenkommen, um eine neue psychische Konstellation zu bilden, die über die einzelnen emotionalen und kognitiven Attribute, aus denen sie besteht, hinausgeht. Man kann also Weisheit auch als eine Haltung der Persönlichkeit dem Leben und der Welt gegenüber definieren, eine Haltung, die durch die Verschmelzung der kognitiven Funktion mit Humor, der Annahme der Vergänglichkeit und einem fest besetzten Wertsystem gebildet ist.

Im Laufe des Lebens muß das Sammeln von Informationen dem Wissen vorangehen. Selbst vom Gesichtspunkt ihrer kognitiven Wahrnehmungskomponente her kann die Weisheit also kaum ein Attribut der Jugend sein, da durch Erfahrung und Arbeit zuerst einmal eine breite Wissensbasis gelegt sein muß. Die Ideale sind in der Jugend am stärksten libidinös besetzt; der Humor ist gewöhnlich in der Reifezeit auf seiner vollen Höhe, und das Bewußtsein der Vergänglichkeit kann erst in den fortgeschrittenen Jahren erlangt werden. Daraus ergibt sich wiederum, daß Weisheit gewöhnlich den späteren Lebensjahren vorbehalten ist.

Das Wesentliche dieser hohen Errungenschaft ist das weitgehende Aufgeben narzißtischer Illusionen; und es schließt eine Bejahung der Unvermeidbarkeit des Todes ein, die aber nicht zu einem Fahrenlassen der kognitiven und emotionalen Bindungen an die Aufgaben des Lebens führt. Die höchste Leistung der Erkenntnis, d. h. die Annahme der Grenzen und der Endlichkeit des Selbst, ist nicht das Ergebnis eines isolierten intellektuellen Prozesses, sondern der Ertrag und Sieg der Lebensarbeit der Gesamtpersönlichkeit, die ein breit gelagertes Wissen erlangt und archaische Formen des Narzißmus in Ideale, Humor und ein Gefühl der überindividuellen Teilnahme an der Welt umgewandelt hat.

Es kommt zum Sarkasmus, wenn idealisierte Werte fehlen und die Bewertung der affektiven Bedeutung der Schranken, die dem Narzißmus gesetzt sind, durch Überbesetzung eines lust-suchenden, omnipotenten Selbst versucht wird. Die wichtigste Vorbedingung für den Sieg des Humors über widrige Umstände aber und für des Menschen Fähigkeit, sein bevorstehendes Ende zu betrachten, ist die Bildung und Aufrechterhaltung von hochgeschätzten Werten, d. h. metapsychologisch eine starke Idealisierung des Über-Ichs. Weisheit ist ferner nicht nur durch die Aufrechterhaltung der libidinösen Besetzung alter Ideale gekennzeichnet, sondern auch durch deren schöpferische Ausweitung. Im Gegensatz aber zu einer Haltung strengen Ernstes und gewichtiger Feierlichkeit angesichts des herannahenden Lebensendes, ist der wahrhaft weise Mensch imstande, den Humor seiner Reifejahre in ein Gefühl der Proportion, ein wenig Ironie bezüglich dessen, was in einer individuellen Existenz erreicht werden kann, zu verwandeln – einschließlich sogar seiner eigenen Weisheit. Die völlige Herrschaft des Ich über das narzißtische Selbst, die endgültige Kontrolle des Reiters über das Pferd, wird wohl schließlich noch darin eine entscheidende Unterstützung gefunden haben, daß letzten Endes auch das Pferd alt geworden ist. Und dann erkennen wir vielleicht, daß das Erreichte nicht so sehr Herrschaft, sondern die Hinnahme der letzten Einsicht ist, daß, wo es sich um die großen Naturmächte handelt, wir alle »Sonntagsreiter« sind.[16]

Am Schluß dieser Darstellung möchte ich ein kurzes Resümee der Hauptthemen geben, die ich vorgelegt habe. Ich wollte hervorheben, daß es verschiedene Formen des Narzißmus gibt, die man nicht nur als Vorläufer der Objektliebe, sondern auch als unabhängige psychische Konstellationen betrachten muß, deren Entwicklung und Funktionen eine besondere Untersuchung und Beurteilung verdienen. Ferner versuchte ich zu zeigen, daß und wie eine Reihe komplexer, autonomer Leistungen der reifen Pesönlichkeit auf Umformungen des Narzißmus beruht, d. h. durch die Fähigkeit des Ichs, die narzißtischen Besetzungen zu zähmen und für seine höchsten Ziele einzusetzen, zustande kommt.

Schließlich möchte ich noch sagen, daß ich, mehr und mehr, vom Wert dieser Begriffsbildungen für die psychoanalytische Therapie überzeugt bin. Die Begriffe sind nützlich für die Formulierung breiter Aspekte der Psychopathologie der so oft anzutreffenden narzißtischen Persönlichkeitstypen unter unseren Patienten; sie helfen uns, die psychischen Veränderungen zu verstehen, die in ihnen vorkommen; schließlich helfen sie uns bei der Beurteilung des therapeutischen Erfolgs. In vielen Fällen stellt die Neuformung der narzißtischen Strukturen und ihre Einbeziehung in die Persönlichkeit – die Stärkung der Ideale und das Erreichen, wenigstens in bescheidenem Maße, so heilsamer Umwandlungen des Narzißmus wie Humor, Schöpferkraft, Einfühlung und Weisheit – das echtere und gültigere Resultat der Therapie dar für die häufig nur oberflächliche und prekäre Bereitschaft des Patienten, seinen Narzißmus in Objektliebe verwandeln zu lassen.

Übersetzt von Käte Hügel

Anmerkungen

1 Bezüglich der genauen Definition des Narzißmus als »streng genommen, der libidinösen Besetzung des Selbst« und der Unterscheidung zwischen Narzißmus und anderen Libidoverteilungen (etwa zur Besetzung der Ich-Funktionen oder des »Selbstinteresses«) s. Hartmann z. B. 32, besonders S. 185, bzw. deutsch S. 384; 33, besonders S. 433, bzw. deutsch S. 436.

2 Federns Aussagen zu diesem Thema (1929, 1934, 1935) sind unter dem Titel »Zur Unterscheidung des gesunden und krankhaften Narzißmus« zu einem Kapitel seines Buches »Ichpsychologie und die Psychosen« (9) zusammengefaßt. Hier wie in vielen anderen der faszinierenden Einsichten Federns in die Ichpsychologie bleiben die Formulierungen zu eng der Phänomenologie, d. h. der introspektiven Beschreibung des Erlebens selbst, verhaftet und lassen sich daher nur schwer in die bestehende psychoanalytische Theorie einbauen. (Vgl. Hartmann, 31, S. 84; dt. S. 341.)

3 Bing, McLaughlin und Marburg (3, S. 24) betrachten den primären Narzißmus als einen Zustand, »in welchem die Libido diffus und in undifferenzierter Weise verschiedene Teile des Organismus besetzt.« Diese Definition nimmt das Vorhandensein des primären Narzißmus schon vor der Zeit an, in welcher eine eigentlich psychologische Betrachtungsweise möglich ist.

4 Das purifizierte Lust-Ich kann als eine Vorstufe der Struktur betrachtet werden, die in der vorliegenden Studie als »narzißtisches Selbst« bezeichnet wird.

5 Zur Diskussion des Begriffs, den sich die noch unreife Psyche von dem allmächtigen Objekt und seiner Beziehung zu ihm bildet, s. S. Ferenczi (10) und E. Jones (37). Vgl. auch J. Sandler, A. Holder und D. Meers, die in diesem Zusammenhang vom »idealen Objekt« sprechen (48, S. 156/57).

6 Das ganze Spektrum der Möglichkeiten ist hier verdichtet dargestellt. Nicht nur Krankheit und Tod der Eltern, sondern auch die Reaktionen der Eltern auf eine Krankheit des kleinen Kindes können die idealisierte Objektimago vorzeitig und traumatisierend erschüttern und zu nicht

phasenspezifischen, unangemessenen massiven Internalisierungen führen, die die Errichtung eines idealisierten Über-Ichs verhindern und später dazu führen können, daß der Mensch zwischen (a) der Suche nach omnipotenten äußeren Mächten, mit denen er verschmelzen kann, und (b) einer Abwehrhaltung schwankt, die sich einer grandiosen Selbstvorstellung bedient.

Aber nicht nur die vorzeitige Entdeckung der elterlichen Schwäche kann zu einem Trauma führen; auch die Unfähigkeit narzißtischer Eltern, dem Kinde die allmähliche Entdeckung ihrer Unvollkommenheiten zu erlauben, kann ähnliche traumatische Ergebnisse bewirken. Die schließliche Konfrontierung mit der Schwäche der Eltern kann doch nicht vermieden werden, und die sich daraus ergebende Introjektion ist dann massiv und pathologisch. (Genauer ausgedrückt, wird hier die archaische Objektimago verdrängt, nicht introjiziert.)

7 Diese Erwägungen haben aber natürlich keine Gültigkeit, wenn Aspekte des Ich-Ideals infolge endopsychischer Konflikte nicht gesehen werden dürfen. In Übereinstimmung mit der besonderen Position des Ich-Ideals als einem inneren Objekt ist die Ursache seiner gelegentlichen Nicht-Wahrnehmbarkeit dann in einem Mechanismus zu suchen, der zwischen Verdrängung und Verleugnung liegt.

8 E. Jacobson (36, S. 203/4) spricht in Übereinstimmung mit A. Reich (47) davon, daß solche Patienten oft ihre hohen Ideale dafür verantwortlich machten, daß sie so »qualvolle Erlebnisse von Angst, Scham und Minderwertigkeitsgefühlen« haben, daß sie aber in Wirklichkeit an Konflikten litten, die mit ihrem »grandiosen Wunschbild von ihrem Selbst« und »narzißtisch-exhibitionistischen Strebungen« zusammenhängen.

9 Siehe auch Kohut, H. und Seitz, P. F. D. (39, S. 135), welche darauf hinweisen, daß es wichtig sei, an der Auffassung der wesentlichen »funktionalen und genetischen Kohäsion« jener inneren moralischen Kräfte festzuhalten, die ihren Sitz im Über-Ich haben, trotz der heuristischen Vorteile und der Zweckdienlichkeit einer Unterscheidung nach der Phänomenologie ihrer psychischen Auswirkungen.

10 Es ist nicht leicht, in der Psychoanalyse einen geeigneten Platz für den Begriff Identität (8) zu finden, da er zweideutig sowohl in der Sozialpsychologie wie in der Psychologie des Individuums, Anwendung finden kann. Unter diesen Umständen scheint die empirische Annäherung an ein Gebiet, das nur vage und durch Impressionen beschrieben ist, gerechtfertigt. In der Tat hat diese Methode gelegentlich zu einsichtsvollen Befunden, vor allem auf dem Gebiet der Psychopathologie, geführt (s. z. B. P. Kramer, 40).

11 In seiner Arbeit über »Poise« (d. h. Anmut oder Ausgeglichenheit der Körperhaltung oder des Benehmens) hat Rangell (46) die genetisch-dynamische Wechselbeziehung bestimmter Triebe mit der integrativen

Gesamteinstellung des Ich gezeigt. »Poise«, so möchte ich mit meinen Worten sagen, beruht auf der De-Sexualisierung der grob exhibitionistischen Besetzung des narzißtischen Selbst und auf dem Einfließen neutralisierter Libido in die ganze psychische und seelische Persönlichkeit. Obwohl »Poise« den exhibitionistischen Trieben etwas näher sein mag als die verschiedenen Errungenschaften des Ich, die hier erörtert werden sollen, kann man auch sie nicht voll durch die Triebe erklären, die ihr die Energie liefern, sondern sie muß als eine neue, breit angelegte Ausdrucksmöglichkeit innerhalb des Ich selbst betrachtet werden.

12 Ich hatte einmal eine begabte junge Schizoide in Behandlung, die mir eine künstlerisch distanzierte, schöne Beschreibung der Areola der einen ihrer Brustwarzen gab und dabei eine fast mikroskopische Kenntnis aller Einzelheiten und eine konzentrierte Versenkung zeigte, als ob es sich um die faszinierendste Landschaft handelte.

13 Obwohl ich auch für die anderen Gegenstände, die ich in dieser Studie betrachte, im gegebenen Rahmen oft nicht genügend empirische Belege für meine Behauptungen beibringen kann, sind die folgenden Erwägungen über Empathie ihrem Wesen nach besonders spekulativ und würden zu ihrer Verifizierung wahrscheinlich eine psychoanalytisch ausgerichtete experimentelle Methodik benötigen.

14 Die Fähigkeit, komplexe psychische Zustände durch Empathie zu erkennen, hat eine Parallele in der Fähigkeit, in einem einzigen Akt der Apperzeption ein Gesicht zu identifizieren. Auch hier addieren wir, allgemein gesprochen, nicht eine Fülle von Einzelheiten oder durchlaufen komplizierte Theorien vergleichender Beurteilung, und auch hier sind wir im allgemeinen unfähig, unser sicheres Erkennen durch Einzelheiten nachzuweisen.

Die Ähnlichkeit, die zwischen der Unmittelbarkeit des Erkennens eines Gesichts und dem unmittelbar einfühlenden Verstehen des Gemütszustandes eines anderen Menschen besteht, ist wohl keine zufällige. Sie ist wahrscheinlich von der wichtigen genetischen Tatsache ableitbar, daß die perzeptuelle Verschmelzung des Kleinkindes mit dem Gesicht der Mutter für das Kind gleichzeitig den Hauptbezug zu ihrer Identität und zu ihrem Gemütszustand bildet (vgl. Spitz, 50, besonders S. 103 ff.).

15 Eine eindrucksvolle Beschreibung der Durchlässigkeit des Ich für die dominierenden seelischen Tendenzen einer erregten Masse und eine klärende Diskussion der Neigung des Einzelnen, der in einer erregten Gruppe dazu veranlaßt wird, seine Ich-Autonomie aufzugeben und in narzißtisch-identifizierender Weise zu regredieren und zu reagieren, findet sich bei A. Mitscherlich (42, besonders die S. 202/3).

16 Zu »Sonntagsreiter« s. S. Freud 12, S. 275 u. 15, S. 237.

Bibliographie

Alexander, F.: Remarks about the relation of inferiority feelings to guilt feelings. Int. J. Psychoanal. 19, 41-49, 1938. (1)

Benedict, R.: The Chrysanthemum and the Sword. Boston (Houghton Mifflin) 1946. (2)

Bing. J. F., F. McLaughlin u. R. Marburg: The metapsychology of narcissism. The Psychoanalytic Study of the Child 14, 9-28. New York (International Universities Press) 1959. (3)

Binswanger, L.: Erinnerungen an Sigmund Freud. Bern (Francke) 1956. (4)

Churchill, W.: My Early Life. New York (Macmillan) 1942. (5)

Eidelberg, L.: An Outline of a Comparative Pathology of the Neuroses. New York (International Universities Press) 1954. (6)

Eissler, K. R.: Goethe, A psychoanalytic study. Detroit (Wayne State University Press) 1962. (7)

Erikson, E. H.: The problem of ego identity. J. Amer. Psa. Assocn. 4, 56 bis 121, 1956. (8)

Federn, P.: Zur Unterscheidung des gesunden und krankhaften Narzißmus. Imago 22, 5-39. (9)

Ferenczi, S.: Entwicklungsstufen des Wirklichkeitssinnes. Int. Z. Psychoanalyse 1 (1913), 124-138. (10)

Fermi, L.: Atoms in the Family. Chicago (University of Chicago Press) 1954. (11)

Freud, S.: Aus den Anfängen der Psychoanalyse (1887-1902). London (Imago Publ. Co) 1950; Frankfurt (S. Fischer) 1962. (12)

– The Origins of Psychoanalysis (1887-1902). New York (Basic Books) 1954. (13)

– Weitere Bemerkungen über die Abwehrneuropsychosen. Ges. Werke, Bd. 1. Frankfurt (S. Fischer). (14)

– Die Traumdeutung (1900). Ges. Werke, Bd. 2 u. 3. Frankfurt (S. Fischer). (15)

– The Interpretation of Dreams (1900). Standard Edition, 4 u. 5. London (Hogarth Press) 1953. (16)

– Drei Abhandlungen zur Sexualtheorie. Ges. Werke, Bd. 5. Frankfurt (S. Fischer). (17)

– Charakter und Analerotik. Ges. Werke, Bd. 7. Frankfurt (S. Fischer). (18)

– Analyse der Phobie eines fünfjährigen Knaben. Ges. Werke, Bd. 7. Frankfurt (S. Fischer). (19)

– Erinnern, Wiederholen und Durcharbeiten. Ges. Werke, Bd. 10. Frankfurt (S. Fischer). (20)

– Triebe und Triebschicksale. Ges. Werke, Bd. 10. Frankfurt (S. Fischer). (21)

– Vergänglichkeit. Ges. Werke, Bd. 10. Frankfurt (S. Fischer). (22)

- Trauer und Melancholie. Ges. Werke, Bd. 10. Frankfurt (S. Fischer). (23)
- Eine Kindheitserinnerung aus ›Dichtung und Wahrheit‹. Ges. Werke, Bd. 12. Frankfurt (S. Fischer). (24)
- Der Humor. Ges. Werke, Bd. 14. Frankfurt (S. Fischer). (25)
- Das Unbehagen in der Kultur. Ges. Werke, Bd. 14. Frankfurt (S. Fischer). (26)
- Neue Folge der Vorlesungen zur Einführung in die Psychoanalyse. Ges. Werke, Bd. 15. Frankfurt (S. Fischer). (27)

Goethe, J. W.: Selige Sehnsucht. In: West-Östlicher Divan. Goethes Werke, Vollständige Ausgabe letzter Hand, Bd. 5. Stuttgart u. Tübingen (Cotta) 1928, S. 26. (28)

Greenacre, P.: The childhood of the artist. The Psychoanalytic Study of the Child, 12, 47-72. New York (International Universities Press) 1957. (29)
- A study of the nature of inspiration. J. Amer. Psa. Assocn. 12, 6-31. 1964. (30)

Hartmann, H.: Comments on the psychoanalytic theory of the ego. The Psychoanalytic Study of the Child 5, 74-96. New York (International Universities Press) 1950. – Bemerkungen zur psychoanalytischen Theorie des Ichs. Psyche 18 (1964/65, 330-353. (31)
- Contribution to the metapsychology of schizophrenia. The Psychoanalytic Study of the Child 8, 177-198. New York (International Universities Press) 1953. – Ein Beitrag zur Metapsychologie der Schizophrenie. Psyche 18 (1964/65), 375-396. (32)
- The development of the ego concept in Freud's work. Int. J. Psychoanal. 37, 425-437, 1956. – Die Entwicklung des Ich-Begriffes bei Freud. Psyche 18 (1964/65), 420-444. (33)
- u. R. M. Loewenstein: Notes on the superego. The Psychoanalytic Study of the Child 17, 42-81. New York (International Universities Press) 1962. (34)

Jacobson, E.: The self and the object world. The Psychoanalytic Study of the Child 17, 75-127. New York (International Universities Press) 1954. (35)
- The Self and the Object World. New York (International Universities Press) 1964. – Das Selbst und die Welt der Objekte. Frankfurt (Suhrkamp) 1974. (36)

Jones, E.: Der Gottmensch-Komplex. Internat. Z. Psychoanal. 1 (1913), Psyche 12 (1958/59) 1-17. (37)
- The Life and Work of Sigmund Freud. Bd. 1. New York (Basic Books) 1953. – Das Leben und Werk von Sigmund Freud, Band 1. Bern und Stuttgart (Hans Huber) 1960. (38)

Kohut, H. u. P. F. D. Seitz: Concepts and theories of psychoanalysis. In: Concepts of Personality, hrsg. von J. M. Wepman u. R. Heine. Chicago (Aldine) 1963, 113-141. (39)

Kramer, P.: On discovering one's identity. The Psychoanalytic Study of the Child 10, 47-74. New York (International Universities Press) 1955. (40)

Lewissohn, L.: The Permanent Horizon. New York u. London (Harper), 2. Aufl. 1934, S. 110. (41)

Mitscherlich, A.: Meditationen zu einer Lebenslehre der modernen Massen. Merkur 11, 201-213, 335-350, 1957. (42)

Piaget, J.: The Construction of Reality in the Child (1937). New York (Basic Books) 1954. (43)

Piers, G. u. M. Singer: Shame and Guilt. Springfield, III. (Charles C. Thomas) 1935. (44)

Rangell, L.: The psychology of poise. Int. J. Psychoanal. 35, 313-332, 1954. (45)

Rank, O.: Ein Beitrag zum Narzißmus. Jb. psychoanal. psychopath. Forschg. 3, 401-426, 1911. (46)

Reich, A.: Pathologic forms of self-esteem regulation. The Psychoanalytic Study of the Child 15, 215-232. New York (International Universities Press) 1960. (47)

Sandler, J. A. Holder u. D. Meers: The ego ideal and the ideal self. The Psychoanalytic Study of the Child 18, 139-158. New York (International Universities Press) 1963. (48)

Saul, L.: Emotional Maturity. Philadelphia (Lippincott) 1947. (49)

Spitz, R. A.: The smiling response: a contribution to the ontogenesis of social realtions. Genet. Psychol. Monogr. 34, 57-125, 1946. (50)

Trollope, A.: Baby Worship. In: Barchester Towers (1857). New York (Doubleday) 1945, Kap. 16, S. 133-144. (51)

Die psychoanalytische Behandlung narzißtischer Persönlichkeitsstörungen

I. Einleitende Betrachtungen

Die hier vorgelegte Klassifizierung der übertragungsartigen Strukturen, die während der Analyse narzißtischer Persönlichkeiten mobilisiert werden, beruht auf früheren Formulierungen (Kohut, 1966), von denen im folgenden nur eine kurze Zusammenfassung gegeben werden kann. Es wurde gesagt, daß das ursprüngliche narzißtische Gleichgewicht des Kindes, die Vollkommenheit seines primären Narzißmus, durch die unvermeidlichen Mängel mütterlicher Fürsorge gestört wird, daß das Kind aber versucht, dieses ursprüngliche Erlebnis der Vollkommenheit zu bewahren, indem es sie einerseits einer grandiosen und exhibitionistischen Imago des Selbst, dem *grandiosen Selbst*,[1] und andererseits einem bewunderten Du: dem *idealisierten Elternbild* zuweist. Die zentralen Mechanismen, von denen diese beiden grundlegenden narzißtischen Strukturen Gebrauch machen, um einen Teil des ursprünglichen Erlebnisses zu bewahren, sind freilich gegensätzlich; dennoch bestehen sie von Anfang an gleichzeitig, und ihre individuellen und weitgehend unabhängigen Entwicklungslinien können getrennt erforscht werden. An dieser Stelle kann nur darauf hingewiesen werden, daß unter optimalen Entwicklungsbedingungen Exhibitionismus und Großartigkeit des archaischen grandiosen Selbst nach und nach gezähmt werden und die ganze Struktur schließlich in die erwachsene Persönlichkeit integriert wird; sie liefert die Triebenergie für unsere ichgerechten Ambitionen und Vorsätze, für die Freude an unserem Handeln und für wichtige Aspekte unserer Selbstachtung. Unter ähnlich günstigen Umständen wird auch das idealisierte Elternbild in die erwachsene Persönlichkeit integriert. Introjiziert als unser idealisiertes Überich, wird es zu einer bedeutenden Komponente unserer psychischen Organisation, indem es uns seine Ideale als Lenker und Führer vor Augen stellt. Erleidet das Kind jedoch schwere narzißtische Traumen, dann verschmilzt das grandiose Selbst nicht mit dem relevanten Ichgehalt, sondern bleibt in seiner unveränderten Form erhalten und verlangt nach der Erfüllung seiner archaischen Strebungen. Wenn das Kind nun traumatische Enttäuschungen an dem bewunderten Erwachsenen erleidet, bleibt auch das idealisierte Elternbild in seiner unveränderten Form bestehen; es wird nicht in spannungsregelnde psychische Struktur umgewandelt, sondern bleibt ein archaisches Übergangsobjekt, das für die Erhaltung der narzißtischen Homöostase benötigt wird.

Schwere Regressionen, mögen sie spontan oder während der Behandlung auftreten, können zur Aktivierung instabiler, präpsychologischer Fragmente des Seele-Körper-Selbst und seiner Funktionen führen, die zum Stadium des *Autoerotismus* gehören (vgl. Nagera, 1964). Die pathognomonisch spezifischen, übertragungsartigen und therapeutisch nutzbringenden Umstände jedoch, auf die ich mein Augenmerk richte, beruhen auf der Aktivierung psychologisch differenzierter, festgeformter Gestaltungen, die zu starken psychischen Verschmelzungen mit der *narzißtisch* wahrgenommenen Vorstellung des Analytikers führen. Die relative Stabilität dieser narzißtischen Übertragungs-Amalgamierung ist aber die Voraussetzung für die Durchführung der analytischen Aufgabe in den pathogenen narzißtischen Bereichen der Persönlichkeit.

II. Die narzißtischen Übertragungen

Ich werde nun die beiden narzißtischen Übertragungsformen untersuchen, die in Übereinstimmung mit den zuvor genannten Begriffsbildungen abgegrenzt werden sollen: die therapeutische Aktivierung des idealisierten Elternbildes, für die die Bezeichnung *idealisierende Übertragung* verwendet werden soll, und die Aktivierung des grandiosen Selbst, die ich *Spiegelübertragung* nenne.

Therapeutische Aktivierung des idealisierten Elternbildes: die idealisierende Übertragung

Die idealisierende Übertragung ist die therapeutische Wiederbelebung jenes frühen Zustandes, in dem die Psyche einen Teil des verlorengegangenen Erlebnisses der kompletten narzißtischen Vollkommenheit dadurch rettet, daß sie ihn einem archaischen (Übergangs-)Objekt, dem idealisierten Elternbild, zuweist. Da alle Seligkeit und Macht nun in diesem idealisierten Objekt wohnen, fühlt sich das Kind wertlos und schwach, wenn es von ihm getrennt wird, und es versucht daher, eine ständige Verbindung mit ihm aufrechtzuerhalten.

Jede Idealisierung, sei sie auf eine verschwommen wahrgenommene archaische Mutterbrust gerichtet oder auf die klar erkannte, ödipale Vorstellung von Vater oder Mutter, gehört genetisch und dynamisch in einen narzißtischen Zusammenhang. Die idealisierenden Besetzungen werden aber trotz der Bewahrung ihres narzißtischen Charakters zunehmend neutralisiert und zielgehemmt. Vor allem in den am weitesten fortgeschrittenen Stadien ihrer frühen Entwicklung üben die Idealisierungen, die nun mit starken libidinösen und aggressiven Objektbesetzungen koexistieren, ihren stärksten und wichtigsten Einfluß auf die phasengerechten Internalisierungsprozesse aus. Am Ende der ödipalen Periode bestimmt zum Beispiel die Internalisierung der objektbesetzten Aspekte des Elternbildes den Inhalt (etwa die Befehle und Verbote) und die Funktionen (z. B. Lob, Schelte, Bestrafung) des Überichs, die Internalisierung der narzißtischen Aspekte hingegen den speziellen Nimbus dieser Inhalte und Funktionen. Gerade die narzißtisch-triebmäßige Komponente ihrer Besetzungen ist daher für die Aura absoluter Vollkommenheit der Werte und Maßstäbe des Überichs und für die Allwissenheit und Macht der ganzen Struktur verantwortlich. Dieser Zweig des Narzißmus jedoch, der unter die Bezeichnung ›idealisiertes Elternbild‹ subsumiert wird, bleibt während seiner ganzen frühen Entwicklung verletzbar, d. h. vom Stadium des im Entstehen begriffenen archaischen idealisierten Objekts (das dann noch mit dem Selbst fast verschmolzen ist) bis zum Zeitpunkt der massiven Reinternalisierung des idealisierten Aspekts der psychischen Vorstellung (Imago) vom ödipalen Elternteil (der bereits als vom Selbst getrennt fest etabliert ist). Die Zeitspanne größter Verletzbarkeit endet, sobald ein idealisiertes Kern-Überich gebildet worden ist, da die Fähigkeit zur Idealisierung seiner zentralen Werte und Maßstäbe, die das Kind auf diese Art erwirbt, einen dauernden, wohltuenden Einfluß auf die psychische Ökonomie in den narzißtischen Sektoren der Persönlichkeit ausübt.

Der Beginn der Latenzzeit kann aber noch als zur ödipalen Phase gehörig betrachtet werden. Sie ist die letzte von mehreren Perioden größter Gefahr in der frühen Kindheit, während der die Psyche für Traumatisierungen besonders anfällig ist, weil nach einem schnellen Vorwärtsschießen der Entwicklung ein neues Gleichgewicht der psychischen Kräfte nur unsicher hergestellt werden kann. Wenn wir dieses *Prinzip der Verletzbarkeit neuer Strukturen* auf das Überich zu Beginn der Latenzzeit und insbesondere auf die neu errichtete Idealisierung seiner Werte und Maßstäbe sowie seiner belohnenden und bestrafenden Funktionen anwenden, wird uns die klinische Erfahrung nicht überraschen, daß eine tiefe Enttäuschung über das idealisierte ödipale Objekt *gerade* zu Beginn der Latenz die dann noch unsichere Idealisierung des Überichs umstoßen, das Bild des idealisierten Objekts neu besetzen und so dazu führen kann, daß das Kind erneut darauf besteht, ein äußeres Objekt der Vollkommenheit zu finden.

Unter optimalen Bedingungen erlebt das Kind die Enttäuschung am idealisierten Objekt nicht plötzlich, sondern nach und nach; oder – anders ausgedrückt – die Bewertung des idealisierten Objekts durch das Kind wird zunehmend realistischer, was zum Abzug der narzißtischen, idealisierenden Besetzungen vom Objektbild führt sowie zu ihrer allmählichen (oder auch massiven, aber dennoch phasengerechten) Internalisierung, d. h. zum Erwerb bleibender psychologischer Strukturen, die innerpsychisch die Funktionen übernehmen, die vorher vom idealisierten Objekt erfüllt wurden. Wenn aber die Beziehung des Kindes zum idealisierten Objekt traumatisch gestört wird, d. h. wenn es eine (intensive und plötzliche oder nicht phasengerechte) Enttäuschung erleidet, dann erwirbt das Kind die erforderliche innere Struktur nicht, sondern seine Psyche bleibt an ein archaisches Objektbild fixiert, und seine Persönlichkeit wird später und sein ganzes Leben hindurch in einer offenbar intensiven Form von Objekthunger von gewissen Objekten abhängig bleiben. Die Intensität der Suche nach solchen Objekten und die Abhängigkeit von ihnen erklärt sich aus der Tatsache, daß in ihnen ein Ersatz für fehlende Segmente der psychischen Struktur gesucht wird. Sie werden nicht um ihrer Eigenschaften willen geliebt, und ihre Aktionen werden nur undeutlich wahrgenommen; sie werden vielmehr benötigt, um die Funktionen eines Segments des seelischen Apparats zu übernehmen, das sich in der Kindheit nicht ausbilden konnte.

Die strukturellen Mängel, die aus frühen Störungen in der Beziehung zum idealisierten Objekt erwachsen, können im Rahmen dieses Essays nicht erörtert werden. Die folgende klinische Darstellung wird sich statt dessen auf die Wirkung späterer traumatischer Enttäuschungen konzentrieren, die bis zum Beginn der frühen Latenzzeit, ja noch in diese hineinreichend, auftreten.

Herr A., ein großer asthenischer Mann, etwa Ende der 20, war Chemiker in einer pharmazeutischen Firma. Obwohl er in die Analyse mit der Klage kam, daß er sich von Männern sexuell erregt fühlte, wurde bald klar, daß seine Beschäftigung mit homosexuellen Phantasien nur eins von mehreren Anzeichen eines tieferliegenden, umfassenden Persönlichkeitsdefekts waren. Wichtiger waren Perioden depressiver Verstimmung, die von einem Absinken seiner Arbeitsfähigkeit begleitet waren, und – als auslösendes Moment der eben genannten Störung – eine spezifische Verletzbarkeit seiner Selbstachtung, die sich in einer Empfindlichkeit gegen Kritik oder einfach Mangel an Lob von Leuten ausdrückte, die er als Respektspersonen oder Vorgesetzte ansah. Aus diesem Grunde und obwohl er ein Mann von beträchtlicher Intelligenz war, der seine Aufgaben geschickt und einfallsreich erfüllte, war er ständig auf der Suche nach Anerkennung: er erwartete sie vom Leiter des Forschungslaboratoriums, in dem er beschäftigt war, von einer Anzahl älterer Kollegen und von den Vätern der Mädchen, mit denen er befreundet war. Die Haltung dieser Männer und ihre Meinung über ihn waren ihm ständig peinlich bewußt. Solange er das Gefühl hatte, daß sie ihn anerkannten, empfand er sich selbst als heil, annehmbar und leistungsfähig und war dann tatsächlich in der Lage, gute Arbeit zu leisten, schöpferisch und erfolgreich zu sein. Nahm er hingegen geringfügige Anzeichen von Mißbilligung oder mangelndem Verständnis für seine Person war, wurde er depressiv und neigte dazu, zunächst wütend, dann kalt und hochmütig zu werden und sich abzusondern; seine Leistungsfähigkeit verringerte sich.

Die kohäsive Übertragung erlaubte die allmähliche Rekonstruktion eines genetisch überaus wichtigen, sich immer wiederholenden Ablaufs einer typischen Folge bestimmter Erlebnisse. Der Patient hatte sich während seiner Kindheit wiederholt in seiner Vorstellung von der Macht seines Vaters enttäuscht gefühlt, und zwar immer gerade dann, wenn er in ihm (wieder) eine beschützende, starke und tüchtige Gestalt gesehen hatte. Wie es häufig der Fall ist, bezogen sich die ersten Erinnerungen, die der Patient im Laufe der durch die Übertragung bewirkten Aktivierung des entscheidenden psychischen Ablaufs lieferte, auf eine vergleichsweise späte Periode.

Die Familie war in die Vereinigten Staaten gekommen, als der Patient 9 Jahre alt war. Seinem Vater, der in Europa ein wohlhabender Mann gewesen war, gelang es nicht, auch in der neuen Umgebung Erfolg zu erringen. Immer wieder vertraute er seinem Sohn seine neuesten Pläne an und erregte so die Phantasie und die Erwartungen des Kindes. Doch jedesmal, wenn unvorhergesehene Ereignisse und seine mangelnde Vertrautheit mit der amerikanischen Umwelt sich verbanden, um seine Pläne zu vereiteln, geriet er in Panik. Obwohl ihm diese Erinnerungen immer bewußt geblieben waren, hatte der Patient die Intensität des Gegensatzes zwischen der Phase, in der er großes Zutrauen zum Vater hatte – der auch viel Vertrauen einzuflößen vermochte, wenn er seine Pläne schmiedete – und der darauffolgenden Enttäuschung vorher nie richtig eingeschätzt.

Am hervorstechendsten unter den bedeutungsvollen Erinnerungen des Patienten an Vorkommnisse während der Aufeinanderfolge von Idealisierung und Enttäuschung waren zwei Ereignisse, die das Schicksal der Familie entscheidend beeinflußten, als das Kind 6 bzw. 8 Jahre alt war. Der Vater war während der frühen Kindheit des Patienten ein kraftvoller und gutaussehender Mann gewesen, der einen kleinen, aber blühenden Betrieb besessen hatte. Viele Anzeichen und Erinnerungen deuteten darauf hin, daß Vater und Sohn sich gefühlsmäßig sehr nahestanden und der Sohn den Vater sehr bewunderte. Als der Patient 66 Jahre alt war, drangen plötzlich deutsche Truppen in das Land ein, und die – jüdische – Familie flüchtete. Der Vater hatte zwar anfangs mit Hilflosigkeit und Panik reagiert, war jedoch später imstande, sein Geschäft, wenn auch sehr verkleinert, neu zu gründen. Aber infolge der deutschen Invasion des Landes, in das sie geflüchtet waren (der Patient war zu jener Zeit 8 Jahre alt), verloren sie wiederum alles, und die Familie mußte erneut fliehen.

Die Erinnerungen des Patienten implizieren, daß der zentrale strukturelle Defekt seines psychischen Apparates erst zu Beginn der Latenzzeit aufgetreten war. Es besteht jedoch kein Zweifel, daß frühere, mit seiner pathologischen Mutter verbundene Erlebnisse ihn sensibilisiert hatten und die Schwere des später erworbenen strukturellen Defekts erklärten.

Metapsychologisch ausgedrückt, war sein Defekt die ungenügende Idealisierung des Überichs und die damit einhergehende Wiederbesetzung des idealisierten Elternbildes des späten präödipalen und ödipalen Stadiums. Das symptomatische Ergebnis dieses

Defektes war zwar begrenzt, aber tiefgehend. Da der Patient eine traumatische Enttäuschung hinsichtlich der narzißtisch besetzten Aspekte des Vaterbildes erlitten hatte, besaß sein Überich nicht die erforderliche Höhe und war daher unfähig, die Selbstachtung des Patienten zu stärken. Da der Patient aber jene Aspekte des Vaterbildes nicht in gleichem Maße eingebüßt hatte, die die Objektbesetzungen zum Inhalt hatte, war sein Überich (in bezug auf diejenigen Inhalte und Funktionen, die dem Bereich der Objektbesetzung der ödipalen Vaterbeziehung entstammten) relativ intakt. Seine Lebensziele und Wertmaßstäbe waren im Kern tatsächlich die der ihm vom Vater vermittelten kulturellen Tradition; was ihm fehlte, war die Fähigkeit, mehr als ein flüchtiges Gefühl der Befriedigung zu empfinden, wenn er seinen Maßstäben entsprechend lebte oder seine Ziele erreichte. Nur durch bestätigende Anerkennung von seiten bewunderter anderer Menschen war es ihm möglich, gesteigerte Selbstachtung zu empfinden. In der Übertragung erschien er daher unersättlich hinsichtlich zweier Forderungen, die er an den idealisierten Analytiker richtete: daß der Analytiker die Wertvorstellungen, Ziele und Maßstäbe des Patienten teilte (und sie so durch Idealisierung bedeutsam machte), und daß der Analytiker dem Patienten freudig und mit warmherziger Anteilnahme bestätigte, seinen Wertvorstellungen und Maßstäben entsprochen zu haben und einem Ziele nähergekommen zu sein. Brachte der Analytiker sein teilnahmsvolles Verständnis für diese Bedürfnisse nicht in der entsprechenden Weise zum Ausdruck, dann erschienen dem Patienten seine Wertvorstellungen und Ziele seicht und schal, seine Erfolge bedeuteten ihm nichts, und er fühlte sich deprimiert und leer.

Die Entstehung der pathogenen Fixierung auf das idealisierte Elternbild

Wie regelmäßig festgestellt werden kann, wurzelt das ausschlaggebende genetische Trauma in den eigenen narzißtischen Fixierungen der Eltern, und die narzißtischen Bedürfnisse der Eltern tragen entscheidend dazu bei, daß das Kind in das narzißtische Gewebe der Persönlichkeit der Eltern verstrickt bleibt, bis etwa die Mängel der Eltern plötzlich erkannt werden; oder aber die plötzliche verzweifelte Erkenntnis, wie sehr seine eigene gefühlsmäßige Entwicklung im argen liegt, konfrontiert das Kind mit der unlösbaren

Aufgabe, die Internalisierung einer chronischen narzißtischen Beziehung auf einen Schlag zu bewältigen. Die Komplexität der pathogenen Wechselwirkungen zwischen Eltern und Kind und die Vielfältigkeit ihrer Formen entziehen sich einer umfassenden Beschreibung. Dennoch werden in einer gut durchgeführten Analyse die entscheidenden Tatsachen oft klar hervortreten.

Herr B. zum Beispiel stellte eine narzißtische Übertragung her, bei der die Gegenwart des Analytikers seine Selbstachtung steigerte und stärkte und damit gleichzeitig seine Ich-Funktionen und -Leistungen verbesserte.[2] Auf jede drohende Unterbrechung dieser wohltuenden Entfaltung der Wirkung narzißtischer Besetzungen reagierte er mit Wut, Abkehr vom narzißtisch besetzten Analytiker und einer Überbesetzung seines grandiosen Selbst, die sich in einem kalten und herrischen Benehmen manifestierte. Aber schließlich (z. B. nachdem die Unterbrechung der Analyse Tatsache geworden war) erreichte er ein verhältnismäßig stabiles Gleichgewicht: er zog sich auf einsame geistige Aktivitäten zurück, die er zwar mit geringerer schöpferischer Phantasie als zuvor betrieb, die ihm aber doch ein Gefühl von Selbstgenügsamkeit verschafften. Mit seinen Worten: Er »ruderte allein in die Mitte des Sees und schaute den Mond an«. Wenn sich jedoch die Möglichkeit einer Wiederherstellung der Beziehung zu dem narzißtisch besetzten Objekt bot, reagierte er mit der gleichen Wut, die er empfunden hatte, wenn – um seine eigene vielsagende Analogie zu benutzen – »der Stecker in seinem Kontakt zur Analytikerin herausgezogen worden war«. Zuerst glaubte ich, daß seine Reaktion nicht spezifisch sei und nur aus der noch nicht zum Ausdruck gekommenen Wut über den Weggang des Analytikers und dem Ärger darüber entstanden sei, ein neugefundenes und beschützendes Gleichgewicht aufgeben zu müssen. Diese Erklärungen waren aber unvollständig, da der Patient tatsächlich durch seine Reaktionen eine wichtige Folge früherer Ereignisse beschrieb.

Die Mutter des Patienten war aufs engste mit ihm verbunden gewesen und hatte ihn ständig überwacht und kontrolliert. Seine genauen Fütterungszeiten zum Beispiel, und in der späteren Kindheit seine Eßzeiten wurden von einem mechanischen Zeitmesser bestimmt, der an die Vorrichtungen erinnert, die Schrebers Vater bei seinen Kindern verwandte (Niederland, 1959). So empfand das Kind, daß es keinen eigenen Willen und Verstand hatte und daß seine Mutter seine geistigen Funktionen weit über die Zeit hinaus übernahm, in der solche mütterlichen Handlungen, wenn sie einfühlsam ausgeführt werden, phasengerecht und notwendig sind. Unter der Einwirkung der angstvollen Erkenntnis der Unangemessenheit dieser Beziehung zog er sich in der späteren Kindheit in sein Zimmer zurück, um seine eigenen Gedanken zu denken, ohne durch die Einmischung der Mutter gestört zu werden. Er hatte gerade begonnen, ein gewisses Vertrauen zu diesem Minimum autonomen Handelns zu gewinnen, als seine Mutter einen Summer installieren ließ. Von da an unterbrach sie seine Bemühungen um die innerliche Trennung von ihr jedesmal, wenn er allein sein wollte. Der Summer rief ihn zwingender (weil die mechanische Vorrichtung ähnlich einer endopsychischen Kommunikation empfunden wurde), als es ihre Stimme oder ein Anklopfen getan hätte. Es war also kein Wunder, daß er mit Wut auf die Rückkehr des Analytikers reagierte, nachdem er »in die Mitte des Sees gerudert war und zum Mond aufgeschaut hatte«.

Der Prozeß des Durcharbeitens und einige andere klinische Probleme bei der idealisierenden Übertragung

Über den Beginn der Analyse braucht nur wenig gesagt zu werden. Obwohl ernste Widerstände bestehen mögen – insbesondere solche, die durch Befürchtungen über die Auslöschung der Individualität infolge des Wunsches nach Verschmelzung mit dem idealisierten Objekt motiviert sind –, wird die pathognomonische Regression sich spontan herstellen, wenn der Analytiker nicht mit voreiligen Übertragungsdeutungen störend eingreift. Die Durcharbeitungsphase der Analyse kann aber erst beginnen, wenn eine feste pathognomonische, idealisierende Übertragung hergestellt ist. Sie wird dadurch in Gang gebracht, daß das libidinöse Gleichgewicht, das der Analysand zu wahren bemüht ist, früher oder später gestört wird. In der ungestörten Übertragung fühlt sich der Patient stark, gut und tüchtig. Aber alles, was ihn des idealisierten Analytikers beraubt, bewirkt eine Störung seiner Selbstachtung: er fühlt sich macht- und wertlos, und wenn sein Ich nicht von Deutungen unterstützt wird, die den Verlust des idealisierten Elternbildes betreffen, kann es geschehen, daß der Patient zu archaischen Vorläufern des idealisierten Elternbildes zurückkehrt oder es ganz aufgibt und noch weiter zu reaktiv mobilisierten, archaischen Stadien des grandiosen Selbst regrediert. Der Rückzug auf archaische

Idealisierungen kann sich in der Form vager, unpersönlicher, tranceähnlicher religiöser Empfindungen manifestieren. Die Überbesetzung archaischer Formen des grandiosen Selbst und des (autoerotischen) Körper-Ichs wird dann das Syndrom der Gefühlskälte, der Neigung zu Affektiertheit in Sprache und Benehmen, zu Hypochondrie und Schamgefühlen erzeugen.

Obgleich solche vorübergehenden Verschiebungen der libidinösen Besetzung auf archaische Stadien des idealisierten Elternbildes und des grandiosen Selbst häufige Vorkommnisse bei der Analyse narzißtischer Persönlichkeiten sind, können sie durch scheinbar winzige narzißtische Verletzungen heraufbeschworen werden, deren Entdeckung Einfühlungsgabe und klinischen Scharfsinn des Analytikers ernstlich auf die Probe zu stellen vermag.

Das Wesentliche des Heilungsprozesses in der idealisierenden Übertragung läßt sich aber in einigen wenigen, relativ einfachen Grundzügen zusammenfassen. Ein Durcharbeitungsprozeß wird in Gang gebracht, um die unterdrückten narzißtischen Strebungen, mit denen das archaische Objekt besetzt wird, ins Bewußtsein zu heben. Obwohl auch hier die Ich- und Überich-Widerstände auftreten, mit denen wir von der Analyse der Übertragungsneurosen her vertraut sind, und obwohl es zusätzlich spezifische Ich-Widerstände gibt (motiviert durch die Angst vor der hypomanischen Übererregung), die der Mobilisierung der idealisierenden Besetzungen entgegenstehen, betrifft der Hauptteil des Durcharbeitungsprozesses den Verlust des narzißtisch erlebten Objekts. Wenn die wiederholten Interpretationen der Bedeutung der Trennungen vom Analytiker auf der Stufe der idealisierenden narzißtischen Libido mit richtiger Einfühlung in die Empfindung des Analysanden (vor allem für das, was als Mangel an Gefühl erscheint, d. h. seine Kälte und Zurückgezogenheit, z. B. als Reaktion auf Trennungen) gegeben werden, dann wird allmählich ein Schwarm bedeutungsvoller Erinnerungen auftauchen, die sich auf die dynamischen Prototypen der gegenwärtigen Übertragungserlebnisse beziehen. Der Patient wird sich einsamer Stunden während seiner Kindheit erinnern, in denen er Gefühle der Vernichtung, der Hypochondrie und der Leblosigkeit zu überwinden versuchte, die infolge einer Trennung vom idealisierten Elternteil auftraten. Und er wird sich erinnern und dankbar verstehen, wie er für das idealisierte Elternbild und seine Funktionen Stellvertreter zu finden versuchte, indem er erotisierte Ersatzobjekte schuf und andererseits das grandiose Selbst heftig überbesetzte. Er wird sich erinnern, wie er sein Gesicht gegen den rauhen Kellerfußboden preßte, die Photographie der Mutter betrachtete, ihre Schubladen durchstöberte und an ihrer Unterwäsche roch, und wie er tollkühne Sportkunststücke vollführte, um die grandiosen Flugphantasien aus der Kindheit zu verwirklichen – all das, um ein Gefühl von Sicherheit zu gewinnen. Dem entsprechen während der Analyse des Erwachsenen (z. B. am Wochenende) intensive voyeuristische Betätigungen, der plötzliche Drang, etwas zu stehlen oder rücksichtsloses Autofahren bei rasender Geschwindigkeit. Kindheitserinnerungen und vertieftes Verständnis analoger Übertragungserlebnisse vereinigen sich zur Hilfeleistung für das Ich des Patienten, und die ehemals automatischen Reaktionen werden allmählich zielgehemmter.

Das Ich wird zunehmend fähiger, die Abwesenheit des Analytikers wie auch sein gelegentliches Versagen im Verstehen zu ertragen. Der Patient lernt, daß die idealisierende Libido nicht sofort vom idealisierten Bild abgezogen werden muß und daß die schmerzlichen und gefährlichen regressiven Verschiebungen der narzißtischen Besetzungen verhütet werden können. Zugleich mit der wachsenden Fähigkeit, einen Teil der idealisierenden Besetzung trotz der Trennung zu bewahren, kommt es zu einer verstärkten Internalisierung, d. h. die psychische Organisation des Analysanden erwirbt die Kraft, einige der Funktionen auszuüben, die vorher vom idealisierten Objekt geleistet wurden.

Therapeutische Aktivierung des grandiosen Selbst: die Spiegelübertragung

Analog dem idealisierten Objekt in der idealisierenden Übertragung wird in dem übertragungsartigen Zustand, der hier als Spiegelübertragung bezeichnet wird, das grandiose Selbst reaktiviert.

Die Spiegelübertragung stellt die therapeutische Wiederbelebung des Entwicklungsstadiums dar, in dem das Kind versucht, einen Teil des ursprünglichen, allumfassenden Narzißmus festzuhalten, indem es Vollkommenheit und Macht auf ein grandioses Selbst konzentriert und alle Unvollkommenheiten der Außenwelt zuschreibt.

Die Spiegelübertragung findet in drei Formen statt, die sich auf spezifische Entwicklungsstadien des grandiosen Selbst beziehen:
1. in einer archaischen Form, in der das Erlebnis des eigenen

Selbst des Analysanden den Analytiker einschließt; sie soll als *Verschmelzung durch Ausdehnung des grandiosen Selbst* bezeichnet werden;

(2.) in einer weniger archaischen Form, bei der der Patient annimmt, daß der Analytiker wie er selbst sei oder daß der seelische Zustand des Analytikers dem seinen ähnlich ist; sie soll *alter ego-Übertragung* oder *Zwillingsübertragung* genannt werden;

(3.) in einer noch weniger archaischen Form, in der der Analytiker als getrennte Person erlebt wird, die für den Patienten aber nur hinsichtlich der Bedürfnisse von Bedeutung ist, die von dessen therapeutisch reaktiviertem, grandiosen Selbst stammen. Hier ist die Bezeichnung *Spiegelübertragung* am treffendsten und wird deshalb wieder verwendet. In diesem engeren Sinne ist sie die Wiederherstellung der Phase, in der der Glanz im Auge der Mutter, der die exhibitionistische Schaustellung des Kindes widerspiegelt, und andere Formen mütterlicher Anteilnahme an der narzißtischen Glückseligkeit des Kindes dessen Selbstachtung bestätigen und beginnen, sie durch eine allmählich zunehmende Selektivität in realistische Bahnen zu lenken. Wird jedoch die Entwicklung des grandiosen Selbst traumatisch gestört, dann kann die psychische Struktur von der weiteren integrativen Teilnahme an der Entwicklung der Persönlichkeit abgeschnitten werden. In einer archaischen Form unsicher verdrängt, ist sie einerseits von jedem weiteren äußeren Einfluß abgeschnitten; andererseits aber fährt sie fort, die realistische Anpassung durch wiederholtes Eindringen in das Ich zu stören. In der Spiegelübertragung hingegen kann sie zusammenhängend remobilisiert werden, und es kann ein neuer Weg zu ihrer allmählichen Modifizierung eröffnet werden.

Die zentrale Aktivität im klinischen Prozeß während der Spiegelübertragung besteht darin, infantile exhibitionistische Größenphantasien des Patienten ins Bewußtsein zu heben. In Anbetracht der starken Widerstände, die diesem Prozeß entgegenwirken, und der zu ihrer Überwindung erforderlichen intensiven Anstrengungen mag es für den Analytiker mitunter enttäuschend sein, das scheinbar nichtssagende Hirngespinst zu erblicken, das der Patient zu guter Letzt zu Tage gefördert hat.

Allerdings erlaubt manchmal sogar der Gehalt einer solchen ans Licht gebrachten Phantasie ein empathisches Verständnis für die Scham, Hypochondrie und Angst, die der Patient empfindet: Scham deshalb, weil die Aufdeckung mitunter mit der Abfuhr nicht-neutralisierter exhibitionistischer Libido verbunden ist, und Angst, weil die Größenideen den Analysanden isolieren und ihn mit dauerdem Objektverlust bedrohen.

Der Patient C. zum Beispiel erzählte zu einer Zeit, als er einer öffentlichen Ehrung entgegensah, den folgenden Traum: »Es handelte sich darum, einen Nachfolger für mich zu finden. Ich dachte: ›Wie wär's mit Gott?‹« Der Traum war teilweise das Resultat des Versuchs, die Größenideen durch Humor abzuschwächen. Trotzdem erweckte er Erregung und Angst und führte – gegen erneute Widerstände – zur Erinnerung an Kindheitsphantasien, in denen er sich vorgestellt hatte, Gott zu sein.

In vielen Fällen jedoch sind die im Kern vorhandenen Größenideen nur angedeutet. Patient D. etwa entsann sich mit heftiger Scham und widerstrebend, daß er sich als Kind vorzustellen pflegte, die Straßenbahnen der Stadt würden von ihm betrieben. Diese Phantasievorstellung erschien harmlos genug, aber die Scham und der Widerstand wurden verständlicher, als der Patient erklärte, daß er die Straßenbahnen mittels einer »Gedankenkontrolle« fahren ließ, die seinem Kopf entströmte, während er einsam über den Wolken thronte.

Wenn auch die Inhalte von Größenphantasien hier nicht weiter erörtert werden können, ist es wichtig, die Rolle der Spiegelübertragung klarzustellen, die ihr Hervortreten ermöglicht. Wie ich schon sagte, werden die stärksten Widerstände des Patienten durch seinen Versuch motiviert, einer Situation zu entfliehen, in der das Gefühl nicht ganz glaubwürdiger Hochstimmung abwechselt mit der Furcht vor dauerndem Objektverlust, Befangenheit und einer schmerzhaften Mischung von Scham, Spannung und Hypochondrie, die auf das entdifferenzierende Eindringen von Größenphantasien und narzißtisch-exhibitionistischer Libido in das Ich zurückzuführen ist. Die Übertragung hingegen wirkt spezifisch als eine Art therapeutischen Prellbocks. In der Spiegelübertragung im engeren Sinne ist der Patient fähig, seine Größenphantasien und seinen Exhibitionismus auf der Basis der Hoffnung zu mobilisieren, daß die einfühlende Anteilnahme und die emotionale Reaktion des Analytikers den narzißtischen Spannungen nicht gestatten werden, eine übermäßig schmerzhafte oder gefährliche Höhe zu erreichen. In der Zwillingsübertragung und der Verschmelzung wird der entsprechende Schutz durch langanhaltenden Einsatz der narzißtischen Besetzungen in ihrer Bindung an den Therapeuten geliefert, der nun zum Träger der infantilen Größenvorstellungen und des Exhibitionismus wird.

Später sollen – insbesondere mit Hilfe des letzten klinischen Beispiels, das in der vorliegenden Arbeit angeführt wird – einige der spezifischen, konkreten klinischen Maßnahmen dargestellt werden, durch die die mobiblisierten infantilen, narzißtischen Forderungen allmählich gezähmt und neutralisiert werden. An dieser Stelle soll jedoch die allgemeine Bedeutung der Spiegelübertragung im Hinblick auf die Therapie untersucht werden.

Die rationalen therapeutischen Ziele als solche könnten das verletzliche Ich des narzißtisch fixierten Analysanden nicht dazu bewegen, Abwehr und Agieren aufzugeben und die Bedürfnisse und Ansprüche des archaischen grandiosen Selbst mutig ins Auge zu fassen und sie zu prüfen. Um den schmerzhaften Prozeß in Gang zu bringen und zu erhalten, der schließlich zur Konfrontation der Größenphantasien mit einer realistischen Auffassung vom eigenen Selbst und zu der Erkenntnis führt, daß das Leben nur begrenzte Möglichkeiten der Befriedigung narzißtisch-exhibitionistischer Wünsche bereithält, muß eine Spiegelübertragung erreicht werden. Entwickelt sie sich nicht, so konzentrieren sich die Größenvorstellungen des Patienten weiterhin auf das eigene grandiose Selbst, die Abwehrhaltung des Ich bleibt starr, und die Ich-Erweiterung kann nicht stattfinden.

Die Spiegelübertragung beruht auf der therapeutischen Reaktivierung des grandiosen Selbst. Daß der Analytiker zur Stärkung dieser Struktur herangezogen werden kann, ist ein Beweis für die Tatsache, daß in der Kindheit die Stufe der Bildung eines zusammenhängenden grandiosen Selbst in der Tat erreicht wurde. Die Gegenwart des Analytikers als zuhörendes, wahrnehmendes, quasi Echo und Spiegel darstellendes Wesen stärkt nun die psychischen Kräfte, die den Zusammenhalt des Bildes vom eigenen Selbst wahren, mag es (nach den Maßstäben des Erwachsenen) noch so archaisch und unrealistisch sein. Analog den in therapeutischer Hinsicht wertvollen, Einsicht vermittelnden, kontrollierten, vorübergehenden Pendelschwüngen in Richtung auf die Auflösung des idealisierten Elternbildes im Falle einer Störung der idealisierenden Übertragung, können wir als Folge einer Störung der Spiegelübertragung gewisse Regressionsprodukte ins Auge fassen, die ebenfalls von größtem Wert für den Fortschritt der Analyse sind. Wir begegnen hier der vorübergehenden Fragmentierung des narzißtisch besetzten, zusammenhängenden (Körper-Seele-)Selbst und einer zeitweiligen Konzentration der narzißtischen Besetzungen auf isolierte Körperteile, isolierte geistige Funktionen und isolierte Handlungen. Diese Bruchstücke und isolierte geistige Funktionen werden dann als von einem zerbröckelnden Selbst in gefährlicher Weise abgespalten erlebt. Wie im Falle der idealisierenden Übertragung nehmen diese zeitweiligen Störungen des Übertragungsgleichgewichts bei der Analyse narzißtischer Persönlichkeiten eine zentrale Position von strategischer Bedeutung ein, die der Stellung des strukturellen Konflikts bei den gewöhnlichen Übertragungsneurosen entspricht; ihre Analyse kann zu den tiefsten Einsichten führen und den haltbarsten Zuwachs an psychischer Struktur zustandebringen.

Der folgende Fall stellt eine besonders lehrreiche Illustration einer solchen vorübergehenden, regressiven Fragmentierung des therapeutisch aktivierten grandiosen Selbst dar.

Herr E. war Student in höheren Semestern, dessen Psychopathologie und Persönlichkeitsstruktur hier nicht weiter erörtert werden sollen. Es sei lediglich gesagt, daß er mit Hilfe verschiedener perverser Mittel Erleichterung von schmerzhaften narzißtischen Spannungszuständen suchte. Seine Unbeständigkeit hinsichtlich seiner Objekte und sexuellen Ziele deutete darauf hin, daß er keiner Quelle der Befriedigung zu vertrauen vermochte. Der folgende kurze Bericht betrifft ein Wochenende während einer frühen Phase der langen Analyse, als der Patient bereits zu erkennen begann, daß Trennungen vom Analytiker[3] sein psychisches Gleichgewicht erschütterten, er aber die spezifische Art der Hilfe, die die Analyse ihm bot, noch nicht verstand. Während früherer Wochenendtrennungen hatte ihn eine vage empfundene, innere Bedrohung zu gefährlichen voyeuristischen Handlungen in öffentlichen Bedürfnisanstalten getrieben, in deren Verlauf er ein Gefühl der Verschmelzung mit dem Mann erlangte, den er beobachtete. Diesmal jedoch war er imstande, durch einen Akt künstlerischer Sublimierung sich nicht nur die erwähnten gröberen Mittel zum Schutz gegen drohende Auflösung des Selbst zu ersparen, sondern auch das Wesen der ihm durch den Analytiker zuteil werdenden Hilfe zu erklären. Während dieses Wochenendes malte der Patient ein Bild des Analytikers. Der Schlüssel zum Verständnis dieser künstlerischen Produktion lag in der Tatsache, daß der Analytiker auf dem Bild weder Augen noch Nase hatte – der Platz dieser Sinnesorgane wurde vom Analysanden eingenommen. Auf der Grundlage dieses und zusätzlichen Materials konnte der Schluß gezogen werden, daß das Wahrgenommenwerden durch den Analytiker dem Patienten bei der Bewahrung seines narzißtisch besetzten Selbstbildes eine entscheidende Unterstützung bedeutete. Der Patient fühlte sich heil, wenn er glaubte, daß er von einem Objekt zustimmend angeschaut würde, das als Ersatz für eine unzureichend entwickelte innerpsychische Funktion diente: der Analytiker lieferte den Ersatz für die mangelnde narzißtische Besetzung des Selbst.

Einige allgemeine therapeutische Betrachtungen über die Spiegelübertragung

Das Verlangen des Analysanden nach Aufmerksamkeit, Bewunderung und einer Vielzahl anderer Arten widerspiegelnder und Widerhall bekundender Reaktionen auf das mobilisierte grandiose Selbst, die die Spiegelübertragung im engeren Sinne dieser Bezeichnung erfüllen, stellt im allgemeinen kein großes Erkenntnisproblem für den Analytiker dar. Manchmal muß er freilich viel subtiles Verständnis aufbringen, um mit des Patienten Verleugnung seiner Wünsche oder der Abkehr von ihnen Schritt zu halten – Abwehrmechanismen, die immer dann mobilisiert zu werden pflegen, wenn der Analytiker nicht sofort auf einen häufig kaum ausgedrückten Wunsch mit einfühlendem Verständnis reagiert. Hier ist es von entscheidender Bedeutung, daß der Analytiker die Phasengerechtheit des grandiosen Selbst versteht und akzeptiert und erfaßt, daß es jetzt und für lange Zeit ein Fehler wäre, dem Patienten gegenüber das Unrealistische seiner Forderungen zu betonen. Wenn der Analytiker dem Patienten zeigt, daß die narzißtischen Bedürfnisse innerhalb des Zusammenhangs der gesamten frühen Phase, die in der Übertragung wiedererweckt wird, angemessen sind, dann wird der Patient allmählich die Triebe und Phantasien des grandiosen Selbst enthüllen, und damit ist der langsame Prozeß eingeleitet, der zur Integration des grandiosen Selbst in die reale Ich-Struktur und zur angepaßten nützlichen Umwandlung seiner Energien führt.

Allerdings ist das einfühlende Verständnis für die Reaktivierung früherer Entwicklungsstadien (die Alter ego- oder Zwillingsübertragung, die Verschmelzung mit dem Analytiker durch die Erweiterung des grandiosen Selbst) nicht leicht zu erreichen. Es ist z. B. für den Analytiker im allgemeinen schwierig, an seiner Einsicht festzuhalten, daß die Dürftigkeit des objektbezogenen Phantasielebens des Patienten in bezug auf gegenwärtige oder vergangene Gestalten und den Analytiker selbst eine archaische narzißtische Beziehung angemessen repräsentiert. Ein häufiges Mißverständnis der Spiegelübertragung im allgemeinen und der therapeutischen Aktivierung der ältesten und primitivsten Stadien des grandiosen Selbst im besonderen besteht darin, sie als Produkt eines weitreichenden Widerstandes gegen die Errichtung einer Übertragung vom Charakter einer Objektbeziehung aufzufassen. Viele Analysen narzißtischer Persönlichkeitsstörungen werden an diesem Punkt entweder auf ein Nebengleis gelenkt (und führen zu einer begrenzten Analyse von untergeordneten Sektoren der Persönlichkeit, in denen gewöhnliche Übertragungen stattfinden, während die Hauptstörung, die narzißtischer Art ist, unberührt bleibt), oder aber sie werden fälschlich und ergebnislos gegen diffuse, unspezifische, chronische Ich-Widerstände des Analysanden gerichtet.

Wenn aber die Errichtung einer Spiegelübertragung nicht verhindert wird, kommt es zur allmählichen Mobilisierung des verdrängten grandiosen Selbst, und eine Anzahl spezifischer pathognomonischer und therapeutisch wertvoller Widerstände wird in Gang gesetzt. Das Hauptziel der Durcharbeitungsprozesse in der idealisierenden Übertragung ist die Internalisierung des idealisierten Objekts, die zur Stärkung der fundamentalen Struktur des Ichs des Patienten und zur Stärkung seiner Ideale führt. Das Hauptziel der Durcharbeitungsprozesse in der Spiegelübertragung ist aber die Umwandlung des grandiosen Selbst, deren Ergebnis eine Festigung des Handlungspotentials des Ichs (infolge des wachsenden Realismus der Ambitionen der Persönlichkeit) sowie eine realistischere Selbstachtung ist.

Eine wichtige Frage bei der Analyse narzißtischer Persönlichkeiten, insbesondere im Bereich des grandiosen Selbst, betrifft den Grad therapeutischer Aktivität, die vom Analytiker aufgewendet werden muß. Bei der Anwendung von Aichhorns Technik (1936) gegenüber jugendlichen Kriminellen z. B. bietet sich der Analytiker dem Patienten aktiv als Ebenbild von dessen grandiosem Selbst an, und zwar in einer Beziehung, die der Zwillings- (oder alter ego-)Variante der Spiegelübertragung ähnelt (siehe auch A. Freuds aufschlußreiche Zusammenfassung [1951]). Die Fähigkeit eines Delinquenten, sich dem Analytiker mit Bewunderung zuzuwenden, zeigt allerdings an, daß ein idealisiertes Elternbild und der tiefe Wunsch nach idealisierender Übertragung (vorbewußt) vorhanden waren, infolge früher Enttäuschungen jedoch verleugnet und verheimlicht wurden. Aichhorns besonderes Verständnis für den Delinquenten führte ihn dazu, sich selbst zunächst als Spiegelbild von dessen grandiosem Selbst anzubieten. Auf diese Weise war er in der Lage, eine verschleierte Mobilisierung idealisierender Besetzungen eines Objekts einzuleiten, ohne zunächst den notwendigen Schutz des defensiv geschaffenen grandiosen Selbst und seiner Aktivitäten zu beeinträchtigen. Ist aber einmal ein Band geschlungen, kann der allmähliche Wechsel von der Omnipotenz des grandiosen Selbst zur tiefer ersehnten Omnipotenz eines idealisierten Objekts (und dem nötigen therapeutischen Vertrauen darauf) vor sich gehen.

In der analytischen Behandlung gewöhnlicher Fälle narzißtischer Pesönlichkeitsstörungen ist aber eine Ermutigung zur Idealisierung nicht wünschenswert. Sie führt zu einer beharrlichen und zähen Übertragungsbindung, die einen aus massiven Identifikationen mit dem Analytiker bestehenden Deckmantel erzeugt und die allmähliche Veränderung der (nun verborgenen) pathogenen, narzißtischen Strukturen verhindert. Aber eine spontan einsetzende therapeutische Mobilisierung des idealisierten Elternbildes oder des grandiosen Selbst ist in der Tat zu begrüßen und darf nicht gestört werden. Hinsichtlich der Deutungen, die sich auf narzißtische Übertragungen beziehen, kann der Analytiker in zwei antithetischen Fehlrichtungen irregehen, nämlich wenn er dazu neigt, über den Narzißmus des Patienten zu moralisieren, oder wenn er ihm seine – korrekten – Deutungen in allzu abstrakter Weise vorsetzt.

Die Trias aus Werturteilen, moralisierenden Ermahnungen und therapeutischem Aktivismus, in der der Analytiker die grundsätzliche analytische Haltung aufgibt, um zum Führer und Lehrer des Patienten zu werden, entsteht höchstwahrscheinlich dann, wenn die zu erforschende Psychopathologie metapsychologisch nicht verstanden wird. Unter solchen Umständen kann der Analytiker schwerlich getadelt werden, wenn er dazu neigt, das anscheinend wirkungslose, analytische Werkzeug beiseite zu legen und statt dessen sich selbst dem Patienten als Identifikationsobjekt anzubieten, um therapeutische Veränderungen zu erzielen. Wird aber mangelnder Erfolg in Bereichen in Kauf genommen, die metapsychologisch noch nicht verstanden werden, ohne deswegen analytische Mittel aufzugeben, dann steht der Gewinnung neuer analytischer Einsichten nichts im Wege, und wissenschaftlicher Fortschritt wird möglich.

Wo metapsychologisches Verständnis zwar nicht gänzlich fehlt, aber unvollständig ist, neigen manche Analytiker dazu, ihre Deutungen durch suggestiven Druck zu ergänzen, und das Gewicht der Persönlichkeit des Therapeuten bekommt größere Bedeutung. Es gibt gewisse Analytiker, von denen gesagt wird, daß sie hinsichtlich der Analyse von Borderline-Fällen besonders begabt seien, und Anekdoten über ihre therapeutischen Leistungen machen in Analytikerkreisen die Runde. Aber ebenso wie der Chirurg in der heroischen Ära der Chirurgie ein charismatisch begnadeter Mann war, der Heldentaten voll Mut und Geschick vollbrachte, heute aber zum gut ausgebildeten, gelassenen Fachmann geworden ist, so auch der Analytiker. Mit der Zunahme unseres Wissens über narzißtische Störungen wird ihre Behandlung das Werk von Analytikern, die keinerlei besonderes Charisma ihrer Persönlichkeit aufbieten, sondern die sich auf den Gebrauch von Werkzeugen beschränken, die rationalen Erfolg versprechen, nämlich Deutungen und Rekonstruktionen. Es gibt natürlich Augenblicke, in denen eine energische Äußerung angebracht erscheint, als ein letzter Schritt, um den Patienten zu überzeugen, daß die aus ungemilderten narzißtischen Phantasien gewonnenen Befriedigungen illusorisch sind. Ein geschickter Analytiker der älteren Generation beispielsweise – so berichtet die lokale psychoanalytische Überlieferung – kam zum Ziel, indem er seinem nichtsahnenden Analysanden an einem strategischen Punkt der Analyse schweigend Zepter und Krone überreichte, anstatt ihm eine weitere verbale Deutung vorzuhalten. Im allgemeinen wird jedoch der psychoanalytische Prozeß am meisten gefördert, wenn wir den spontanen synthetischen Ich-Funktionen des Patienten zutrauen, die narzißtischen Konfigurationen in einer Atmosphäre analytisch-empathischen *Sich-angenommen-Fühlens* allmählich zu integrieren, anstatt ihn dazu zu treiben, daß er die ärgerliche Zurückweisung seiner irrealen Wünsche durch den

Analytiker nachahmt.

Die zweite Gefahr, daß Deutungen der narzißtischen Übertragung zu abstrakt ausfallen, kann sehr herabgesetzt werden, wenn wir vermeiden, der weitverbreiteten Verwechslung von Objektbeziehungen und Objektliebe zum Opfer zu fallen. Wir müssen im Auge behalten, daß unsere Deutungen der idealisierenden und der Spiegelübertragung trotz der Tatsache, daß das Objekt narzißtisch besetzt ist, eine intensive Objektbeziehung betreffen; daß wir dem Analysanden mit unserer Deutung erklären, wie gerade sein Narzißmus seine Empfindlichkeit gegenüber gewissen Eigenschaften und Handlungen des Objekts, nämlich des Analytikers, erhöht, den er in narzißtischer Weise erlebt.

Wenn die Deutungen des Analytikers nicht Verdammungsurteile sind, wenn er dem Patienten in konkreten Worten Wichtigkeit und Bedeutung seiner – oft ausagierten – Botschaften, seiner scheinbar irrationalen Überempfindlichkeit und des Hin- und Herfließens der Besetzungen der narzißtischen Positionen klarmachen kann, und wenn er insbesondere dem Patienten zu erklären vermag, daß diese archaischen Einstellungen verständlich, anpassungsfördernd und wertvoll sind im Gesamt der Persönlichkeitsbildung, von der sie ein Teil sind – dann wird sich der reife Ich-Anteil nicht von der Grandiosität des archaischen Selbst oder von den Ehrfurcht und Schrecken erregenden Zügen des überschätzten, narzißtisch erlebten Objekts abwenden. Wieder und wieder wird sich das Ich in kleinen, von ihm zu bewältigenden psychischen Arbeitsmengen mit der Enttäuschung darüber auseinandersetzen, daß es die Forderungen des grandiosen Selbst als unrealistisch erkennen muß. Als Reaktion auf diese Erfahrung wird es dann entweder traurig einen Teil der narzißtischen Besetzung von dem archaischen Selbstbildnis abziehen oder mit Hilfe der neuerworbenen Strukturierung die dann freigewordenen narzißtischen Energien neutralisieren bzw. sie in zielgehemmte Vorhaben leiten. Ferner wird sich das Ich in kleinen, von ihm zu bewältigenden psychischen Arbeitsmengen auch mit der Enttäuschung auseinandersetzen, daß das idealisierte Objekt unerreichbar oder unvollkommen ist. Und als Reaktion auf diese Erfahrung wird es einen Teil der idealisierenden Besetzung vom Objekt abziehen und die entsprechenden inneren Strukturen stärken. Kurzum, wenn das Ich zunächst lernt, das Vorhandensein der mobilisierten narzißtischen Strukturen zu akzeptieren, wird es sie allmählich in seine eigene Sphäre eingliedern, und der Analytiker wird Zeuge der Errichtung von Ich-Dominanz und Ich-Autonomie im narzißtischen Sektor der Persönlichkeit werden.

III. Reaktionen des Analytikers

Reaktionen des Analytikers während der Mobilisierung
des idealisierten Elternbildes des Patienten
in der idealisierenden Übertragung

Vor einiger Zeit wurde ich von einem Kollegen wegen des Stillstandes einer Analyse konsultiert, der von Anfang an zu bestehen schien und während der zwei Jahre dauernden Arbeit nicht zu beheben gewesen war. Da es sich bei der betreffenden Patientin um eine oberflächliche, zur Promiskuität neigende Frau handelte, die eine ernste Störung ihrer Fähigkeit, sinnvolle Objektbeziehungen herzustellen, aufwies und eine Anamnese schwerer Kindheitstraumata bot, neigte ich anfangs dazu, mit dem Analytiker darin übereinzustimmen, daß das Ausmaß der narzißtischen Fixierungen die Herstellung jenes Minimums an Übertragung hinderte, ohne das eine Analyse nicht fortschreiten kann. Dennoch bat ich den Analytiker um einen Bericht über die ersten Behandlungsstunden unter besonderer Berücksichtigung derjenigen seiner Handlungen, die die Patientin als Zurückweisung empfunden haben könnte. Zu den frühesten Übertragungsmanifestationen dieser katholischen Patientin gehörten einige Träume, in denen eine leuchtende Priestergestalt aufgetreten war. Wenngleich diese frühen Träume nicht gedeutet worden waren, erinnerte sich der Analytiker – doch mit sichtlichem Widerstreben! – seiner späteren Erklärung, er sei kein Katholik. Er begründete sein Verhalten damit, daß es für die Patientin notwendig gewesen sei, wenigstens ein Minimum der realen Situation zur Kenntnis zu nehmen, da seiner Ansicht nach ihre Bindung an die Realität eine höchst prekäre war. Diese Erfahrung muß für die Patientin sehr bedeutungsvoll gewesen sein. Wir erkannten später, daß sie als einen anfänglichen, versuchsweisen Übertragungsschritt eine Haltung idealisierender religiöser Devotion wiederhergestellt hatte, wie sie bei ihr zu Beginn der Adoleszenz bestand – eine Haltung, die ihrerseits eine Wiederbelebung von ängstlicher Scheu und Bewunderung war, die sie in der Kindheit empfunden hatte. Diese frühesten Idealisierungen waren, wie wir später schließen konnten, eine Zuflucht vor bizarren Spannungen und Phantasien gewesen, die durch traumatische Stimulierungen und Versagungen von seiten ihrer pathologischen Eltern verursacht wurden. Die unangebrachte Bemerkung des Analytikers nun, daß er kein Katholik sei – d. h. keine idealisierte, gute und gesunde Version der Patientin –, bedeutete für sie eine Zurückweisung und führte zu jenem Stocken der Analyse, das der Analytiker mit Hilfe einer Anzahl von Kontrollstunden über diese Patientin und seine Reaktion auf sie später weitgehend überwinden konnte.

Ich will hier das Hauptaugenmerk weder auf die Übertragung noch auf die Auswirkung des Fehlers des Analytikers auf die Analyse richten, sondern auf die Erhellung eines Gegenübertragungssymptoms. Eine Kombination von Umständen – darunter die Tatsache, daß ich einige ähnliche Vorfälle beobachtet habe – erlaubt es mir, mit einem Gefühl von Sicherheit und Überzeugung die folgende Erklärung vorzulegen: Die analytisch ungerechtfertigte Zurückweisung idealisierender Haltungen eines Patienten beruht gewöhnlich auf der defensiven Abwehr narzißtischer Spannungen, die als beschämend oder peinlich empfunden werden und sogar zu hypochondrischen Grübeleien führen können. Sie entstehen beim Analytiker, wenn auf Grund der Idealisierung durch den Patienten verdrängte Phantasien seines eigenen grandiosen Selbst angeregt werden.

Sind diese Reaktionen des Analytikers nun vorwiegend durch eine augenblickliche Belastung motiviert oder stehen sie in Beziehung zu einer gefährlichen Mobilisierung spezifischer verdrängter, unbewußter Konstellationen?

In einem Brief an Binswanger äußerte sich Freud (1913) über das Problem der Gegenübertragung folgendermaßen: »Was man dem Patienten gibt«, sagte Freud, »soll eben niemals unmittelbarer Affekt, sondern stets bewußt zugeteilter sein, und dann je nach Notwendigkeit mehr oder weniger. Unter Umständen sehr viel...«. Und dann stellte Freud die entscheidende Grundregel auf: »Jemandem zu wenig geben, weil man ihn zu sehr liebt, ist ein Unrecht an dem Kranken und ein technischer Fehler.«

Wenn die inzestuösen, objekt-libidinösen Forderungen eines Patienten beim Analytiker eine intensive, unbewußte Reaktion auslösen, wird er möglicherweise den Wünschen dieses Patienten mit überbetonter technischer Kühle beggnen, oder er erkennt sie nicht einmal – auf jeden Fall wird es seinem Ich verwehrt sein, die für die Analyse günstigste Reaktion frei zu wählen. Eine parallele Situation kann bei der Analyse narzißtischer Persönlichkeitsstörungen auftreten, wenn die Remobilisierung des idealisierten Elternbildes den Analysanden veranlaßt, den Analytiker als Verkörperung idealisierter Vollkommenheit anzusehen. Wenn der Analytiker mit seinem eigenen grandiosen Selbst noch nicht ins reine gekommen ist, besteht die Gefahr, daß er auf die Idealisierung mit einer intensiven Stimulierung seiner unbewußten Größenphantasien und einer Intensivierung von Abwehrkräften reagiert, was zur Zurückweisung der idealisierenden Übertragung des Patienten führt. Wenn die Abwehrhaltung des Analytikers chronisch wird, dann wird die Herstellung einer brauchbaren idealisierenden Übertragung beeinträchtigt, und der analytische Prozeß wird blockiert.

Es macht wenig Unterschied, ob die Zurückweisung des Patienten schroff erfolgt – was nur selten vorkommt – oder aus scheinbarem Zartgefühl (wie in dem berichteten Beispiel) – das ist gewöhnlich der Fall – oder – was am häufigsten geschieht – ob sie hinter an sich korrekten, aber voreilig gegebenen, genetischen oder dynamischen Interpretationen fast völlig verborgen wird, wenn etwa der Analytiker die Aufmerksamkeit des Patienten zu rasch auf idealisierte Gestalten seiner Vergangenheit lenkt oder wenn er auf feindselige Impulse hinweist, die den idealisierenden angeblich zugrunde liegen. Die Zurückweisung braucht nur in einer leichten Überobjektivität der Haltung des Analytikers zum Ausdruck zu kommen oder auch in der Neigung, die narzißtische Idealisierung in humorvoller und freundlicher Weise herabzusetzen. Und schließlich ist es geradezu schädlich, die Vorzüge des Patienten zu einer Zeit hervorzuheben, während der er sich um die idealisierende Expansion der tief verwurzelten narzißtischen Positionen bemüht und sich im Vergleich zum Therapeuten unbedeutend vorkommt – so sympathisch es auch ist, wenn der Analytiker Achtung vor seinem Patienten hat. Kurzum, während jener Phase der Analyse narzißtischer Persönlichkeiten, in der eine idealisierende Übertragung aufzukeimen beginnt, gibt es nur *eine* richtige analytische Haltung, nämlich: die Bewunderung entgegenzunehmen.

Reaktionen des Analytikers während der therapeutischen Mobilisierung des grandiosen Selbst des Patienten in der Spiegelübertragung

Die Spiegelübertragung tritt in verschiedenen Formen auf, die dem Analytiker ungleichartige emotionale Aufgaben stellen. In der Spiegelübertragung im engeren Sinne reagiert der Patient auf das Auf und Ab der Einfühlung des Analytikers in seine narzißtischen Bedürfnisse und auf die Reaktion des Analytikers auf sie. Die Tatsache der Existenz des Analytikers und seiner Gegenwart wird daher zumindest in diesem Bezugskreise anerkannt. Selbst unter diesen Umständen mögen aber im Analytiker Reaktionen erweckt werden, die die therapeutische Reaktivierung des grandiosen Selbst des Patienten erschweren, da des Analytikers eigene, narzißtische Bedürfnisse ihn gegenüber einer Situation intolerant machen können, in der ihm lediglich die Rolle eines Spiegels für den infantilen Narzißmus des Patienten zugewiesen ist. In den anderen Unterarten der therapeutischen Aktivierung des grandiosen Selbst, d. h. in der Zwillings- oder alter ego-Übertragung und in der Verschmelzungsübertragung, wird der Analytiker sogar des Minimums an narzißtischer Befriedigung beraubt: der Patient erkennt ihn nicht einmal als von ihm getrenntes Wesen. Während in der Spiegelübertragung im engeren Sinne der Analytiker unfähig werden kann, die narzißtischen Bedürfnisse des Patienten zu verstehen und auf sie zu reagieren, sind die häufigsten Gefahren bei der Zwillingsübertragung und der Verschmelzung seine Langeweile, sein Mangel an emotionaler Anteilnahme am Patienten und die Schwierigkeit, seine Aufmerksamkeit wachzuhalten. Eine theoretische Erörterung solchen Versagens muß hier jedoch unterbleiben. Sie würde einerseits eine Untersuchung der Psychologie der Aufmerksamkeit in Abwesenheit von Stimulierung durch Objektbesetzungen erfordern, und andererseits müßte man gewisse Aspekte der Verletzlichkeit der Einfühlung von Analytikern studieren, die genetisch mit der Tatsache zusammenhängen, daß eine spezifische empathische Sensibilität, die in einer frühen narzißtischen Beziehung erworben wird, oft entscheidend zur Motivierung des Entschlusses beiträgt, Analytiker zu werden. Anstelle einer theoretischen Diskussion soll der Versuch gemacht werden, den Gegenstand mit Hilfe eines klinischen Beispiels zu beleuchten.

Fräulein F., 25 Jahre alt, entschloß sich zur Analyse aufgrund des vagen Gefühls einer diffusen Unzufriedenheit. Obwohl sie aktiv im Beruf stand und zahlreiche gesellschaftliche Kontakte unterhielt, war sie mit niemand wirklich vertraut und empfand sich als andersartig und isoliert von anderen Menschen. Sie hatte eine Anzahl von Liebesbeziehungen gehabt, eine Heirat aber immer abgelehnt, weil sie wußte, daß solch ein Schritt Selbstbetrug sein würde. Sie war plötzlichen Stimmungsschwankungen unterworfen, die von Ungewißheit über die Realität ihrer Gefühle und Gedanken begleitet waren. Metapsychologisch ausgedrückt, war die Störung auf eine fehlerhafte Integration des grandiosen Selbst zurückzuführen. Diese hatte Schwankungen zwischen Zuständen von ängstlicher Aufregung wegen eines geheimen Gefühls von »Auserwähltsein«, das sie weit über die anderen hinaushob (und zwar immer dann, wenn das Ich nahe daran war, dem überbesetzten grandiosen Selbst das Feld zu räumen), und Zuständen emotionaler Entleerung im Gefolge (wenn das Ich seine ganze Kraft darauf verwandte, sich gegen das Eindringen der unrealistischen grandiosen Substruktur zu verteidigen). Genetisch gesehen hatte die Tatsache, daß die Mutter zu verschiedenen Zeitpunkten während des frühen Lebens des Kindes depressiv gewesen war, die allmähliche Integration der narzißtisch-exhibitionistischen Besetzungen des grandiosen Selbst verhindert. Während entscheidender Zeitspannen ihrer Kindheit hatten die Gegenwart des Mädchens und seine Handlungen bei der Mutter keinerlei Freude und Anerkennung hervorgerufen. Im Gegenteil: immer wenn sie versuchte, über sich selbst zu sprechen, hatte die Mutter unmerklich die Aufmerksamkeit auf ihre eigenen depressiven Vorstellungen gelenkt und damit das Kind jener optimalen mütterlichen Anteilnahme beraubt, die kruden Exhibitionismus und Grandiosität in realistische und anpassungsfördernde Selbstachtung und in Freude an sich selbst verwandelt.

Während ausgedehnter Phasen der Analyse – zu einer Zeit, als ich die Psychopathologie der Patientin noch nicht verstand – kam es in den analytischen Sitzungen häufig zu folgendem Ablauf der Ereignisse. Die Patientin kam in freundlicher Stimmung an, ließ sich bequem nieder und begann, ihre Gedanken und Gefühle mitzuteilen; über aktuelle Themen, über die Übertragung und über Erkenntnisse, die den Zusammenhang zwischen Gegenwart und Vergangenheit und zwischen Übertragungen auf den Analytiker und analogen Strebungen gegenüber anderen betrafen. Kurz gesagt, der erste Teil der Sitzungen erweckte den Eindruck einer gut vorangehenden Selbstanalyse, bei der der Analytiker in der Tat wenig mehr als ein interessierter Beobachter ist, der sich für die nächste Widerstandswelle bereithält. Diese Phase währte nun aber viel länger als die bei anderen Analysen erlebten selbstanalytischen Perioden. Ich bemerkte ferner, daß ich nicht in der Lage war, die Haltung interessierter Aufmerksamkeit zu bewahren, die sich normalerweise ohne Anstrengung und spontan einstellt, wenn man den freien Assoziationen eines Patienten während einer relativ unbeeinträchtigten Selbstanalyse folgt. Endlich, nach einer langen Zeit der Unwissenheit und des Mißverstehens, während der ich geneigt war, mit der Patientin über die Richtigkeit meiner Deutungen zu hadern und das Vorhandensein hartnäckiger, verborgener Widerstände zu argwöhnen, kam ich zu der entscheidenden Erkenntnis, daß die Patientin eine ganz bestimmte Reaktion auf ihre Mitteilungen verlangte, und daß sie jede andere vollkommen ablehnte. Im Gegensatz zu anderen Analysanden, die sich in Perioden echter Selbstanalyse befinden, konnte die Patientin das Schweigen des Analytikers nicht ertragen. Etwa in der Mitte der Sitzungen wurde sie plötzlich wütend auf mich, weil ich schwieg. (Ich möchte hinzufügen, daß sich die archaische Natur ihres Bedürfnisses durch die Plötzlichkeit verriet, mit der es auftrat, entsprechend dem plötzlichen Übergang von Sättigung zu Hunger und von Hunger zu Sättigung bei sehr kleinen Kindern.) Ich erfaßte jedoch allmählich, daß sie sofort ruhig und zufrieden wurde, wenn ich in solchen Momenten einfach zusammenfaßte oder wiederholte, was sie im wesentlichen bereits gesagt hatte (wie etwa: »Sie kämpfen wieder darum, sich aus der Verstrickung in das Mißtrauen Ihrer Mutter gegenüber den Männern zu befreien« oder »Sie haben sich dazu durchgearbeitet, zu verstehen, daß die Phantasien über den englischen Besucher Phantasien über mich reflektieren«). Ging ich aber auch nur einen einzigen Schritt über das hinaus, was die Patientin bereits selbst gesagt oder entdeckt hatte (z. B.: »Die Phantasien über den fremden Besucher reflektieren Phantasien über mich, und außerdem glaube ich, daß sie eine Wiederbelebung der gefährlichen Stimulierung sind, der Sie sich durch die Phantasiegeschichten Ihres Vaters ausgesetzt fühlten«), ärgerte sie sich wieder heftig (sogar ungeachtet der Tatsache, daß das, was ich hinzugefügt hatte, ihr bereits bekannt sein mochte) und beschuldigte mich wütend in erregtem, schrillem Ton, ihr Selbstvertrauen zu untergraben, mit meiner Bemerkung alles zerstört zu haben, was sie aufgebaut hatte, und die Analyse zu ruinieren.

Gewisse Überzeugungen können nur aus erster Hand gewonnen werden, und ich bin daher nicht in der Lage, die Richtigkeit der folgenden Schlußfolgerungen im Detail zu erweisen.

Während dieser Phase der Analyse hatte die Patientin begonnen, ein archaisches, intensiv libidinös besetztes Bild ihres Selbst zu remobilisieren, das bis dahin verdrängt worden war. Zugleich mit der Wiederbelebung dieses grandiosen Selbst, an das sie fixiert geblieben war, erhob sich auch das neuerliche Verlangen nach einem archaischen Objekt, das nicht mehr sein sollte als die Verkörperung einer psychologischen Funktion, die die Psyche der Patientin noch nicht selbst ausführen konnte: einfühlend auf ihren Exhibitionismus zu reagieren und sie durch Anerkennung, Spiegelung und Widerhall mit narzißtischer Nahrung zu versorgen. Die Patientin versuchte so, mit Hilfe meiner bestätigenden, widerspiegelnden Gegenwart, ein überbesetztes, archaisches Selbst in ihre sonstige Persönlichkeit zu integrieren. Der Prozeß begann in diesem Stadium mit der vorsichtigen Wiederherstellung des Empfindens der Realität ihrer Gedanken und Gefühle. Später schritt er allmählich fort in Richtung einer Umwandlung ihrer intensiven exhibitionistischen Bedürfnisse in ein ich-gerechtes Verständnis ihres eigenen Wertes und der Freude an ihren Handlungen.

Da ich mir zu jener Zeit über die Fallstricke solcher Übertragungsbedürfnisse nicht genügend im klaren war, beeinträchtigten viele meiner Interventionen das Ingangkommen der Strukturbildung. Aber ich weiß, daß die Hindernisse, die meinem Verstehen entgegenstanden, nicht nur auf dem Gebiet der Erkenntnis lagen, und ich kann – ohne die Regeln des Anstands zu verletzen und ohne in jene Art unbescheidener Selbstenthüllung zu verfallen, die letztlich mehr verbirgt als sie eingesteht – versichern, daß es spezifische Hindernisse in meiner eigenen Persönlichkeit waren, die mir im Wege standen. Da war ein Rest von Beharren, erwachsen aus tiefverwurzelten alten Fixierungspunkten, mich selbst im narzißtischen Mittelpunkt der Bühne sehen zu wollen, und obwohl ich natürlich lange Zeit mit den entsprechenden Selbsttäuschungen der Kindheit gekämpft hatte und glaubte, im ganzen gesehen die Herrschaft über sie erlangt zu haben, war ich doch den extremen Anforderungen nicht gewachsen, die sich aus der begrifflich nicht gestützten Konfrontation mit dem grandiosen Selbst meiner

Patientin ergaben. Deshalb weigerte ich mich, die Möglichkeit in Betracht zu ziehen, daß ich für die Patientin nicht Objekt, nicht ein Amalgam mit den Liebes- und Haßobjekten aus ihrer Kindheit war, sondern – wie ich widerstrebend einsehen mußte – eine unpersönliche Funktion, bedeutungsvoll nur insofern, als sie mit dem Königreich ihrer eigenen, remobilisierten narzißtischen Größe und ihres Exhibitionismus in Beziehung stand. Lange Zeit bestand ich daher darauf, daß die Vorwürfe der Patientin sich auf spezifische Übertragungsphantasien und -wünsche der ödipalen Stufe bezogen – aber ich kam in dieser Richtung nicht voran. Ich glaube, es war schließlich der schrille Ton ihrer Stimme, der die absolute Überzeugung ausdrückte, im Recht zu sein – die Überzeugung eines sehr kleinen Kindes, eine verhaltene, bis dahin nicht ausgesprochene Überzeugung –, der mich auf die richtige Spur brachte. Ich erkannte, daß ich immer, wenn ich mehr (oder weniger) tat, als auf die Berichte der Patientin von ihren eigenen Entdeckungen mit einfacher Zustimmung oder Bestätigung zu reagieren, für sie die depressive Mutter wurde, die die narzißtischen Besetzungen von der kleinen Tochter weg auf sich selbst lenkte oder aber das von ihr geforderte narzißtische Echo nicht bot.

Die oben geschilderte klinische Situation und insbesondere die therapeutischen Reaktionen des Analytikers auf sie bedürfen weiterer Erhellung. Auf den ersten Blick mag es den Anschein haben, als behauptete ich, der Analytiker müsse in solchen Fällen einem Übertragungswunsch des Analysanden nachgeben. Genauer gesagt: Die Patientin hätte nicht den nötigen emotionalen Widerhall oder die nötige Bestätigung von der depressiven Mutter erhalten, und der Analytiker müsse ihr dies nun geben, um eine »corrective emotional experience« zu liefern (Alexander, French et al., 1946).

Es gibt in der Tat Patienten, für die diese Art des Befriedigtwerdens nicht nur ein vorübergehendes, taktisches Erfordernis während gewisser Stress-Phasen der Analyse darstellt, sondern die niemals die zu jener wachsenden Ich-Herrschaft über den Kindheitswunsch führenden Schritte unternehmen können, die das spezifische Ziel der psychoanalytischen Arbeit ist. Es besteht ferner kein Zweifel, daß gelegentlich die Befriedigung eines wichtigen Kindheitswunsches eine anhaltende, wohltuende Wirkung in bezug auf Symptommilderung und Verhaltensänderung des Patienten haben kann – vor allem; wenn sie in einer Aura von starker Überzeugung und einer therapeutischen Atmosphäre geboten wird, die einen quasi religiösen, magischen Beiklang von Glauben an die Wirkungskraft der Liebe hat.

Der analytische Prozeß in analysierbaren Fällen – wie dem in der vorliegenden klinischen Vignette beschriebenen – entwickelt sich jedoch in anderer Weise. Wenngleich der Analytiker aus taktischen Gründen vielleicht vorübergehend eine Haltung einnehmen muß, die man etwa *ein widerstrebendes Eingehen auf den Kindheitswunsch* nennen könnte, bleibt das wahre analytische Ziel nicht die Erfüllung des Wunsches, sondern seine auf Einsicht beruhende Bemeisterung, die im Rahmen einer (erträglichen) analytischen Abstinenz erreicht wird. Die Erkenntnis der spezifischen Kindheitsforderung war nur der Beginn eines das grandiose Selbst betreffenden Durcharbeitungsprozesses. Ihr folgte die Aufdeckung ganzer Bündel analoger Erinnerungen an das Eintreten der Mutter in eine Phase depressiver Beschäftigung mit sich selbst während späterer Perioden im Leben der Patientin. Schließlich bezog sich eine zentrale Gruppe bitterer Erinnerungen, über die sich eine Serie früherer und späterer geschoben zu haben schien, speziell auf Episoden der Heimkehr vom Kindergarten oder den ersten Schulklassen. Zu dieser Zeit pflegte sie voller Freude und Erwartung nach Hause zu laufen, um ihrer Mutter so schnell wie möglich von den Erfolgen in der Schule zu erzählen. Sie erinnerte sich dann, wie die Mutter die Tür öffnete, aber anstatt daß ihr Gesicht aufgeleuchtet hätte, blieb ihr Ausdruck leer. Ebenso erinnerte sie sich, daß die Mutter zwar zuzuhören und Anteil zu nehmen schien, wenn die Patientin über Schule und Spiel sowie ihre Leistungen und Erfolge während der vorangegangenen Stunden zu erzählen begann, aber unmerklich verschob sich das Thema der Unterhaltung, und die Mutter fing an, über sich selbst, ihr Kopfweh, ihre Müdigkeit oder andere physische Beschwerden zu reden. Hinsichtlich ihrer eigenen Reaktionen konnte sich die Patientin nur erinnern, daß sie sich plötzlich ihrer Energie beraubt und leer gefühlt hatte. Lange Zeit hindurch war sie unfähig, sich zu erinnern, daß sie bei solchen Gelegenheiten Wut über ihre Mutter empfunden hatte. Erst nach einer ausgedehnten Durcharbeitungsperiode konnte sie allmählich Verbindungen herstellen zwischen der Wut, die sie gegen mich empfand, wenn ich ihre Forderungen nicht verstand, und den Gefühlen, die sie als Kind empfunden hatte.

Dieser Phase folgte dann eine langsame, Scham auslösende, ängstliche Aufdeckung ihrer persistierenden infantilen Grandiosität und ihres Exhibitionismus. Die während dieser Zeitspanne erreichte Durcharbeitung führte schließlich zu gesteigerter Ich-Herrschaft über die alte Grandiosität und den Exhibitionismus und damit zu größerem Selbstvertrauen und anderen vorteilhaften Umformungen ihres Narzißmus in diesem Teil ihrer Persönlichkeit.

IV. Abschließende Bemerkungen

Die vorliegende Untersuchung muß in ihrer Gesamtheit als zusammenfassende Vorschau auf eine ausgedehntere Studie angesehen werden.[4] Es soll deswegen keine retrospektive Übersicht über die dargelegten Ergebnisse und Meinungen gegeben werden. Es muß aber betont werden, daß es einige wichtige Aspekte des Themas gibt, die entweder nur kurz angedeutet wurden oder gänzlich unberücksichtigt bleiben mußten.

So war es notwendig, wie eingangs erwähnt, fast alle Bezugnahmen auf Werke anderer Autoren wegzulassen, beispielsweise auf die wichtigen Beiträge von H. Hartmann (1953), K. R. Eissler (1953), E. Jacobson (1964) und A. Reich (1960). Ferner war es nicht möglich, die Betrachtung der vorliegenden Untersuchung mit der Bearbeitung des Themas durch so bedeutende Autoren wie P. Federn (1952) einerseits und M. Mahler (1952) andererseits zu vergleichen. Und schließlich – immer noch im selben Zusammenhang – war es nicht möglich, die Arbeit von Melanie Klein und ihrer Schule zu diskutieren, die sich oft mit Störungen zu befassen scheint, welche mit den in diesem Essay untersuchten verwandt sind.

Es wurde nicht versucht, das in dieser Studie behandelte Gebiet der Psychopathologie zu definieren und abzugrenzen; die Frage der Angemessenheit des Gebrauchs der Bezeichnung ›Übertragung‹ konnte im gegenwärtigen Zusammenhang nicht aufgegriffen werden; die Erörterung der Rolle der Aggression mußte übergangen werden; die wiederholten traumatischen Zustände, in denen sich der Fokus der Analyse vorübergehend auf die nahezu ausschließliche Betrachtung der Überbürdung der Psyche verschiebt, konnten nicht erhellt werden. Viele andere Schwierigkeiten, therapeutische Grenzen und Fehlschläge wurden nicht behandelt und, was am bedauerlichsten ist, es war nicht möglich, die spezifischen wohltätigen Veränderungen zu beschreiben, die als Resultat der Umformung der narzißtischen Strukturen und ihrer Energien sich ergeben. Alles in allem: es war meine Absicht, mit diesem Beitrag einen Entwurf für das systematische Vorgehen bei der psychoanalytischen Behandlung narzißtischer Persönlichkeiten vorzulegen; eine gründliche Erforschung des Gegenstandes konnte nicht unternommen werden.

Übersetzt von Hilde Weller

Anmerkungen

1 Die tautologische Bezeichnung ›narzißtisches Selbst‹, die in dem Essay von 1966 verwendet wurde, ist jetzt durch die Bezeichnung *grandioses Selbst* ersetzt worden.
2 Die hier geschilderte Episode betrifft einen Patienten, der von einer Kollegin in ständiger Konsultation mit dem Autor behandelt wurde.
3 Diese Analyse wurde von einem fortgeschrittenen Ausbildungskandidaten am Chicago Institute for Psychoanalysis unter regelmäßiger Kontrolle durch den Autor durchgeführt.
4 [Diese Studie ist 1971 erschienen: The Analysis of the Self. A Systematic Approach to the Psychoanalytic Treatment of Narcissistic Personality Disorders; deutsch: Narzißmus. Eine Theorie der psychoanalytischen Behandlung narzißtischer Persönlichkeitsstörungen, Suhrkamp Verlag, Frankfurt 1973.]

Bibliographie

Aichhorn, A. (1936): The Narcissistic Transference of the ›Juvenile Impostor‹. In: Deliquency and Child Guidance, Otto Fleischmann, Paul Kramer und Helen Ross (Hrsg.), International Universities Press, New York, 1964, Seite 184-191.

Alexander, F., French, T. M. et al. (1946): psychoanalytic Therapy. Principles and Application. The Ronald Press Co., New York.

Eissler, K. R. (1953): Notes upon the Emotionality of a Schizophrenic Patient and its Relation to Problems of Technique. In: Psychoanalytic Study of the Child 8, Seite 199-251.

Federn, P. (1952): Ego Psychology and the Psychoses. Basic Books, New York.

Freud, A. (1951): Obituary: August Aichhorn. In: Int. J. of Psychoanalysis 32, Seite 51-56.

Freud, S. (1913): Brief an Ludwig Binswanger vom 20. Februar 1913. In: Binswanger, L. (1956): Erinnerungen an Sigmund Freud. Francke Verlag, Bern 1956.

Hartmann, H. (1953): Contribution to the Metapsychology of Schizophrenia. In: Psychoanalytic Study of the Child 8, Seite 177-198.

Jacobson, E. (1964): The Self and the Object World. International Universities Press, New York; deutsch: Das Selbst und die Welt der Objekte. Suhrkamp Verlag, Frankfurt 1974.

Kohut, H. (1966): Forms and Transformations of Narcissism. In: J. Amer. Psychoanal. Association 14, Seite 243-272, deutsch in: Psyche 8, Seite 561-587 (1966).

Mahler, M. (1952): On Child Psychosis and Schizophrenia: Autistic and Symbiotic Infantile Psychoses. In: Psychoanalytic Study of the Child 7, Seite 286-305.

Nagera, H. (1964): Autoerotism, Autoerotic Activities, and Ego Development. In: Psychoanalytic Study of the Child 19, Seite 240-255.

Niederland, W. G. (1959): Schreber: Father and Son. In: Psychoanalytic Quarterly 28, Seite 151-169.

Reich, A. (1960): Pathologic Forms of Self-Esteem Regulation. In: Psychoanalytic Study of the Child 15, Seite 215-232.

Überlegungen zum Narzißmus und zur narzißtischen Wut

1. Einführende Überlegungen

Eine der Perlen der deutschen Literatur ist der Essay des Dramatikers Heinrich von Kleist (1776-1811) »Über das Marionettentheater«, den er 1811 schrieb, kurz bevor er sein Leben durch Selbstmord beendete. Kleist und sein Werk sind außerhalb des deutschen Sprachraums beinahe unbekannt, aber die Faszination, die sein Aufsatz – und eine andere seiner Geschichten – schon in meinen Schultagen in mir erweckte, hatte, wie ich rückblickend sagen kann, eine spezifische Bedeutung für meine eigene geistige Entwicklung: zum ersten Mal fühlte ich mich von dem Thema angezogen, das nun mein wissenschaftliches Interesse für viele Jahre absorbiert hat und mit dem ich mich auch heute wieder befassen werde.

Seit ich als Schuljunge mit Kleists Geschichte bekannt geworden war, grübelte ich immer wieder über den unerklärlichen Eindruck nach, den die einfache Erzählung auf den Leser macht. Ein Ballettänzer, so liest man, versichert dem Autor in einem fingierten Gespräch, daß der Tanz der Marionetten, verglichen mit dem Tanz des Menschen, nahezu vollkommen sei. Der Schwerpunkt der Marionette sei ihre Seele; der Puppenspieler müsse sich nur in diesen Schwerpunkt versetzen, wenn er die Marionette bewege, und die Bewegung aller Glieder erreiche einen Grad der Vollkommenheit, den ein menschlicher Tänzer niemals erlangen könne. Da die Marionette nicht von der Schwerkraft nach unten gezogen würde und der Mittelpunkt ihres Körpers mit ihrer Seele zusammenfiele, wirke sie niemals gekünstelt oder gespreizt. Im Vergleich dazu sei der menschliche Tänzer befangen, dünkelhaft und unnatürlich. Die Bemerkungen des Tänzers erinnern den Autor daran, wie er vor einigen Jahren bewundert hatte, mit welch graziöser Bewegung sein nackter Begleiter den Fuß auf einen Schemel gesetzt hatte. Mit schelmischer Boshaftigkeit hatte er ihn gebeten, diese Bewegung zu wiederholen. Sein Begleiter versuchte es errötend, bewegte sich aber befangen und plump. »...und von diesem Augenblicke an«, schreibt Kleist, »ging eine unbegreifliche Veränderung mit dem jungen Menschen vor. Er fing an, tagelang vor dem Spiegel zu stehen... Eine unsichtbare und unbegreifliche Gewalt schien sich wie ein eisernes Netz um das freie Spiel seiner Glieder zu legen...«

Es ist nicht meine Absicht, Kleists Erzählung hier psychoanalytisch zu diskutieren. Aber es wird dem psychoanalytisch geschulten Leser nicht schwerfallen, die Probleme, die den Autor beschäftigen, zu identifizieren. Sein Thema ist die Angst um das Lebendigsein von Selbst und Körper und die Zurückweisung dieser Angst durch die Versicherung, daß auch das Unbelebte graziös, ja sogar vollkommen sein kann. Homosexualität (siehe in diesem Zusammenhang Sadger, 1910), körperliche Anmut und Exhibitionismus, Erröten und Verlegenheit werden erwähnt, ebenso das Thema der Grandiosität in der Phantasie vom Fliegen – in der Geschichte als »Antigravität« angedeutet – und das einer Verschmelzung mit einer omnipotenten äußeren Gewalt, durch die man völlig beherrscht und beeinflußt wird: die Kontrolle der Puppe durch den Puppenspieler. Schließlich findet sich in der Erzählung die Beschreibung einer tiefgehenden Wandlung der Persönlichkeit des jungen Mannes, die sich durch ein ominöses Symptom, sein tagelanges Sich-im-Spiegel-Betrachten, ankündigt.

Von allen Erscheinungsformen des Narzißmus fehlt nur eine in Kleists Erzählung: die Aggression, die aus dem Nährboden eines gestörten narzißtischen Gleichgewichts emporwuchert. Es ist ein beachtlicher Beweis für die Einheitlichkeit der kreativen Kräfte in der Tiefe der Persönlichkeit eines großen Schriftstellers, daß Kleist in der Tat dieses Thema schon früher in der Novelle »Michael Kohlhaas« (1810) behandelte. »Michael Kohlhaas« ist die ergreifende Schilderung unersättlicher Rachsucht nach einer narzißtischen Kränkung – in ihrem Bereich, wie ich glaube, nur durch ein Werk überflügelt: Melvilles »Moby Dick«. Kleists Novelle berichtet vom Schicksal eines Mannes, der, ähnlich wie Captain Ahab, völlig von seiner endlosen narzißtischen Wut beherrscht wird. Es ist die großartigste Darstellung des Rachemotivs in der deutschen Literatur – ein Thema, das eine wichtige Rolle im nationalen Schicksal des deutschen Volkes spielt, dessen Rachedurst nach der Niederlage von 1918 beinahe zum Untergang der ganzen westlichen Zivilisation führte.

2. Das Selbst und seine libidinösen Besetzungen

In den letzten Jahren habe ich mich mit Themen beschäftigt, die auf das Selbst (insbesondere auf seine Kohäsion und Fragmentierung) Bezug haben (1966, 1968, 1970, 1971). Soweit meine Kräfte reichen, habe ich diese Arbeit zu einem Abschluß gebracht, und ich kann mich daher heute einem neuen Thema – der Beziehung zwischen Narzißmus und Aggression – zuwenden. Aber bevor ich diesen Schritt unternehme, möchte ich mich zunächst noch einmal mit dem hinter mir liegenden Werk befassen, Aufmerksamkeit auf Einzelheiten lenken, die hervorgehoben werden müssen, und auf Gebiete hinweisen, die als Grundlage der nachfolgenden Formulierungen dienen sollen.

A. Der Einfluß der elterlichen Einstellung auf die Bildung des Selbst

Wenn man mich fragen würde, was ich im Zusammenhang mit dem Narzißmus für den wichtigsten Gesichtspunkt halte, so würde ich antworten: seine unabhängige Entwicklungslinie von primitiven zu gereiften, adaptiven und kulturell wertvollen Formen. Die Richtung dieser Entwicklung wird gewiß durch starke angeborene Determinanten bestimmt, aber der Einfluß, den die spezifische Wechselbeziehung zwischen dem Kind und seiner Umgebung auf die Kohäsion des Selbst und die Formation idealisierter psychischer Strukturen fördernd oder hindernd ausübt, verdient wohl eine weitere, ins einzelne gehende Untersuchung, besonders mit Hilfe des Studiums der verschiedenen narzißtischen Übertragungen. Ich will hier nur eine kurze Bemerkung betreffs der Ergebnisse, über die ich früher berichtet habe, hinzufügen, nämlich daß die nebeneinander existierenden separaten Entwicklungslinien im Bereich der narzißtischen und der objektgerichteten Triebregungen im Kind durch korrespondierende Einstellungen der Eltern zu ihm ergänzt werden. Ihre Beziehung zum Kind besteht mitunter in einer narzißtischen Verschmelzung; sie sehen die psychische Organisation als Teil ihrer eigenen an, d. h. sie besetzen das Kind mit narzißtischer Libido, während sie ihm zu anderen Zeiten zugestehen, daß es ein unabhängiges Zentrum eigener Initiative darstellt (d. h. sie besetzen es mit Objektlibido).

B. Zur Frage einer bejahenden Einstellung zum Narzißmus in Theorie und Praxis

Meine zweite retrospektive Bemerkung bezieht sich auf ein umfassenderes Problem. Wenn wir eine unabhängige Entwicklungslinie im narzißtischen Sektor der Persönlichkeit annehmen – eine Entwicklung, die zum Erwerb reifer, adaptiver und kulturell wertvoller Eigenschaften im narzißtischen Bereich führt –, so haben wir damit natürlich auch eine im wesentlichen bejahende Einstellung zum Narzißmus eingenommen. Aber während ich die Überzeugung gewonnen habe, daß diese positive Auffassung richtig ist, weiß ich doch, daß man sie in Frage stellen kann, ja, daß es eine Reihe von Argumenten gibt, die man gegen diese Haltung anführen könnte und die darauf hinauslaufen, daß der Narzißmus keine integrale, selbständige Konfiguration psychischer Funktionen ist, sondern ein Regressionsprodukt. Mit anderen Worten, es gibt eine Reihe von Argumenten, die der These widersprechen, daß der Narzißmus potentiell adaptiv und wertvoll (und nicht notwendigerweise krankhaft oder böse) ist.

Analytiker verhalten sich gewöhnlich konservativ, wenn ihnen vorgeschlagen wird, ihre traditionellen Theorien zu ändern – und ich halte diese Einstellung im allgemeinen für zweckmäßig. Ein Aspekt der klassischen Theorie (siehe speziell Freud, 1914, 1915, 1917) ist mit der Hypothese einer relativen Unabhängigkeit des narzißtischen Sektors der Persönlichkeit nicht leicht in Einklang zu bringen, und er mag daher in dieser Hinsicht möglicherweise eine Rolle spielen, d. h. er mag sekundär unser Vorurteil gegen eine positive Einstellung zum Narzißmus unterstützen. Wir sind gewöhnt, uns die Beziehung zwischen Narzißmus und Objektliebe so vorzustellen, daß sie dem Bild des Flüssigkeitsspiegels in einer U-förmig gebogenen Röhre entspricht. Wenn der Flüssigkeitsspiegel auf der einen Seite steigt, sinkt er auf der anderen. Es gibt keine Liebe, wo Zahnschmerzen sind; es gibt keine Schmerzen, wo leidenschaftliche Liebe ist. Solche Denkmodelle sollten jedoch ersetzt werden, wenn sie den Beobachtungsergebnissen nicht mehr entsprechen. Das erhöhte Selbstgefühl zum Beispiel, das die Objektliebe begleitet, demonstriert eine Beziehung zwischen den beiden Formen libidinöser Besetzung, die nicht dem Bild der Oszillationen in einem U-Röhren-System entspricht. Das Verhalten der Flüssigkeit in der U-förmig gebogenen Röhre und Freuds Amöbengleichnis (1914) stellen gewiß Modelle dar, die in adäquater Weise das völlige Inanspruchgenommensein des Leidenden durch seinen schmerzenden Zahn sowie auch die Tatsache anschaulich machen, daß der wartende Liebhaber Regen und Kälte vergißt. Diese Phänomene können jedoch ohne Schwierigkeit in Begriffen der Verteilung der Aufmerksamkeitsbesetzungen erklärt werden; d. h. zu ihrer Erklärung wird die Theorie der U-förmig gebogenen Röhre nicht *benötigt*.

Schlimmer aber als die leicht pejorative Bedeutung, die der Narzißmus als Regressions- oder Abwehrprodukt im wissenschaftlichen Kontext gewonnen hat, ist ein spezifisches emotionales Klima, das ein Akzeptieren des Narzißmus als gesunde und anerkennenswerte psychische Konstellation nicht begünstigt. Das tief eingewurzelte Wertsystem des Abendlandes, das sich in der Religion, der Philosophie und den Sozialutopien des westlichen Menschen ausprägte, preist den Altruismus und die Sorge um das Wohl des anderen und setzt Egoismus und Sorge um das eigene Wohl herab. Aber was für die sexuellen Wünsche des Menschen gilt, gilt auch für seine narzißtischen Bedürfnisse: weder eine geringschätzige Einstellung zu den mächtigen psychischen Kräften, die in diesen beiden Dimensionen des menschlichen Lebens nach ihren Zielen streben, noch der Versuch ihrer totalen Ausrottung werden zu einem wirklichen Fortschritt der Selbstkontrolle und der sozialen Anpassung des Menschen führen. Das Christentum versucht die Manifestationen des grandiosen Selbst zu zügeln, wohingegen es narzißtische Erfüllung im Bereich einer Verschmelzung mit dem omnipotenten Selbst-Objekt, der göttlichen Figur Christi, offenläßt. Andererseits tendiert der gegenwärtige materialistische Rationalismus der westlichen Kultur dazu, die traditionellen Formen der institutionalisierten Beziehungen zu idealisierten Objekten verächtlich zu machen oder (z. B. in der Sphäre des militanten Atheismus) zu verbieten, wohingegen er der Erhöhung und Vergrößerung des Selbst mehr Freiheit gewährt.

Die Reaktion auf Ächtung und Unterdrückung mag in der Tat den Anschein erwecken, als ob die Erwartungen des grandiosen Selbst geringer geworden seien und die Sehnsucht nach einer Verschmelzung mit dem idealisierten Selbst-Objekt verleugnet würde. Die niedergehaltenen, aber nicht modifizierten narzißtischen Strukturen werden jedoch intensiviert, wenn sie daran gehindert werden, sich auszudrücken. Sie durchbrechen dann plötzlich die brüchigen Kontrollen und führen zu ungehemmter Verfolgung grandioser Ziele und zu widerstandsloser Verschmelzung mit omnipotenten Selbst-Objekten – nicht nur bei Individuen, sondern bei ganzen Gruppen. Ich brauche nur auf die erbarmungslos durchgesetzten Ambitionen Nazi-Deutschlands zu verweisen und auf die totale Hingabe der deutschen Bevölkerung an den Willen des Führers, um das, was ich im Sinne habe, durch ein Beispiel zu erläutern.

Während ruhiger geschichtlicher Perioden ist die Einstellung gewisser Gesellschaftsschichten zum Narzißmus ähnlich unaufrichtig wie die der viktorianischen Gesellschaft zur Sexualität. Offiziell wird die Existenz der sozialen Manifestationen, die vom grandiosen Selbst und vom omnipotenten Selbst-Objekt ausgehen, nicht anerkannt – die wichtige Rolle, die der Narzißmus mit unverminderter Kraft im Gesellschaftsleben spielt, ist aber trotz seiner offiziellen Verleugnung überall deutlich erkennbar. Ich glaube, daß die Überwindung der verlogenen Einstellung zum Narzißmus heute ebenso erforderlich ist wie die Überwindung der sexuellen Verlogenheit vor hundert Jahren. Wir sollten unseren Ehrgeiz nicht verleugnen noch unseren Wunsch, zu dominieren und zu brillieren, noch unsere Sehnsucht, mit omnipotenten Figuren zu verschmelzen. Statt dessen sollten wir lernen, die Berechtigung unserer narzißtischen Bedürfnisse anzuerkennen, wie wir gelernt haben, die Legitimität unserer objektgerichteten Triebstrebungen anzuerkennen. Nur auf diese Weise werden wir die Fähigkeit erwerben (die auch aus systematischer therapeutischer Analyse narzißtischer Persönlichkeitsstörungen resultiert), archaische Grandiosität und Exhibitionismus in realistische Selbstachtung und ein maßvolles, doch freudiges Selbstgefühl umzuformen. Dann erst wird es uns auch möglich sein, unsere Sehnsucht nach Verschmelzung mit dem allmächtigen Selbst-Objekt aufzugeben, und sie durch die sozial nützliche, adaptive und beglückende Fähigkeit zu ersetzen, uns zu begeistern, große Menschen als Vorbilder bewundern zu können und zu versuchen, unser Leben, unsere Taten und unsere Persönlichkeit den bewunderten Gestalten nachzubilden.

C. Ich-Autonomie und Ich-Dominanz

Im Zusammenhang mit der Einschätzung des Wertes, den die Umwandlung (nicht aber die Unterdrückung) archaisch-narzißtischer

Strukturen für den Menschen hat, der aktiv an der Lösung der Probleme teilnehmen will, vor die die Menschheit sich gestellt sieht – l'homme engagé –, möchte ich eine begriffliche Unterscheidung erwähnen, die ich sehr nützlich finde, nämlich die Abgrenzung einer *Ich-Dominanz* von der *Ich-Autonomie* (siehe Kohut, 1971). Die Ich-Autonomie – im Gegensatz zu Freuds bekanntem Gleichnis für das Verhältnis von Ich und Es: der vom Pferd abgesessene Reiter – hat ihre Funktion: sie dient dem Menschen, wenn er kühl und leidenschaftslos reflektiert, insbesondere wenn er Ergebnisse seiner Beobachtungen untersucht und erforscht. Aber auch die Ich-Dominanz – der Reiter auf dem Pferd – hat ihre bestimmten Aufgaben. Sie dient dem Menschen, wenn er auf die Kräfte reagiert, die aus der Tiefe seiner Seele aufsteigen, wenn er seine Ziele formt und seine Hauptreaktionen auf die Umgebung ausbildet; sie dient ihm, wenn er versucht, seine Rolle auf der Bühne der Geschichte wirkungsvoll zu spielen. Im narzißtischen Bereich vermehrt Ich-Dominanz insbesondere unsere Fähigkeit, mit dem vollen Spektrum unserer Emotionen zu reagieren: mit Enttäuschung und Zorn oder mit Gefühlen des Triumphes, beherrscht, aber nicht unbedingt mit Zurückhaltung.

D. Vergleich des genetischen und dynamischen Einflusses narzißtischer und objektgerichteter Triebregungen

a) Allgemeine Bemerkungen

In meinem retrospektiven Überblick will ich nun die Frage aufgreifen, ob wir nicht Gefahr laufen, die objektgerichteten Triebkräfte im psychischen Leben des Menschen zu vernachlässigen, wenn wir unsere Aufmerksamkeit auf den Narzißmus richten. Wir müssen uns insbesondere fragen, ob der Nachdruck, mit dem wir die genetische und dynamische Bedeutung der Bildung und Kohäsion des Selbst betonen, nicht dazu führt, den grundlegenden genetischen und dynamischen Beitrag zu unterschätzen, der von den spezifischen objektgerichteten Triebbesetzungen des Ödipuskomplexes zur gesunden und krankhaften Entwicklung des Menschen geleistet wird.

Vor nicht allzu langer Zeit unterzog ein junger Kollege, den ich wohl meinen Schüler nennen darf – er hat jedenfalls meine Studien über den Narzißmus mit Interesse verfolgt –, die Beziehungen zwischen den Generationen auf unserem Arbeitsgebiet einer kritischen Würdigung und wies, indem er sich zum Sprecher der heranwachsenden Analytikergeneration machte, darauf hin, daß die ältere Gruppe keine Angst davor hätte, »daß wir erwachsen werden, sondern daß wir anders werden« (Terman, 1972). Ich glaube, die klare Folgerung aus dieser Stellungnahme wäre, daß die ältere Generation sich weniger durch ödipale Todeswünsche als durch eine Beeinträchtigung im narzißtischen Bereich gefährdet sehe, und mir schien es höchst wahrscheinlich, daß diese Meinung den Nagel auf den Kopf treffe. Aber dann begann ich mir Sorgen zu machen. Bin ich der Rattenfänger von Hameln, der die junge Generation vom soliden Boden der objektlibidinösen Aspekte des Ödipuskomplexes wegführt? Sind präödipale und narzißtische Faktoren vielleicht nur Vorläufer und Beiwerk? Und wird die Beschäftigung mit ihnen nicht zum Sammelpunkt der alten Widerstände werden, die seit je bereit sind, der emotionalen Realität der Leidenschaften des ödipalen Dramas die volle Anerkennung zu versagen? Liegt nicht hinter der vorbewußten Furcht, daß die jüngere Generation »anders« sein wird, die tiefere und mächtigere Angst vor ihrem Todeswunsch – sind also narzißtische Belange nicht nur Deckmantel und Verkleidung?

Ich will hier nicht versuchen, dieser Frage nachzugehen. Ich nehme an, daß sie nicht in einer Form, die wir heute schon kennen, beantwortet werden wird, sondern daß sie eines Tages durch eine Neuformulierung des Nexus der Kausalfaktoren im frühen Leben aufgehoben werden wird. (Gedos und Goldbergs Arbeit [1972] etwa stellt m. E. einen bedeutsamen Schritt in dieser Richtung dar.) In der Zwischenzeit müssen wir jedoch vorurteilslos alle analytischen Daten – ödipale und präödipale, objektgerichtete Triebregungen und narzißtische – studieren und ihre entwicklungsmäßige und genetische Bedeutung bestimmen.

Wir werden daher davon Abstand nehmen, theoretische Gegensätze zur Wahl zu stellen, die sich mit der Frage der genetischen Bedeutung der Erfahrungen des kleinen Kindes im narzißtischen Bereich und im Bereich der objektgerichteten Triebe befassen. Eine Überprüfung von zwei Themenkreisen wird jedoch den relativen Einfluß aufhellen, den frühkindliche Erlebnisse im narzißtischen und objektgerichteten Bereich auf das Seelenleben des älteren Kindes und das des Erwachsenen ausüben. Der erste Themenkreis betrifft die Bedeutung der entscheidenden Entwicklungsphase, in der sich der Kern eines kohäsiven Selbst herauskristallisiert (in diesem Zusammenhang siehe auch Kohut, 1970, besonders Seite 180); der zweite Themenkreis befaßt sich mit der gegenseitigen Beziehung zwischen der Pathologie des Selbst (narzißtische Pathologie) und der Pathologie des strukturellen Konflikts (ödipale Pathologie).

b) Die prototypische Bedeutung der Entstehungsphase des Selbst
Was den ersten der beiden Themenkreise anlangt, so muß betont werden, daß – entsprechend dem bleibenden Einfluß der verschiedenen Spielarten des Ödipuskomplexes – Art und Verlauf der ursprünglichen Bildung des Selbst die Art und den Verlauf jener späteren psychologischen Ereignisse beeinflussen, die der entscheidenden ersten Phase analog sind. So wie die Periode des pubertären Triebschubs oder die Phase, in der ein Ehepartner ausgewählt wird, emotionale Situationen darstellen, die geeignet sind, einen inaktiven Ödipuskomplex zu reaktivieren, so stellen in gleicher Weise jene Übergangsperioden, die von uns eine Umschichtung, Umänderung und Umbildung des Selbst verlangen, emotionale Situationen dar, die die Periode der Bildung des Selbst reaktivieren. Der Ersatz einer lange bestehenden Selbstrepräsentanz durch eine andere bringt ein Selbst in Gefahr, das schon vorher in seinem Kern nur locker zusammenhielt, und die neue Situation wird als Wiederholung der spezifischen Schicksale der früheren Pathologie erlebt werden. Weitreichende Veränderungen des Selbst müssen zum Beispiel beim Übergang von der frühen Kindheit zur Latenz vollbracht werden; das gleiche gilt für den Übergang von der Latenz zur Pubertät und von der Adoleszenz zum Stadium des jungen Erwachsenen. Aber nicht nur diese sozio-biologisch vorgezeichneten Entwicklungsprozesse nötigen uns, eine drastische Änderung unseres Selbst vorzunehmen. Wir müssen auch Veränderungen der Umwelt in Betracht ziehen, etwa den großen Schritt, den man tut, wenn man seine Heimat in einem neuen kulturellen Milieu finden muß, wenn man aus dem Privatleben in die Armee überwechselt oder von einer Kleinstadt in eine Großstadt. Hierher gehört schließlich auch die Modifizierung im Selbst, die erforderlich wird, wenn sich die soziale Position einer Person ändert – sei es zum Besseren oder zum Schlechteren –, etwa bei einem unerwarteten finanziellen Erfolg oder einem plötzlichen Vermögensverlust.

Betreffs der psychopathologischen Erscheinungen der späten Adoleszenz, wie sie von Erikson (1956) beschrieben wurden, würde ich einfach vom Wandel der Kohäsion des Selbst in der Übergangsperiode zwischen Adoleszenz und Erwachsensein sprechen, da diese Erscheinungen keine Position von einzigartiger entwicklungsgeschichtlicher Bedeutung einnehmen und nicht primär als Folge der Anforderungen dieser besonderen Periode zu erklären sind. (Diese Belastungen sind nur auslösende äußere Umstände.) Die Auflockerung des Selbstbildes von Jugendlichen verdient deshalb im individuellen Fall das gleiche tiefenpsychologische Studium, das jenen ebenso häufigen und wichtigen Fällen von Selbstzerfall gewidmet wird, die während anderer Übergangsperioden auftreten, in denen Festigkeit und Elastizität des Kerns des Selbst ebenfalls überbeansprucht werden. Warum zerfällt das Selbst nun gerade bei diesem Jugendlichen? Was ist die spezifische Form seiner Fragmentierung? In welcher spezifischen Weise war die Aufgabe der Konstruktion eines neuen Selbst – das Selbst des jungen Erwachsenen – vom Jugendlichen verstanden worden? In welcher spezifischen Weise wiederholt die gegenwärtige Situation die frühkindliche? Welche traumatische Wechselbeziehung zwischen Eltern und Kind (als das Kind anfing, ein grandios-exhibitionistisches Selbst und ein omnipotentes Selbst-Objekt aufzubauen) wiederholt sich beim Patienten und – der wichtigste Punkt! – in welcher Weise wird diese alte Beziehung in der Form einer der spezifischen narzißtischen Übertragungsformen wiederbelebt?

Um es zu wiederholen: so wie die Erfahrungen der ödipalen Phase mit ihren objektgerichteten Triebregungen zum Prototyp unserer späteren objektgerichteten triebhaften Beziehungen werden und die Grundlage unserer jeweils spezifischen Schwäche oder Stärke auf diesem Gebiet bilden, so werden auch die Erfahrungen in der Periode der Bildung des Selbst[1] zum Prototyp der spezifischen Formen unserer späteren Verletzbarkeit oder Sicherheit im narzißtischen Bereich: d. h. zum Prototyp der Schwankungen zwischen den Höhen und Tiefen unserer Selbstachtung, unserer Bedürfnisse nach Lob, nach Verschmelzung mit idealisierten Figuren und anderen Formen narzißtischer Zufuhr, und zum Prototyp der stärkeren oder schwächeren Kohäsion unseres Selbst in Übergangsphasen – handle es sich nun um den Übergang zur Latenz, zur frühen oder späten Adoleszenz, zur Reife oder zum Alter.

c) Pseudonarzißtische Erkrankungen und Pseudo-Übertragungsneurosen

Die Beziehung zwischen dem Kernpunkt der Entwicklung der objektgerichteten Triebstrebungen – dem Ödipuskomplex – und dem Kernpunkt der Entwicklung im narzißtischen Bereich, nämlich der Phase der Bildung des Selbst, wird weiterhin erhellt, wenn man zwei paradigmatische Formen von seelischer Störung miteinander vergleicht: eine im Kern ödipale Neurose, die sich hinter zahlreichen narzißtischen Störungen verbirgt, und eine narzißtische Erkrankung, die hinter einer scheinbar ödipalen Symptomatologie verborgen ist.

Was die erste Störung anbelangt, so wird eine kurze Anmerkung genügen. Jeder Analytiker hat gesehen, wie allmählich ödipale Leidenschaften und Ängste auftauchen, die zuerst hinter narzißtischen Empfindlichkeiten und Klagen verborgen waren, und er weiß, daß die sorgfältige Beobachtung der ödipalen Übertragung auch enthüllen wird, wie die narzißtischen Manifestationen mit den zentralen ödipalen Erfahrungen verknüpft sind. Ein geringes Selbstwertgefühl wird sich von phallischen Vergleichen und dem Gefühl der phallischen Benachteiligung (Kastrationsgefühl) ableiten lassen; Zyklen von triumphierendem Selbstvertrauen und Depression wiederholen Phantasien ödipalen Erfolges, gefolgt von der Entdeckung, daß man in Wirklichkeit von der Urszene ausgeschlossen ist, und ähnliches mehr.

Nun zur zweiten paradigmatischen Krankheitsform. Trotz seiner verhältnismäßigen Seltenheit habe ich mich entschlossen, hier einen spezifischen komplexen Typ narzißtischer Störung darzustellen, weil seine Untersuchung sehr lehrreich ist. (Es muß aber an dieser Stelle erwähnt werden, daß man viel häufiger einfach strukturierten Fällen begegnet, bei denen der vom Kind in der ödipalen Phase erlittene narzißtische Schlag zum ersten offenen Zusammenbruch des Selbst geführt hat.) Um auf die spezifische Krankheitsform zurückzukommen, die ich hier besprechen möchte: ich glaube, daß ihre Behandlung – betrachtet man die im Prinzip analysierbaren Erkrankungen insgesamt – zu den aufreibendsten und schwierigsten Aufgaben gehört, vor die sich der Analytiker gestellt sieht. Die Patienten vermitteln anfänglich den Eindruck einer klassischen Neurose. Wenn man diese augenscheinlich vorliegende Erkrankung jedoch mit Deutungen angeht, ist das unmittelbare Ergebnis nahezu katastrophal. Es gibt ein wildes Agieren: die Patienten überwältigen den Analytiker mit ödipalen Liebesforderungen, sie drohen mit Selbstmord – kurz: obgleich der Inhalt der Analyse (der Symptome, Phantasien und der manifesten Übertragung) ganz dem des ödipalen Dreiecks entspricht, stehen doch die unverblümte Offenheit der infantilen Wünsche und der fehlende Widerstand gegen ihre Aufdeckung im Widerspruch zu diesem anfänglichen Eindruck.

Daß die ödipale Symptomatologie in solchen Fällen (von sagen wir z. B. »Pseudohysterie«) nicht den Kern der Erkrankung darstellt, wird sicherlich allgemein akzeptiert. Aber im Gegensatz zu der, wie ich glaube, vorherrschenden Ansicht, daß wir es hier mit einer verborgenen Psychose zu tun haben oder zumindest mit Persönlichkeiten, deren psychisches Gleichgewicht durch eine schwere Ich-Schwäche bedroht ist, habe ich mich allmählich davon überzeugt, daß viele dieser Patienten an narzißtischen Persönlichkeitsstörungen leiden, eine der Formen narzißtischer Übertragung entwickeln und daher einer psychoanalytischen Behandlung zugänglich sind.[2]

Die eigentliche seelische Erkrankung dieser Individuen betrifft das Selbst. Sie sind in der Aufrechterhaltung eines kohäsiven Selbst bedroht, weil ihnen in früher Kindheit die adäquaten bestätigenden Reaktionen – z. B. das ihr Dasein freudig widerspiegelnde Lächeln der Mutter (»mirroring«) – von der Umgebung versagt wurden, so daß sie der Selbststimulierung bedurften, um den drohenden Zerfall ihres erlebenden und handelnden Selbst zu verhindern. Die Konflikte und Ängste der ödipalen Phase wurden paradoxerweise zu einem Abhilfe gewährenden Reiz, indem gerade die Intensität der von ihnen ausgehenden Unlust von der Psyche als Antidot gegen die Fragmentierungstendenz des Selbst benutzt wurde – so wie ein Kind versucht, mittels eines selbst beigebrachten Schmerzes, z. B. mit dem Kopf an die Wand schlagen, ein Gefühl des Lebendigseins und der Kohäsion aufrechtzuerhalten. Patienten, deren manifeste Krankheitsdynamik dieser Abwehrfunktion dient, werden auf Deutungen des Analytikers, die die objektgerichteten Triebaspekte ihres Verhaltens betreffen, mit Angst reagieren, da sie fürchten, durch die Analyse des Antriebs beraubt zu werden, der die Fragmentierung verhindern soll. Und sie werden deshalb die Deutungen des Analytikers so lange mit einer Intensivierung des ödipalen Agierens beantworten, bis dieser sich dem Defekt des Selbst zuwendet. Erst wenn eine Richtungsänderung in den Deutungen des Analytikers anzeigt, daß er sich nun dem fragmentierenden Selbst des Patienten empathisch genähert hat, wird der Analysand allmählich die Stimulation des Selbst durch die übersteigerte Aktivierung von ödipalen Erlebnisinhalten (Dramatisieren in der analytischen Situation, Agieren) aufgeben können.

Es mag zum Verständnis beitragen, wenn ich an dieser Stelle wiederhole, daß der einzig zuverlässige Weg, eine Differentialdiagnose zwischen einer narzißtischen Persönlichkeitsstörung und einer klassischen Übertragungsneurose zu stellen, die klinische Beobachtung der Übertragung ist, die in der analytischen Situation spontan auftaucht. In der klassischen Übertragungsneurose sind es die Erlebnisse der ödipalen Dreieckssituation, die allmählich wiederbelebt werden. Wenn wir es jedoch mit narzißtischen Persönlichkeitsstörungen zu tun haben, werden wir Zeugen des Auftauchens einer der Formen narzißtischer Übertragung, d. h. einer Übertragung, bei der der Wechsel von Kohäsion und (kurzlebiger und reversibler) Fragmentierung des Selbst durch den Wechsel der Beziehung des Patienten zum Analytiker bedingt ist.

Wenn wir die Differenzierung zwischen klassischer Übertragungsneurose und narzißtischer Persönlichkeitsstörung in metapsychologischen Begriffen ausdrücken wollen, müssen wir unser Augenmerk vorzüglich auf die unterschiedliche Struktur dieser beiden psychischen Erkrankungen lenken. Was z. B. die beiden zuvor erwähnten kontrastierenden paradigmatischen Störungen anlangt, können wir das Folgende sagen. Bei der Pseudohysterie haben wir es mit Patienten zu tun, die versuchen, die Kohäsion eines gefährdeten Selbst durch die Stimulation aufrechtzuerhalten, die sie sich durch die Überbesetzung ödipaler Strebungen zu verschaffen suchen. Die unverhüllt ödipalen Symptome stellen Mittel dar, durch die die verborgene Krankheit, die Schwäche des Selbst, eingedämmt werden soll. Bei den pseudonarzißtischen Störungen hingegen handelt es sich um Patienten, die versuchen, nicht nur mit den objektgerichteten Triebkonflikten, Wünschen und Emotionen der ödipalen Phase zurechtzukommen, sondern auch – das darf man nicht vergessen – mit den narzißtischen Kränkungen, denen ihr strukturell festes Selbst im Rahmen der ödipalen Erfahrungen ausgesetzt war. Mit anderen Worten: das Auftreten narzißtischer Züge – ja selbst ihr anfängliches Vorherrschen im klinischen Gesamtbild – ändert nichts an der Tatsache, daß die wesentliche psychische Störung eine klassische Psychoneurose ist.

E. Organminderwertigkeit und Scham

Bis hierher können die vorliegenden Betrachtungen als Versuch angesehen werden, das Haus zu bestellen, bevor eine Reise angetreten wird. Das Haus ist die Arbeit über die libidinösen Aspekte des Narzißmus – eine Arbeit, die bereits getan ist; aber ich möchte noch dieses und jenes zurechtrücken, bevor ich das Haus verlassen kann. Die Reise soll uns in das rauhe Gebiet der narzißtischen Wut führen und später in die entlegenen Regionen der Gruppenpsychologie. Ein letzter kurzer Blick jedoch auf ein Thema, das hauptsächlich im vertrauten Bereich der libidinösen Besetzung des Selbst liegt, sich jedoch auf das weniger bekannte Gebiet des Narzißmus und der Aggression ausdehnt, soll uns im Hinblick auf die Übergangsposition unseres Themas Zuversicht für die neue Unternehmung einflößen. Ich möchte dieses Kapitel mit dem heute etwas in Verruf geratenen Namen der »Organminderwertigkeit« (Adler, 1907) überschreiben.[3]

In der *Neuen Folge der Vorlesungen zur Einführung in die Psychoanalyse* nahm sich Freud (1933) (ohne ihn zu nennen) den Schriftsteller Emil Ludwig vor, der in einer der Biographien, die seine Spezialität waren, die Persönlichkeit Kaiser Wilhelms II. in Übereinstimmung mit den Theorien von Alfred Adler interpretiert hatte (Ludwig, 1926). Insbesondere hatte er die Tatsache, daß der Hohenzoller sich leicht beleidigt fühlte und dann sofort bereit war, das Kriegsbeil auszugraben, als Reaktion auf das Gefühl einer spezifischen Organminderwertigkeit erklärt. Der Kaiser war mit einem verkümmerten Arm geboren worden. Das defekte Glied wurde zur seelischen Wunde, die während seines ganzen Lebens offenblieb. Sie war, wie Ludwig meinte, für die spezifische Gestaltung seiner Persönlichkeit verantwortlich, die einer der wichtigen Faktoren war, die zum Ausbruch des Ersten Weltkrieges führten. Freud aber meinte: Es war nicht der Geburtsschaden an sich, der Kaiser Wilhelm gegenüber narzißtischen Kränkungen empfindlich machte, sondern die Zurückweisung von seiten seiner stolzen Mutter, die ein unvollkommenes Kind nicht ertragen konnte.

Es bedarf nur geringer Mühe, Freuds genetischer Formulierung die angemessene psychodynamische Verfeinerung hinzuzufügen. Wenn ein Kind der bestätigenden und beifälligen Widerspiegelung seines Selbst (»mirroring«) seitens der Mutter beraubt ist, kann die Umformung der archaischen narzißtischen Besetzung seines Körperselbst nicht vor sich gehen, die normalerweise dadurch gefördert wird, daß die Mutter mehr und mehr Bedingungen stellt, ehe sie Bewunderung und Beifall spendet. Die Primitivität der intensiven narzißtischen Besetzung des grandiosen Körperselbst bleibt daher unverändert bestehen, und der betroffene Teil des Körperselbst (im Fall Kaiser Wilhelms: der verkümmerte Arm) kann dann wegen seiner archaischen Grandiosität und seinem archaischen Exhibitionismus nicht in die übrige psychische Organisation, die allmählich zur Reife gelangt, integriert werden. Die archaische Grandiosität und der archaische Exhibitionismus werden vom Real-Ich abgespalten (»vertikale Spaltung« in der Psyche) und/ oder durch Verdrängung von ihm getrennt (»horizontale Spaltung«). Der vermittelnden Funktion des Real-Ichs beraubt, sind diese archaischen narzißtischen Strukturen daher nicht mehr durch spätere äußere Einflüsse modifizierbar, mögen diese noch soviel Anerkennung und Billigung bringen, d. h. es gibt keine Möglichkeit einer »corrective emotional experience« (Alexander, French et al., 1946). Trotz seiner Absonderung macht das archaische, grandios-exhibitionistische (Körper-)Selbst jedoch von Zeit zu Zeit seine primitiven Ansprüche geltend, indem es entweder die Verdrängungsschranke auf dem Weg des vertikal abgespaltenen Sektors der Psyche umgeht oder die spröden Abwehrformationen des zentralen Sektors durchbricht. Es dringt dann in den Bereich des Real-Ichs ein und überflutet es plötzlich mit nicht neutralisierten exhibitionistischen Besetzungen. Der plötzliche Einbruch überwältigt die neutralisierenden Kräfte des Ichs, und das gelähmte Ich empfindet intensive Scham und Wut.

Ich weiß nicht genug über Wilhelm II., um beurteilen zu können, ob die vorangegangene Formulierung seiner Persönlichkeit tatsächlich entspricht. Ich glaube aber, daß ich auf festem Boden stehe, wenn ich annehme, daß Emil Ludwig Freuds Kritik nicht freundlich aufnahm. Jedenfalls schrieb er später eine Freud-Biographie (1947), die ein unverhüllter Ausdruck narzißtischer Wut war. Ludwigs Schmähschrift war in der Tat so gemein,[4] daß selbst viele derer, die im allgemeinen Freud und der Psychoanalyse nicht freundlich gesinnt waren, die Grobheit dieses Angriffs mit Verlegenheit aufnahmen und sich von ihm distanzierten.

Mag dies im Hinblick auf den besonderen Fall Wilhelms II. und seines Biographen sein, wie es wolle, ich habe keinen Zweifel, daß die landläufige Empfindlichkeit gegenüber körperlichen Defekten und Schwächen mühelos im metapsychologischen Rahmen der Schwankungen der libidinösen Besetzungen des grandiosen Selbst und insbesondere des grandios-exhibitionistischen Körperselbst erklärt werden kann.

Das spezielle Thema des Minderwertigkeitsgefühls bei Kindern betreffs der Kleinheit ihrer Genitalien (beim Jungen im Vergleich mit dem Penis des erwachsenen Mannes, beim Mädchen im Vergleich mit dem Organ des Jungen) rechtfertigt jedoch einige Anmerkungen. Die Empfindlichkeit der Kinder hinsichtlich ihrer Genitalien erreicht ihren Höhepunkt während der phallischen Phase, dem richtunggebenden Wendepunkt der psychosexuellen Entwicklung – spätere Empfindlichkeiten, die sich auf die Genitalien beziehen, müssen als Residuen (z. B. während der Latenz) oder als Wiederbelebungen (z. B. während der Pubertät) der dem Exhibitionismus der phallischen Phase zugehörigen Empfindlichkeiten verstanden werden. Auf Grund dieser Überlegungen können wir nun die spezifische Bedeutung der Genitalien während der phallischen Phase formulieren. Die Genitalien stellen während der Dauer der phallischen Phase die *leitende Zone des (körperlichen) Narzißmus des Kindes* dar – sie sind nicht nur Instrumente intensiver (phantasierter) *objektlibidinöser* Interaktionen, sondern sie tragen auch enorme *narzißtische* Besetzungen. (Die narzißtische Besetzung der Faeces während der analen Entwicklungsphase und die narzißtische Besetzung gewisser autonomer Ich-Funktionen während der Latenz sind Beispiele anderer leitender Zonen des kindlichen Narzißmus in früheren oder späteren Stadien seiner Entwicklung.) Die Genitalien stehen folglich im Zentrum der narzißtischen Strebungen und Empfindlichkeiten des Kindes während der phallischen Phase. Wenn wir diese Tatsache im Auge behalten und ergänzend betonen, daß die exhibitionistische Komponente des kindlichen Narzißmus weitgehend unneutralisiert ist, dann werden wir auch die vielumstrittene Bedeutung des infantilen Penisneides nicht mißverstehen. Dieses Thema hat zu einer endlosen Reihe von unwissenschaftlichen bitteren Diskussionen geführt, gipfelnd in dem lächerlichen Schauspiel eines wissenschaftlichen Krieges der Geschlechter, geführt von Männern, die das Phänomen des Penisneides ausschließlich den Frauen zuschreiben, und von Frauen, die entweder seine Existenz oder seine Bedeutung verleugnen. Die wissenschaftliche Untersuchung der Bedeutung des Penisneides wird nicht durch die fruchtlose Wiederholung von kaum mehr durchdachten gegensätzlichen Meinungen gefördert; wohl aber lösen sich einige Schwierigkeiten, wenn man die Intensität der exhibitionistischen Besetzungen in Betracht zieht und im besonderen die Bedeutung des *sichtbaren* Genitales in diesem Zusammenhang nicht unterschätzt – mit anderen Worten, wenn man sich klarmacht, daß der phallische Narzißmus mit seinem Wunsch, die Bewunderung des Genitales zu erwecken, nicht mehr – aber auch nicht weniger! – ist als ein wichtiger spezieller Fall in der Entwicklungsserie der Forderungen des Kindes nach unmittelbaren bestätigenden und beifälligen Widerspiegelungen von konkret exhibierten Aspekten seines Körpers oder seiner physischen oder geistigen Funktionen. Die Erlebniswelt des Exhibitionismus hat für das Kind Vorrangstellung, ungeachtet der Tatsache, daß es gleichzeitig indirekte narzißtische Befriedigung aus anderen Quellen schöpft und daß es mehr und mehr imstande ist, narzißtische Befriedigung auch dann zu empfinden, wenn der Beifall der Mutter sich seinen *sublimierten* Schaustellungen zuzuwenden beginnt (»substitutive mirroring«). Im Rahmen der zentral fortbestehenden Erlebniswelt des kindlichen Exhibitionismus aber bleibt es ein schwacher Trost für den kleinen Jungen, zu hören, daß sein Penis wachsen wird. Und es ist gleichermaßen ein schwacher Trost für das kleine Mädchen, wenn man ihm erklärt, daß ein komplexer aber unsichtbarer Apparat heranreifen wird, der es befähigen soll, Kinder zur Welt zu bringen.

Auch die Scham des Erwachsenen, wenn ein defekter Körperteil der Beobachtung durch andere zugänglich wird – in der Tat seine Überzeugung, daß die anderen den Defekt anstarren[5] –, ist dem Druck unmodifizierter archaisch-exhibitionistischer Libido zuzuschreiben, mit der das defekte Organ besetzt geblieben ist. Die Befangenheit in bezug auf das defekte Organ und die Tendenz, zu erröten, wenn es die Aufmerksamkeit auf sich gezogen hat, sind die psychologischen und psychophysiologischen Korrelate des Durchbruchs unmodifizierter exhibitionistischer Besetzungen. Diese metapsychologischen Betrachtungen werden hier nicht weitergeführt; sie werden später im Zusammenhang mit der Metapsychologie der narzißtischen Wut wieder aufgenommen werden.

F. Die Rolle des gestörten Narzißmus bei der Motivation bestimmter Arten von Selbstverstümmelung und Selbstmord

Den vorstehenden Formulierungen über »Organminderwertigkeit« kann man solche über die Selbstverstümmelungen von Psychotikern und über gewisse Suizidarten zur Seite stellen. Bei Selbstverstümmelung wie Selbstmord muß man zwischen dem Motiv für diese Handlungen und der Fähigkeit, sie auszuführen, unterscheiden.

Die Motivation zur Selbstverstümmelung des Psychotikers stammt in vielen Fällen nicht von spezifischen Konflikten – etwa dem Konflikt zwischen Inzestwünschen und Schuldgefühl, der dann zur selbstbestrafenden Beseitigung eines Organs führt, das den schuldigen Penis symbolisiert, sie ist vielmehr auf die Tatsache zurückzuführen, daß ein Zerfall des Körperselbst stattgefunden hat, und daß nun die Fragmente des Körperselbst, die nicht in dessen Gesamtorganisation festgehalten werden konnten, als unerträglich schmerzhafte Fremdkörper empfunden werden, die beseitigt werden müssen. Der Schizophrene, der (wie der junge Mann in Kleists Aufsatz über das Marionettentheater) stunden- und tagelang in den Spiegel starrt, versucht, sein zerfallenes Körperselbst mit Hilfe dieser Selbstbeschau zusammenzuhalten. Durch diese und ähnliche Bemühungen (z. B. Reizung des gesamten Körperselbst durch forcierte körperliche Aktivität) versucht der Patient für den Mangel an narzißtischen Besetzungen aufzukommen, die für die Kohärenz des Körperselbst verantwortlich sind. Wenn diese äußersten Anstrengungen aber fruchtlos bleiben, wird das seelisch abgetrennte Organ auch körperlich beseitigt. Wenn man die Motivation versteht, die zur Selbstverstümmelung führt, so hat man doch noch nicht verstanden, wie es möglich ist, solche Akte tatsächlich auszuführen. Es hört vielleicht jemand eine innere Stimme etwas der biblischen Forderung »So dich dein Auge ärgert, reiß es aus« (Matth. 189) Entsprechendes sagen, aber er wird deshalb gewiß noch nicht in der Lage sein, einem solchen Befehl auch zu gehorchen. Die Fähigkeit, einen Akt grober Selbstverstümmelung auszuführen, beruht zumindest in manchen Fällen darauf, daß das Organ oder Glied, welches der Psychotiker beseitigt, seine narzißtisch-libidinöse Besetzung verloren hat; es ist nicht mehr Teil des Selbst und kann daher weggeworfen werden wie ein Fremdkörper. Diese Erklärung trifft besonders in jenen Fällen zu, wo die Selbstverstümmelung vom psychotischen Patienten in aller Ruhe vorgenommen wird. Selbstverstümmelungen, die in einem Zustand rasender Erregung erfolgen, können andere Motivationen haben, und die Fähigkeit, sie auszuführen, beruht auf der nahezu völligen Konzentration der Aufmerksamkeit des Psychotikers auf ein wahnhaftes Ziel. Die Fähigkeit, die Tat zu vollbringen, erklärt sich dann nicht aus der Fragmentierung des Körperselbst, sie ist vielmehr auf ein Skotom in der Wahrnehmung des Psychotikers zurückzuführen, so wie etwa Soldaten während eines wilden Ansturms auf die feindlichen Linien vorübergehend nicht bemerken, daß sie eine schwere Verwundung erlitten haben.

Das gleiche läßt sich auch von gewissen Arten des Selbstmords sagen, sowohl in bezug auf die Motivation, die zum Selbstmord führt, als auch hinsichtlich der Fähigkeit, ihn auszuführen. Selbstmorde dieser Art beruhen hauptsächlich darauf, daß das Selbst seine libidinöse Besetzung verloren hat. Gewissen Selbstverstümmelungen analog wird ein solcher Selbstmord nicht auf Grund von spezifischen strukturellen Konflikten verübt – er stellt beispielsweise nicht einen Schritt dar, der unternommen wird, um ödipale Schuld zu sühnen. Charakteristischerweise ist es nicht Schuldgefühl, das solchen Selbstmorden vorausgeht, sondern ein Gefühl unerträglicher innerer Leere und seelischer Leblosigkeit oder intensive Scham – alles Anzeichen einer tiefgehenden Störung im Bereich der libidinösen Besetzung des Selbst.

3. Narzißmus und Aggression

A. Allgemeine Bemerkungen

Nach diesem Rückblick auf die Ergebnisse des Studiums der libidinösen Aspekte des Narzißmus kann ich mich nun einem weiteren Thema zuwenden: Narzißmus und Aggression, insbesondere dem Phänomen der narzißtischen Wut.

Die Hypothese, daß eine Tendenz zu töten tief in der psychobiologischen Anlage des Menschen verwurzelt ist, die aus seiner tierischen Vergangenheit stammt, die Annahme einer angeborenen Neigung des Menschen zur Aggression – und die ihr beigeordnete Auffassung der Aggression als eines Triebes – schützt uns vor der Verlockung, Trost in der illusionären Zuversicht zu finden, daß menschliche Streit- und Kampfsucht leicht aus der Welt geschafft werden könnten, sobald nur einmal die materiellen Bedürfnisse des

Menschen befriedigt sind.

Diese allgemeinen Formulierungen tragen jedoch wenig zum psychologischen Verständnis der Aggression bei. Es ist offensichtlich unbefriedigend, sich mit der Erklärung zu begnügen, daß Phänomene wie Kampfbegierde, die zu blutigen Kriegen, oder Intoleranz, die zu grausamen Verfolgungen führt, Folgen einer Regression sind, die sich als unverhüllte Äußerung eines Triebes manifestiert. Und die oft gehörte Klage, daß eben die zivilisierte Schicht der menschlichen Persönlichkeit so dünn und dies für die Übel der menschlichen Aggression verantwortlich sei, ist in ihrer Einfachheit bestrickend, verfehlt aber das Ziel.

Gewiß, die Protagonisten der fürchterlichsten Manifestation von Aggression in der Geschichte der modernen westlichen Zivilisation proklamierten laut, ihre destruktiven Taten seien im Dienste eines Naturrechts geschehen. Die Nazis rechtfertigten ihre Kriegshandlungen und die Auslöschung jener, die sie als schwach und minderwertig ansahen, indem sie ihren Untaten einen vulgarisierten Darwinismus zugrunde legten: das Recht des Stärkeren und das Überleben der tauglichsten Rasse zum Besten der Menschheit. Aber ungeachtet ihrer eigenen Theorien glaube ich nicht, daß wir einem Verständnis des Naziphänomens näherkommen, wenn wir es auf eine Regression zum biologisch Einfachen, zum Tierischen zurückführen, ganz gleich, ob eine solche Regression nun von den Nazis selbst gepriesen oder von der übrigen Welt verdammt und verachtet wird.

Es brächte alles in allem viele Vorteile mit sich, wenn wir diesen Standpunkt einnehmen könnten; wir könnten – in simplifizierender Anwendung der Vorstellung vom »Unbehagen in der Kultur« – im Deutschland der Weimarer Jahre eine zivilisierte Nation sehen, die bereit war, das Joch der mit Mißbehagen getragenen kulturellen Einschränkungen abzuschütteln, und brauchten nur hinzuzufügen, daß Hitler imstande war, diese Bereitschaft für seine Zwecke auszunutzen, was dann zu den grauenhaften Ereignissen des Jahrzehnts zwischen 1935 und 1945 führte. Die Wahrheit ist aber – das muß man betrübt eingestehen –, daß derartige Ereignisse nicht bestialisch im ursprünglichen Sinne des Wortes sind, sondern ausgesprochen menschlich. Sie sind ein wesentlicher Teil des Menschlichen, ein Strang im komplexen Muster des Gewebes, das die menschliche Situation ausmacht. Wenn wir aber diese unerfreuliche Tatsache nicht anerkennen wollen, wenn wir uns von diesen Dämonen voller Schrecken und Abscheu abwenden und entrüstet von einer Rückkehr zur Barbarei sprechen, von einem Rückfall ins Primitive und Tierische, dann berauben wir uns der Chance, die menschliche Aggressivität zu verstehen und zu meistern. Der Analytiker darf nicht vor der Aufgabe zurückschrecken, seine Kenntnisse vom Individuum auch auf die Geschichte anzuwenden, und er muß vor allem auf die entscheidende Rolle hinweisen, die die menschliche Aggression nicht nur im Leben des Einzelmenschen, sondern auch in der menschlichen Geschichte spielt. Es ist insbesondere meine Überzeugung, daß wir zu soliden Ergebnissen kommen werden, wenn wir unsere Aufmerksamkeit auf die menschliche Aggression richten, wie sie aus der Matrix des archaischen Narzißmus hervorwuchert, d. h. auf das Phänomen der narzißtischen Wut.

Die menschliche Aggression ist dann am gefährlichsten, wenn sie an die zwei großen absolutistischen psychologischen Konstellationen geknüpft ist: das grandiose Selbst und das archaische allmächtige Objekt. Der grauenhaftesten Zerstörungsgewalt des Menschen begegnet man nicht in Form wilden, regressiven und primitiven Verhaltens, sondern in Form ordnungsgemäßer organisierter Handlungen, bei denen die zerstörerische Aggression des Täters mit der absolutistischen Überzeugung von seiner eigenen Größe und mit seiner Hingabe an archaische allmächtige Figuren verschmolzen ist. Ich könnte diese Aussage stützen, indem ich die von Selbstmitleid, Prahlerei und Selbstvergötterung triefenden Ansprachen Himmlers an jene Kader der SS zitiere, die die Exekutoren der Ausrottungspolitik der Nazis waren (siehe Bracher, 1969, insbesondere Seite 458/9 – die Bezugnahme auf Himmlers Ansprache in Posen am 4. 10. 1943; siehe auch Loewenberg, 1971, Seite 639), aber ich weiß, man wird es mir verzeihen, wenn ich mich hier nicht weiter über diese Tatsachen verbreite.

B. Über die narzißtische Wut

Narzißtische Wut in ihrer unverhüllten Form ist eine bekannte Erfahrung, und sie wird im allgemeinen von dem empathischen Beobachter menschlichen Verhaltens leicht identifiziert. Aber was ist ihr Wesen vom dynamischen Gesichtspunkt aus betrachtet? Wie soll man sie klassifizieren? Wie sollen wir das Konzept der narzißtischen Wut umreißen und die Bedeutung dieses Begriffes definieren?

Ich möchte die letzte dieser miteinander verwobenen Fragen zuerst beantworten. Strenggenommen bezieht sich der Begriff *narzißtische Wut* nur auf *ein* spezifisches Band in einem weiten Spektrum von Erfahrungen, das von trivialen Ereignissen (wie einem vorübergehenden Verdruß, wenn jemand versäumt, unseren Gruß zu erwidern oder nicht auf einen Scherz reagiert) bis zu schwerwiegenden Geistesstörungen reicht (wie dem Furor des Katatonen oder dem Haß des Paranoikers). Freuds Beispiel folgend werde ich jedoch den Begriff des *a potiori* (1921) benutzen und die Bezeichnung »narzißtische Wut« auf das gesamte Spektrum beziehen. Denn diese Bezeichnung umfaßt die charakteristischsten oder bekanntesten Erscheinungen innerhalb einer Serie von Erfahrungen, die nicht nur ein Kontinuum bilden, sondern trotz aller Unterschiede ihrem Wesen nach zusammengehören.

Was aber haben all diese verschiedenen Erfahrungen, die wir mit dem gleichen Ausdruck bezeichnen, gemein? In welche psychologische Kategorie soll man sie einordnen? Was sind ihre gemeinsamen Determinanten? Und was ist ihre gemeinsame metapsychologische Substanz?

Es ist selbstverständlich, daß die narzißtische Wut zum großen psychologischen Gebiet der Aggression, des Zorns und der Destruktivität gehört und daß sie ein spezifisches umschriebenes Phänomen innerhalb dieses Gebiets darstellt. Weiterhin entspricht sie, vom Gesichtspunkt der Sozialpsychologie aus, zweifellos der Kampfkomponente der fight-flight-reaction (Kampf-Flucht-Reaktion), mit der biologische Organismen auf Angriffe reagieren. Genauer gesagt: es ist leicht zu erkennen, daß das narzißtisch verwundbare Individuum auf tatsächliche oder erwartete narzißtische Kränkungen entweder mit schamerfülltem Rückzug (Flucht) oder mit narzißtischer Wut (Kampf) reagiert.

Da narzißtische Wut offenbar ein Ausdruck der menschlichen Neigung zu aggressiven Reaktionen ist, glauben manche Analytiker, daß sie außer der Feststellung des vorbewußten Motivationskontextes, in dem sie sich gewöhnlich entwickelt, keine weitere Erklärung fordere. Alexander z. B. glaubt dieses wichtige psychologische Phänomen dadurch zufriedenstellend zu erklären, daß er dessen Position in einer typischen Abfolge von vorbewußten und bewußten Einstellungen bestimmte. Er versuchte, die psychologische Bedeutung, und den metapsychologischen Standort von Scham und Wut, den beiden grundlegenden Manifestationen des gestörten narzißtischen Gleichgewichts, die der Selbstbeobachtung und der Beobachtung des Verhaltens anderer zugänglich sind, in einer Arbeit zu klären (1938), die ihrerseits die einschlägigen Arbeiten einer Reihe anderer Autoren beeinflußt hat (siehe z. B. Saul, 1947; Piers und Singer, 1952; und, mit weiteren individuellen Ausarbeitungen, Eidelberg, 1959, und Jacobson, 1964). In seinem Beitrag stellte er das Schema eines sich selbst verewigenden Zyklus' psychologischer Phänomene dar – ein anziehendes Erklärungshilfsmittel, das nicht nur wegen seiner pädagogischen Klarheit, sondern auch wegen seiner Ähnlichkeit mit Formulierungen, die mit gutem Erfolg in anderen Wissenschaftszweigen angewendet worden sind, z. B. in der Physik, bestrickend wirkt. Insbesondere beschrieb er den dynamischen Zyklus von: Feindseligkeit → Schuldgefühl → Unterwerfung → reaktive Aggression → Aggression usw., d. h. er beschränkte sich darauf, die narzißtische Wut (in seinen Begriffen: reaktive Aggression, die auf schmachvolle Unterwerfung folgt) im Kontext der Motivationsdynamik (vor)bewußter Erfahrungen und offensichtlichen Verhaltens zu erklären. Eine solche Erklärung aber läßt die tiefen Schichten, die unter dem Phänomen narzißtische Wut liegen, unberücksichtigt und ihre scheinbar befriedigende Vollständigkeit und Abgerundetheit hält uns von dem Versuch ab, den unbewußten Dimensionen und den genetischen Wurzeln des Phänomens weiter nachzuspüren.

Narzißtische Wut kommt in vielen Formen vor: ihnen allen jedoch ist ein besonderer psychologischer Anstrich gemeinsam, der ihnen eine eindeutige Stellung im weiten Bereich der menschlichen Aggression verleiht. Der Rachedurst, das Bedürfnis, ein Unrecht zu korrigieren, eine Beleidigung auszumerzen, mit welchen Mitteln auch immer, und ein tief eingewurzelter unerbittlicher Zwang bei der Verfolgung all dieser Ziele, der jenen keine Ruhe läßt, die eine narzißtische Kränkung erlitten haben – das sind die Merkmale, die für die narzißtische Wut in all ihren Formen charakteristisch sind und die sie von anderen Aggressionsarten unterscheiden.

Was ist die spezifische Bedeutung jener narzißtischen Kränkungen (etwa lächerlich gemacht, verächtlich behandelt zu werden oder eine öffentliche Niederlage zu erleiden), die im allgemeinen narzißtische Wut hervorrufen, und auf welche Weise üben diese spezifischen äußeren Provokationen ihren Einfluß auf die sensibilisierten Anteile der zu Wut und Rache neigenden Persönlichkeit aus?

Der Hang der Japaner, mit narzißtischer Wut zu reagieren, wird beispielsweise von Ruth Benedict (1946) der japanischen Methode der Kindererziehung, die lächerlich macht und mit Ächtung droht, sowie der soziokulturellen Bedeutung zugeschrieben, die die Aufrechterhaltung des Dekorums in Japan hat. Was Wunder daher, sagt Benedict, daß in Japan »Leute manchmal in höchst aggressiven Handlungen explodieren. Sie werden zu diesen Aggressionen nicht dann angereizt, wenn ihre Prinzipien oder ihre Freiheit auf dem Spiel stehen... sondern wenn sie eine Beleidigung oder Herabsetzung entdecken«.

Der Wunsch, eine passive Erfahrung in eine aktive zu verwandeln (Freud, 1920), der Mechanismus der Identifikation mit dem Angreifer (A. Freud, 1936), die sadistischen Spannungen, die sich in jenen Individuen erhalten haben, die als Kinder von ihren Eltern sadistisch behandelt wurden – all diese Faktoren tragen dazu bei, die Bereitschaft des zu Schamreaktionen neigenden Individuums zu erklären, sich in einer potentiell Scham erweckenden Situation eines einfachen Mittels zu bedienen: dem anderen aktiv (oft vorwegnehmend) jene narzißtischen Kränkungen zuzufügen, die zu erleiden man selbst am meisten fürchtet.

Herr P. zum Beispiel, der außerordentlich stark zu Schamreaktionen neigte und narzißtisch leicht verletzbar war, war ein Meister einer bestimmten Art von Sadismus im gesellschaftlichen Verkehr. Er entstammte einer konservativen Familie, war aber in seinen politischen und sozialen Ansichten sehr liberal geworden. Er war jedoch immer eifrig bemüht, sich über die nationale Herkunft und religiöse Zugehörigkeit seiner Bekannten zu informieren und brachte diese dann bei gesellschaftlichen Anlässen – sich auf den Geist der Vernunft und Vorurteilslosigkeit berufend – dadurch in Verlegenheit, daß er das Thema ihres Minoritätenstatus in die Konversation einführte. Obgleich er sich gegen das Verständnis der Bedeutung seiner böswilligen Machenschaften durch sehr gut ausgedachte Rationalisierungen verteidigte, wurde ihm doch allmählich bewußt, daß er in solchen Augenblicken eine erotisch getönte Erregung empfand. Nach seiner Beschreibung gab es in der Unterhaltung einen kurzen Moment des Schweigens, in dem das Opfer um Haltung kämpfte, nachdem die öffentliche Aufmerksamkeit auf das soziale Handicap gelenkt worden war, und obgleich jedermann so tat, als hätte er die Verlegenheit des Betroffenen nicht bemerkt, war die emotionale Bedeutung der Situation doch allen klar. Herr P. gewann mehr und mehr Einsicht in die wahre Natur seiner sadistischen Angriffe durch öffentliche Bloßstellung eines sozialen Defekts, und die sich allmählich vertiefende Erkenntnis einer eigenen Furcht vor Bloßstellung und Spott rief die Erinnerung an heftige Gefühlsregungen von Scham und Wut in seiner Kindheit wach. Seine Mutter, Tochter eines streng bibeltreuen Pfarrers, hatte nicht nur den kleinen Jungen in der Öffentlichkeit in Verlegenheit gebracht und beschämt, sondern darauf bestanden, seine entblößten Genitalien zu inspizieren – wie sie behauptete, um herauszufinden, ob er masturbiert hatte. Als Kind erging er sich in Rachephantasien – Vorläufer der jetzigen sadistischen Handlungen –, in denen er die Mutter in grausamer Weise seinen Blicken und denen anderer Leute aussetzte.

Mit dem Hinweis auf das Vorhandensein eines gesteigerten Sadismus, auf die Politik des vorbeugenden Angriffs, auf Rachebedürfnis und den Wunsch, passive Erfahrungen in aktive umzuwandeln,[6] sind jedoch einige der charakteristischsten Züge der narzißtischen Wut noch immer nicht zufriedenstellend erklärt. In typischen Fällen werden Einschränkungen, zu denen besonnene Überlegung raten sollte, völlig mißachtet, und es besteht ein grenzenloser Wunsch nach Abrechnung mit dem Beleidiger und nach Rache. Die Vernunftwidrigkeit der Rachsucht wird noch furchterregender, wenn man die Tatsache in Rechnung zieht, daß bei narzißtisch gestörten Persönlichkeiten, etwa dem Paranoiker, die Verstandesschärfe häufig nicht nur intakt, sondern sogar erhöht ist, obwohl die Denkfunktionen völlig unter der Herrschaft und im Dienste des überwertigen Dranges stehen. (Dieser gefährliche Zug individueller seelischer Erkrankung hat seine Parallele in einem gleichermaßen bösartigen sozialen Phänomen: in der Unterordnung der rational denkenden Klasse der Techniker unter einen paranoiden Führer und in der amoralischen Tüchtigkeit – und selbst Brillanz –, mit der diese Gruppe die Verfolgung seiner Ziele fördert.[7]

C. Zwei Phänomene, die mit narzißtischer Wut verwandt sind

Ich will nun zwei Formen von Zorn untersuchen, die mit narzißtischer Wut verwandt sind: den Zorn von Personen, die infolge einer Krankheit oder Verletzung des Gehirns nicht imstande sind, einfache Probleme zu lösen, und den Zorn des Kindes, das eine geringfügige, aber schmerzhafte Verletzung erlitten hat.

a) Die »Katastrophenreaktion« und ähnliche Vorgänge
Wenn jemand, der mit einem Hirnausfall behaftet ist, vergeblich eine Aufgabe zu lösen versucht, die sonst leicht zu lösen wäre – beispielsweise ein bekanntes Objekt zu benennen oder einen runden oder eckigen Pflock in das passende Loch zu stecken –, so kann er auf diese Unfähigkeit mit jenem heftigen, rasenden Zorn reagieren, der als »Katastrophenreaktion« bekannt ist (Goldstein, 1948).[8] Seine Wut ist der Tatsache zuzuschreiben, daß er plötzlich seine eigenen Gedankenprozesse nicht mehr unter Kontrolle hat, daß er die Kontrolle über eine Funktion verloren hat, die die Menschen als ihr intimstes Eigentum ansehen, als Teil ihrer selbst. »Es darf nicht sein! Es kann nicht sein!« fühlt der aphasische Patient, wenn er unfähig ist, ein bekanntes Objekt – etwa einen Bleistift – zu benennen, und seine wütende Weigerung, die unangenehme Wahrheit anzuerkennen, daß seine Ohnmacht wirklich besteht, wird durch die Tatsache verstärkt, daß seine spontane Sprache verhältnismäßig ungestört sein kann und sein Sensorium klar ist.

Wir sehen unsere Denkfähigkeit als zum Kern unseres Selbst gehörig an und weigern uns zuzugeben, daß sie sich möglicherweise unserer Kontrolle entziehen kann. Der Fähigkeit beraubt zu sein, ein bekanntes Objekt zu benennen oder ein einfaches Problem zu lösen, wird als viel unglaubhafter erlebt als selbst der Verlust eines Gliedes. Unseren Körper können wir sehen, und da die Wahrnehmung primär auf die äußere Welt gerichtet ist, vermögen wir an den Körper leichter in objektiver Weise zu denken. Die unsichtbaren Gedankenprozesse werden jedoch als untrennbar von unserem Selbst oder als mit unserem Selbst zusammenfallend angesehen. Den Verlust eines Gliedes kann man daher betrauern wie den Verlust eines Liebesobjekts – Tolstojs Schilderung des Abschieds Anatol Kuragins von seinem amputierten Bein (1866) ist eine bewegende Darstellung dieser Situation –, ein Defekt im Bereich unserer geistigen Funktionen wird hingegen als ein Verlust an Selbst erlebt.

Eine abgeschwächte Variante der Katastrophenreaktion ist allen bekannt: die Verärgerung, wenn wir ein Wort oder einen Namen nicht finden. Und unsere Patienten erleben, besonders zu Beginn der Analyse, Fehlleistungen durch Versprechen und andere Manifestationen des Unbewußten als narzißtische Kränkungen. Sie sind wütend, weil plötzlich offenkundig wird, daß sie nicht einmal über ihre Gedanken völlige (d. h. allmächtige) Kontrolle ausüben können – und nicht darüber, daß sie einen bestimmten unbewußten Wunsch oder eine bestimmte Phantasie preisgegeben haben. »Die Spur Affekt des Schämens«, sagt Freud (1901, Seite 93).

Es ist lehrreich, unser eigenes Verhalten zu beobachten, wenn uns ein Versprecher unterlaufen ist, besonders in einer Situation, in der unser Exhibitionismus mobilisiert wird, z. B. wenn wir eine Rede halten. Derjenige, dem die Fehlleistung unterlaufen ist, reagiert in einer ganz spezifischen Weise auf die Belustigung des Publikums: er gibt vor, daß das Versprechen entweder beabsichtigt war, oder er behauptet zumindest, daß er die Bedeutung der Fehlleistung versteht und sie selbst interpretieren kann. Unsere unmittelbare Tendenz geht daher vielmehr dahin, den Kontrollverlust zu verleugnen als den unbewußten Inhalt zu verbergen – anders ausgedrückt: unsere Abwehrtätigkeit wird primär durch unsere Beschämung, die einen Defekt im Bereich des allmächtigen und allwissenden grandiosen Selbst betrifft, in Gang gesetzt, und nicht durch Schuldgefühle über die enthüllten unbewußten, verbotenen sexuellen oder aggressiven Impulse.

Die exzessive Beschäftigung mit einer Situation, in der man eine beschämende narzißtische Kränkung erlitten hat (wie z. B. bei einem gesellschaftlichen Fauxpas), muß in gleicher Weise als wütender Versuch verstanden werden, die Realität des Vorfalls mit magischen Mitteln auszulöschen. Das kann so weit gehen, daß der Wunsch entsteht, mit sich selbst Schluß zu machen, um auf diese Weise die quälende Erinnerung zu eliminieren.

b) Die Reaktion des Kindes auf Verletzungen

Das andere Phänomen, das die Bedeutung der narzißtischen Wut erhellt, ist die emotionale Reaktion von Kindern auf leichte Verletzungen. Wenn ein Kind sich an der Zehe gestoßen oder sich den Finger geklemmt hat, drückt seine Reaktion eine Reihe von Gefühlen aus. Wir können mit Freud sagen, daß im Gefühl des Kindes »einiges zusammenfließt, was später gesondert werden wird« (1926, Seite 203). Das Kind gibt nicht nur seinem körperlichen Schmerz und seiner Furcht Ausdruck, sondern auch seinem verwundeten Narzißmus. »Wie kann das sein? Wie darf man mich so schlecht behandeln?«, scheint sein Geschrei zu fragen, und es ist lehrreich zu beobachten, wie das Kind zwischen wütendem Protest gegen die Unvollkommenheit seines grandiosen Selbst und zornigen Vorwürfen gegen das omnipotente Selbst-Objekt schwankt, weil es die Verletzung zugelassen hat.[9]

D. Der Erlebnisinhalt der narzißtischen Wut

Die verschiedenen Formen der narzißtischen Wut, die Katastrophenreaktion der Hirngeschädigten und die Empörung des Kindes, das plötzlich einer schmerzhaften Verletzung ausgesetzt ist, sind Erlebnisse, die in ihrer psychologischen Bedeutung und ihren sozialen Konsequenzen weit auseinander liegen. Doch liegt all diesen Erregungszuständen das kompromißlose Bestehen auf zweierlei Ansprüchen zugrunde, nämlich auf der Vollkommenheit des idealisierten Selbst-Objekts und auf der uneingeschränkten Macht und dem Wissen eines grandiosen Selbst, das das Äquivalent der »purifizierten Lust« (Freud, 1915) bleiben muß. Der Fanatismus des Rachebedürfnisses und der nicht endende Zwang, nach einer Beleidigung die Rechnung zu begleichen, sind daher nicht Ausdruck einer Aggressivität, die in die Zwecke des reifen Ichs integriert ist – im Gegenteil, eine solche Besessenheit weist darauf hin, daß die Aggression im Dienst eines archaisch-grandiosen Selbsts mobilisiert wurde und ihre Ziele daher im Rahmen einer archaischen Wahrnehmung der Realität verstanden werden müssen. Das zu Scham neigende Individuum wird Mißerfolge und Fehlschläge als persönliche Kränkungen ansehen und mit unersättlicher Wut darauf reagieren. Es erkennt nicht, daß sein vermeintlicher Gegner, als psychologisches Zentrum unabhängiger Initiativen, sich vielleicht nur zufälligerweise auf Ziele eingestellt hat, die der Erfüllung seiner eigenen Wünsche hinderlich sind. Dagegen sind Aggressionen, die eingesetzt werden, um Ziele einer gereiften Persönlichkeit zu verfolgen, nicht grenzenlos. So kraftvoll sie auch mobilisiert werden mögen, ihr Ziel ist begrenzt: die Besiegung des Feindes, der den Weg zu einer angestrebten Befriedigung blockiert. Der narzißtisch Gekränkte aber kann nicht ruhen, bis er den unscharf wahrgenommenen Beleidiger ausgelöscht hat, der wagte, ihm entgegenzutreten, nicht mit ihm übereinzustimmen oder ihn zu überstrahlen. »Spieglein, Spieglein an der Wand, wer ist die Schönste im ganzen Land?« fragt das grandios-exhibitionistische Selbst. Und wenn ihm erwidert wird, jemand anders sei schöner, gescheiter oder stärker, dann kann es wie Schneewittchens böse Stiefmutter keine Ruhe mehr finden, weil es den Zeugen nicht beseitigen kann, der der Überzeugung, einmalig und vollkommen zu sein, widersprochen hat.

Der Gegner, dem die Aggressionen des reifen Menschen gelten, wird als von uns getrennt erlebt, ganz gleich ob wir ihn angreifen, weil er uns daran hindert, unsere objektlibidinösen Ziele zu erreichen, oder ob wir ihn hassen, weil er der Erfüllung unserer in die Realität integrierten narzißtischen Wünsche im Wege steht. Der narzißtisch Kränkbare hingegen sieht den Feind, der archaische Wut in ihm wachgerufen hat, nicht als autonome Quelle eigenständiger Triebregungen, sondern als *Fehler in einer narzißtisch wahrgenommenen Realität* – er ist für ihn ein widerspenstiger Teil seines erweiterten Selbst (expanded self). Er glaubt daher, daß er das Recht habe, volle Kontrolle über ihn auszuüben, und seine bloße Unabhängigkeit, ja schon sein Anderssein, stellt eine Beleidigung für ihn dar.

Narzißtische Wut entsteht also dann, wenn das Selbst oder das narzißtisch besetzte Objekt es versäumen, den absolutistischen Ansprüchen gemäß zu leben, die von der narzißtischen Persönlichkeit an Selbst und Selbst-Objekt gestellt werden – seien es nun die absolutistischen Ansprüche des Kindes, das mehr oder weniger phasengerecht auf der Grandiosität und Omnipotenz des Selbst und des Selbst-Objekts besteht, oder die des narzißtisch fixierten Erwachsenen, dessen archaisch-narzißtische Strukturen unmodifiziert geblieben sind, weil sie vom Rest der wachsenden und reifenden Psyche isoliert wurden, nachdem die der Entwicklungsphase angemessenen narzißtischen Forderungen der Kindheit traumatisch frustriert wurden. Wir können aber auch, wenn wir das psychodynamische Geschehen mit anderen Worten beschreiben, sagen: jeder neigt zwar dazu, auf narzißtische Kränkungen mit Beschämung und Ärger zu reagieren – quälendste Scham und heftigste narzißtische Wut entstehen jedoch bei jenen Individuen, für die ein Gefühl absoluter Kontrolle über eine archaische Umgebung unabdingbar ist, weil die Aufrechterhaltung ihres Selbst und ihrer Selbstachtung auf der bedingungslosen Verfügbarkeit der billigend-spiegelnden Funktionen eines bewundernden Selbst-Objekts beruht oder auf der stets vorhandenen Gelegenheit zur Verschmelzung mit einem idealisierten Selbst-Objekt.

Narzißtische Wut kommt in einer Vielfalt von Formen vor, die ein weites Spektrum verschiedenartigster Erfahrungen und divergierender Verhaltensmanifestationen ausfüllen. Dieses Spektrum reicht vom tiefsten und starrsten Haß des Paranoikers bis zum schnell abklingenden Zorn des narzißtisch Kränkbaren nach einer geringfügigen Beleidigung. Trotz ihrer Verschiedenheit haben alle Formen narzißtischer Wut aber doch gewisse Züge gemeinsam, da sie alle in der Matrix eines narzißtischen oder pränarzißtischen Weltbildes verwurzelt sind. Diese archaische Erlebnisweise erklärt die Tatsache, daß diejenigen, die von narzißtischer Wut besessen sind, nicht das geringste einfühlende Verständnis für ihren Beleidiger aufbringen können. Sie erklärt weiterhin nicht nur die Unabänderlichkeit des Wunsches, die Beleidigung, die dem grandiosen Selbst zugefügt wurde, zu tilgen, sondern auch die Unversöhnlichkeit der Wut, die aufkommt, wenn die Kontrolle über das wiederspiegelnde Selbst-Objekt verlorengeht oder wenn das allmächtige Selbst-Objekt nicht verfügbar ist. Der empathische Beobachter wird die tiefere Bedeutung der oft scheinbar geringfügigen Provokation verstehen, die einen Ausbruch narzißtischer Wut hervorgerufen hat, und er wird von der scheinbar unverhältnismäßig großen Heftigkeit der Reaktion nicht überrascht sein.

Diese Überlegungen gelten natürlich auch für die psychoanalytische Situation. Jedermann neigt dazu, auf die Psychoanalyse wie auf eine narzißtische Kränkung zu reagieren, weil sie unsere Überzeugung Lügen straft, wir besäßen volle Kontrolle über unser Denken (siehe Freud, 1917). Die schwersten narzißtischen Widerstände gegen die Analyse werden jedoch in jenen Patienten entstehen, deren archaische Überzeugung, allwissend zu sein und völlige Kontrolle auszuüben, mehr oder minder unverändert geblieben ist, weil sie zu früh in ihrer Entwicklung oder zwar phasengerecht, aber allzu schnell eines allwissenden Selbst-Objekts beraubt wurden, oder weil ihre phasengerechte Gewißheit von der Vollkommenheit ihres Selbst keine genügende Bestätigung fand.

E. Kann Ich-Dominanz über narzißtische Wut durch Psychoanalyse erreicht werden?

a) Allgemeine Bemerkungen

Kann narzißtische Wut gezähmt werden, kann sie unter die Dominanz des Ichs kommen? Die Antwort auf diese Frage ist bejahend, aber das »Ja« ist nicht bedingungslos – es muß näher bestimmt und definiert werden. Wenn im Laufe der Analyse einer narzißtischen Persönlichkeitsstörung ein Abwehrwall von scheinbarer Ruhe, der mit Hilfe sozialer Isolierung, Desinteresse und phantasierter Überlegenheit aufrechterhalten wurde, anfängt nachzugeben, so ist man berechtigt, das Aufkommen narzißtischer Wut (d. h. von plötzlichen Wutanfällen bei narzißtischen Kränkungen) als Zeichen der Auflockerung einer rigiden Persönlichkeitsstruktur anzusehen und es als einen analytischen Fortschritt zu begrüßen. Solche Entwicklungen dürfen daher vom Analytiker weder zensiert noch übereilt als zu einer archaischen psychischen Welt gehörig gedeutet werden. Im Gegenteil: der Analytiker muß sie eine Zeitlang mit stillschweigender Billigung akzeptieren. Obwohl also das Auftauchen der narzißtischen Wut unter diesen Umständen ein gutes Zeichen ist, darf sie – ganz gleich, ob sie schon zu Beginn der Analyse des narzißtischen Analysanden vorhanden war oder erst nach einer therapeutischen Lockerung seiner Persönlichkeit zum Vorschein kam – nicht mit der Aggression des reifen Menschen verwechselt werden. Narzißtische Wut versklavt das Ich und erlaubt ihm nur, als ihr Handwerkszeug und Rationalisierer tätig zu werden. Reife Aggression hingegen steht unter Kontrolle des Ichs, und der Grad ihrer Neutralisierung wird vom Ich in Übereinstimmung mit den Zwecken, für die sie eingesetzt wird, reguliert. Die Mobilisierung narzißtischer Wut ist daher nicht ein Endpunkt in der Analyse, sondern der Beginn einer neuen Phase – einer Phase des Durcharbeitens, die erst dann als abgeschlossen angesehen werden darf, wenn in diesem Sektor der Persönlichkeit Ich-Dominanz hergestellt worden ist. Die Umwandlung narzißtischer Wut wird jedoch nicht direkt erreicht – d. h. dadurch, daß man das Ich ermahnt, seine Kontrolle über die Wutimpulse zu verstärken –, sondern sie wird indirekt als Folge der allmählichen Transformation des narzißtischen Nährbodens zustande gebracht, der die Wut speiste. Der archaische Exhibitionismus und die archaische Grandiosität des Analysanden müssen allmählich in zielgehemmte Selbstachtung und realistische Ambitionen umgewandelt werden, und sein Wunsch nach Verschmelzung mit einem archaisch-omnipotenten Selbst-Objekt muß durch Einstellungen ersetzt werden, die unter Kontrolle des Ichs stehen, z. B. durch Begeisterung für sinnvolle Ideale und Hingabe an sie. Im Gefolge dieses Wandels wird die narzißtische Wut allmählich schwinden, und in reifer Weise abgestufte Aggressionen werden im Dienste eines starken und sicheren Selbst und rational geschätzter Werte eingesetzt.

Ohne Entschädigung wird sich aber niemand zur Aufgabe seiner narzißtischen Ansprüche bewegen lassen. (Siehe in diesem Zusammenhang Tausk, 1913.) Wenn wir beispielsweise die Existenz eines unbewußten Seelenlebens akzeptieren, so muß dieser Verzicht auf eine narzißtische Position, die die Kohäsion unseres Selbst bewirkt hatte, nicht als einfache Einbuße im narzißtischen Haushalt aufgefaßt werden. Die narzißtischen Besetzungen verschwinden nicht, sondern werden auf andere Denkinhalte verlegt. Diese Verschiebung hat aber nicht nur zur Folge, daß unsere Kontrolle über den Grad der Neutralisierung der narzißtischen Besetzungen nun verstärkt ist, sie erschließt auch gleichzeitig eine neue Quelle narzißtischer Befriedigung. Ehedem wurde unser Selbstgefühl durch den Glauben an die Unbegrenztheit unseres Bewußtseins aufrechterhalten. Jetzt aber wird es entweder durch neutralisierte Abkömmlinge des grandiosen allwissenden Selbst unterstützt (d. h. beispielsweise durch die Befriedigung, von der Existenz eines Unbewußten zu wissen) oder durch neutralisierte Abkömmlinge der Beziehung zum allwissenden und allmächtigen Selbst-Objekt (d. h. beispielsweise durch die Freude über das Lob des Über-Ichs über unsere Fähigkeit, unangenehme Aspekte der Realität zu ertragen, oder durch die Freude darüber, dem Vorbild einer bewunderten Lehrerfigur [Freud] gemäß gelebt zu haben).

Ich betone also wiederum, daß der Narzißmus nicht zerstört werden muß, sondern umgewandelt werden kann. Ich tue das im Einklang damit, daß ich eine vorurteilsfreie Haltung gegenüber dem Narzißmus unterstütze, d. h. daß ich den Narzißmus als eine psychische Einstellung *sui generis* ansehe, die ihre eigene Entwicklungslinie hat und weder beseitigt werden soll noch kann. Auch in der psychoanalytischen Situation wird die vorurteilsfreie Haltung des Analytikers gegenüber dem Narzißmus, sein Vertrautsein mit den Formen und Umformungen dieser psychischen Konstellation und eine tolerante Anerkennung seines biologischen und soziokulturellen Wertes dazu beitragen, narzißtischen Widerstand und narzißtische Wut des Analysanden gegen das analytische Verfahren zu verringern. Die akzeptierende Objektivität des Analytikers gegenüber dem Narzißmus des Patienten kann natürlich narzißtischen Widerstand und narzißtische Wut nicht völlig beseitigen, aber sie wird die zu Beginn der Analyse entstehenden nichtspezifischen Widerstände gegen eine Prozedur mindern, in der ein anderer häufig etwas über die eigenen Gedanken und Wünsche weiß, bevor man sie selbst erkannt hat. Durch die Verminderung der *nichtspezifischen* narzißtischen Widerstände wird jedoch die Erkennung der Bedeutung *spezifischer* narzißtischer Widerstände als Wiederholung und Übertragung erleichtert.

Der Analytiker soll sich daher zunächst nicht geradewegs mit dem Real-Ich des Patienten verbünden, wenn dieses die Ansprüche des unmodifizierten grandiosen Selbst zurückweist oder wenn es versucht, das ungestillte kindliche Bedürfnis nach voller Kontrolle über das narzißtisch besetzte Selbst-Objekt zu verleugnen.[10] Im Gegenteil: selbst auf die Wut, die im Patienten aufkommt, wenn seine narzißtischen Bedürfnisse nicht völlig und sofort erfüllt werden, muß der Analytiker mit verständnisvoller Toleranz eingehen. Wenn er seine empathische Einstellung zu den Bedürfnissen des Patienten und dessen Wut aufrechterhält und wenn infolge dieser Haltung des Analytikers auch das Real-Ich des Patienten lernt, mit den Forderungen des grandiosen Selbst und dessen Wutneigung verständnisvoll akzeptierend umzugehen, dann werden jene nicht-spezifischen Widerstände langsam abnehmen, bei denen der Patient, der sich wie ein ungezogenes Kind behandelt fühlt, tatsächlich beginnt, sich wie ein unverstandenes, ungezogenes Kind zu benehmen. Erst dann werden die spezifischen Widerstände gegen die Aufdeckung der spezifischen verdrängten Bedürfnisse, Wünsche und Einstellungen ins Spiel gebracht werden. Solange sich der Analysand noch im Zustand des nicht-spezifischen narzißtischen Widerstands befindet, neigt er im allgemeinen stark zu Verdrossenheit und Wut; während der spezifischen Widerstände jedoch empfindet er charakteristischerweise den Druck von Hypochondrie und anderen vagen Ängsten. Die Übertragungsreaktivierung des ursprünglichen Bedürfnisses nach Anerkennung durch Widerspiegelung und Verschmelzung mit einem idealisierten archaischen Objekt vergrößert die narzißtische Spannung und führt zu Hypochondrie; es entsteht die zunächst unklare Angst vor der entsetzlichen Möglichkeit, die alte traumatische Zurückweisung in neuer Gestalt seitens einer Umgebung erleiden zu müssen, die auf die wiedererweckten narzißtischen Bedürfnisse der Kindheit nicht empathisch reagieren wird.

→ Die Integration aggressiver, negativer Selbstobjekte!

b) Die Umwandlung der narzißtischen Wut in reife Aggression – Theoretische und klinische Betrachtungen

Das sorgfältige Studium von Übergangsphänomenen ist oft aufschlußreicher als die Beschäftigung mit den extremen Enden eines Spektrums, d. h. als die Untersuchung von konstrastierenden Erscheinungen, und es ist oft ergiebiger, die Zwischenstationen eines Entwicklungsablaufs einer Prüfung zu unterziehen, als Anfang und Ende zu vergleichen. Diese Maxime gilt auch für das Studium der Umwandlung von narzißtischer Wut in reife Aggression: die Zwischenstationen dieser Entwicklung und die Rückstände, denen wir begegnen, wenn der Entwicklungsprozeß unvollkommen geblieben ist, verdienen unsere Aufmerksamkeit.

Das ungenügend idealisierte Über-Ich des Patienten A. konnte ihm nicht die nötige innere narzißtische Unterstützung geben (siehe Diskussion dieses Falles in Kohut, 1971, S. 57-73); er brauchte äußere Anerkennung, um sein narzißtisches Gleichgewicht aufrechtzuerhalten. Daher wurde er allzu sehr von idealisierten Figuren in seiner Umgebung abhängig, nach deren Lob er verlangte. Jedesmal wenn sie nicht reagierten, weil sie sein Bedürfnis nicht verstanden, wurde er wütend und kritisierte sie mit Bitterkeit und Sarkasmus während der analytischen Sitzungen. Als sich jedoch durch umfassendes Durcharbeiten seiner idealisierenden Übertragungen sein struktureller Defekt gebessert hatte, änderte sich seine Wut. Er beklagte sich weiterhin über das, was die gegenwärtigen Nachbildungen der archaisch idealisierten Figur (seines Vaters, der ihn früh im Leben enttäuscht hatte) ihm laufend antaten, aber seine Angriffe wurden weniger bitter und sarkastisch, bekamen eine Beimischung von Humor und befanden sich mehr in Übereinstimmung mit den realen Versäumnissen und Unvollkommenheiten jener, die er kritisierte. Und es gab eine weitere bemerkenswerte Änderung: während er früher seinen Haß für sich allein genährt hatte (selbst während der analytischen Sitzungen war sein Klagen nicht Mitteilung sondern Selbstgespräch), tat er sich jetzt mit seinen Mitarbeitern zusammen und war fähig, in guter Kameradschaft Geschmack an ausgedehnten Klatschzusammenkünften zu finden, bei denen die Vorgesetzten verrissen wurden. Als in einem noch späteren Stadium der Analyse der Patient bereits einen Großteil seiner psychologischen Schwierigkeiten gemeistert hatte und als vor allem gewisse homosexuelle Phantasien, deren er sich sehr schämte, verschwunden waren, reagierte er immer noch mit Ärger auf idealisierte Figuren, wenn diese mit Beifall kargten – aber er zeigte jetzt nicht nur gutartigen Humor anstelle von Sarkasmus, war nicht nur gesellig, anstatt sich abzusondern, sondern war auch imstande, neben den Unvollkommenheiten positive Züge an jenen zu sehen, die er kritisierte.

Nun ein anderes klinisches Beispiel: Patient P., dessen Einstellung zu seinem achtjährigen Sohn sehr aufschlußreich war.[11] Er stand im allgemeinen ausgezeichnet mit dem Jungen und verbrachte ein gut Teil Zeit mit ihm, wobei beide großes Vergnügen an ihren gemeinsamen Unternehmungen fanden. Der Patient konnte jedoch wegen geringfügiger Vergehen völlig außer sich geraten und bestrafte das Kind dann streng. Langsam wurde er sich mit fortschreitender Analyse seiner narzißtischen Kränkbarkeit bewußt und mit der Tatsache vertraut, daß er dazu neigte, mit heftiger Wut zu reagieren, wenn er sich durch narzißtisch besetzte Objekte enttäuscht fühlte. Er konnte jedoch diese Einsichten zunächst nicht auf sein Verhalten gegenüber seinem Sohn anwenden, d. h., er war nicht imstande zu erkennen, daß er dann mit übertriebener Härte gegen den Sohn vorging, wenn er sich narzißtisch gekränkt fühlte. Er blieb daher überzeugt, daß seine Strenge objektiv gerechtfertigt sei, verteidigte sein Verhalten felsenfest und behauptete, daß Unnachgiebigkeit und unbeugsame Gerechtigkeit für seinen Sohn besser wären als falsch verstandene Güte und prinzipienlose Toleranz. Seine Rationalisierungen schienen eine Zeitlang unangreifbar, und es gab keinen Fortschritt in der Analyse. Seine moralische Strafwut begann schließlich nachzulassen und wurde durch wachsendes einfühlendes Verständnis für den Sohn ersetzt, nachdem gewisse Szenen aus der Kindheit wieder erinnert und ihre dynamische Bedeutung verstanden worden waren. Seine Mutter hatte immer mit strengen, moralisch untermauerten Bestrafungen reagiert, wenn er versuchte, sich aus dem Netz ihres narzißtischen Universums zu befreien. Er verhielt sich nun ähnlich, wenn er fühlte, daß jemand, den er als sein *alter ego* ansah, sich von ihm zurückzuziehen versuchte – entweder der Analytiker durch Handlungen, die das Gleichgewicht der narzißtischen Übertragung störten (z. B. vorübergehende Unterbrechung der Behandlung), oder der Sohn durch Handlungen, die seine wachsende Unabhängigkeit anzeigten. Es waren gewöhnlich winzige Übertretungen – etwa daß der Sohn in den Garten des Nachbars ging, ohne den Vater um Erlaubnis gefragt zu haben, oder daß er zu spät nach Hause kam, selbst wenn es sich nur um ein paar Minuten handelte –, die der Patient als schwere Untat ansah und streng bestrafte.

Trotz der Gefahr, mich über Offensichtliches zu verbreiten, will ich das hier schon Gesagte noch einmal kurz wiederholen. In den beiden vorangegangenen Beispielen habe ich mich darauf beschränkt, eine Abfolge klinischer Ereignisse darzustellen, die zeigen, wie narzißtische Wut nachläßt (und wie sie allmählich durch Aggressionen, die unter der Kontrolle des Ichs stehen, ersetzt wird), und zwar als Folge der in der Analyse erreichten Umformung des narzißtischen Nährbodens, dem sie entsprang. Das erste Beispiel (Herr A.) zeigt, wie das Abklingen der Bedürftigkeit des Patienten gegenüber dem idealisierten Objekt dazu führte, daß seine sarkastische Wut allmählich gezähmt wurde und sein einfühlendes Verständnis für jene Personen zunahm, die ihm vorher als Sündenböcke gedient hatten. Das zweite Beispiel (Herr P.) zeigt, wie die moralische Strafwut des Patienten allmählich gezähmt wurde und wie sein mitfühlendes Verständnis für die Opfer seiner Wut zunahm, als er anfing, seine narzißtische Bindung an *alter ego*-Figuren zu meistern und zu begreifen, daß er eine entscheidende Situation aus seiner eigenen Kindheit wiederholte.

Wir sind an einem Punkt angelangt, an dem sich klinische Erfahrung und theoretische Überlegung vereinigen. Dieser Umstand läßt es ratsam erscheinen, die bisher gemachten Aussagen über Narzißmus und Aggression zusammenzufassen und einige der bereits dargelegten Schlußfolgerungen besonders hervorzuheben. Unser therapeutisches Ziel in bezug auf die narzißtische Wut ist weder die direkte Umformung der Wut in konstruktive Aggression noch die direkte Errichtung von Kontrollen über die Wut durch das autonome Ich. Unser Hauptziel ist die allmähliche Umformung der narzißtischen Matrix, aus der die Wut entspringt. Wenn dieses Ziel erreicht wird, dann werden die Aggressionen im narzißtischen Sektor der Persönlichkeit in den Dienst realistischer Ambitionen und Absichten eines stabilen Selbst sowie der hochgeschätzten Ideale und Ziele eines reifen Über-Ichs gestellt, das die Funktionen des archaisch-omnipotenten Objekts übernommen hat und unabhängig von ihm geworden ist.

Es muß freilich zugegeben werden, daß es in der Praxis (z. B. am Ende einer im allgemeinen erfolgreichen Analyse einer narzißtischen Persönlichkeitsstörung) gelegentlich nicht leicht abzuschätzen ist, inwieweit die Neigung zu narzißtischer Wut überwunden wurde, und daß man manchmal nicht sicher ist, ob die Aggressionen Aktivitäten eines reifen Selbst geworden sind und unter der Dominanz des Ichs stehen. Aber was für die Vollendung der analytischen Aufgabe in anderen Sektoren der Persönlichkeit gilt, gilt auch hier: wir dürfen weder von unserem Patienten zuviel verlangen noch von uns selbst. Im Gegenteil, der Patient sollte sich freimütig der Tatsache bewußt sein, daß die Gefahr noch immer besteht, gelegentlich von narzistischer Wut beherrscht zu werden, wenn seine archaisch-narzißtischen Erwartungen frustriert werden und er wachsam gegenüber der Möglichkeit sein muß, von einem plötzlichen Wutanfall überrumpelt zu werden. Er soll sich also das Vorhandensein von Residuen seiner vordem so ausgedehnten seelischen Störung offen vor Augen halten. Diese Aufrichtigkeit sich selbst gegenüber wird ihm zustatten kommen, wenn er nach Beendigung der Analyse seinen psychischen Haushalt ohne Hilfe des Analytikers besorgen muß.[12]

Der Fortbestand von einigen scheinbar unbedeutenden peripheren Symptomen der seelischen Krankheit ist manchmal ein zuverlässigeres Zeugnis dafür, daß das Ergebnis der analytischen Arbeit unvollkommen geblieben ist, als das gelegentliche Wiederauftauchen grober Verhaltensstörungen unter Streß. Auf dem speziellen Gebiet unserer gegenwärtigen Untersuchung können wir ein Residuum psychischen Fehlverhaltens finden, das, obwohl oft ziemlich unauffällig, meiner Erfahrung nach ein besonders zuverlässiges Anzeichen dafür darstellt, daß die analytische Arbeit noch nicht beendet ist: das Weiterbestehen der Unfähigkeit des Patienten, sich auch nur ein wenig in die Person einfühlen zu können, gegen die sich seine Wut richtet. Wenn ich zu bewerten versuche, welche Fortschritte der Patient in der Analyse gemacht hat, dann fallen für mich seine noch unbehobenen Empathiestörungen viel mehr ins Gewicht als seine Neigung, gelegentlich – und unter dem Einfluß einer starken Provokation – mit dem vorübergehenden Aufflackern jener Art von Wut zu reagieren, die vor Beginn der Analyse häufig und als Reaktion auf geringfügige Provokationen auftrat. Wenn einem Patienten andauernd jegliches Verständnis und Mitgefühl für jenen anderen abgeht, von dem er sich angegriffen und beleidigt fühlt, und wenn er es in starrer Arroganz ablehnt, auch nur den Versuch zu machen, die Position oder Motivation des anderen in Betracht zu ziehen, so ist mir eine solche Haltung ein zuverlässigeres Zeichen für die Unvollkommenheit der analytischen Arbeit auf dem narzißtischen Sektor der Persönlichkeit als Grad und Art etwa verbleibender Wutanfälle. Der gefühllose Moralismus des Patienten P. gegenüber seinem Sohn, der unverrückbare Dogmatismus seiner Überzeugung, angemessen zu handeln, wenn er Strafen austeilte, zeigten viel klarer als etwa die Strenge der Bußen, die er dem Kind auferlegte, daß sein Verhalten im Grunde Ausdruck seiner narzißtischen Wut war. Gewiß, die Bestrafung war allzu hart. Wie zu erwarten, zielte der gekränkte Vater hauptsächlich darauf ab, durch die Bußen, die er seinem Sohn auferlegte, seine narzißtische Totalkontrolle über diesen wiederherzustellen. Es ist in diesem Sinne zu verstehen, daß er dem Sohn wochenlang verbot, das Haus zu verlassen oder ihm Stubenarrest auferlegte. Bei der Durchführung der Bestrafung aber verlor der Vater niemals seine Selbstbeherrschung und wurde niemals grausam oder grob sadistisch.

F. Eine metapsychologische Formulierung der narzißtischen Wut

Die vorliegende Untersuchung der Aggression, soweit diese zum Narzißmus in Beziehung steht, beschäftigte sich bis jetzt hauptsächlich mit der Phänomenologie der narzißtischen Wut und mit dem Wesen der archaisch-narzißtischen Matrix, der sie entspringt. Als letztes will ich nun den Versuch wagen, das Wesen der narzißtischen Wut selbst in metapsychologischen Begriffen zu erklären. Ich unternehme diesen Versuch, obwohl ich weiß, daß die Metapsychologie in Mißkredit geraten ist und das metapsychologische Denken von manchen als nichtssagend und steril bewertet wird.

In früheren Beiträgen (1966, 1968, 1971) schlug ich folgende metapsychologische Formulierung des Gefühls der Scham vor. Ich sagte, daß man es unter nachstehenden Bedingungen empfinde: exhibitionistische Libido wird mobilisiert und in einen Entladungszustand gebracht, wenn wir erwarten, daß unser Selbst binnen kurzem von Selbst-Objekten widergespiegelt oder gelobt werden wird. Diese Erwartung bezieht sich entweder auf Selbst-Objekte in unserer Umgebung oder – ich sprach in diesem Zusammenhang von »Scham*signalen*« – auf das idealisierte Über-Ich, d. h. jene innere Struktur, die die billigenden Funktionen der archaischen Umgebung übernommen hat. Wenn die erwartete zustimmende Reaktion der Umgebung aber ausbleibt, dann wird der gleichmäßige Fluß der exhibitionistischen Libido gestört. Selbst und Körperselbst werden nicht von der milden Glut einer exhibitionistischen Libido durchwärmt, die ein zustimmendes Echo gefunden hat; im Gegenteil: die Entladungs- und Entfaltungsprozesse verlieren ihre Einheitlichkeit und geraten in Unordnung. Die Tatsache, daß das Selbst-Objekt sich unerwarteterweise weigert, seine widerspiegelnde Funktion auszuüben, schafft ein psychoökonomisches Ungleichgewicht, dem die Fähigkeit des Ichs, die ausströmenden exhibitionistischen Besetzungen zu regulieren, nicht gewachsen ist. Als Folge seiner zeitweiligen Lähmung gibt das Ich einerseits dem Druck des exhibitionistischen Dranges nach, bemüht sich aber andererseits verzweifelt, die Flut einzudämmen. Das Exekutivorgan des Exhibitionismus, die Oberfläche des Körper-Ichs, die Haut, zeigt daher nicht die Merkmale des befriedigten Exhibitionismus (angenehme Wärme und gleichmäßige zarte Röte), sondern die des enttäuschten Exhibitionismus (unangenehme Hitze und ein Nebeneinander von dunklem Erröten und Erbleichen).[13] Diese desorganisierte Mischung von massiver Entladung (Spannungsabnahme) und Blockierung (Spannungszunahme) auf dem Gebiet der exhibitionistischen Libido ist es, die als Scham empfunden wird.

Eine ähnliche Erklärung hat auch für das Erlebnis der narzißtischen Wut Gültigkeit. Während jedoch die wesentliche Störung, die dem Schamerleben zugrunde liegt, den grenzenlosen *Exhibitionismus* des grandiosen Selbst betrifft, bezieht sich die wesentliche Störung, die der Wut zugrunde liegt, auf die *Omnipotenz* dieser narzißtischen Struktur. Das grandiose Selbst erwartet absolute Kontrolle über eine archaische Umgebung, die es im narzißtischen Sinn, d. h. als zum Selbst gehörig, auffaßt. Eine Gruppe von spezifischen psychosomatischen Funktionen – sie gehören in Form von Machtausübung und Gewalt zum psychischen Gebiet der Aggression – wird in unmittelbarer Erwartung der totalen Herrschaft über das Selbst-Objekt zum Einsatz bereitgestellt. Wenn sich die Umgebung jedoch weigert, diese Erwartung zu erfüllen – sei es die nicht-empathische Mutter, die auf die Wünsche des Kindes nicht reagiert, oder das Tischbein, das der Zehe des Kindes im Wege ist, oder ein ähnliches nicht-empathisches Objekt in der Welt eines narzißtisch fixierten Erwachsenen –, dann wird die vordem reibungslos vor sich gehende Entfaltung jener aggressiven Kräfte gestört, die dazu bestimmt waren, die Herrschaft über das Selbst-Objekt auszuüben. Parallel zu den bei der Scham beschriebenen Prozessen sehen wir Entladung und Hemmung entweder nebeneinander oder in rascher Abfolge nacheinander. Zum Unterschied aber von den psychischen Prozessen, die das Schamerlebnis hervorbringen, ist die der Wut zugrunde liegende Kraft nicht der grenzenlose Exhibitionismus des grandiosen Selbst, das auf Bewunderung besteht, sondern die Omnipotenz des grandiosen Selbst, das darauf beharrt, das Selbst-Objekt völlig zu beherrschen. Die desorganisierte Mischung von massiver Entladung (Spannungsabnahme) und Blockierung (Spannungszunahme) auf dem Gebiet der nicht-neutralisierten Aggression, die entsteht, wenn sich das archaische Selbst-Objekt nicht als gefügig erweist, ist aber als die metapsychologische Grundlage sowohl der äußeren Erscheinung als auch des inneren Erlebens der narzißtischen Wut aufzufassen.

G. Chronische narzißtische Wut

Narzißtische Wut ist häufig kurzlebig (man spricht deshalb vom Wut-»Anfall«), und die reguläre Persönlichkeitsstruktur mit ihren normalen Denkprozessen zeigt sich wieder unverändert in ihrer alten Form, sobald sie abgeklungen ist. Wenn sich die Wut aber nicht legt, dann werden die Sekundärprozesse in zunehmendem Maße in den Einflußbereich der archaischen Aggressionen gezogen, deren Bestreben es ist, die verlorengegangene absolute Herrschaft über eine narzißtisch erlebte Welt wiederherzustellen. Bewußtes und vorbewußtes Denken, besonders insofern es die Absichten und Ziele der Persönlichkeit betrifft, wird der alles überflutenden Wut mehr und mehr untergeordnet. Genauer gesagt: die rationale Denkfähigkeit des Ichs wird zunehmend dazu verwendet, das grandiose Selbst mit Rationalisierungen zu unterstützen, wenn es hartnäckig darauf besteht, allmächtig zu sein. Das Ich verleugnet, daß die Macht des Selbst ihre natürliche Begrenztheit hat, und schreibt dessen Unvollkommenheiten und Schwächen der Böswilligkeit und Verderbtheit des archaischen Objekts zu, wenn dies sich als nicht gefügig erweist. Wir wohnen dann der allmählichen Entwicklung eines der bösartigsten Übel des menschlichen Seelenlebens bei, der Entwicklung einer die ganze Persönlichkeit durchsetzenden seelischen Haltung, die ich als *chronische narzißtische Wut* bezeichnen will. Diese erscheint in verschiedenen Formen. Wir sehen sie z. B. häufig in einem vorbereitenden Stadium, in dem sie zwar noch nicht die Handlungen des von der Wut Besessenen, aber doch schon seine geistige Einstellung – etwa Haß und Mißgunst – beeinflußt. Oder wir begegnen ihr in jenen fortgeschrittenen Stadien, in denen sie nach außen durchbricht und sich in Handlungen umsetzt. Die aus diesen Vorgängen resultierenden Taten, die durch chronische narzißtische Wut motiviert sind, mögen anfänglich noch in der verhältnismäßig begrenzten Form von vereinzelten, unzusammenhängenden Racheakten in Erscheinung treten, bald aber kann sie das der Wut hörige Ich in wohlorganisierte Feldzüge umwandeln, die als Ausdruck einer endlosen Rachsucht mit endloser Leidenschaft in Gang gehalten werden.[14]

4. Abschließende Bemerkungen

Manche von den Themen, die in der vorliegenden Arbeit behandelt werden, speziell jene, die im Rückblick auf meine früheren Untersuchungen (über die libidinöse Besetzung des Selbst) neuerdings erörtert wurden, konnten notwendigerweise nur skizzenhaft formuliert werden und benötigen eine Ausarbeitung. Was ich aber noch mehr bedaure als die Unzulänglichkeiten dieser gedrängten Darstellung, ist die Tatsache, daß ich nicht zu zeigen vermochte, wie meine älteren Formulierungen über den Narzißmus und die vorstehenden Betrachtungen über die narzißtische Wut auf die Psychologie großer Gruppen – besonders auf das Verhalten des Menschen in der Geschichte – angewendet werden können.

Ich hege die Hoffnung, daß weitere Bemühungen auf diesem Gebiet sich als fruchtbar erweisen werden. Aber das muß die Zukunft entscheiden, und ich will mich daher heute auf ein paar kurze Bemerkungen beschränken. Ich habe begonnen, zwei weitere Arbeitsziele zu verfolgen. Das erste betrifft den Beitrag, den Erkenntnisse über den Narzißmus für das Verständnis der Bildung und des Zusammenhalts von Gruppen liefern können. Insbesondere wird man sich mit Hilfe dieser Einsichten darüber klar, daß Gruppenkohäsion nicht nur durch ein von allen Gruppenmitgliedern gemeinsam verehrtes Ich-Ideal hervorgebracht und aufrechterhalten wird (Freud, 1921), sondern auch durch die von ihnen geteilte subjektgebundene Grandiosität, d. h. dadurch, daß dasselbe grandiose Selbst zum Gemeingut der Gruppe geworden ist. Und es gibt in der Tat Gruppen, die dadurch charakterisiert sind, daß sie durch diese Bindung zusammengehalten werden – grob gesagt: mehr durch gemeinsam erstrebte Ehrgeizziele als durch gemeinsam verehrte Ideale. Der zweite Beitrag, den die bisher gewonnenen Einsichten über den Narzißmus zum Verständnis der Gruppen leisten, betrifft die Tatsache, daß das Seelenleben von Gruppen ebenso wie das von Individuen regressive Umwandlungen im narzißtischen Bereich erkennen läßt. Wenn sich den akzeptablen Äußerungsmöglichkeiten für höhere Formen des Narzißmus etwas in den Weg stellt (beim grandiosen Selbst: durch den Verlust von nationalem Prestige, z. B. infolge einer militärischen Niederlage oder eines wirtschaftlichen Zusammenbruchs, oder bei der idealisierten Elternimago durch die Zerstörung von Gruppenwerten, z. B. infolge einer vorschnellen aufklärerischen Zerstörung von religiösen Werten), dann regrediert der Narzißmus der Gruppe wie der des Individuums mit unseligen Folgen für das Gruppenverhalten. Diese Regression führt dann häufig zu offenen oder verhüllten Gruppenaggressionen, die bald mehr und mehr als Ausdruck akuter oder, noch schlimmer, chronischer narzißtischer Wut erkennbar werden.

Auf diesem Forschungsgebiet ist noch viel Arbeit zu leisten, selbst wenn wir uns mit unvollständigen Einsichten begnügen wollten, und ich muß der Versuchung widerstehen, im gegenwärtigen Rahmen mehr darüber zu sagen.

Übersetzt von Lotte Köhler

Anmerkungen

1 Um exakt zu sein, müßte man diesen Punkt der Entwicklung die *Periode der Bildung des Kern-Selbst und des Selbst-Objekts* nennen. Das archaische Selbst-Objekt ist natürlich immer noch (im Erleben) Teil des Selbst.

2 Siehe in diesem Zusammenhang (in Kohut, 1971, Kap. 1) die Differenzierung zwischen a) *Psychose*, d. h. dauernder oder protrahierter Fragmentierung des nuklearen grandiosen Selbst und des nuklearen omnipotenten Selbstobjekts, und b) *narzißtischer Persönlichkeitsstörung*, d. h. unzureichender Kohäsion des nuklearen Selbst und des Selbst-Objekts mit nur vorübergehender Fragmentierung dieser Konfigurationen. Siehe hierzu weiterhin (a.a.O.) die Klassifizierung der Störun-

gen, bei denen das Wesen der Erkrankung in einer permanenten oder protrahierten Fragmentierung des Selbst oder des Selbst-Objekts liegt, nämlich den Psychosen. Sie sind in drei Gruppen einzuteilen: a) die offenen *Psychosen*, d. h. jene Fälle, bei denen die Symptomatologie ganz unverhüllt das Auseinanderbrechen der nuklearen narzißtischen Strukturen widerspiegelt; b) die *latenten Psychosen* oder *Borderline*-Fälle, d. h. jene Fälle, bei denen die Symptomatologie in größerem oder geringerem Ausmaß verbirgt, daß ein Auseinanderbrechen der nuklearen narzißtischen Strukturen stattgefunden hat; und c) die *schizoiden Persönlichkeiten*, d. h. jene Fälle, bei denen ein Auseinanderbrechen der nuklearen narzißtischen Strukturen (die Entwicklung einer latenten oder offenen Psychose), das als pathognomonische Möglichkeit stets gegenwärtig ist, deren Verwirklichung jedoch vom Patienten durch sorgfältige Vermeidung (emotionale Distanzierung) Regressionen auslösender narzißtischer Kränkungen verhindert wird.

3 Freud sprach jedoch von Adlers »wertvollen Studien über Organminderwertigkeit« (1914d).

4 Lionel Trilling, der Emil Ludwigs *Dr. Freud* rezensierte (1947), schloß seine Ausführungen über die Bibliographie mit dem folgenden scharfen Satz: »Wir leben zwar nicht in einem Zeitalter, das wegen der Schärfe und Genauigkeit seiner Gedanken bemerkenswert wäre, aber es ist in der Tat selten, daß wir ein Buch sehen, das intellektuell so schimpflich, unredlich und unanständig ist wie dieses.«

5 Dieser Quasi-Wahn ist natürlich eine Manifestation des archaisch-exhibitionistischen Triebes, der a) von der übrigen psychischen Organisation isoliert ist, und b) (mit umgekehrtem Ziel) auf die Person des angeblich hämischen Beobachters projiziert wird. Die Beziehung zwischen diesem Phänomen und dem Wahn des Paranoikers, beobachtet zu werden, ist offensichtlich.

6 Viele Psychotherapeuten, Psychoanalytiker inbegriffen, traumatisieren ihre Patienten unnötigerweise durch sarkastische Angriffe auf ihren archaischen Narzißmus. Auch wenn das Verständnis des Analytikers für die Bedeutung der Reaktivierung der archaisch-narzißtischen Bedürfnisse des Patienten zunimmt, sind solche Tendenzen schwer zu überwinden, und der Sarkasmus des Analytikers macht sich immer wieder störend bemerkbar. Die Schwierigkeit ist, zumindest in gewissen Fällen, der Tatsache zuzuschreiben, daß der Psychotherapeut oder Analytiker selbst (von seinen Eltern und Lehrern oder seinem Lehranalytiker) in ähnlicher Weise behandelt worden ist. Die Tatsache, daß ein Analytiker trotz Einsicht und Anstrengung an seiner nicht-therapeutischen sarkastischen Haltung gegenüber seinem narzißtischen Patienten festhält, ist ein Beweis für die Kraft des Bedürfnisses, passive Erfahrung in aktive umzuwandeln. Darüber hinaus dürfen wir nicht außer acht lassen, daß das Motiv dieser schädlichen Einstellung (der tief im Unbe-

wußten verwurzelte Druck, anderen eine narzißtische Kränkung zuzufügen) leicht rationalisiert werden kann. Insbesondere können die Angriffe des Therapeuten damit gerechtfertigt werden, daß sie zum Guten des Patienten unternommen würden und im Dienst einer Moral stehen, die zu realistischem Verhalten ermahnt und kindisches Verhalten verpönt.

7 Eine Darstellung dieser Verhältnisse in Nazi-Deutschland findet man bei Rauschning (1938). – Die Beziehung zwischen Speer (Reichsminister für Rüstung und Munition), einem Organisationsgenie, und Hitler ist in diesem Zusammenhang besonders aufschlußreich (siehe Speer, 1969).

8 Der organische Schaden selbst trägt zweifellos zur Verminderung der Fähigkeit bei, Emotionen und Impulse im Zaum zu halten. Doch werden viele Patienten, die nach relativ milden Belastungen (z. B. in der harmlosen Testsituation) in die Wut einer Katastrophenreaktion ausbrechen, unter anderen Umständen, die ebenfalls Wut erregen können, nicht mit gleicher Intensität reagieren (z. B. wenn sie gehänselt oder sonstwie geärgert werden).

9 Wenn das archaische Selbst-Objekt nicht die benötigte narzißtische Unterstützung gewährt, oder wenn es das Unbehagen des Kindes nicht verhindert oder zum Verschwinden bringt, dann wird es vom Kind für sadistisch gehalten, weil es als allmächtig und allwissend erlebt wird und das Kind daher alle Folgen der Handlungen und Unterlassungen des Selbst-Objekts als von diesem beabsichtigt ansieht.

10 Dieser Ratschlag gilt nicht nur dort, wo die Grandiosität insgesamt verdrängt ist (horizontale Spaltung im Seelenleben), sondern auch da, wo ein Teil der archaisch-narzißtischen Ansprüche das Real-Ich umgeht (vertikale Spaltung), d. h. da, wo das Ich die Gegenwart und/oder die Bedeutung gewisser narzißtischer Ansprüche und Darstellungen verleugnet (siehe Kohut, 1971, S. 183 ff.).

11 Ich habe einen anderen verwandten Aspekt des Verhaltens dieses Patienten früher in dieser Arbeit untersucht. (Ich erörterte diesen Fall auch – jedoch dort in einem völlig anderen Zusammenhang – in Kohut, 1971, S. 321–324.) Bei einer Sitzung der Chicagoer Psychoanalytischen Gesellschaft (25. 9. 1962) diskutierte ich eine Darstellung von psychosomatischen Störungen (Bonnard, 1963) und beschrieb eine vorübergehende Sprachstörung des damals 3½ Jahre alten Sohnes von Herrn P. (Siehe Kavka, 1962, besonders S. 176.) Ich interpretierte das Stottern des Kindes als Reaktion auf die narzißtische Bindung des Vaters an den Sohn und als Reaktion darauf, daß er auf absoluter Kontrolle über ihn bestand.

12 Ich rede hier einer toleranten Einstellung gegenüber der Beziehung zwischen Ich und Es das Wort, die weder als Ich-Autonomie noch als Ich-Dominanz aufgefaßt werden kann, d. h. einer Beziehung, die nicht

optimal ist. Die vergleichende Wertung, die in dieser Aussage enthalten ist, bedarf einer metapsychologischen Erläuterung. Ich-*Autonomie* wird erreicht, wenn das Ich funktioniert, ohne durch Spannungen, die sich aus der Tiefe des seelischen Apparats fühlbar machen, gestört zu werden. Ich-*Dominanz* wird erreicht, wenn die Kraft der archaischen Triebe ins Ich integriert worden ist und in Übereinstimmung mit den Zielen und Zwecken des Ichs eingesetzt werden kann. Wenn ich aber die postanalytische Haltung eines Patienten gelten lasse, der vor der Möglichkeit auf der Hut ist, von einem Anfall narzißtischer Wut überrumpelt zu werden, dann heiße ich damit einen Zustand gut, der (bei strenger Definition dieser Begriffe) weder Ich-Autonomie noch Ich-Dominanz darstellt (obwohl er dem ersten Zustand nähersteht). Es handelt sich hier um die Überwachung ungezähmter archaischer Kräfte durch das Ich, um die Art und Weise, wie das Ich mit ihnen umgeht und sie manipuliert. Die Unvollkommenheit einer solchen Beziehung zwischen Ich und Es kann als erträglich angesehen werden, wenn diese Beziehung nur in einem engen Bereich des seelischen Apparats besteht, d. h., wenn im ganzen gesehen weitgehende strukturelle Veränderungen im zentralen Gebiet der vorliegenden seelischen Störung erzielt worden sind.

Eine Analogie aus einem anderen Gebiet mag die Art der Unvollkommenheit, die ich hier im Auge habe, veranschaulichen. Ich kannte einen Mann, der so viele Muskeltics und Spasmen hatte (wahrscheinlich auf organischer Grundlage), daß seine willkürliche Motilität schwer gestört war. Er hatte jedoch gelernt, auf eine geeignete Ticbewegung zu warten, die er dann für die Handlung, die er ausführen wollte, zu benutzen verstand.

13 Ich bin Dr. Milton Malev dankbar, daß er mich auf die nachfolgende Passage aus dem babylonischen Talmud (Epstein, 1962; Traktat Baba Mezia, 58,2) aufmerksam gemacht hat: »So jemand das Angesicht seines Gefährten in der Öffentlichkeit zum Erbleichen bringt [d. h. ihn in Verlegenheit bringt], so ist es, als hätte er *sein Blut vergossen*« (Hervorhebung durch den Autor). Diese Feststellung sagt nicht nur etwas über den intensiven Schmerz narzißtischer Kränkungen aus, sondern scheint auch als erwiesen anzunehmen, daß das physiologische Korrelat dieser schmerzlichen Erfahrung eine Störung in der Blutverteilung an der exhibitionistischen Oberfläche des Körpers, besonders in der Gesichtshaut, ist.

14 Die Beziehung zwischen a) akuter und b) chronischer narzißtischer Wut auf dem Gebiet der Omnipotenz des grandiosen Selbst hat ihre Parallele in der Beziehung zwischen a) akuter Scham und b) chronischen Minderwertigkeitsgefühlen auf dem Gebiet des Exhibitionismus dieser narzißtischen Struktur.

Bibliographie

Adler, A. (1907): Studie über Minderwertigkeit von Organen. Berlin.

Alexander, F. (1938): Remarks about the relation of inferiority feelings to guilt feelings. Int. J. Psa., *19*, 41-49.

–, et al. (1946): Psychoanalytic Therapy: Principles and Application. New York (Ronald Press).

Benedict, R. (1946): The Chrysamthemum and the Sword. Boston (Houghton Mifflin).

Bonnard, A. (1963): Impediments of speech: a special psycho-somatic instance. Int. J. Psa., *44*, 151-162.

Bracher, K. D. (1969): Die deutsche Diktatur. Entstehung, Struktur, Folgen des Nationalsozialismus. Köln (Kiepenheuer & Witsch).

Eidelberg, L. (1959): A Second contribution to the study of the narcissistic mortification. Psychiat. Quart., *33*, 634-646.

Erikson, E. H. (1956): Das Problem der Ich-Identität. In: Identität und Lebenszyklus. Frankfurt (Suhrkamp) 1966.

Freud, A. (1936): Das Ich und die Abwehrmechanismen. München (Kindler) 1968.

Freud, S. (1904): Zur Psychopathologie des Alltagslebens. GW IV.
- (1914): Zur Einführung des Narzißmus. GW X.
- (1914): Zur Geschichte der psychoanalytischen Bewegung. GW X.
- (1915): Triebe und Triebschicksale. GW X.
- (1917): Eine Schwierigkeit der Psychoanalyse. GW XII.
- (1917): Trauer und Melancholie. GW X.
- (1920): Jenseits des Lustprinzips. GW XIII.
- (1921): Massenpsychologie und Ich-Analyse. GW XIII.
- (1926): Hemmung, Symptom und Angst. GW XIV.
- (1932): Neue Folge der Vorlesungen zur Einführung in die Psychoanalyse. GW XV.

Gedo, J. und A. Goldberg (1972): Systems of Psychic Functions and their Psychoanalytic Conceptualization. Chicago (University of Chicago Press).

Goldstein, K. (1948): Language and Language Disturbances. New York (Grune & Stratton).

Jacobson, E. (1964): The Self and the Object World. New York (Int. Univ. Press). Dt. Übersetzung in Vorbereitung.

Kavka, J. (1962): Meetings of the Chicago Psychoanalytic Society: A Report. Bull. Phila. Assn. Psychoanal., *12*, 174-176.

Kleist, H. v. (1810): Michael Kohlhaas. Stuttgart (Reclam) 1966.
- (1811): Über das Marionettentheater. In: DTV-Gesamtausg. Bd. 5. München (DTV) 1964.

Kohut, H. (1966): Formen und Umformungen des Narzißmus. Psyche *20*, 561-587.

- (1969): Die psychoanalytische Behandlung narzißtischer Persönlichkeitsstörungen. Psyche *23*, 321-348.
- (1970): Opening and Closing Remarks of the Moderator. In: Discussion of »The Self: A Contribution to its Place in Theory and Technique« by D. C. Levin. Int. J. Psa., *51*, 176-181.
- (1971): Narzißmus. Eine Theorie der psychoanalytischen Behandlung narzißtischer Persönlichkeitsstörungen. Frankfurt (Suhrkamp) 1973.

Loewenberg, P. (1971): The Unsuccessful adolescence of Heinrich Himmler. Amer. Hist. Rev., *76*, 612-641.

Ludwig, E. (1926): Wilhelm II. Berlin/Wien (Zsolnay).
- (1946): Der entzauberte Freud. In: Ges. Werke, Bd. 5. Zürich.

Piers, G. und M. Singer (1953): Shame and Guilt. Springfield, Ill. (Charles C. Thomas).

Rauschning, H. (1938): Die Revolution des Nihilismus. Zürich (Europa-Verlag) 1964.

Sadger, J. I. (1909): Heinrich von Kleist. Eine pathographisch-psychologische Studie. Grenzfragen des Nerven- und Seelenlebens, *70*. Wiesbaden (Bergmann) 1910.

Saul, L. (1947): Emotional Maturity. Philadelphia (Lippincott).

Speer, A. (1969): Erinnerungen. Berlin (Propyläen).

Tausk, V. (1913): Entwertung des Verdrängungsmotivs durch Recompense. Int. Zs. Psa., *1*, 230-239.

Terman, D. (1972): Report about the Student's Congress to the Congress of the International Psychoanalytical Association in Wien, 1971. Int. J. Psa., in Vorbereitung.

Tolstoj, L. (1866): Krieg und Frieden. München (Winkler) 1956.

Trilling, L. (1947): Review of Emil Ludwig's Dr. Freud. New York Times vom 14. 12. 1947.

Bemerkungen zur Bildung des Selbst
(Brief an einen Schüler bezüglich einiger Prinzipien der psychoanalytischen Forschung)

Ich danke Ihnen, lieber Dr. L., für die mir überlassene Kopie Ihrer Arbeit über narzißtische und ödipale Fixierungen. Es ist Ihnen ausgezeichnet gelungen, die für Ihr Thema relevanten Aspekte meiner Arbeit zusammenzufassen, und ich kann wohl sagen, wenn ich auch hier und da noch einige Fragen aufwerfen und zu beantworten versuchen könnte, daß Ihr Verständnis gut ist und daß Sie die Hauptpunkte klar und richtig dargestellt haben. Ich möchte Sie aber nicht mit dem Lob für die Resultate Ihrer beträchtlichen Mühe langweilen, so sehr sie auch gelobt zu werden verdienen, sondern will meine Dankbarkeit für Ihre Bemühungen um meine Arbeit in der besten Form ausdrücken, die ich kenne, d. h. indem ich mit Ihnen einige Reflexionen teile, zu denen Ihr Aufsatz mich angeregt hat.

Beim Lesen Ihrer Arbeit fiel mir mehrmals auf, daß Sie offenbar ein wenig unzufrieden mit mir waren, weil ich übermäßig zaghaft sei – weil ich »andeutete« statt »festzustellen«, wie Sie sagen –, und ich weiß, daß Sie nicht der einzige sind, der über eine gewisse Vorsicht bei manchen meiner Schlußfolgerungen und Formulierungen so denkt. Zur Veranschaulichung möchte ich einen Ausschnitt aus meiner Arbeit über den Narzißmus wählen, der, von dem ich selbst glaube, daß er einen meiner wichtigsten Befunde enthält. Ich meine die Entdeckung, daß bei den narzißtischen Persönlichkeitsstörungen der Zusammenhalt des Selbst unsicher ist, daß er auf der Aufrechterhaltung der Beziehung des Patienten zu einem Selbst-Objekt beruht, und daß die falsche Empathie des Selbst-Objekts (wie analoge Störungen) zur Folge hat, daß das Selbst in Stücke bricht,[1] und daß diese Vorgänge eine progressive Entwicklung der frühen Kindheit umgekehrt wiederholen, nämlich daß ein Stadium, in dem das Kind nur einzelne Körperteile und einzelne körperliche und seelische Funktionen erlebt, ersetzt wird durch ein Stadium, in dem das Kind sich selbst als zusammenhängendes körperlich-seelisches Selbst erlebt – eine Entwicklung, die durch den heilsamen, d. h. entwicklungsfördernden Einfluß des Selbst-Objekts der Kindheit unterstützt wird.

Doch halt! Mir ist hier ein Fehler unterlaufen, der von entscheidender Bedeutung ist. Die Wörter »Befunde« und »Entdeckung«, die ich gebraucht habe, können korrekt nur auf die Schwankungen in der klinischen Situation angewandt werden, die ich tatsächlich Hunderte von Malen beobachtet habe und die, davon bin ich überzeugt, von jedem geschulten, aufgeschlossenen, empathischen klinischen Beobachter überprüft werden können. Diese Wörter sollten aber nicht in bezug auf die hypothetische progressive Entwicklung (vom Stadium der isolierten Einzelerfahrungen zum Stadium eines zusammenhängenden Selbst) verwendet werden, deren regressive Umkehrung das klinische Phänomen angeblich ist. Sie wissen natürlich, welches der Unterschied ist: das eine (die Schwankungen in der klinischen Situation) ist ein direkt beobachtbarer Befund, beschreibbar durch die Darstellung konkreter Daten, die vom empathischen Beobachter gesammelt werden können; das andere (die hypothetische Entwicklung in der frühen Kindheit) ist von der empirischen Realität weiter entfernt: sie ist eine Rekonstruktion der Vergangenheit aufgrund einer Extrapolation aus dem, was in der Gegenwart klinisch beobachtet wird.

Dies ist daher der Punkt, wo wir, wie ich glaube, verpflichtet sind, vorsichtiger und zögernder zu verfahren; dies ist der Punkt, wo der analytische Forscher als empirischer Wissenschaftler die Zuverlässigkeit der ihm zur Verfügung stehenden Mittel der Verifikation abschätzen muß, wo er die Überzeugungskraft der Beweise einschätzen muß, die er für seine Hypothese ins Feld führen kann.

Aber welche Möglichkeiten gibt es, jene Rekonstruktion der frühen Entwicklung zu beweisen, die innerhalb meiner Arbeit einen so zentralen Platz einnimmt? Ich möchte Ihnen drei Arten der Beweisführung beschreiben, die ich tatsächlich anwandte, und ich nenne sie Ihnen in der Reihenfolge ihrer zunehmenden Beweiskraft. Die erste ist der Nachweis der Vereinbarkeit dieser Rekonstruktion mit früheren Begriffsbildungen, besonders mit einer spezifischen, von Freud implizierten Entwicklungstheorie bezüglich einer Stufe der Libido-Entwicklung; die zweite ist der Nachweis, daß die hypothetischen seelischen Phänomene der frühen Kindheit jenen seelischen Phänomenen analog sind, die sich bei gewissen Zuständen im Leben des Erwachsenen unmittelbar beobachten lassen, besonders bei solchen Zuständen des Erwachsenenlebens – darunter vor allem die Übertragungszustände von Patienten mit narzißtischen Persönlichkeitsstörungen –, wo die psychische Organisation derjenigen der noch schwach strukturierten Psyche des Kindes ähnlich ist; die dritte ist das Sammeln von beweiskräftigen Befunden, die durch ein mehr oder minder direktes empathisches Eindringen in das Seelenleben der Kindheit selbst zugänglich sind.

(1) *Vereinbarkeit mit früheren Begriffsbildungen.* Als ich, im Anschluß an meine Beobachtungen bei der Analyse von Patienten mit narzißtischen Persönlichkeitsstörungen, zu vermuten begann, daß die vorübergehenden Regressionen vom kohärenten Selbst zu einem Zustand der Selbst-Fragmentierung die (wenn auch verzerrte) umgekehrte Aktivierung gewisser normaler archaischer Stufen der frühesten seelischen Entwicklung darstellten, freute ich mich über die Entdeckung, daß Freud bereits 1914 kurz auf eine solche Entwicklung anspielte, nämlich in seiner nicht weiter ausgeführten Feststellung, daß »irgend etwas zum Autoerotismus hinzukommen (muß)... um den Narzißmus zu gestalten«. Und da Freud mit dem Begriff »Autoerotismus« einzelne Triebelemente sowie die Besetzung einzelner »erogener Zonen« (d. h., wie ich es auffasse, des Kindes Erfahrung einzelner, unverbundener Körperzonen) meinte, während er mit dem Ausdruck »Narzißmus« die Besetzung der Gesamtheit von Körper und Seele (d. h., wie ich es auffasse, des Kindes Erfahrung des ganzen körperlich-seelischen Selbst) meinte, betrachtete ich Freuds Unterscheidung als das trieb-psychologische Analogon meiner eigenen Unterscheidung zwischen den beiden Phasen in der Entwicklung des Selbst, nämlich der Unterscheidung zwischen einer Phase »instabiler, präpsychologischer Fragmente des Seele-Körper-Selbst und seiner Funktionen« und einer Phase »psychologisch differenzierter, festgeformter Gestaltungen« (Kohut 1969). Und ich glaubte, es sei mir gelungen, einen expliziteren Sinn aus Freuds einigermaßen kryptischer Bemerkung herauszulesen: »*Es muß also irgend etwas zum Autoerotismus hinzukommen* (Hervorhebung vom Autor), eine neue psychische ›Aktion‹, um den Narzißmus zu gestalten« (Freud, 1914c, G. W., Bd. 10, S. 142). Die neue »Aktion«, von der Freud spricht, ist, wie ich glaube, nichts anderes als die Geburt des (nuklearen) Selbst.

Wollte jemand Zweifel dagegen anmelden, wie ich Freuds kurze Bemerkung zur Absicherung meiner Behauptung verwende, dann fiele es mir nicht leicht, überzeugend zu zeigen, daß die Analogie zwischen meiner Formulierung und Freuds knapp ausgeführter

Vermutung tatsächlich als Beweis für meine Hypothese aufgefaßt werden könnte. In meiner Anwort würde ich wahrscheinlich nachzuweisen versuchen, daß Freuds Andeutung sich aus einer Unmenge vorbewußt synthetisierter empirischer Eindrücke herleitete und daß das gesamte Gebäude der psychoanalytischen Theorie, wie es damals bestand, besonders die Theorie der Hypochondrie, sowohl mit Freuds soeben zitierter knapper Äußerung als auch mit meiner breiter fundierten und ausgeführten Theorie vereinbar sei. Da aber, wie ich eingangs sagte, die Übereinstimmung meiner Annahmen mit gewissen Lehren der klassischen psychoanalytischen Theorie in diesem Zusammenhang von geringerer Bedeutung ist, will ich diesen Gedankengang nicht weiter verfolgen und nunmehr, damit zum nächsten Punkt kommend, jenes Gebiet erörtern, auf dem die umfassendsten Beweise für meine Theorie zu finden sind.

(2) *Extrapolationen aus dem klinischen Verhalten.* Meine bisherigen Ausführungen durften knapp sein, weil sie sich auf ein sehr eng begrenztes Thema bezogen. Auch hier kann ich mich kurz fassen – wenngleich aus dem entgegengesetzten Grund. Denn dieses Feld, auf das meine fundamentale theoretische Behauptung sich stützt, ist so breit, daß es unmöglich wäre, ihm in einer kurzen zusammenfassenden Darstellung gerecht zu werden, da doch fast meine ganze Arbeit über den Narzißmus, über das Selbst und über die narzißtischen Persönlichkeitsstörungen wie sie in den Veröffentlichungen von 1966, 1968, 1971 und 1972 vorliegt, in diesem Zusammenhang angeführt werden könnten. Doch ein Blick auf das Diagramm, das die während der Analyse narzißtischer Persönlichkeitsstörungen auftretenden regressiven Schwankungen illustriert (Kohut, 1971 [1973, S. 121]; siehe auch unten, Anm. 1), zeigt den Charakter der klinischen Befunde, die ich zum Beweis der Hypothese einer Entwicklungssequenz »von der Stufe des fragmentierten Selbst... zur Stufe des kohärenten Selbst« heranziehe – d. h. das »Wachstum der Wahrnehmungen des Selbst als einer körperlichen und geistigen Einheit, die räumlich zusammenhängt und zeitlich fortdauert« (Kohut, 1971 [1973, S. 143]).

Ich habe den Eindruck, die meisten Analytiker werden die klinischen Befunde, aus denen ich meine Entwicklungsthese extrapoliert habe, als den wichtigsten Beweis für diese ansehen – deren Form und Inhalt entsprechen ganz und gar der Form und dem Inhalt des professionellen Denkens des Analytikers; die Einzelbeobachtungen, aus denen sie zusammengesetzt sind, bilden den Kern seiner Erfahrung, und er kann sie in seiner täglichen Arbeit selbst wieder machen. Trotz ihrem augenfälligen Werte habe ich jedoch das Gefühl, daß extrapolierte Befunde, ohne weitere Absicherung durch unmittelbar wieder wachgerufene Erinnerungen aus der Kindheit und durch empathisch gewonnene Beobachtungen des relevanten Verhaltens von Kindern, unzureichend sind. Um auch diesen Beweis anzutreten, komme ich nun zu meinem nächsten abschließenden Punkt.

(3) *Kindheitserinnerungen und unmittelbare Empathie mit den Erlebnissen von Kindern.* In Anbetracht der Tatsache, daß die zur Diskussion stehende Hypothese eine spezifische Sequenz der psychischen Kindheitsentwicklung betrifft, ist einerseits klar, daß die Beweiskraft von bestätigenden Befunden, die sich unmittelbar auf die Erlebnisse des Kindes beziehen, *prima facie* schwerer ins Gewicht fallen wird als die Beweiskraft (a) der Tatsache, daß die Rekonstruktion sich zwanglos in den Rahmen der klassischen analytischen Theorie einfügen läßt und (b) der Tatsache, daß eine analoge Sequenz in der Übertragung auftritt, wobei der Analytiker es für erwiesen hält, daß die Übertragung eine Wiederholung wichtiger psychischer Konfigurationen des frühen Lebensalters mit sich bringt. Unglücklicherweise ist andererseits ebenso klar, daß weder Erinnerungen aus der Kindheit noch die direkte empathische Beobachtung des Verhaltens von Kindern allein dem Beobachter absolut zuverlässige Daten liefern, besonders wenn wir es mit Vorgängen aus den präverbalen Phasen zu tun haben. Dies ist jedoch nicht der Ort, um in eine ausführliche Erörterung des wichtigen Zusammenspiels zwischen Rekonstruktion und unmittelbarer Beobachtung und der verschiedenen theoretischen Standpunkte, auf denen diese beruhen – der des Analytikers einerseits und der des analytisch ausgebildeten Beobachters von Kindern andererseits – einzutreten. Es möge genügen festzustellen, daß die aus direkt erinnerten Kindheitserfahrungen abgeleiteten Daten und die durch unmittelbare empathische Beobachtung von Kindern gewonnenen Daten viel dazu beitragen, eine Hypothese bezüglich der Kindheitsentwicklung zu bestätigen, besonders wenn die wiederbelebten Erinnerungen und das beobachtete Verhalten zu einem Lebensalter gehören, das nicht gar zu weit von jenem Alter

entfernt ist, in welchem die fragliche Entwicklungssequenz, wie wir annehmen, stattfindet. Im folgenden will ich Ihnen vier Beispiele für solche Befunde geben, die sich mehr oder minder direkt auf die Kindheit beziehen und die ich zur Unterstützung meiner Hypothese aufbieten konnte.

(a) Das erste Beispiel aus einer Reihe von Daten zur Unterstützung meiner Hypothese, die meiner Meinung nach nicht nur aus Vorgängen während der Analyse, die wir als Wiederholungen der Kindheitserfahrung deuten, extrapoliert, sondern auch unmittelbar beobachtet werden können, betrifft das glückliche Wechselspiel zwischen einem Kind und seiner stolzen Mutter (siehe Kohut, 1966, oben, S. 148f.). Hier müßte der empathische Beobachter imstande sein, direkte Zeugnisse für die Oszillationen zwischen (a) der Reaktion des Kindes auf die Aufmerksamkeit der Mutter für einzelne Körperteile und einzelne geistige und körperliche Funktionen und (ß) der Reaktion des Kindes auf ihre Aufmerksamkeit für seine totale Gegenwart zu finden – mit anderen Worten, Zeugnisse für alternierende Erlebnisweisen beim Kind, deren Manifestationen wir, in pathologischer Verzerrung, bei der Analyse von Erwachsenen mit narzißtischen Persönlichkeitsstörungen beobachten können. Und er sollte auch die allmählich zunehmende Vorherrschaft der letzteren Haltung feststellen können, d. h. wie die Hinwendung der mütterlichen Aufmerksamkeit auf das ganze Kind zur Festigung seiner Erfahrung als totales körperlich-seelisches Selbst führt – ein totales körperlich-seelisches Selbst, das es schon im präverbalen Stadium, mit Entzücken der entzückten Mutter zur Schau stellt. (b) Das zweite Beispiel für Beweismaterial, das durch Beobachtung von Kindern erhältlich wird, betrifft die Wirkung auf das Kind, wenn die Mutter es bei seinem Namen ruft. So simpel dieser Vorgang sein mag, ist er doch, wie ich glaube, ein sehr wichtiger; und die verschiedenen Weisen, wie der Name des Kindes von der Mutter gerufen wird, während sie ihre Aufmerksamkeit von spezifischen Teilen seines Körpers und von spezifischen körperlichen und seelischen Funktionen des Kindes auf »das ganze Kind«, auf die Ganzheit »seiner Gegenwart und seines Tuns« (Kohut, 1971 [1973, S. 143]) verlagert, beeinflußt entscheidend den Gefühlston der ersten Erfahrungen des Kindes von seinem kohärenten Selbst, d. h. von seinem Selbst »als einer körperlichen und geistigen Einheit, die räumlich zusammenhängt und zeitlich fortdauert« (Kohut, l. c.). Hört das Kind seinen Namen als

Ausdruck der anerkennenden Freude der Mutter, während diese ihre Aufmerksamkeit auf seine totale Gegenwart richtet? Oder hört es seinen Namen nur, wenn es die Mutter geärgert hat? Oder schließlich, ruft sie es gar nicht bei seinem Namen, als äußeres Anzeichen ihres Mangels an emotional bedeutsamem Interesse für das Kind? Wie dem auch immer sei, die Behauptung, daß die verschiedenen Reaktionen der Mutter auf diesem Gebiet die Begründung des kohärenten Selbst fördern oder hemmen, kann weiter untersucht werden: sie ist eine Hilfshypothese, die durch direkte Beobachtung bewiesen oder widerlegt werden kann.

(c) Das dritte Beispiel aus meiner Sammlung empirischer Daten, welche die Hypothese stützen, daß auf ein Stadium isolierter Körperteile und -funktionen ein Stadium der Selbst-Kohärenz folge, ist ein negatives, nämlich die Tatsache, daß manche Mütter – besonders diejenigen, die das Kind als Anhängsel ihres eigenen Selbst zu verlieren fürchten (eines Selbst, das sie als unvollständig erleben) – die Aufmerksamkeit des Kindes gerade in dem Augenblick auf einzelne Körperteile und -funktionen richten, wenn es, in der Hoffnung, bestätigende Anerkennung für einen noch unsicher abgeschlossenen Entwicklungsschritt zu erhalten, versucht, sein totales Selbst ihrem Wohlgefallen und ihrer bestätigenden Anerkennung darzubieten. (Vgl. in diesem Zusammenhang die Kindheitserinnerung aus der Latenzperiode des Patienten B., eine zweifellos kondensierte Erinnerung, die der Träger vieler früherer, ähnlicher Erfahrungen ist. »Sprich nicht so mit den Händen!«, sagte die Mutter, gerade als er ihr stolz und aufgeregt von einem großen, seine Selbstachtung steigernden Erfolg berichtete. (Kohut, 1971 [1973, S. 146])

(d) Das vierte, mein letztes und in mancher Hinsicht liebstes Beispiel eines empirischen Beweises für die Hypothese einer Entwicklungssequenz von einem Stadium einzelner Teile und Funktionen zu einem Stadium der Selbst-Kohärenz ist das von Müttern und Kinder gespielte Spiel: »Das ist der Daumen, der schüttelt die Pflaumen« usw. (Vgl. Kohut, 1971 [1973, S. 144].) Die psychologische Voraussetzung für den Erfolg dieses Spiels ist durch die Tatsache gegeben, daß bereits ein kohärenten Selbst begründet ist, daß aber dessen Kohärenz neu und daher noch unsicher ist. (Mit anderen Worten, das Spiel fördert die Beherrschung spezifischer traumatischer Zustände – wie sie zu jedem Übergangsstadium der Entwicklung gehören –, die beim Übergang zur Erfahrung eines totalen Körper-Selbst auftreten. Es würde weder Freude bereiten, wenn es schon vor der Begründung eines kohärenten Selbst gespielt würde, noch wenn es erst gespielt würde, nachdem das Selbst schon fest verwurzelt ist.) Eine Voraussetzung für den Erfolg des Spieles ist das empathische Verständnis der Mutter dafür, in welchem Grad das Kind fähig ist, diese Bedrohung seiner neu gebildeten Kohärenz zu ertragen. Indem sie ihre Aufmerksamkeit auf seine einzelnen Finger richtet, auf einen nach dem anderen, nimmt sie das kaum begründete kohärente Körper-Selbst des kleinen Kerls auseinander – aber da sie sein angespanntes Gesicht beobachtet (das aber, nach mehreren Wiederholungen, gleichzeitig frohlockend die antizipierte freudige Lösung ausdrückt), läßt sie die Bedrohung nicht zu stark werden, und genau im richtigen Augenblick umarmt sie das ganze Kind, und die Fragmentierung wird wieder ungeschehen gemacht. (Kohut, 1971 [1973, S. 144])

Mit meinen bisherigen Ausführungen – der Darstellung der verschiedenen Wege, auf denen ich zur grundlegenden Entwicklungshypothese meiner Narzißmus-Studien gelangte, sowie der Mittel, die ich zu ihrer Absicherung einsetzte – bezweckte ich, wie Sie sich vielleicht noch erinnern, Ihnen die Vorsicht meiner hypothetischen Rekonstruktionen zu erklären. Ja, diese Hypothesen trage ich vorsichtig vor, und vielleicht sogar stets zögernd – trotz der Beweise, die ich wohl hätte aufhäufen können. Aber die Analyse ist eine empirische Wissenschaft, und daher müssen wir klar unterscheiden zwischen der Utilität ihrer axiomatischen Sätze, etwa dem heuristischen Wert ihrer »Ordnungsprinzipien«, die unbedenklich verfochten werden können, und dem Wahrheitswert derjenigen ihrer Formulierungen und Hypothesen (z. B. ihrer genetischen Rekonstruktionen), die zunächst immer als zweifelhaft erachtet werden müssen. Sie können richtig, aber auch ganz oder teilweise irrig sein, und sie bedürfen daher des Beweises durch empirisch erhobene Daten.

Da Sie mit meinen Beiträgen zur analytischen Theorie (z. B. Kohut, 1959, 1970a, 1972; sowie Kohut und Seitz, 1963) vertraut sind, weiß ich, daß Sie mir nicht unterstellen werden, ich hegte ein antitheoretisches Vorurteil. Nichts wäre der Wahrheit ferner. Aber ich glaube allerdings, daß die Analyse, besonders in letzter Zeit, sich zu weit von dem entfernt hat, was ich für ihre essentielle Tätigkeit halte: dem Gebrauch von – beharrlich eingesetzter, sorgfältig kontrollierter – Empathie als einem Forschungsinstrument bei der

Untersuchung der komplexen Seelenzustände des Menschen. Hier kann die Richtigkeit der Ergebnisse unserer Bemühungen nie mit letzter Sicherheit festgestellt werden; wir können nur danach streben, die Wahrscheinlichkeit, daß unsere Behauptungen gültig sind, zu erhöhen, indem wir sie durch empirische Daten absichern und sie – in Analogie zur Verwendung von Experimenten etwa durch den Physiker – mit Hilfe des gewissenhaft durchgeführten Gedankenexperiments untersuchen.

Gut möglich, daß manche in den etablierten Wissenschaften, wie Physik oder Experimentalpsychologie, ausgebildete Forscher verblüfft sein werden über mein Eintreten für das »Gedankenexperiment« und über meine Behauptung, daß dieses im Bereich der Tiefenpsychologie jenen Platz einnehmen kann, den das (empirisch durchgeführte) Experiment in den etablierten empirischen Wissenschaften hat. In unserem Zusammenhang würde es mich zu weit vom Thema abbringen, wollten wir dieses Problem ausführlicher diskutieren. Ich will vielmehr versuchen, das, was ich meine, zu erhellen, indem ich Ihnen ein konkretes Beispiel dafür gebe, wie solche Gedankenexperimente verwendet werden können, um den Wahrscheinlichkeitsgrad einer Hypothese zu erhöhen oder herabzusetzen.

Als spezifisches Beispiel wähle ich einen kleinen Teil, d. h. einen einzelnen Aspekt meiner Hypothese bezüglich der Entwicklung des narzißtischen Sektors der Persönlichkeit. Ich halte es schon seit langem für erwiesen, daß das Selbst, in umgekehrter Reihenfolge seiner späteren Fragmentierung unter widrigen Umständen, durch die Verschmelzung seiner Teile gebildet wird, daß des Kindes Erleben seiner selbst als körperlich-seelischer Einheit (die Kohärenz im Raum und Kontinuität in der Zeit besitzt und die ein Zentrum der unabhängigen Initiative ist) sich allmählich durch die Verschmelzung der Erfahrungen einzelner – zunächst unverbundener – Körperteile und isolierter körperlicher und seelischer Funktionen etabliert. Und aufgrund dieser Annahme (die, wie ich glaube, von den meisten, die mit meiner Arbeit vertraut sind, auch von Ihnen, geteilt wird) geschah es, daß ich allmählich (siehe Kohut 1971 [1973, S. 48 Fn. und S. 143]) den Terminus »Stadium der Selbstkerne« für jenes Stadium einführte, das der Bildung des »kohärenten Selbst« vorausgeht, also das Stadium, das ich zuvor als das Stadium »instabiler, präpsychologischer Fragmente des körperlich-seelischen Selbst und seiner Funktionen« bezeichnet hatte und das ich später einfach »das Stadium des fragmentierten Selbst« nannte.

Es gab zwei Gründe, die mich veranlaßten, diese Bezeichnung vorzuziehen, und die mir nahelegten, sie zunächst gleichzeitig mit meinen früheren Termini und später anstelle derselben zu verwenden. Erstens schien sie mir eine Verbesserung gegenüber dem Terminus »fragmentiertes Selbst« darzustellen, denn ich glaubte, dieser letztere könne von manchen so verstanden werden, als implizierte er Regression und Pathologie und nicht das inhärente »progressive Entwicklungspotential zur Vereinigung und zum Zusammenhalt« (Kohut, 1971 [1973, S. 48, Fn. 15]), das ich im Auge hatte. Und zweitens schien mir der Sinn, den sie beschwor, im Einklang mit meiner früher ausgedrückten (jedoch weitgehend vorbewußt vertretenen) Überzeugung zu stehen, daß die Erfahrung eines totalen Selbst durch das Verschmelzen der Erfahrungen von Teilen gebildet würde. Die Erfahrungen isolierter körperlich-seelischer Fragmente, die der Bildung des Selbst vorausgehen, konnten mit anderen Worten als Nuclei[2] aufgefaßt werden, die allmählich verschmelzen, um die Erfahrung des Kindes von einem totalen Selbst zu bilden.

Doch bei weiterer Reflexion kamen mir Zweifel hinsichtlich der Richtigkeit einer Theorie, die behauptet, daß die Bildung des Selbst durch die Verschmelzung der Erfahrung von »Fragmenten« oder »Teilen« vor sich gehe. Und da der Terminus »Selbstkerne«, wie schon gesagt, mir die Bedeutung einer Entwicklung via Verschmelzung auszudrücken schien – da seine Verwendung mir daher eine spezifische Auffassung von der Entwicklung des Selbst auszudrücken scheint, die ich allerdings nicht unterschreiben möchte –, erschien es mir immer weniger vertretbar, ihn weiterhin zu verwenden, trotz seiner attraktiven Beschwörung eines »inhärenten progressiven Potentials«. Eine Entwicklung via Verschmelzung scheint hinsichtlich des komplexen Gewebes von kooperierenden, in Wechselbeziehung stehenden Ich-Funktionen tatsächlich stattzufinden, und daher erscheint mir Glovers Terminus »Ichkerne« als akzeptabel, wenngleich ich mich dieser Meinung nicht ohne weitere Forschung endgültig anschließen möchte. Doch hinsichtlich der implizierten Hypothese, daß das kohärente Selbst durch die Verschmelzung von Selbstkernen zustande komme, glaube ich nicht nur, daß es keinerlei Beweis für die Existenz eines solchen spezifischen Prozesses gibt, sondern ich bin im Gegenteil sogar der Meinung, daß es einige Befunde gibt, auf die die Zurückweisung einer solchen Behauptung zu gründen wäre.³

Welche spezifischen Daten müßte man nun aber gewinnen, um die Hypothese zu beweisen, daß das »kohärente Selbst« sich aus »Selbstkernen« entwickelt? Ich kann mir verschiedene Ansätze vorstellen, wie man vorgehen könnte. Man könnte erwachsene Patienten während der Zeit, da eine regressive Selbst-Fragmentierung rückgängig gemacht wird (z. B. während der Analyse nach einer richtigen Interpretation des Übertragungs-Auslösers, der die Fragmentierung herbeiführte) sorgfältig beobachten. Wenn man zum Beispiel zeigen könnte, daß »Nuclei« des Körper-Selbst, d. h. Körperteile, die isoliert erfahren werden, mit angrenzenden »Nuclei« zu verschmelzen beginnen, um während der Periode, die der Restitution des kohärenten Selbst vorausgeht, größere Einheiten der Körpererfahrung zu bilden, dann könnte man folgern, daß auch in der normalen Entwicklung ein ähnlicher Modus der Verschmelzung stattgefunden habe. Und man könnte das oben genannte Prinzip bei der empathischen Prüfung der Erfahrungen kleiner Kinder anwenden, während diese sich vom hypothetischen »Stadium der Selbstkerne« zu dem des »kohärenten Selbst« entwickeln.

Ich habe hier nicht die Absicht, eine detaillierte Untersuchung der bereits vorliegenden Befunde anzustellen, um die Frage zu beantworten, ob die Begründung des kohärenten Selbst tatsächlich nach einem Modus analog demjenigen geschieht, den Glover für den Aufbau des Ich-Apparates postuliert. Die mir zur Verfügung stehenden Befunde legen mir die Annahme nahe, daß des Kindes Erfahrung von seinem »Selbst« nicht auf eine Weise geschieht, die als eine Verschmelzung von »Nuclei« formuliert werden könnte, sondern daß der Entwicklungsweg der Erfahrung seines Selbst unabhängig von demjenigen ist, den seine Erfahrung der einzelnen Körperteile und einzelnen körperlichen und seelischen Funktionen nimmt. Genauer gesagt, ich glaube, daß die Erfahrung des Kindes von seinen Körperteilen und ihren Funktionen sowie die Erfahrung seiner verschiedenen seelischen Aktivitäten ihren eigenen Entwicklungsgang nimmt; daß diese Entwicklung zur zunehmenden Neutralisierung dieser Erfahrung führt, zur zunehmenden Erkenntnis der räumlichen Interrelation verschiedener Körperteile und der Kooperation ihrer verschiedenen Funktionen, sowie zur zunehmenden Erkenntnis der Beziehung von Körperteilen und Einzelfunktionen zur Realität (zu Objekten). Die Selbst-Erfahrung des Kindes entsteht jedoch unabhängig, wobei sie in dem Maß an Bedeutung zunimmt, wie sie sich – der Erfahrung von Körperteilen und einzelnen Funktionen zunächst bei-, dann aber mehr und mehr übergeordnet – allmählich entwickelt. Und schließlich erreicht das Kind ein Stadium, in dem die zunehmend bezähmte Erfahrung einzelner Teile und Funktionen zur totalen Erfahrung eines kohärenten Selbst in Verbindung gebracht wird – mit anderen Worten, die Teile bauen nicht das Selbst auf, sie werden in es eingebaut.

Ich hoffe, Sie erinnern sich noch des weiteren Zusammenhangs, in dem ich diese Gedanken vortrage. Auf der spezifischen Ebene meiner persönlichen Neigungen erkläre ich den Grund für das Zögern, die Vorsicht, mit der ich neue theoretische Schlüsse und Formulierungen darzustellen vorziehe. Auf allgemeiner Ebene, d. h. auf der Ebene, wo es um die methodologischen Präferenzen der psychoanalytischen Forschung geht, versuche ich von neuem die Gültigkeit von Freuds Auffassung zu beweisen, daß die Psychoanalyse zuerst und zuletzt eine empirische Wissenschaft ist – eine Auffassung, die er mit einem schönen Bild illustrierte: er verglich ihre Beobachtungen mit den unveränderlichen Fundamenten eines Gebäudes, während ihre Begriffsbildungen als ein verzichtbarer Überbau zu betrachten wären. (Siehe – oder eigentlich sollte ich sagen: »lies und lies immer wieder!« – Freud, 1914c, G. W., Bd. 10, S. 142.)[4]

Ich bin nun am Ende des ersten Teils dieser meiner Überlegungen angelangt. Wenn ich die empirische Grundlage meiner Arbeit etwas ausführlicher dargestellt habe, so verfolgte ich damit zwei Zwecke – einen, der, wie ich hoffe, inzwischen klar geworden ist, und einen anderen, den ich noch erläutern muß.

Mit dem Nachweis der Beobachtungsdaten, aus denen meine Theorien über das Selbst abgeleitet sind, und dem Überblick über einige der Operationen, die zur Entstehung dieser Theorien führten, verfolgte ich in erster Linie die Absicht, die spezifischen Auffassungen zum Ausdruck zu bringen und zu rechtfertigen, die ich hinsichtlich der Hierarchie der Ziele des wissenschaftlichen Tiefenpsychologen zum gegenwärtigen Punkt in der Entwicklung der Psychoanalyse vertrete. Ich glaube – und ich wiederhole: zu diesem Zeitpunkt! –, es ist von entscheidender Bedeutung, daß wir das Primat der Aufgabe der empirischen Beobachtung (vor allem in der klinischen Situation) geltend machen, gefolgt von der Formulierung vorläufiger Theorien, die aus diesen Beobachtungen abgeleitet werden. Doch der Aufgabe der Vervollkommnung unserer Theorien durch die Überarbeitung, Korrektur und Umgestaltung älterer Theorien, die von früheren Analytikergenerationen aufgrund von vor langer Zeit angestellten (klinischen) Beobachtungen formuliert wurden, möchte ich – abermals: in diesem Stadium! – den zweiten Platz zuweisen. Mit anderen Worten, wir begehen einen Irrtum, wenn wir annehmen, daß die Analyse, die analytische Forschung jenes Endstadium der Entwicklung erreicht habe, in dem wir nicht mehr tun könnten als unsere Theorien verbessern, läutern und klären – ein Stadium, in dem wir nichts Neues entdecken könnten. Gerade das Gegenteil halte ich für richtig, nämlich, wie ich es in einem früheren Zusammenhang einmal formuliert habe, daß »die Analyse, dieser neue und bahnbrechende Vorstoß in bislang unerforschtes Gebiet noch in ihrem Anfangsstadium steckt und unsere analytischen Untersuchungen heute noch nicht sehr weit unter die Oberfläche vordringen« (vgl. oben, S. 79). Der erste jener zwei Zwecke, die ich im voranstehenden Teil dieses Essays verfolgt habe, war daher, die Tatsache zu demonstrieren, daß das tiefenpsychologische Feld noch weitgehend unerforscht ist und daß wir unsere Untersuchungen unverzagt ausdehnen müssen, indem wir in neue Richtungen und weiter in die Tiefe vordringen.

Daneben aber habe ich einen zweiten Zweck verfolgt, den ich nunmehr definieren möchte, auch wenn seine volle Bedeutung erst nach näherer Bekanntschaft mit einigen der spezifischen Auffassungen über das tiefenpsychologische Feld klar werden kann, die im zweiten Teil dieser Ausführungen skizziert werden sollen. Um kurz vorzugreifen: ich möchte mich – im Rahmen der empirischen Tiefenpsychologie – mit einer Dimension des psychischen Lebens des Menschen befassen, insbesondere mit einer Reihe von (ungestörten und gestörten; oder, wenn Sie so wollen, gesunden und kranken) Funktionen des Selbst, die bislang noch nicht im Mittelpunkt wissenschaftlicher Untersuchungen standen, sondern mit unwissenschaftlichen Mitteln in den Werken von Künstlern einerseits, in denen von Theologen (wie Tillich) und, vor allem in jüngster Zeit, von Philosophen (besonders von Existenzphilosophen wie Sartre und Camus, vgl. z. B. Camus' *Sisyphos*) andererseits behandelt wurden. Der Psychologe, der Themen aufgreift, die üblicherweise Gegenstand nicht-empirischer Spekulation sind, gerät daher in Verdacht, sich in schlechter Gesellschaft zu bewegen oder seine wissenschaftliche Orientierung zu verlieren. Und ich werde tatsächlich über ein Gebiet sprechen, das, unter manchen anderen Aspekten der menschlichen Psychologie, auch jene Topik umfaßt, die von einer Gruppe von Philosophen und Theologen als existentielles Unbehagen oder existentielle Angst – unserer Zeit und, in extenso, aller Zeiten – bezeichnet wird und die von ihnen im Rahmen des Denksystems der Existenzphilosophie oder -theologie behandelt wird, d. h. unwissenschaftlich, vor allem aber – und manchmal ausdrücklich – unpsychologisch. Ich bin jedoch davon überzeugt, daß diese Phänomene wissenschaftlich untersucht werden können, d. h. genauer gesagt, daß die mit dem sogenannten existentiellen Unbehagen zusammenhängenden Aspekte der Psychologie des Selbst mit den Werkzeugen einer psychoanalytischen Tiefenpsychologie untersucht werden können, die fest auf dem Boden der empirischen Beobachtung bleibt. Wenn ich diese Überzeugung ausspreche, dann muß ich sofort klarstellen, daß dieses Gebiet, das ich als einen legitimen Gegenstand wissenschaftlicher Forschung beanspruche, nicht zum Bereich jener psychischen Prozesse gehört, die durch die Gesetze des Lustprinzips regiert werden – d. h. daß es nicht zu dem Bereich gehört, den die meisten Analytiker bislang als den einzig legitimen Gegenstand unserer Forschungsbemühungen ansehen. Das Gebiet, von dem ich spreche, liegt also »jenseits des Lustprinzips« – wenngleich ich mich beeile zu erwähnen, daß ich diesen Ausdruck nicht in dem Sinn verwende, den Freud im Auge hatte, als dieser seine Theorie einführte, wonach ein Todestrieb eine aktiv am psychischen Leben des Menschen beteiligte Kraft sei. (Freuds Theorie wird, so kann man wohl anmerken, von den meisten modernen Analytikern zwar nicht gerade als irrig, aber als außerhalb der Grenzen einer empirischen Wissenschaft liegend angesehen.)

Wenn wir uns auf dieses Gebiet begeben, dürfen wir uns aber nicht durch die Gefahr abschrecken lassen, daß man uns vorwirft, wir bewegten uns in der unwissenschaftlichen Gesellschaft von Mystikern, Vitalisten und Theologen; wir müssen den Angriff derer zurückweisen, die unsere Bemühungen fast unbesehen aufgrund von Vorurteilen herabsetzen und verdammen. »Wenn zwei dasselbe tun, so ist's doch nicht dasselbe«, sagt das Sprichwort. Die Befürchtungen und die vorsorglichen Mahnungen einiger beunruhigter Kollegen innerhalb der psychoanalytischen Gemeinschaft bezüglich der angeblichen Gefahren, die eine Psychologie des

Selbst im Gefolge haben würde, erinnern an die Angriffe, die gegen Freud und seine bahnbrechenden Freunde wegen ihrer Untersuchung der Sexualität vorgebracht wurden. Schon die bloße Untersuchung der Sexualität galt als gefährlich – führte mit Sicherheit zur Entfesselung von Unmoral und kulturzerstörender, ungehemmter sexueller Freizügigkeit. Wie wir wissen, ist das Gegenteil wahr: die Beseitigung von Verboten und besonders die Beseitigung von sekundären Abwehrmechanismen (wie der Beteuerung, es sei nicht einmal schicklich, gewisse Bereiche des menschlichen Seelenlebens zu untersuchen) sind vorteilhafte Entwicklungen – zumindest auf lange Sicht. Die Überwindung der angstvollen Intoleranz des Menschen ist also der erste Schritt zum Erwerb seiner Fähigkeit, jene psychischen Kräfte zu beherrschen, die er früher fürchtete; und deren zunehmende Beherrschung wird dann wiederum zur allmählichen Integration dieser Kräfte in die aktiven Persönlichkeitssektoren des Individuums und in den Hauptstrom der Gesellschaft führen, aus dem sie bislang ausgeschlossen sind – zur schließlichen Bereicherung des Individuums und der Gesellschaft.

Ich zweifle nicht, daß diese Erwägungen im Bereich der Psychologie des – gesunden oder kranken – Selbst ebenso gelten wie hinsichtlich der Triebpsychologie. Und genau wie die Pioniere, die mit der Untersuchung der Triebe begannen, ihre Arbeit trotz der von ihren Verleumdern vorausgesagten unheilvollen Konsequenzen fortsetzten, müssen auch wir unsere Arbeit unbeirrt durch jene fortsetzen, die voraussagen, daß sie uns unfehlbar von der Wissenschaft fort und zu einer neuen Religion der Heilung durch empathische Freundlichkeit oder zu einer Religion des Selbst-Ausdrucks mittels einer mystisch begriffenen Kreativität führen werde. Ich gebe zu bedenken, daß wir zumindest in einigen der Warnungen und Vorwürfe, mit denen manche triebpsychologischen Verteidiger der traditionellen Grenzen der Tiefenpsychologie auf die Untersuchung des Selbst reagieren, ein Beispiel für ein spezifisches historisches Gesetz erkennen, von dem ich bei früherer Gelegenheit sprach, nämlich daß die wagemutigen Pioniere von gestern dazu neigen, die vorsichtigen Konservativen von morgen zu werden (vgl. oben, »Die Zukunft der Psychoanalyse«).

Aber zur Sache: die Erkenntnis, daß das Selbst in einer Matrix der Empathie entsteht und daß es bestrebt ist, in einem Medium empathischer Reaktionen zu leben, um sich zu erhalten, erklärt gewisse Bedürfnisse des Menschen und erhellt zum Beispiel die Funktion gewisser Aspekte der institutionalisierten Religion. Das Verständnis dieser Beziehungen erlaubt uns auch, gewisse Dimensionen der kulturtragenden Aspekte der Religionen zu würdigen, und mag es uns wiederum weniger notwendig erscheinen lassen, Religion nur als Illusion aufzufassen – wie Freud es aus der Perspektive einer Weltanschauung tat – eines Abkömmlings der Aufklärung des 18. Jahrhunderts –, die (entsprechend seiner Vorstellung vom Menschen als einem Wesen, das um die Gewalt seines Ich über seine Triebe kämpft) vom höchsten Wert eines perfekt funktionierenden Ich, vom höchsten Wert der klar gesehenen Realität und der mutig aufgefaßten Wahrheit beherrscht war. Aber während die Einsichten einer Psychologie des Selbst uns befähigen mögen, eine tolerantere Haltung gegenüber der Religion einzunehmen, wird die Wissenschaft vom Selbst daher nicht notwendig eine Religion werden, sondern Wissenschaft bleiben. Und ähnlich kann es den Analytiker, wenn er die Tatsache akzeptiert, daß der psychoanalytische Prozeß die Anerkennung der Bedürfnisse des Selbst einbegreifen muß, befähigen, toleranter gegenüber der Hoffnung des Analysanden zu werden, er werde vom Analytiker empathisches Verständnis für seine Ambitionen einerseits und für seine Idealisierungsbedürfnisse andererseits erhalten. Aber während die Toleranz und die taktische Geschicklichkeit des Analytikers mit Hilfe seiner Beherrschung der Psychologie des Selbst zunehmen werden, wird das analytische Verfahren deshalb nicht eine quasireligiöse Heilung durch Liebe und Freundlichkeit werden, wird es nicht auf »korrektiven affektiven Erfahrungen« im Sinne von Alexanders Kurztherapie beruhen (d. h. es wird nicht auf dem Erwerb grober Identifikationen mit einem messianisch akzeptierenden und verzeihenden gütigen Therapeuten beruhen), sondern es wird weiterhin, mit Hilfe von neu gewonnener Einsicht, durch Prozesse zustandekommen, die (a) zur Neuordnung falsch angelegter psychischer Strukturen und (b) zum Erwerb von umgewandelten – d. h. durch *umwandelnde Erinnerung* erworbene – und fest internalisierten neuen führen. Und was für die Untersuchung des Bedürfnisses des Selbst nach empathischer Aufgeschlossenheit des Selbst-Objekts gilt, das gilt auch für den Bereich des Selbst-Ausdrucks. Dies ist zwar zweifellos, wie schon gesagt, ein Sektor der menschlichen Psyche, der wesentlich »jenseits des Lustprinzips« liegt, doch es ist deshalb nicht ein Gebiet, das notwendig die unwissenschaftliche Verherrlichung der Kreativität des Menschen bedingen würde, d. h. eine Kreativitätsmystik und eine verächtliche Ablehnung der eher weltlichen Geschäfte des Menschen. Es könnte natürlich leicht geschehen, daß eine Anzahl von neuen Sympathisanten – vielleicht sogar solche, die bisher der Psychoanalyse feindlich gegenüberstanden – jetzt ihre Chance wahrnehmen werden, indem sie auf den Zug unserer Wissenschaft aufspringen. Aber wenn wir unseren eigenen Weg gehen und das Erklärungsvermögen unserer Theorien anhand unserer Beobachtungen kontrollieren, werden die Probleme, die nun vielleicht an der Grenze zwischen der analytischen Methodik und der Denkweise von anderen entstehen werden, keine Gefahr für die Psychoanalyse darstellen. Ich habe es mir daher zum Prinzip gemacht, meine Arbeitskraft nicht auf defensive Auseinandersetzungen zu verschwenden, und gehe meinen eigenen Weg bei der Erforschung der allgemeineren Thematik jenseits der Psychologie von Trieben und Abwehrmechanismen, welche die Analyse heute einzubegreifen vermag. Ein Zweck dieser meiner Ausführungen ist es jedoch, so klar wie möglich jene wissenschaftliche Haltung zu beschreiben, die wir heute – ohne Scheu und mit entspannter Sicherheit – hinsichtlich der Erforschung des Selbst, seiner Genese, seiner Funktionen und Störungen einnehmen können, genau wie wir es in der Vergangenheit hinsichtlich der Erforschung der Triebe taten.

Nun aber will ich diese allgemeinen Betrachtungen verlassen und zum Hauptthema meines Essays zurückkehren. Hinsichtlich der vordem beschriebenen Beobachtungen, die die empirischen Grundlagen meiner heute bevorzugten Hypothese bilden (nämlich der Hypothese, daß das Selbst sich nicht durch die Verschmelzung von Fragmenten oder Nuclei entwickelt, sondern daß es unabhängig als eine den Teilen übergeordnete Konfiguration entsteht), muß ich einräumen, daß ich sie nicht hätte anstellen können, wenn nicht eine innere Bereitschaft mich dazu befähigt hätte. Diese innere Bereitschaft aber beruht auf gewissen, aus einem anderen Forschungsfeld abgeleiteten Schlußfolgerungen.

Im Hinblick auf die Tatsache, daß ich beabsichtige, meine Befunde auf diesem anderen Feld in einem anderen Zusammenhang vorzulegen, will ich mich diesbezüglich kurz fassen. Bei der Untersuchung von so verschiedenen Gebieten wie (1) dem Verlauf von einzelnen klinischen Analysen, die zur gesteigerten Fähigkeit der Analysanden führte, ihr Leben in Übereinstimmung mit der Struktur ihres nuklearen Selbst zu leben, (2) den Persönlichkeitsmerkmalen autonomer Widerständler gegen totalitäre politische Macht, und (3) der Psychologie des tragischen Helden in Drama und Religion bin ich zu dem Schluß gelangt, daß unsere Aufgabe, die psychologischen Probleme der conditio humana zu verstehen, entschieden erleichtert würde, wenn wir sie auf zwei Wegen angingen: Der erste Weg ist der traditionelle psychoanalytische: er ist bestimmt durch die Vorstellung vom Menschen als einem Wesen im Konflikt mit seinen nach Lust strebenden Trieben – der *Schuldige Mensch*; der zweite Weg jedoch ist bislang von der traditionellen Psychoanalyse noch nicht begangen worden: er ist bestimmt durch die zusätzliche Vorstellung vom Menschen als einem in seinem Streben nach Selbstverwirklichung blockierten Wesen – der *Tragische Mensch*. Wenn wir diese zwei Vorstellungen auf unseren gegenwärtigen Interessenbereich übertragen – die Hypothese getrennter Entwicklungslinien für die Erfahrung des Kindes von seinen einzelnen Körperteilen und einzelnen körperlichen und seelischen Funktionen einerseits und für seine Erfahrung seiner Selbst als kohäsives Kontinuum, als Selbst, andererseits –, dann werden wir erkennen, daß die Annahme, wonach die Erfahrungen des Kindes von einzelnen Teilen und Funktionen einer Entwicklungslinie folgen, während seine Erfahrung seines Selbst einer anderen folgt, nicht mit der eben erwähnten Annahme bezüglich der doppelten Natur des Menschen (Schuldiger Mensch; Tragischer Mensch) nicht nur vereinbar ist, sondern daß diese beiden Annahmen sogar zusammenspielen und sich gegenseitig unterstützen.

Ich möchte meinen Gedankengang in der kürzest möglichen Form vortragen, indem ich die Umrisse einer unabhängigen Entwicklung einzelner Triebe und Funktionen einerseits und des Selbst andererseits skizziere. Beginnen wir daher mit der Untersuchung – mittels des Gedankenexperiments – der psychologischen Bedingungen, die während des hypothetischen Stadiums jener intensiven primitiven Erfahrungen vorherrschen, die Freud als auto-erotische bezeichnete. In diesem Stadium gibt es keine (oder jedenfalls nur eine sehr rudimentäre) übergeordnete psychologische Struktur (d. h. kein Selbst), und das Kind fühlt, mit intensiver Lust, jeden einzelnen entsprechend stimulierten Körperteil, jeden einzelnen entsprechend stimulierten Haut- oder Schleimhautbereich, jeden einzelnen entsprechend modulierten Sinneseindruck und jede einzelne Bewegung jedes seiner Glieder und Organe, besonders wenn sie die adäquate Reaktion des Selbst-Objekts hervorrufen. Alle diese Erfahrungen sind intensiv und lustvoll (»infantile Sexualität«). Doch wenn andererseits die Reaktionen des Selbst-Objekts auf diese psycho-physiologischen Bedürfnisse des Kindes, die den Funktionen dieser Körperzonen (erogenen Zonen) entsprechen, inadäquat oder unzulänglich sind (weil das Selbst-Objekt un-empathisch ist), dann erlebt das Kind eine intensive Frustration, eine schmerzhafte Über-Stimulierung, primitive Angst und primitive Wut. Ich brauche die Einzelheiten der weiteren Entwicklung der kindlichen Erfahrung von seinen Körperteilen und -funktionen nicht weiter auszuführen, da heutzutage nicht nur die Analytiker, sondern auch viele andere im Kreise der Gebildeten mit Freuds großer Entdeckung (Freud, 1905 d, G. W., Bd. 5, S. 29-145) der epigenetischen Sequenz der hauptsächlichen Organzonen, von der oralen bis zur phallischen Vorherrschaft, vertraut sind. Betonen möchte ich aber in diesem Zusammenhang die Tatsache, daß dieser nach Lust strebende Aspekt der Erfahrungswelt unserer körperlich-seelischen Organisation das ganze Leben hindurch erhalten bleibt: er wird einerseits zur Welt der zielgehemmten Gratifikationen und Genüsse, und andererseits zur Welt der (strukturellen) Konflikte, von Spannung, Angst und Schuldgefühlen. Die Tatsache, daß im Alter von etwa fünf Jahren, wenn die Luststrebungen des Kindes im Zusammenhang mit intensiven phallischen Erfahrungen organisiert werden, ein entscheidender Umschwung zur Vorherrschaft des Ich und des Überich stattfindet – d. h. zur Vorherrschaft der Realitätsanpassung und des Gewissens über die Triebe –, bestimmt natürlich die Natur seiner zentralen Konflikte in diesem Bereich (des Ödipuskomplexes) und damit die Natur der hauptsächlichen Schuldgefühle des Menschen (über inzestuöse Libido und Aggression) und seiner hauptsächlichen Angst (Kastrationsangst).

Wenden wir uns nun dem Bereich des Selbst zu, so können wir nur eingestehen, daß seine hypothetischen Anfänge ebenso geheimnisverhüllt sind wie die Anfänge der Erfahrungswelt einzelner Körperteile und ihrer Funktionen (aus der Freud die Verallgemeinerungen seiner Libidotheorie gewann). Ich habe den Eindruck (siehe Kohut, 1972 = oben, S. 205-251, insbesondere S. 207ff.), daß die empathische Umwelt des Kindes von früh an auf dieses mit zwei Arten von Reaktionen antwortet: (a) mit einer, die auf seine Erfahrung einzelner Teile seines Körpers und auf einzelne körperliche und seelische Funktionen abgestimmt ist, und (b) mit einer anderen, die auf seine beginnende Erfahrung seiner selbst als einer größeren, kohärenten und dauerhaften Organisation, d. h. auf es als ein Selbst, abgestellt ist.⁵ Sollte die sorgfältige Beobachtung der elterlichen (besonders der mütterlichen) Einstellungen gegenüber dem Baby diesen Eindruck bestätigen, dann könnte man diesen Befund als Beweis für die Theorie werten, daß ein primitives Selbst bereits in sehr frühen Lebensphasen existiert. Außerdem kann die Tatsache, daß das Baby auf nicht-empathische Reaktionen von seiten der frühen Umwelt mit Wut reagiert, ebenfalls als Beweis für die Theorie eines rudimentären Selbst bereits zu Anfang des Lebens gedeutet werden – narzißtische Wut, so könnte man folgern, setzt ein aktives und reaktives Selbst voraus, das auf der Kontrolle über ein undeutlich empfundenes Selbst-Objekt beharrt.⁶ Doch wie sehr wir auch über die Anfänge des Selbst im Ungewissen sein mögen, hinsichtlich seiner weiteren frühen Entwicklung stehen wir auf festerem empirischen Boden. Aber in Anbetracht der Tatsache, daß ich diese späteren (doch gleichwohl frühen) Stadien in meinen Schriften über den Narzißmus ausführlich behandelt habe, ist es hier nicht notwendig, Ihnen ein Resümee dieser frühen Erfahrungen des Selbst zu geben, bei denen es einerseits um die Grandiosität und den Exhibitionismus (d. h. das Größen-Selbst) des Kindes und andererseits um des Kindes Einbeziehung seiner selbst in die Macht eines omnipotenten Selbst-Objekts (d. h. der idealisierten Elternimago) geht. Es mag genügen festzustellen, daß eine zuverlässige, kohärente und dauerhafte Selbst-Erfahrung durch allmähliche Schritte erworben zu werden scheint. Wenn das Selbst schließlich fest begründet ist, nimmt es seinen Platz als übergeordnete Struktur über der Erfahrungswelt einzelner Teile und Funktionen ein. Diese letztere Erfahrungswelt aber existiert weiterhin.

Trotz der Tatsache, daß diese beiden Bereiche der psychologischen Erfahrung nebeneinander – oder besser: übereinander – bestehen, ist die psychologische Richtung, in welche der Bereich des Selbst das Leben des Individuums treibt, eine entschieden andere als diejenige, die durch den Bereich der Teile und Einzelfunktionen begünstigt wird, d. h., in Freuds Terminologie, der Bereich der lustspendenden erogenen Zonen und der ihnen entsprechenden (zuerst auto-erotischen, aber schließlich Triebobjekt-bezogenen) Triebe. Das Selbst sucht, ob im Sektor seiner Ambitionen oder im Sektor seiner Ideale, nicht Lust durch Stimulation und Spannungsentladung – es strebt nach Erfüllung durch die Verwirklichung seiner fundamentalen Komponenten, mit anderen Worten, durch die Verwirklichung seiner nuklearen Ambitionen und Ideale.[7] Seine Erfüllung bringt nicht *Lust*, wie es die Befriedigung eines Triebes tut, sondern Triumph oder warme *Freude*. Und seine Blockierung löst nicht das Signal der *Angst* aus (z. B. der Kastrationsangst, d. h. der Angst hinsichtlich des Verlusts des Penis als der höchsten Lustquelle), sondern die Vorahnung von *Verzweiflung* (z. B. von Scham und leerer Depression, d. h. von vorausgeahnter Verzweiflung über die Vernichtung des Selbst und die schließliche Vereitelung seiner Bestrebungen). Der Tragische Mensch fürchtet nicht den Tod als eine symbolische Bestrafung (Kastration) für verbotene Lustziele (wie es der Schuldige Mensch tut) – er fürchtet den verfrühten Tod, d. h. er fürchtet einen Tod, der die Verwirklichung der Ziele seines nuklearen Selbst verhindern würde. Und anders als der Schuldige Mensch akzeptiert er den Tod als Teil der Kurve seines erfüllten und erfüllenden Lebens.

Ich bin beunruhigt über die Möglichkeit, daß diese Überlegungen Ihnen als allzu spekulativ-philosophisch und unwissenschaftlich erscheinen mögen. Ich weiß zwar, daß ich die Relevanz der vorstehenden Gedanken nicht nur hinsichtlich der psychoanalytischen Psychologie im allgemeinen, sondern insbesondere auch, was manche Teile der klinischen Arbeit betrifft, dartun kann, doch in diesem Brief möchte ich nicht versuchen, wie ich es andernorts tun werde, in Theorie und Praxis die Ergebnisse zu demonstrieren, welche die systematische Anwendung dieser Ideen hervorbringen kann. Ich hoffe allerdings, daß es mir gelungen ist, Ihnen zu erklären, warum ich zunehmend geneigt bin, die Ansicht zu vertreten, wir sollten uns die Geburt des Selbst nicht so vorstellen, als entstünde es durch die Verschmelzung von Selbst-Nuclei, d. h. durch die Vereinigung von unverbundenen Erfahrungen, sondern daß wir die Erfahrung des Selbst einerseits und die Erfahrung einzelner Körperzonen und einzelner seelischer und körperlicher Funktionen andererseits als zwei Aspekte der menschlichen Psyche auffassen sollten, die beide ihre eigene Genese, ihre eigene Entwicklung und ihre eigene Beziehung zur Umwelt haben.

Wir müssen natürlich auch die wechselseitigen Einflüsse systematisch studieren, die diese beiden Bereiche aufeinander ausüben. Ich habe bereits mehrmals auf die organisierende Wirkung hingewiesen, die das Vorhandensein eines gefestigten Selbst auf die

> → Synthese transcendentale

nach Lust strebenden Aspekte der menschlichen Psyche hat, oder allgemeiner gesagt, auf die Rolle, die das kohärente Selbst innerhalb der Grenzen des Lustprinzips im Leben des Menschen spielt. Aber die verschiedenen Arten, wie ein Mensch ein Gleichgewicht zwischen diesen beiden Bereichen erreichen kann, oder die verschiedenen Persönlichkeitsstrukturen, die verschiedene Individuen charakterisieren, bei denen der eine oder der andere dieser beiden Bereiche schließlich eine Vormachtstellung errungen hat, das sind Fragen, die noch einer detaillierten – und vorurteilsfreien! – wissenschaftlichen Prüfung harren.

An diesem Punkt kann ich nur einige Merkmale der Wechselwirkung zwischen diesen beiden Bereichen erwähnen, denn es würde einen eigenen Aufsatz oder mehr erfordern, die Aufgabe, die ich hier andeute, auszuführen. Zunächst einmal muß man darauf hinweisen, daß die Beobachtung im psychologischen Bereich erleichtert wird, wenn Konflikt und Disharmonie vorliegen, und daß unsere Beschreibungen sich daher im allgemeinen leider eher auf die Pathologie als auf die normale Entwicklung beziehen. Selbst die von mir vorgeschlagenen Termini »Schuldiger Mensch« und »Tragischer Mensch« beziehen sich deshalb auf den Bereich von Frustration und Konflikt statt auf den Bereich von positiven Zielen, d. h. von Genüssen der Sinne – wie »sublimiert« diese Genüsse auch sein mögen – und auf die Freude der Selbstverwirklichung. Aber meine Entscheidung, die Dualität der Hauptziele des Menschen gemäß seinen Mißerfolgen statt seinen Erfolgen zu klassifizieren, ist nicht nur durch die Tatsache gerechtfertigt, daß die Pathologie der analytischen Beobachtung zugänglicher ist als die Gesundheit, sondern sie reflektiert auch das tatsächliche Vorherrschen von Konflikt, Frustration und Unerfülltheit in der menschlichen Erfahrung vor innerem Frieden, Befriedigung und Erfüllung. Als Überleitung zu meiner kurzen Skizzierung der verschiedenen Arten, wie diese Dimensionen des psychischen Lebens des Menschen aufeinander bezogen sein können, lassen Sie mich zunächst das Offensichtliche feststellen, nämlich daß die beiden Haupttendenzen des Menschen (sein Streben nach Lust und sein Bestreben, der Struktur seines Selbst Ausdruck zu geben) entweder harmonisch zusammenwirken oder im Konflikt miteinander stehen können. → 276

) oder zusammen ein Krankheitsbild ergeben

Zuerst möchte ich schematisch die psychologischen Bedingungen entwerfen, die bei solchen Individuen vorherrschen, bei denen kein größerer Konflikt zwischen den nach Lust strebenden und den nach Selbst-Ausdruck strebenden Persönlichkeitssektoren zu bestehen scheint. Man könnte zu der Annahme neigen, daß das Fehlen von Konflikten durch die Tatsache bedingt sei, daß diese beiden Hauptstrebungen gleich stark sind, daß also ein Gleichgewicht der Kräfte besteht. Ein solcher Zustand mag zwar gelegentlich festzustellen sein, doch ich glaube nicht, daß er im allgemeinen das Fehlen störender Konflikte in diesem Bereich erklären kann. Eher als quantitative Überlegungen ist wohl die Beurteilung der wesentlichen Beziehung zwischen diesen beiden Sektoren der Persönlichkeit geeignet, uns zu erklären, warum es manchen Individuen gelingt, ein mehr oder minder harmonisches und glückliches Leben zu führen, während andere zutiefst unglücklich sind oder die Sterilität ihrer Existenz beklagen. Das Vorherrschen des einen Sektors der Persönlichkeit führt mit anderen Worten nicht zu pathologischen Ergebnissen, wenn der andere – der schwächere – Sektor die ergänzende Rolle akzeptieren kann. Genauer gesagt: einerseits führt die Vorherrschaft der Selbstverwirklichungs-Tendenzen über die nach Lust strebenden Triebe nicht zum Konflikt, falls der nach Lust strebende Sektor (der Sektor der einzelnen Funktionen) sich reibungslos den übergeordneten Zielen des Selbst unterordnet; mit anderen Worten, es entsteht in solchen Fällen kein Konflikt, falls das Individuum fähig ist, die Ausübung seiner ungewöhnlichen Talente und gewöhnlichen Fähigkeiten im Dienst der nuklearen Ambitionen und Ideale des Selbst zu genießen. Andererseits führt die Vorherrschaft der nach Lust strebenden Tendenzen nicht zum Konflikt, falls das Selbst sich unterordnen kann, d. h. falls das Selbst sein Beharren auf dem Ausdruck seines fundamentalen Entwurfs aufgeben kann und sich mit der beschränkten, untergeordneten Funktion begnügt, dem Bereich der Genüsse und Fertigkeiten einen Sinn von Ganzheit und Kontinuität zu verleihen, dem Menschen ein Gefühl zweckhafter Einheit von Liebe und Arbeit zu geben.[8]

Nachdem ich nun kurz jene Fälle untersucht habe, wo es keine stärkere Spannung zwischen dem Sektor des nach Lust strebenden Schuldigen Menschen und dem Sektor des nach Selbst-Ausdruck strebenden Tragischen Menschen gibt, möchte ich mich denjenigen zuwenden, wo es allerdings Konflikt und Disharmonie gibt. Statt mich aber auf den Versuch einzulassen, die verschiedenen Spielarten des Ungleichgewichts auf diesem Gebiet darzustellen, will ich mein Vorhaben in gedrängter Form durchführen, indem ich eine spezifische Behauptung aufstelle, die ich durch den Hinweis auf das anschauliche Beispiel eines spezifischen Lebens zu untermauern gedenke. Meine Behauptung besagt einfach, daß das Vorhandensein von Disharmonie und Konflikt zwischen den beiden Bereichen der Persönlichkeit die Produktivität eines begabten Individuums nicht zu lähmen braucht, vielleicht sogar als Stimulus für kreative Reaktionen dienen kann, selbst wenn der Kampf um die Vorherrschaft ein ganzes (unglückliches) Leben lang ungelöst bleibt.

Tolstois Leben zum Beispiel – um eine besonders klare Illustration dieser zentralen Disharmonie in der Persönlichkeit eines großen Menschen herauszugreifen – war ein endloser Kampf zwischen dem nach Lust strebenden, arbeitenden Schuldigen Menschen und dem nach Selbst-Ausdruck strebenden, kreativen Tragischen Menschen. Glücklicherweise herrschte der Tragische Mensch für genügend lange Lebensabschnitte vor, um es ihm zu gestatten, Romane zu schaffen, die, wie alle großen Werke der Literatur, diejenigen mit neuem Leben erfüllen, die bereit sind, sich durch sie beeinflussen zu lassen. Durch den tiefen Widerhall, den die Teilhabe an den Werken großer Schriftsteller und Dramatiker (d. h. wenn wir sie lesen oder ihrer Inszenierung auf der Bühne beiwohnen) in unserem nuklearen Selbst hervorruft, werden unsere Reaktionen auf die Welt intensiviert und unsere Selbst-Bewußtheit gesteigert; das Werk der großen Schriftsteller und Dramatiker erlaubt uns, unsere Existenz voller zu erleben, tiefer am ewigen Kreislauf von Leben und Tod zu partizipieren, als es uns sonst möglich gewesen wäre. Und, um wieder zu unserem spezifischen Beispiel zurückzukehren, Millionen Leser – die einfachen wie die gebildeten – haben ihr Leben intensiver gelebt, als sie es je mittels bloßen Kontakts mit ihrer eigenen, eintönig erfahrenen Umwelt hätten tun können, während sie die Welt mit den Augen Tolstois, des Geschichten erzählenden Genius betrachteten. Aber es gab auch einen anderen Tolstoi, klar erkennbar nicht nur in den Daten seiner Biographie, sondern auch in einigen seiner (schlechteren) Schriften dokumentiert. Dies ist sowohl Tolstoi der Spieler, Trinker und Schürzenjäger als auch andererseits Tolstoi, der von Abscheu vor der Frau erfüllte Mann, der Schuldbeladene mit dem Bedürfnis zu sühnen, das Fleisch zu züchtigen. Wenn Tolstoi, der Schöpfer, vorherrschte, wurden die gewaltigen Gaben des Autors nutzbar gemacht für die

Aufgabe, den breit angelegten Entwurf zu projizieren, der durch sein vulkanisches kreatives Selbst geformt worden war. Der größte Teil des in *Krieg und Frieden* enthaltenen, nicht moralisierenden Weltpanoramas ist gewiß die vollkommenste Manifestation des tragischen Tolstoi, in tiefer Übereinstimmung mit dem Drama der menschlichen Existenz – und dies trotz der Tatsache, daß selbst dieses Meisterwerk einige predigende Passagen und Kapitel enthält, die Emanationen des Schuldigen Menschen waren. Sobald aber Tolstoi, der Jäger nach Lust oder der schuldbeladene Moralist, vorherrschte, unterlag sein kreatives Selbst – zeitweilig, wie es immer wieder während seines Lebens geschah, oder anhaltend, wie es schließlich während seiner letzten Jahre geschah. Und zu solchen Zeiten verlor der kreative Kern von Tolstois Selbst den Kontakt mit den ausführenden Kräften seiner Persönlichkeit, weil seine Energien im Streben nach unbezähmten Triebzielen absorbiert wurden; und dann wurde sein Selbst, statt Initiator schöpferischer Tätigkeit zu sein, zum servilen Organisator einer sühnenden religiösen Haltung. Wenn seine Produktivität während solcher Perioden nicht völlig austrocknete, waren seine Schriften moralisierend, religiös, philosophierend. Und die Arbeiten, die er zu solchen Zeiten hervorbrachte – z. B. gewisse philosophische Kapitel gegen Ende von *Anna Karenina*, oder späte Romane wie *Auferstehung* –, büßten die Kraft seines amoralischen Realismus ein und sind gewiß – im Vergleich mit seinen größten Schöpfungen – als Werke zweiten Ranges zu beurteilen.

Bei den vorstehenden Überlegungen konzentrierte ich mich einerseits auf die höchstentwickelten Ebenen der Erfahrungswelt der Körperteile und der einzelnen körperlichen und seelischen Funktionen und andererseits auf jene ursprünglichen Ebenen der Erfahrungswelt, die mit dem nuklearen Selbst verbunden sind. Und die Untersuchung der Beziehung zwischen diesen beiden Bereichen konnte, wie ich zuversichtlich annehme, eine Reihe von Zügen der menschlichen Psychologie erhellen. An diesem Punkt aber möchte ich die reifen psychischen Manifestationen, die in neuen Umrissen erkennbar sind, sobald sie vor dem Hintergrund der beiden Hauptstrebungen des Menschen betrachtet werden, nicht weiter untersuchen, sondern meine Skizze der Wechselbeziehung zwischen der Welt der Teile und der Welt des Selbst abrunden, indem ich mich den Erfahrungen des Kindes zuwende. Auch hier muß betont werden, daß unsere Unterteilung der Erfahrungswelt des

Kindes (und der ihr entsprechenden empathischen Reaktionen des Selbst-Objekts) in zwei parallele Sektoren lediglich ein erster schematischer begrifflicher Schritt ist. Wie wichtig dieser Schritt auch sein mag, er würde uns zu einer verzerrten Wahrnehmung der psychologischen Realität führen, wollten wir nicht anerkennen, daß trotz der Tatsache, daß diese beiden Bereiche in zwei divergierende psychologische Richtungen zielen (diesseits des Lustprinzips; jenseits des Lustprinzips[9]), von einem frühen Alter an auch die Möglichkeit einer reibungslosen Kooperation zwischen beiden besteht. Körperteile und körperliche und seelische Funktionen sind nicht nur die Brennpunkte unserer intensivsten Lustziele – ganz gleich ob »auto-erotisch«, »narzißtisch« oder »Objekt-libidinös« –, sie sind gleichzeitig auch die Repräsentanten unseres Selbst, d. h. sie sind die narzißtischen Hauptzonen des körperlich-seelischen Selbst (siehe Kohut, 1971 [1973, S. 245-249]; sowie Kohut, 1972 = oben, S. 220f.). Sie werden also einerseits in die Schuldkonflikte des Kindes um Lustziele verwickelt, und sie werden andererseits zu Trägern des kindlichen Narzißmus. In diesem letzteren Bezugsrahmen bilden sie nicht nur den Erkenntnisinhalt der Exhibitionismus und Größe ausdrückenden Handlungen und Phantasien des Kindes, sie sind auch die Brennpunkte seiner Verzweiflung und Scham. Bei normaler Entwicklung, dies ist zu betonen, ist des Kindes Vergnügen an seinen Körperteilen und seinen körperlichen und seelischen Funktionen genauso vereinbar mit der freudigen Erfahrung seines totalen Selbst, wie es die Erfahrung des Narzißmus mit derjenigen der Objektliebe ist (s. Kohut, 1972 = oben S. 208-210). Im Gegenteil, die Fähigkeit eines Menschen, Vergnügen an seinen Körperteilen und einzelnen Funktionen zu empfinden, vermehrt sich durch die Sicherheit, welche das organisierende Schema seines totalen körperlich-seelischen Selbst bietet. Und dem ist lediglich hinzuzufügen, daß die Kohärenz des körperlich-seelischen Selbst wiederum entscheidend gestärkt wird durch das Vorhandensein eines starken nuklearen Selbst, d. h. durch den richtunggebenden Einfluß der fundamentalen Ambitionen und Ideale eines Menschen, die in der frühen Kindheit im Zusammenspiel mit empathischen Selbst-Objekten angelegt wurden. In umgekehrter Richtung schließlich steigert die Erfahrung eines gut funktionierenden psychischen Systems einzelner Teile und Funktionen (eingebettet in ein festes körperlich-seelisches Selbst), das (a) unseren Lust-Zielen und (b) unseren Selbsterhaltungs-Zielen dient (d. h.

unserem Ziel, Körper und Geist als Quelle von Lust zu erhalten); unsere Fähigkeit, das Grundmuster unserer Persönlichkeit in Taten und Werken auszudrücken, d. h. die durch unsere nuklearen Ambitionen und Ideale gesetzten Ziele zu erreichen.

Ich bin jetzt am Ende meiner Überlegungen zu gewissen Aspekten Ihrer Besprechung meiner Arbeit angelangt. Gleichwohl möchte ich meine Stellungnahme dazu noch abrunden, indem ich speziell auf einen weiteren Punkt Ihrer Darstellung eingehe, nämlich die diagrammatische Erläuterung der Entwicklung vom Auto-Erotismus über den Narzißmus (a) zu Objektliebe und (b) zu höheren Formen (d. h. Umwandlungen) des Narzißmus. Wieder haben wir es hier mit einer subtilen Meinungsverschiedenheit zu tun, nämlich darüber, ob die diagrammatisch vereinfachte Erläuterung dieser Entwicklung (in der Form eines »Y« [siehe die Darstellung dieser Entwicklungshypothese – Moderne Theorie »A« – im Diagramm auf S. 279]) durch Ihren Lehrer meinen bloß verbalen Bemühungen vorzuziehen sei. Ich erhebe selbstverständlich keine Einwände, wenn ein Lehrer seine Studenten durch Verwendung einfacher Diagramme in die komplizierten Sachverhalte unserer Wissenschaft einführt – im Gegenteil, ich bewundere seine Fähigkeit, dies zu tun.[10]

Aber ich möchte auch betonen, daß solche Diagramme in der Tiefenpsychologie eindeutig als Lehrmittel zu verstehen sind – nicht weniger, aber auch nicht mehr als dies. Sie sind nützlich für den Erwerb von Wissen; sie werden aber schädlich, wenn Lehrer und Schüler vergessen, daß nicht die vereinfachte Kleinwelt des Diagramms, sondern die Totalität der empathisch beobachteten psychologischen Daten und ihrer Interrelationen die entscheidende Realität darstellt. Unter diesem Gesichtspunkt betrachtet, glaube ich, daß verbale Darstellungen – auch wenn zögernd und vorsichtig andeutend angeboten, statt mit Sicherheit und Überzeugung gebracht – den Vorzug haben, daß sie dem Forscher größere Freiheit lassen, seine Meinung aufgrund neu erkannter Fakten und neu wahrgenommener Beziehungen zwischen diesen zu ändern. Das einstämmige »Y« eines Diagramms läßt sich, wie ich glaube, nicht so leicht in eine doppel-, drei- oder sogar vierstämmige[11] Konfiguration verwandeln, wie es bei der entsprechenden verbalen Darstellung der Fall wäre, weil es den komplexen psychologischen Sachverhalten, die es darstellt, eine trügerische Konkretheit verleiht und uns das Gefühl einer Sicherheit gibt, die in diesem Fall

Klassische Theorie

Objektliebe

Narzißmus (S. Freud, G. W. X, 141–142)

Auto-Erotismus

Reife Objektliebe ← Archaisches ganzes Objekt ← Archaische Objektliebe (Teile)

Reife Erfahrung von Teilobjekten ← Archaische Erfahrung von Teilobjekten

Reife Erfahrung des ganzen Objekts ← Archaische Erfahrung des ganzen Objekts

Moderne Theorie »A«

Objektliebe ↔ Reife Selbstachtung und Umformungen des Narzißmus

Ganzes (nukleares Selbst – Archaischer Narzißmus)

Erfahrung von Teilen & Funktionen (Auto-Erotismus)

Moderne Theorie »B«

Reifes Selbst (reifer Narzißmus) ←

Nukleares Selbst (archaischer Narzißmus) ←

Archaische Teile (Auto-Erotismus)

Reife Erfahrung von Teilen des Selbst ← Archaische Erfahrung von Teilen des Selbst (Auto-Erotismus)

Reife Erfahrung des ganzen Selbst ← Archaische Erfahrung des ganzen Selbst (Narzißmus)

Moderne Theorie »C«

ungerechtfertigt ist. Meine eigenen Äußerungen zu diesem Thema (siehe zum Beispiel Kohut, 1971 [1973, S. 251]) tendierten eindeutig zur Auffassung, daß die Erfahrungswelt des Kindes im frühesten Stadium seines Lebens Objektliebe nicht einschließt, auch nicht in rudimentärer Form. Sollte diese Hypothese sich bestätigen, dann wäre das »Y« Ihres Lehrers eine exakte Darstellung des Entwicklungsverlaufs. Aber wie Sie aus meinen heutigen Überlegungen ersehen, bin ich hinsichtlich der Richtigkeit dieser Auffassung weniger sicher. Gibt es also zwei unabhängige Anfänge – oder sogar drei oder vier? (Der eine der Anfang der Entwicklung des narzißtischen Stromes – und dieser unterteilt in eine separate Linie der Teile, eine separate Linie der Selbst-Objekte und eine separate Linie der Selbst-Entwicklung –, der andere der Anfang des Stroms der Objektliebe, wie die Vielfalt[12] von elterlichen Einstellungen auch gegenüber dem kleinen Kind vielleicht nahelegt.) Ist es, als alternative Theorie, vielleicht so, daß die Entwicklungsströmung der Objektliebe später einsetzt als die Strömung des Auto-Erotismus/Narzißmus (wie man aus den regressiven Schwankungen in der Analyse narzißtischer Persönlichkeitsstörungen extrapolieren könnte) – und dennoch aus einer unabhängigen Quelle entspringt, d. h. ohne sich aus letzterem zu entwickeln? Sollte man von einem präpsychologischen Stadium sprechen und die unabhängigen Anfänge beider Entwicklungslinien auf den Zeitpunkt verschieben, da es sowohl Beweise für ein rudimentäres Selbst als auch Beweise für die Äußerungen rudimentärer Objektliebe gibt? Oder müssen noch andere Möglichkeiten in Betracht gezogen werden? An diesem Punkt meine ich, wir sollten uns die Entscheidung offenlassen und, wenn wir die Daten betrachten, die Analyse, Kinderbeobachtung und Gedankenexperiment uns liefern, alle diese Möglichkeiten im Auge behalten.

Und hier komme ich zum Schluß. Diese Mitteilung wurde nun weit umfangreicher und die Arbeit erforderte mehr Mühe, als ich geahnt hatte, als ich mich hinsetzte, um Ihnen meinen Dank auszusprechen. Sollte ich aber Ihnen und Ihren Mitschülern am Institut geholfen haben, die jeweiligen Positionen klarer zu erkennen, die Theorie und Beobachtung einnehmen, wenn wir unsere Forschung durchführen, dann fühle ich mich vollauf entschädigt für die Stunden, die ich mit dem Formulieren dieser Botschaft verbrachte.

Übersetzt von Nils Thomas Lindquist

Anmerkungen

1 Ich erinnere Sie hier an die Tatsache, daß ein unsicher und schwächlich formiertes Selbst darauf, daß das Selbst-Objekt ihm keinen (ausreichenden oder angemessenen) narzißtischen Beistand gibt, auf die verschiedensten Weisen reagieren kann, und daß die zeitweilige Fragmentierung nur eine darunter ist, wenn auch eine wichtige und charakteristische. Neben der Fragmentierung gibt es die verschiedenen Regressionen des Selbst und seiner zwei Hauptbestandteile (des Größen-Selbst und der idealisierten Elternimago) auf archaischere, aber doch noch kohäsive Formen; und nicht zuletzt gibt es die einfache Schwächung des noch kohärenten Selbst in Form eines Sinkens der Selbstachtung (einer leeren Depression).
Die Fragmentierung kommt jedoch häufig vor – wie Sie wissen, ist sie bei den narzißtischen Persönlichkeitsstörungen unvollständig und flüchtig –, und wenn sie eingetreten ist, dann ist ihr Vorhandensein unverkennbar. Ihre am häufigsten beobachteten Anzeichen sind (1) die zeitweilige Hypochondrie des Patienten, d. h. die Erfahrung (Beschäftigung mit und Sorge um) einzelner Körperteile und einzelner seelischer und körperlicher Funktionen, welche die Erfahrung eines gesamten seelisch-körperlich Selbst zu ersetzen beginnt, (2) die unordentliche Erscheinung des Patienten, besonders die fehlende Harmonie in seiner Kleidung, und (3) eine gewisse Verhaltensänderung, so etwa die Verwendung einer gestelzten Sprache und affektierter Gebärden, die eine Folge der Tatsache ist, daß seine seelischen und körperlichen Funktionen des organisierenden Einflusses zu entraten beginnen, den die Einbeziehung in ein Gesamt-Selbst bot.

2 Der Terminus »Selbstkerne« ist natürlich eine Übernahme von Glovers Terminus »Ichkerne« (Glover, 1939). Auf diesen machten mich Gedo und Goldberg aufmerksam, die ihn in einem verwandten Kontext verwendeten. Diese Autoren (persönliche Mitteilung) beabsichtigten mit der Verwendung dieses Terminus jedoch nicht, die Bedeutung »Verschmelzung von Teilen« auszudrücken, den ich mit dessen Verwendung hatte ausdrücken wollen, als ich ihn erstmals einführte.

3 Es ist vielleicht nützlich, an diesem Punkt zu betonen, daß, wenn ich nunmehr dazu neige, die Theorie zurückzuweisen, wonach die Bildung der Selbst-Erfahrung über das allmähliche Verschmelzen der Erfahrungen von körperlich-seelischen Teilen geschieht, dies natürlich nicht heißen soll, daß ich die Entwicklungstheorie aufgäbe, daß nämlich auf das Stadium der Teile (Fragmente) das Stadium des (ganzen) Selbst folgt. Im Gegenteil, ich glaube, daß die Existenz dieser Entwicklungssequenz nunmehr fest begründet ist. Aber wie ich in diesen meinen Überlegungen nachzuweisen versuche, beginnt letzteres Stadium an dem Punkt, wo das (unabhängig sich entwickelnde) Selbst stark genug geworden ist,

um die Vorherrschaft vor der Erfahrungswelt der körperlich-seelischen Teile zu erringen.

4 Wenn ich mich hier zu Freuds Bejahung des Primats der Beobachtung in der Psychoanalyse bekenne, so bedarf dies vielleicht einer einschränkenden Feststellung.

(1) Der Akzent auf der Beobachtung als kompetentestem Richter und letzter Schiedsinstanz in Sachen der wissenschaftlichen Wahrheit und die Erkenntnis, daß die Beobachtung der unersetzliche Ansporn des wissenschaftlichen Beobachters ist, jene besondere geistige Haltung einzunehmen, die ich seine *Bereitschaft, neue Konfigurationen zu sehen,* nennen möchte, negieren natürlich keineswegs die Tatsache, daß es in der Psychoanalyse Untersuchungsprozesse gibt, die nicht aus dem klinischen Feld hervorgehen, sondern vorbewußt aus der Matrix der introspektiven Beobachtung und des Gedankenexperiments entstehen.

(2) Außerdem ist es klar, daß die wissenschaftliche Beobachtung, selbst wenn ihr nicht Aktivitäten wie Introspektion und Gedankenexperiment vorausgehen, die manche als versteckte Quellen der Theorie-Beimischung ansehen mögen, nie rein sein kann. Jeder Forscher vertritt gewisse theoretische Konzepte, die seinen Beobachtungen als Bezugsrahmen dienen. Sie ermöglichen es ihm, die Daten seiner Wahrnehmung in einen bekannten Kontext einzuordnen (oder zu erkennen, daß sie sich diesem nicht einfügen). Es besteht jedoch ein entscheidender Unterschied zwischen (a) der (zögernden und ad-hoc) Verwendung von vorgebildeten, vage skizzierten Konfigurationen während des Beobachtungsaktes, die die Sammlung von Daten ermöglicht, und (b) der Entwicklung scharf definierter geistiger Konfigurationen, d. h. von Theorien (an die der Forscher eine langfristige, bewußte Bindung hat), worauf eine Reihe systematischer Beobachtungen folgt, dazu bestimmt, diese Theorien zu beweisen oder zu widerlegen.

5 Was die Hypothese betrifft, daß es neben diesen zwei Arten von Reaktionen gegenüber dem Kind vielleicht noch eine weitere grundlegende Eltern-Einstellung gibt, siehe die Feststellung in Fußnote 12.

6 Man könnte hier an Freuds Feststellung denken, »die Beziehungen Liebe und Haß seien nicht für die Relationen der *Triebe* zu ihren Objekten verwendbar, sondern für die Relation des Gesamt-Ich zu den Objekten reserviert« (Freud, 1915c, G. W., Bd. 10, S. 229). Auf den ersten Blick scheint sie meine Spekulation zu stützen. In Wirklichkeit aber gehört sie in einen anderen Zusammenhang. Wenn Freud feststellt, daß »Liebe« und »Haß« Funktionen des »Gesamt-Ich« sind, dann drückt er damit die Auffassung aus, daß komplexe psychische Einstellungen die Beteiligung der gesamten Persönlichkeit erfordern – er denkt nicht an ein rudimentäres Selbst, das auf seinen Verlust an Kontrolle über ein unklar erkanntes Selbst-Objekt reagiert.

7 Sobald diese zentralen Ambitionen und Ideale einmal permanent ange-

legt sind, ziehe ich es vor, diese fundamentalste Schicht des Narzißmus eines Menschen als sein *nukleares Selbst* zu bezeichnen.

8 Man könnte hier wohl fragen, ob eine solche Persönlichkeitsorganisation in der Realität existiert, d. h. ob ein Individuum sich tatsächlich mit dem Verzicht auf das Ziel des Ausdrucks des fundamentalen Entwurfs seines nuklearen Selbst abzufinden vermag, ohne deprimiert zu werden. Die Antwort ist nicht eindeutig, aber ich glaube, daß ein Individuum, das sich gegen seine nuklearen Ambitionen und Ideale abgeschlossen hat, dennoch eine sinnvoll-freudige Existenz erreichen kann, falls es ihm gelingt, sich als ein funktionierendes Teilchen einer größeren sozialen Organisation zu betrachten. Diese Art psychologischen Gleichgewichts ist vielleicht in den totalitären Gesellschaften schon heute von großer Bedeutung, und sie könnte in den Massengesellschaften der Zukunft die gesunde Norm werden.

9 An dieser Stelle kann ich meine Behauptung nicht ausführen, daß der Bereich der Teile innerhalb des Lust-Realitätsprinzips liegt, während das nukleare Selbst Ziele »jenseits des Lustprinzips« anstrebt. Ich habe jedoch an anderer Stelle versucht, diese Behauptung zu stützen, (a) indem ich die psychologischen Kräfte untersuchte, die gewisse heroische Persönlichkeiten der Geschichte motivierten, (b) indem ich über die psychologische Bedeutung des tragischen Helden spekulierte und (c) indem ich eine Analogie zwischen diesem dualistischen Konzept des Menschen und dem dualistischen Konzept der Welt, wie es von den Formulierungen der modernen Physik abgeleitet werden kann, aufstellte.

10 Sie wissen vielleicht, daß ich bei meiner früheren Lehrtätigkeit am Institut häufig diagrammartige Skizzen an der Tafel zu Hilfe nahm. Und auch in meinen Schriften verwende ich Diagramme – wenn auch viel seltener – als Ergänzung des verbalen Texts, um dem Leser den Zugang zum Verständnis komplexer Beziehungen zu erleichtern. (Siehe Kohut, 1971 [1973, S. 26, 121, 215] sowie Kohut und Seitz, 1963 [1973, S. 191, 202], und besonders S. 205.)

11 Ich meine hier natürlich die Untersuchung von vier möglichen Entwicklungslinien, die nebeneinander und in Wechselbeziehung zueinander stehen (siehe Moderne Theorie »C« im Diagramm auf S. 279), nämlich: (1) die Entwicklung der Erfahrung einzelner Teile und Funktionen vom (a) »Auto-Erotismus« zu (b) reifen Erfahrungen und Genüssen in diesem Bereich; (2) die Entwicklung des Selbst von (a) möglichen archaischen Vorläufern über (b) das Größen-Selbst und das idealisierte Selbst-Objekt und (c) das nukleare Selbst zur (d) reifen Erfahrung des Selbst als einem unabhängigen Zentrum der Initiative; (3) die Entwicklung des Selbst-Objekts von (a) primitiven Konfigurationen, die den Vorläufern des nuklearen Selbst entsprechen (dem Größen-Selbst; der idealisierten Elternimago), zu (b) auf reife Weise wahrgenommenen

Objekten, die aber nicht in einer Beziehung der Gegenseitigkeit geliebt werden, sondern der Aufrechterhaltung oder Wiederherstellung der Selbstachtung dienen (in diesem Zusammenhang siehe Kohut, 1971 [1973, S. 316, Fn. 3]); und (4) die Entwicklung der Objektliebe von (a) archaischen Anfängen über (b) das Objekt als Quelle von mit dominanten Körperzonen verbundener Lust zum (c) ödipalen Liebesobjekt und (d) reifen Liebesobjekt, das als unabhängiges Zentrum der Initiative voll akzeptiert ist.

(12) Hier könnte man die Frage stellen, ob es zusätzlich zu den erwähnten elterlichen Einstellungen (Reaktionen der Eltern auf einzelne Teile und Funktionen des Kindes; Reaktionen der Eltern auf das ganze Kind) noch eine weitere fundamentale Eltern-Einstellung gibt – eine Einstellung, die die Anfänge der Loslösung der Eltern vom Kind enthält; eine Einstellung, die der Vorläufer jener Haltung endgültiger Distanz ist, die das neue, separate Individuum als neues, unabhängiges, kreatives Selbst in der nächsten Generation anerkennt.

Ich messe dieser Frage große Bedeutung bei, nicht nur hinsichtlich der Einstellung der Eltern, sondern auch hinsichtlich des entsprechenden Potentials beim Kind. Haben wir es hier also noch mit einer weiteren unabhängigen Entwicklungslinie zu tun – der Entwicklung der Fähigkeit des Individuums, ein selbstbeherrschtes (kreatives) Alleinsein zu genießen – eine gesunde Entfremdung von den Selbst-Objekten und Liebesobjekten, könnte man sagen –, das aber nicht Einsamkeit ist? Mit anderen Worten, ich spreche hier von der Möglichkeit, daß der Mensch ein Alleinsein genießen kann, das nicht negativ definiert ist, d. h. ein Alleinsein, das nicht als Verzicht entweder auf das Selbst-Objekt oder auf das Liebesobjekt aufzufassen ist –, sondern als eine positive Fähigkeit, die vielleicht sogar schon früh im Leben vorhanden ist – auch wenn sie dann von den Äußerungen des Auto-Erotismus, des Narzißmus und der Objektliebe des Kindes überschattet wird.

Ich glaube, daß ein empathischer Elternteil – aber gewiß auch andere empathische Beobachter – solche Zustände in rudimentärer Form sogar schon bei sehr kleinen Kindern feststellen kann und auf sie mit einer stillen Verwunderung und der Frage reagiert: »Ist dies mein Kind?«
Einer meiner Patienten gab mir einen Hinweis, der mir half, einen Aspekt seines Gefühlszustands während der Schlußphase seiner Analyse zu verstehen, als er mir nämlich berichtete, er habe seinen kleinen Sohn allein im Garten beobachtet, wie dieser in sich versunken umherlief, dann und wann einen Stein fortstieß, einen Zweig aufhob und ihn achtlos wieder fallenließ – selbstbeherrscht, anscheinend nach energiegeladenen Strukturen in sich lauschend, die nach außen drängten: offenbar seiner selbst intensiv bewußt. Mein Patient begriff nicht nur, daß dieses Verhalten die Äußerung eines Zustands zeitweiliger sicherer Unabhängigkeit bei dem Kind war, sondern auch, daß seine eigene Fähig-

keit, dessen Bedeutung zu erkennen, durch die Tatsache bedingt war, daß eine vordem gehemmte Fähigkeit aus seiner eigenen Kindheit kürzlich wiederbelebt worden war. Nun, gegen Ende seiner langen Analyse war er fähig geworden – zumindest in bedeutsamen Augenblicken –, eine selbstbeherrschte Freiheit zu erleben, die bislang durch seine (überwiegend narzißtischen) Bedürfnisse überdeckt gewesen war.

Bibliographie

Freud, S. (1905 d): Drei Abhandlungen zur Sexualtheorie. G. W., Bd. 5.
– (1914c): Zur Einführung des Narzißmus. G. W., Bd., 10.
– (1915c): Triebe und Triebschicksale. G. W., Bd. 10.
Glover, E. (1939): Psycho-Analysis. London, New York (Staples Press, ²1949).
Kohut, H. (1959): Introspektion, Empathie und Psychoanalyse. Psyche 25/11 (1971).
– (1966): Formen und Umformungen des Narzißmus. Psyche 20/8 (1966). Jetzt in diesem Band.
– (1968): Die psychoanalytische Behandlung narzißtischer Persönlichkeitsstörungen. Psyche 23/5 (1969). Jetzt in diesem Band.
– (1970): Discussion of the »Self« by D. D. Levin. Moderator's Remarks. Int. J. Psycho-Anal. 51, S. 176-181).
– (1971): Narzißmus. Eine Theorie der psychoanalytischen Behandlung narzißtischer Persönlichkeitsstörungen, Suhrkamp Verlag, Frankfurt 1973.
– (1972): Überlegungen zum Narzißmus und zur narzißtischen Wut. Psyche 27/6 (1973). Jetzt in diesem Band.
– und Seitz, P. F. D. (1963): Concepts and Theories of Psychoanalysis. Deutsch in: Hartfiel/Holm (Hrsg.): Bildung und Erziehung in der Industriegesellschaft, Westdeutscher Verlag, UTB, Opladen 1973.

Nachweise

Die Zukunft der Psychoanalyse

Ansprache am 2. Juni 1973 in Chicago beim Bankett, welches das zu Ehren von Kohuts 60. Geburtstag abgehaltene Symposium »Psychoanalyse und Geschichtswissenschaft« abschloß. Deutsch zum erstenmal in diesem Band. Übersetzt von Nils Thomas Lindquist.

Der Psychoanalytiker in der Gemeinschaft der Wissenschaftler

Vortrag anläßlich der Verleihung der Ehrendoktorwürde (Honorary Degree of Doctor of Science) der University of Cincinnati am 15. November 1973. Deutsch zuerst in: J. vom Scheidt (Hrsg.), *Psychoanalyse: Selbstdarstellung einer Wissenschaft*, Nymphenburger Verlagshandlung, München 1975. Übersetzt von Elke Kamper.

Ist das Studium des menschlichen Innenlebens heute noch relevant?

Vortrag anläßlich der 50-Jahr-Gedenkfeier des Berliner Psychoanalytischen Instituts am 7. und 8. Oktober 1970. Zuerst erschienen in *Psyche* 25/4 (1971).

Kreativität, Charisma, Gruppenpsychologie

Die Hauptgedanken dieses Essays wurden zuerst auf einer Tagung der Psychoanalytischen Gesellschaft von Chicago am 27. September 1966 vorgetragen. Deutsch zuerst in: *Psyche* 29/8 (1975). Übersetzt von Käte Hügel.

Formen und Umformungen des Narzißmus

Vortrag auf der Plenarsitzung des Herbstkongresses der Amerikanischen Psychoanalytischen Gesellschaft in New York am 5. Dezember 1965. Deutsch zuerst in: *Psyche* 20/8 (1966). Übersetzt von Käte Hügel.

Die psychoanalytische Behandlung narzißtischer Persönlichkeitsstörungen

Ursprünglich als die Third Freud Anniversary Lecture der Psychoanalytischen Gesellschaft von New York am 20. Mai 1968 vorgetragen. Deutsch zuerst in: *Psyche* 23/5 (1969). Übersetzt von Hilde Weller.

Überlegungen zum Narzißmus und zur narzißtischen Wut

Dieser Aufsatz ist eine erweiterte Fassung der A. A. Brill-Vorlesung der New Yorker Psychoanalytischen Gesellschaft vom 30. November 1971. Deutsch zuerst in: *Psyche* 27/6 (1973). Übersetzt von Lotte Köhler.

Bemerkungen zur Bildung des Selbst

Dieser Aufsatz stellt den Übergang zu einer Reihe von noch unveröffentlichten neuen Arbeiten Kohuts dar. Er erscheint in diesem Band zum erstenmal. Übersetzt von Nils Thomas Lindquist.

suhrkamp taschenbücher wissenschaft

Psychoanalyse, Sozialpsychologie, Pädagogik

stw 7 J. Laplanche – J.-B. Pontalis
Das Vokabular der Psychoanalyse
Aus dem Französischen von Emma Moersch
2 Bände. 652 Seiten
Dieses Vokabular ist nicht nur ein Wörterbuch. Hier wird eine Theorie, die unser aller Denken verändert hat, von ihrer Sprache her erforscht. Damit ist dem Fachmann wie dem Laien ein Arbeitsinstrument zur Verfügung gestellt, das bisher fehlte.

stw 76 Paul Ricœur
Die Interpretation
Ein Versuch über Freud / Deutsch von Eva Moldenhauer
564 Seiten
Die Beziehung von Psychoanalyse und Sprache ist der Gegenstand von Ricœurs umfangreicher Freud-Analyse. Er versteht seine Untersuchung als Teil der philosophischen Forschung, die sich mit dem Problembereich der Sprache beschäftigt. Ricœur stellt Freud an die Seite von Marx: Ihnen gemeinsam sei die Intention, Bewußtsein als falsches Bewußtsein zu entlarven, um mit der Kunst der Interpretation zu einer authentischen Sprache zu gelangen. Was »deuten« in der Psychoanalyse heißt, ist die zentrale Frage, mit der Ricœur das Werk Freuds interpretiert.

stw 31 Alfred Lorenzer
Sprachzerstörung und Rekonstruktion
Vorarbeiten zu einer Metatheorie der Psychoanalyse
248 Seiten
Lorenzers Versuch einer wissenschaftstheoretischen Bestimmung des psychoanalytischen Vorgehens nimmt seinen Ausgang von dem alten Gegensatz von »Erklären« und »Verstehen«. Aus der Untersuchung der psychoanalytischen Operationsschritte wird eine Metatheorie entwickelt, die die Züge einer Sprachanalyse annimmt: Neurose erweist sich als »Sprachzerstörung« und die psychoanalytische Therapie als Rekonstruktion von Sprache.

stw 39 Michel Foucault
Wahnsinn und Gesellschaft
Eine Geschichte des Wahns im Zeitalter der Vernunft
Aus dem Französischen von Ulrich Köppen
562 Seiten
Michel Foucault erzählt die Geschichte des Wahnsinns vom 16. bis zum 18. Jahrhundert. Er erzählt zugleich die Geschichte seines Gegenspielers, der Vernunft, denn er sieht die beiden als Paar, das sich nicht trennen läßt. Der Wahn ist für ihn weniger eine Krankheit als eine andere Art von Erkenntnis, eine Gegenvernunft, die ihre eigene Sprache hat oder besser: ihr eigenes Schweigen.

stw 27 Jean Piaget
Das moralische Urteil beim Kinde
Aus dem Französischen von Lucien Goldmann
463 Seiten
Piaget zeigt, welche Bedeutung in der Entwicklung des moralischen Urteils den gegenseitigen Beziehungen zwischen gleichgestellten Kindern, also dem Solidaritäts- und Verantwortungsbewußtsein, zukommt.

stw 6 Jean Piaget
Einführung in die genetische Erkenntnistheorie
Vier Vorlesungen
Aus dem Amerikanischen von Friedhelm Herborth
104 Seiten
»Die Forschungen über genetische Erkenntnistheorie versuchen, die Mechanismen zu analysieren, nach denen Erkenntnis – sofern sie zu wissenschaftlichem Denken gehört – sich entwickelt ...« *Bärbel Inhelder*

stw 37 Siegfried Bernfeld
Sisyphos oder die Grenzen der Erziehung
156 Seiten
Bernfeld macht Marx und Freud zu »Schutzpatronen der neuen Erziehungswissenschaft«. Er will, wenn möglich, den Determinismus der Vererbungslehre, der Konstitutionsforschung, der Psychoanalyse, des Darwinismus und den der Klassenlage überwinden. *Klaus Horn*

suhrkamp taschenbücher wissenschaft

Theoretische Anthropologie, Ethologie

stw 17 Rudolf Bilz
Wie frei ist der Mensch?
Paläoanthropologie Bd. 1
470 Seiten
Das besondere Interesse von Bilz gilt den »biologischen Archaismen des Menschen«, den »Wildheitsqualitäten« des homo sapiens, ohne daß doch, wie es in der heutigen Verhaltensforschung häufig geschieht, vorschnell vom Tier auf den Menschen geschlossen würde.

stw 44 Rudolf Bilz
Studien über Angst und Schmerz
Paläoanthropologie Band I/2
330 Seiten
Paläoanthropologie: das ist für Bilz die Lehre vom Menschen, der als eigene Art gesehen wird, aber als eine Art, die sozusagen noch nicht fertig ist. Das besondere Interesse von Bilz gilt den Verhaltensähnlichkeiten zwischen Mensch und Tier in typischen Situationen, ohne daß doch vorschnell vom Tier auf den Menschen geschlossen würde.

stw 14 Claude Lévi-Strauss
Das wilde Denken
334 Seiten
Aus dem Französischen von Hans Neumann
Thema dieses inzwischen berühmt gewordenen Werkes ist das Denken in seinem »wilden Zustand«, das in jedem Menschen, ob zeitgenössisch oder vorgeschichtlich, wirksam ist als ein Element der nichtkultivierten und nicht domestizierten Geistestätigkeit.

stw 18 Viktor von Weizsäcker
Der Gestaltkreis
Mit einem Vorwort von Rolf Denker
294 Seiten
Von Weizsäcker fordert eine ganzheitlich anthropologisch fundierte Medizin und wurde damit zum Mitbegründer der Psychosomatik. Sein Werk hat über die Medizin hinaus Anthropologie, Sozialwissenschaften und speziellere Handlungstheorien entscheidend beeinflußt.

stw 20 Jakob von Uexküll
Theoretische Biologie
Mit einem Vorwort von Rudolf Bilz
408 Seiten
Im Vordergrund der heutigen biologischen Forschungen stehen in erster Linie die Probleme der physiologischen Chemie. Insofern mutet die *Theoretische Biologie* Jakob von Uexkülls eher wie ein Vorläufer der Wahrnehmungspsychologie oder der Ethologie an.

Literatur der Psychoanalyse

Herausgegeben von Alexander Mitscherlich

Helmut Dahmer
Libido und Gesellschaft
Studien über Freud und die Freudsche Linke
468 Seiten
Der Psychoanalyse die Augen zu öffnen für die eigene soziale Bedingtheit und Funktion, sie der Kritik der politischen Ökonomie als deren Komplement zur Seite zu stellen, ist das Interesse der »Freudschen Linken«, deren Arbeiten hier kritisch diskutiert und fortgeführt werden.

Françoise Dolto
Psychoanalyse und Kinderheilkunde
Die großen Begriffe der Psychoanalyse. Sechzehn Kinderbeobachtungen.
Aus dem Französischen von Eva Moldenhauer
304 Seiten
Dieses Buch, das hier zum ersten Mal in deutscher Übersetzung vorgelegt wird, ist seit seinem Erscheinen 1939 längst zu einem Klassiker geworden. Am Beispiel der psychoanalytischen Behandlung von sechzehn Fällen will es den Leser für die Dimension des Unbewußten bei Entwicklungsstörungen von Kindern empfänglich machen.

Edith Jacobson
Das Selbst und die Welt der Objekte
Aus dem Amerikanischen von Klaus Kennel
272 Seiten
In dieser Untersuchung geht es um die Identitätserfahrung und ihre Störungen. Dabei werden klinische Beobachtungen mit den gegenwärtigen analytischen Begriffen konfrontiert und das Werkzeug des Analytikers wird nach den neuesten Entwicklungen der psychoanalytischen Theorie bewertet. Auf diese Weise erscheinen alte Probleme in einem neuen Licht, und neue Probleme werden zum ersten Mal gestellt.

Heinz Kohut
Narzißmus
Eine Theorie der psychoanalytischen Behandlung narzißtischer Persönlichkeitsstörungen

Aus dem Englischen von Lutz Rosenkötter
388 Seiten
Mit seiner Theorie widerlegt Kohut die Ansicht, daß Patienten, die unter solchen Störungen leiden, der psychoanalytischen Behandlungstechnik schwer zugänglich seien. Damit gelingt es ihm zugleich, in das oft noch sehr spekulative Konzept des Narzißmus größere begriffliche Klarheit zu bringen.

Alfred Lorenzer
Sprachzerstörung und Rekonstruktion
Vorarbeiten zu einer Metatheorie der Psychoanalyse
216 Seiten
Lorenzers Versuch einer wissenschaftstheoretischen Bestimmung der psychoanalytischen Operation – also dessen, was in der Analyse geschieht – nimmt seinen Ausgang von dem alten Gegensatz von »Erklären« und »Verstehen«. Die Auffassung der Psychoanalyse als einer Sozialwissenschaft rückt die Untersuchung in den Zusammenhang des gegenwärtig aktuellen Positivismusstreites.

Gérard Mendel
Die Generationenkrise
Eine soziopsychoanalytische Studie
Aus dem Französischen von Eva Moldenhauer
272 Seiten
Der französische Psychoanalytiker Gérard Mendel versucht eine soziopsychoanalytische Deutung des Konfliktes zwischen den Heranwachsenden und Jugendlichen einerseits, ihren Eltern und deren Gesellschaft andererseits, der sich heute in den verschiedensten soziokulturellen und ideologischen Milieus abspielt.

Karl Menninger
Selbstzerstörung
Psychoanalyse des Selbstmords
Aus dem Amerikanischen von Hilde Weller
526 Seiten
Karl Menninger ist vielfach als »Vater der amerikanischen Psychiatrie« bezeichnet worden, zu deren Ansehen er unter anderem durch die Gründung der weltberühmten Menninger Clinic in Topeka, Kansas, und zahlreiche bedeutende Veröffentlichungen Wesentliches beigetragen hat.
Das vorliegende Buch, erstmals im Jahre 1938 veröffent-

licht und seither mehrfach neu aufgelegt, ist die erste und bisher in dieser Ausführlichkeit wohl einzige umfassende Darstellung der Problematik des Selbstmords in seinen verschiedenen Erscheinungsformen.

Psychoanalyse und Justiz
Theodor Reik, Geständniszwang und Strafbedürfnis. Probleme der Psychoanalyse und der Kriminologie (1925)
Franz Alexander und Hugo Straub. Der Verbrecher und seine Richter. Ein psychoanalytischer Einblick in die Welt der Paragraphen (1929)
Nachwort von Tilmann Moser
433 Seiten
Zwei klassische Texte der Psychoanalyse, in den zwanziger Jahren entstanden und dann »verbannt«, werden hier wieder zugänglich gemacht. Was darin über die psychischen Mechanismen gesagt wird, die zwischen der Gesellschaft und ihren straffällig gewordenen Mitgliedern wirken und sich in der Institution Justiz selbstgerecht verfestigt haben, gewinnt heute, da diese Institution von außen und selbst schon von innen her in Frage gestellt zu werden beginnt, eine neue Bedeutung und Sinnfälligkeit.

Paul Parin, Fritz Morgenthaler, Goldy Parin-Matthèy
Fürchte deinen Nächsten wie dich selbst
Psychoanalyse und Gesellschaft am Modell der Agni in Westafrika
582 Seiten
Die Autoren, drei ethnologisch und soziologisch interessierte Psychoanalytiker aus Zürich, die 1963 eine Untersuchung über ein anderes westafrikanisches Volk, die Dogon, veröffentlicht haben, besuchten 1966 die Agni. Das vorliegende Buch ist der literarische Niederschlag ihrer Erfahrungen und Studien. In ihm wird gezeigt, wie man mit dem Mittel der Psychoanalyse den Menschen in seinen bewußten und unbewußten Motiven als gesellschaftliches Wesen erfassen kann, wie die Gesellschaft als Produkt materieller Gegebenheiten und als Gegenstand der geschichtlichen Entwicklung auf ihre Träger zurückwirkt und selbst von ihnen geformt wird.

Eine Auswahl weiterer Titel aus Psychoanalyse und angrenzenden Gebieten

Baeyer, Walter von/Wanda von Baeyer-Katte: *Angst.* st 118.

Basaglia, Franco (Hrsg.): *Die negierte Institution oder Die Gemeinschaft der Ausgeschlossenen.* Ein Experiment der psychiatrischen Klinik in Görz. Aus dem Italienischen von Anneheide Ascheri-Osterlow. es 655.

Bilz, Rudolf: *Die unbewältigte Vergangenheit des Menschengeschlechts.* Beiträge zu einer Paläoanthropologie. Theorie.

Borneman, Ernest: *Psychoanalyse des Geldes.* Eine kritische Untersuchung psychoanalytischer Geldtheorien.

Cooper, David G.: *Psychiatrie und Antipsychiatrie.* Aus dem Englischen von Hilde Weller. es 497.

Dolto, Françoise: *Der Fall Dominique.* Bericht einer Kinderanalyse. Aus dem Französischen von Eva Moldenhauer. st 140.

Foucault, Michel: *Psychologie und Geisteskrankheit.* Aus dem Französischen von Anneliese Botond. es 272.

Fromm, Erich: *Analytische Sozialpsychologie und Gesellschaftstheorie.* es 425.

Gespräche mit Eingeschlossenen. Tilmann Moser: Gruppenprotokolle aus einer Jugendstrafanstalt. Eberhard Künzel: Tiefenpsychologische Analyse des Gruppenprozesses. es 375.

Goffman, Erving: *Asyle.* Über die soziale Situation psychiatrischer Patienten und anderer Insassen. Aus dem Amerikanischen von Nils Lindquist. es 678.

– *Stigma.* Über Techniken der Bewältigung beschädigter Identität. Aus dem Amerikanischen von Frigga Haug. Theorie.

Gruppendynamik und der ›subjektive Faktor‹. Repressive Entsublimierung oder politisierende Praxis. Hrsg. von Klaus Horn. es 538.

Horn, Klaus: *Dressur oder Erziehung*. Schlagrituale und ihre gesellschaftliche Funktion. es 199.

– *Zum Problem aggressiven Verhaltens*. es 693.

Laing, Ronald D./David G. Cooper: *Vernunft und Gewalt*. Aus dem Englischen von H. D. Teichmann. es 574.

Lang, Hermann: *Die Sprache und das Unbewußte*. Jacques Lacans Grundlegung der Psychoanalyse.

Levita, David J. de: *Der Begriff der Identität*. Aus dem Englischen von Karin Mónte und Claus Rolshausen. Theorie.

Lorenzer, Alfred: *Kritik des psychoanalytischen Symbolbegriffs*. es 393.

– *Über den Gegenstand der Psychoanalyse oder: Sprache und Interaktion*. es 572.

MacIntyre, Alasdair C.: *Das Unbewußte*. Eine Begriffsanalyse. Mit einem Abriß ›Freuds Theorie‹ von Richard S. Peters. Aus dem Englischen von Gudrun Sauter. Theorie.

Mitscherlich, Alexander: *Krankheit als Konflikt*. Studien zur psychosomatischen Medizin I. es 164.

– *Krankheit als Konflikt*. Studien zur psychosomatischen Medizin II. es 237.

– *Massenpsychologie ohne Ressentiment*. Sozialpsychologische Betrachtungen. st 76.

Moser, Tilmann: *Lehrjahre auf der Couch*. Bruchstücke meiner Psychoanalyse.

Neumann-Schönwetter, Marina: *Psychosexuelle Entwicklung und Schizophrenie*. Zur Theorie familialer Sozialisation in der bürgerlichen Gesellschaft. es 627.

Parker, Beulah: *Meine Sprache bin ich*. Modell einer Psychotherapie. Aus dem Englischen von Eva Bornemann. es 728.

Parow, Eduard: *Psychotisches Verhalten und Umwelt*. Eine sozialpsychologische Untersuchung. es 530.

Pontalis, J.-B.: *Nach Freud*. Aus dem Französischen von Hermann Lang, Peter Assion und Georg Roellenbleck.

Psychoanalyse als Sozialwissenschaft. Beiträge von K. Brede, H. Dahmer, E. Schwanenberg, K. Horn, A. Lorenzer. es 454.

Psychoanalyse der weiblichen Sexualität. Hrsg. von Janine Chasseguet-Smirgel. Aus dem Französischen von Grete Osterwald. es 697.

Psychoanalyse und Marxismus. Dokumentation einer Kontroverse. Einleitung von Hans Jörg Sandkühler. Theorie.

Reiwald, Paul: *Die Gesellschaft und ihre Verbrecher*. Neu hrsg. mit Beiträgen von Tilmann Moser und Herbert Jäger.

Schizophrenie und Familie. Beiträge zu einer neuen Theorie von: J. Bateson, D. D. Jackson, Th. Lidz, H. F. Searles, L. C. Wynne u. a. Aus dem Englischen von Hans-Werner Saß. Theorie.

Sechehaye, Marguerite: *Tagebuch einer Schizophrenen*. Selbstbeobachtung einer Schizophrenen während der psychotherapeutischen Behandlung. Aus dem Französischen von Eva Moldenhauer. es 613.

Theoretische Anthropologie, Psychologie und Ethologie in der Theorie-Reihe

Herausgegeben von Jürgen Habermas, Dieter Henrich und Jacob Taubes

Die Zuordnung a) anthropologischer, b) psychologischer und c) ethologischer Problemstellungen zueinander hat programmatischen Charakter: ihr Beitrag zu einer die Grenzen bewußter und historischer Erfahrung überschreitenden Wissenschaft vom Menschen bedarf kritischer Überprüfung. Die psychologische Thematik des Individuums, die gattungsallgemeine Perspektive der Anthropologie und die Analyse biologischer Verhaltensmuster durch die Ethologie haben einander »in pragmatischer Hinsicht« zu korrigieren. Durch Arbeiten, die ihre Fragestellung aus der Perspektive unterschiedlicher sozialer und kultureller Systeme entwickeln, soll eine für das Selbstverständnis der Übergangsgesellschaft relevante Fundierung einer intersozietären Erkenntnistheorie gefördert werden.

Bennett, Jonathan
Rationalität. Versuch einer Analyse. Aus dem Englischen von Richard Kruse. 1967. 152 S.

Bernfeld / Reich / Jurinetz / Sapir / Stoljarov
Psychoanalyse und Marxismus. Dokumentation einer Kontroverse. Einleitung von Hans Jörg Sandkühler. 1970. 315 S.

Bilz, Rudolf
Die unbewältigte Vergangenheit des Menschengeschlechts. Beiträge zu einer Paläoanthropologie. 1967. 276 S.

Evolution und Verhalten
Herausgegeben von Anne Roe und George Gaylord Simpson. Aus dem Amerikanischen von Kirsten Bergerhoff. 1969. 264 S.

Furth, Hans G.
Intelligenz und Erkennen. Die Grundlage der genetischen Erkenntnistheorie Piagets. Aus dem Englischen von Friedhelm Herborth. 1972. 376 S.

Goffman, Erving
Stigma. Über Techniken der Bewältigung beschädigter Identität. Aus dem Amerikanischen von Frigga Haug. 1967. 180 S.

Leach, Edmund (Hrsg.)
Mythos und Totemismus. Beiträge zur Kritik der strukturalen Analyse. Aus dem Englischen von Elmar Hoffmeister. 1973. 237 S.

Levita, David J. de
Der Begriff der Identität. Aus dem Englischen von Karin Monte und Claus Rolshausen. 1971. 262 S.

Lorenzer, Alfred
Zur Begründung einer materialistischen Sozialisationstheorie. 1972. 160 S.

MacIntyre, Alasdair C.
Das Unbewußte. Eine Begriffsanalyse. Mit einem Abriß »Freuds Theorie« von Richard S. Peters. Aus dem Englischen von Gudrun Sauter. 1968. 140 S.

Marquard, Odo
Schwierigkeiten mit der Geschichtsphilosophie. Aufsätze. 1973. 247 S.

Medawar, P. B.
Die Einmaligkeit des Individuums. Aus dem Englischen von Kurt Simon. 1969. 202 S.

Ribeiro, Darcy
Der Zivilisatorische Prozeß. Herausgegeben, übersetzt und mit einem Nachwort von Heinz Rudolf Sonntag. Anhang: Ein Gespräch zwischen D. Ribeiro und H. R. Sonntag. 1971. 286 S.

Schizophrenie und Familie
Beiträge zu einer neuen Theorie von: J. Bateson, D. D. Jackson, Th. Lidz, H. F. Searles, L. C. Wynne u. a. Aus dem Englischen von Hans-Werner Saß. 1969. 424 S.

Terray, Emmanuel
Zur politischen Ökonomie der ›primitiven‹ Gesellschaften. Zwei Studien. Aus dem Französischen von Eva Szabó. 1974. 188 S.

Alphabetisches Verzeichnis der suhrkamp taschenbücher wissenschaft

Adorno, Ästhetische Theorie 2
- Drei Studien zu Hegel 110
- Einleitung in die Musiksoziologie 142
- Kierkegaard 74
- Negative Dialektik 113
- Philosophische Terminologie Bd. 1 23
- Philosophische Terminologie Bd. 2 50
Apel, Der Denkweg von Charles S. Peirce 141
Arnaszus, Spieltheorie und Nutzenbegriff 51
Ashby, Einführung in die Kybernetik 34
Bachofen, Das Mutterrecht 135
Materialien zu Bachofens ›Das Mutterrecht‹ 136
Barth, Wahrheit und Ideologie 68
Becker, Grundlagen der Mathematik 114
Benjamin, Charles Baudelaire 47
- Der Begriff der Kunstkritik 4
Materialien zu Benjamins Thesen ›Über den Begriff der Geschichte‹ 121
Bernfeld, Sisyphos 37
Bilz, Studien über Angst und Schmerz 44
- Wie frei ist der Mensch? 17
Bloch, Das Prinzip Hoffnung 3
- Geist der Utopie 35
Blumenberg, Der Prozeß der theoretischen Neugierde 24
- Säkularisierung und Selbstbehauptung 79
Bourdieu, Zur Soziologie der symbolischen Formen 107
Broué/Témime, Revolution und Krieg in Spanien. 2 Bde. 118
Bucharin/Deborin, Kontroversen 64
Childe, Soziale Evolution 115

Chomsky, Aspekte der Syntax-Theorie 42
- Sprache und Geist 19
Cicourel, Methode und Messung in der Soziologie 99
Deborin/Bucharin, Kontroversen 64
Einführung in den Strukturalismus 10
Eliade, Schamanismus 126
Erikson, Der junge Mann Luther 117
- Dimensionen einer neuen Identität 100
- Identität und Lebenszyklus 16
Erlich, Russischer Formalismus 21
Fetscher, Rousseaus politische Philosophie 143
Foucault, Der Fall Rivière 128
- Die Ordnung der Dinge 96
- Wahnsinn und Gesellschaft 39
Goffman, Stigma 140
Griewank, Der neuzeitliche Revolutionsbegriff 52
Habermas, Erkenntnis und Interesse 1
Materialien zu Habermas' ›Erkenntnis und Interesse‹ 49
Hegel, Phänomenologie des Geistes 8
Materialien zu Hegels ›Phänomenologie des Geistes‹ 9
Materialien zu Hegels Rechtsphilosophie Bd. 1 88
Materialien zu Hegels Rechtsphilosophie Bd. 2 89
Henle, Sprache, Denken, Kultur 120
Holenstein, Roman Jakobsons phänomenologischer Strukturalismus 116
Kant, Kritik der praktischen Vernunft 56
- Kritik der reinen Vernunft 55

- Kritik der Urteilskraft 57
Kant zu ehren 61
Materialien zu Kants ›Kritik der praktischen Vernunft‹ 59
Materialien zu Kants ›Kritik der reinen Vernunft‹ 58
Materialien zu Kants ›Kritik der Urteilskraft‹ 60
Kenny, Wittgenstein 69
Kierkegaard, Philosophische Brocken 147
Kohut, Die Zukunft der Psychoanalyse 125
Kojève, Hegel. Kommentar zur Phänomenologie des Geistes 97
Koselleck, Kritik und Krise 36
Kracauer, Geschichte – Vor den letzten Dingen 11
Kuhn, Die Struktur wissenschaftlicher Revolutionen 25
Lacan, Schriften I 137
Lange, Geschichte des Materialismus 70
Laplanche/Pontalis, Das Vokabular der Psychoanalyse 7
Leclaire, Der psychoanalytische Prozeß 119
Lévi-Strauss, Das wilde Denken 14
Lorenzen, Methodisches Denken 73
- Konstruktive Wissenschaftstheorie 93
Lorenzer, Sprachzerstörung und Rekonstruktion 31
Luhmann, Zweckbegriff und Systemrationalität 12
Lukács, Der junge Hegel 33
Macpherson, Politische Theorie des Besitzindividualismus 41
Malinowski, Eine wissenschaftliche Theorie der Kultur 104
Marxismus und Ethik 75
Mead, Geist, Identität und Gesellschaft 28
Merleau-Ponty, Die Abenteuer der Dialektik 105
Miliband, Der Staat in der kapitalistischen Gesellschaft 112

Minder, Glaube, Skepsis und Rationalismus 43
Mittelstraß, Die Möglichkeit von Wissenschaft 62
Mommsen, Max Weber 53
Moore, Soziale Ursprünge von Diktatur und Demokratie 54
O'Connor, Die Finanzkrise des Staates 83
Oppitz, Notwendige Beziehungen 101
Parsons, Gesellschaften 106
Piaget, Das moralische Urteil beim Kinde 27
- Die Bildung des Zeitbegriffs beim Kinde 77
- Einführung in die genetische Erkenntnistheorie 6
Plessner, Die verspätete Nation 66
Pontalis, Nach Freud 108
Pontalis/Laplanche, Das Vokabular der Psychoanalyse 7
Propp, Morphologie des Märchens 131
Quine, Grundzüge der Logik 65
Ricœur, Die Interpretation 76
v. Savigny, Die Philosophie der normalen Sprache 29
Schelling, Über das Wesen der menschlichen Freiheit 138
Materialien zu Schellings philosophischen Anfängen 139
Scholem, Zur Kabbala und ihrer Symbolik 13
Schütz, Der sinnhafte Aufbau der sozialen Welt 92
Seminar: Abweichendes Verhalten I 84
- Abweichendes Verhalten II 85
- Der Regelbegriff in der praktischen Semantik 94
- Die Entstehung von Klassengesellschaften 30
- Familie und Familienrecht Bd. 1 102
- Familie und Familienrecht Bd. 2 103
- Politische Ökonomie 22

- Medizin, Gesellschaft, Geschichte 67
- Religion und gesellschaftliche Entwicklung 38
- Sprache und Ethik 91
Solla Price, Little Science – Big Science 48
Spinner, Pluralismus als Erkenntnismodell 32
Sprachanalyse und Soziologie 123
Sprache, Denken, Kultur 120
Strauss, Spiegel und Masken 109
Szondi, Das lyrische Drama des Fin de siècle 90
- Die Theorie des bürgerlichen Trauerspiels 15
- Einführung in die literarische Hermeneutik 124
- Poetik und Geschichtsphilosophie I 40
- Poetik und Geschichtsphilosophie II 72
Témime/Broué, Revolution und Krieg in Spanien. 2 Bde. 118
Uexküll, Theoretische Biologie 20
Watt, Der bürgerliche Roman 78
Weizsäcker, Der Gestaltkreis 18
Winch, Die Idee der Sozialwissenschaft und ihr Verhältnis zur Philosophie 95
Wittgenstein, Philosophische Grammatik 5
Zimmer, Philosophie und Religion Indiens 26